EPHEMERIS

Classiques slaves
Collection dirigée par
Jacques Catteau, Georges Nivat et Vladimir Dimitrijević

DEJAN MEDAKOVIĆ

EPHEMERIS

CHRONIQUE D'UNE FAMILLE

Traduit du serbe
par Dejan M. Babić

An Edith in immer
bleibender Verbundenheit,
herzlich
Dejan Medaković

Belgrad den
1. XII - 1995.

L'AGE D'HOMME

Ephemeros :

d'un jour ou pour un jour
de vie brève
fièvre diurne qui dure un jour,
ou fort peu de temps,
ou une éphéméride.
Par conséquent, toute chose de courte durée ou passagère.

Ephemeridæ :

famille d'insectes ailés
dont les ailes de devant
sont plus grandes que celles de derrière
et qui meurent dès qu'ils atteignent l'âge adulte.

Ephemeris :

journal ou calendrier, ou notice.

(The New Century Dictionary of the English Language,
ed. Emery and K.G. Brewster, 506-507)

Mamie Katica avait aménagé son appartement comme si elle voulait se moquer du monde dont elle était issue et au sein duquel elle avait passé sa vie. J'ai fait cette découverte par hasard, un jour où elle m'avait autorisé à fouiller le vaste grenier de notre maison familiale. Je me suis glissé dans cette immense mansarde du pas précautionneux de l'explorateur, me frayant un chemin entre les rangées de tables, de bahuts, de commodes, de chaises, de canapés, de longues horloges enchâssées dans des reliquaires de bois de style vieil allemand. Aujourd'hui encore je me rappelle avec quelle stupéfaction — sous une épaisse couche de poussière et dans un désordre trahissant un prompt rejet — j'ai reconnu la pendule qui ornait le bureau de grand-père et que j'aimais pour ses poids en forme de pommes de pin qui glissaient avec sûreté dans des directions opposées. Sur le cadran émaillé il y avait un trou dans lequel j'introduisais prudemment une clef, maîtrisant à grand-peine les durs ressorts du mécanisme caché. A présent abandonnée, cette boîte magique de mon enfance gisait, muette, oppressée jusqu'à mi-hauteur par le lourd cadre d'un miroir brisé. Autrefois elle était accrochée dans le vestibule au-dessus d'une console, sur des pieds ridiculement tordus et fins. Doucement, j'ai ouvert la petite porte vitrée de la pendule, simplement pour vérifier si celle-ci était bien morte, je me suis mis à la secouer, d'abord légèrement, puis de plus en plus fort, m'efforçant maladroitement de la ramener à la vie. Finalement, je l'ai posée sur une poutre, comme on installe un mort sur un catafalque. Je me souviens de l'avoir longuement contemplée, comme si c'était précisément elle, du fond de son impuissance, qui allait me révéler le secret du grand désordre dans lequel je me suis trouvé quand tous ces objets délaissés ont cessé de remplir leur fonction dans la vie de ma famille. Ici, au grenier, ils reposaient à présent hors d'usage, presque ridicules dans leur position habituelle.

Pourquoi mamie avait-elle fait cela ? Je l'ai immédiatement accusée d'avoir, tel un méchant dieu des vents, arraché de leur paisible gîte tous ces chers objets pour les exiler en ce lieu indigne.

Je suis descendu du grenier troublé d'avoir été confronté à la puissance occulte de mamie Katica.

C'était vraiment une femme étrange. Beauté éblouissante, elle humiliait ses prétendants par les moyens les plus étonnants, allant jusqu'à composer des vers ironiques à propos de leurs espérances perdues, ou de leur persévérance. Le calme est revenu dans la région du Srem, et surtout dans sa ville natale de Vukovar, lorsqu'elle a épousé mon grand-père. Il était venu en tant que témoin de mariage de l'une de ses cousines, or au cours de ces noces mamie avait allégrement dansé la ronde. Vieille femme elle racontait encore son voyage triomphal en calèche, le trouble de grand-père, les petits bouquets de fleurs qu'apportait discrètement le jardinier du comte Eltz, toujours sans aucun message, avec tact. A cette époque déjà, grand-père était silencieux et doux, d'une dignité soucieuse, avec des attitudes qui trahissaient sa bonne éducation viennoise. On aurait dit que marchait devant lui, invisible, la gloire de son père, Danilo, célèbre journaliste et homme politique, étayée par la fortune de sa mère, Marija, dont le père, le maire de Novi Sad, Jovan Kamber, avait été tué lors de l'insurrection de 1948. Le meurtrier avait commis son crime par derrière et n'avait jamais été découvert. Le mort gisait face contre terre, avec la main qui semblait enlacer un cep. Au moment des noces de grand-père, son père était déjà mort. Ses journées solitaires de patriote blessé, il les passait sur le domaine de Rakitje, près de Zagreb, qu'il avait acheté à la famille du comte Nizan, ruiné. Au milieu du vieux parc, dissimulé parmi les rosiers grimpants et le lierre, se trouvait le pavillon de chasse du défunt comte, un long bâtiment d'un étage à haut toit incliné et muni d'un portail classique fermant une vaste véranda. C'est sur cette terrasse qu'enfants nous avions l'habitude de prendre notre goûter en écoutant chantonner les journaliers qui, rassemblés en bas dans le parc, attendaient qu'on leur distribue leur paye. J'ai vu plusieurs fois grand-père entouré d'une blanche ronde paysanne ; je me le remémore, ondulant à chaque mouvement.

J'ai décidé de demander ouvertement à mamie pourquoi tous ces objets se trouvaient au grenier et pourquoi elle avait aménagé son appartement dans le style rustique, encombrant tout l'espace par des tissus bariolés, des petits bancs, des tables minuscules et des armoires peintes ornées de cœurs gravés. Je veux l'interroger sur la raison qui l'a poussée à étendre sur les poutres du grenier la peau de notre ours blanc qui naguère épiait de dessous le piano, comme si, lentement, il sortait en rampant de sa cage. Il me faisait penser à un immense papillon blanc, pris soudain dans la toile d'une grande araignée qui, par succion, lui extrayait la vie. A cause de cet ours blanc j'ai subi les remontrances de monsieur Raha, un petit Tchèque osseux qui me dispensait de vaines leçons de piano. Il me grondait parce qu'au lieu de poser mon pied sur la pédale, je le glissais entre les mâchoires béantes de l'ours. Je contemple l'ours dans la peu glorieuse position de sa dernière capture. Je lui dois le souvenir de Raha. Lors des processions de la Fête-Dieu, il dirigeait la fanfare des cheminots zagrébois. De petite taille, avec un grand crâne chauve et un lorgnon semblable à celui du roi Alexandre[1], il marchait à grandes enjambées ponctuées de soubresauts. Nous les attendions patiemment, lui et sa bande, sur le balcon de notre maison du quartier de Zrinjevac. Comme par convention, il nous adressait d'abord un salut militaire, puis, sur un signe de sa part, juste sous notre balcon, la fanfare se mettait à jouer quelque marche lente. En notre honneur, la voix tonnante du gros trombone chassait les pigeons effrayés des cimes des platanes.

De nouveau dans le grenier. J'ai découvert dans un coin la lampe qu'avait utilisée jadis mamie pour se venger de ma mère. C'était une lampe à pétrole de bronze doré ornée de reliefs sur la vie de Poséidon et d'un abat-jour jaune violacé en forme de cloche. Un jour, précisément lors du réveillon de Noël, cette lampe a été offerte en cadeau à ma mère. Celle-ci n'a pas aimé l'objet et l'a dit à haute voix. Alors mamie a ordonné qu'on rapporte la lampe. Elle a passé sous silence le fait qu'elle avait accroché à la chaînette de l'interrupteur une noix en étain à l'intérieur de laquelle était cachée une bague de grand prix. Après cette plaisanterie, je me rappelle que s'est instaurée dans la maison une atmosphère monacale de froideur, de sévérité et de muette soumission. Pendant cette période, notre précepteur, le professeur Ivo Klug, fut renvoyé. On nous affirma que c'était à cause de son ivrognerie. Je compris que mamie testait sa puissance. On l'avait mis à la porte justement après l'affaire de la lampe. Car Klug avait toujours été

[1] Alexandre Ier de Yougoslavie (1888-1934). (N.d.T.)

un ivrogne, et il passait ses heures de cours à tailler infatigablement ses crayons. Il était devenu un maître dans cet art. Il taillait les crayons, et moi je les brisais obstinément. Il laissa derrière lui une pleine boîte de crayons taillés et brisés.

Alors est apparu Ivo Kozarčanin. Mamie nous l'a amené et, je me souviens, elle disait qu'il lui rappelait un poète allemand affamé, une caricature de Wilhelm Busch. On eût dit qu'il sortait d'un livre d'images de Busch, il était sympathique et avait des yeux tristes et fidèles. Un jour, il n'est pas venu. J'ai eu du mal à accepter le fait qu'Ivo Kozarčanin s'était effacé de ma vie. Cette disparition brutale me troubla. Personne ne m'avait expliqué pourquoi il était parti sans prendre congé. Je vivais donc dans une maison où des disparitions aussi soudaines étaient possibles.

Cette sensation étrange coïncida avec ma première peur véritable : « Il t'est interdit de mettre le nez dehors, on tire dans les rues, il y a partout de grandes manifestations, la ville est plongée dans le désordre, ils ont tué Stjepan Radić[1] » ; c'est ainsi que mon père m'expliqua la raison pour laquelle notre domestique Filip avait fermé les deux battants de l'immense portail muni de deux fenêtres jaunes et circulaires faisant le guet sur la rue. Pendant un certain temps personne n'ouvrit le portail, puis, un jour, à l'aube, tels des fugitifs, nous quittâmes Zagreb. Seul grand-père resta avec mamie, je me rappelle qu'il a répété à plusieurs reprises : « C'est un malheur, une véritable catastrophe, qui va arrêter l'avalanche à présent ? » C'est ce que disait mon grand-père, connu et respecté dans toute la ville. En l'accompagnant dans sa promenade, j'avais l'occasion de le vérifier quotidiennement. Il invitait ordinairement pour cette sortie le vieux viceban Svetislav Šumanović, qui portait de grands favoris à la François-Joseph, un chapeau melon et une redingote. Ainsi solennel, il avait l'air d'un représentant implacable du pouvoir étatique qui, au lieu de se rendre à une audience importante, s'était égaré dans une promenade. Coiffé d'un chapeau mou quelque peu froissé et vêtu d'un costume passablement usagé, grand-père Bogdan ressemblait davantage à un subalterne négligé de Šumanović qu'à un égal portant aussi

[1] Stjepan Radić (1871-1928), homme politique croate, fondateur du Parti Paysan Croate ; opposant au gouvernement, il fut grièvement blessé au parlement yougoslave à Belgrade par un député monténégrin déséquilibré ; rentré à Zagreb, Radić y mourut peu après. Les troubles qui s'ensuivirent conduisirent le roi Alexandre à dissoudre le Parlement et à abolir la Constitution. (N.d.T.)

le titre d'Illustrissime. Ils marchaient lentement, en se dandinant, s'arrêtant lorsqu'ils étaient pris par leur conversation. Quelque part à mi-chemin en direction de Cmrok se tenait un joueur d'orgue de Barbarie, un invalide avec une jambe de bois, portant un calot de la milice territoriale croate. Le vieil orgue enroué n'avait que deux chansons à son répertoire : « Notre belle patrie »[1] et « La donna è mobile ». L'infirme nous saluait de loin en agitant son calot, s'efforçant d'harmoniser les gestes amples de sa main gauche avec ceux de la droite, occupée à tourner prestement la manivelle du soufflet. Les deux vieux politiciens écoutaient quelques instants, l'air pensif, l'orgue qui jouait en leur honneur, immobiles comme s'ils l'entendaient pour la première fois, puis, en leur nom, je remettais au joueur d'orgue une pièce de deux dinars.

Depuis qu'au grenier j'ai découvert ces objets rejetés, je ressens le besoin d'y retourner. On eût dit que tout un entrepôt de messages secrets avait été transféré en ce lieu sûr, dont j'étais le garde privilégié. J'ai ri en dénichant dans un coin un landau à ressorts, à grandes roues et à corbeille tressée pourrie. La carcasse de fil de fer de cette voiture m'a rappelé certains animaux préhistoriques. Je me suis senti tout drôle à la pensée d'avoir été promené à travers la ville dans cette singulière barque tressée. Là quelque part entre les roues était dissimulé le petit frein à cause duquel, un jour, j'ai dévalé une pente. Ma nourrice Suzana Kedmenec n'était pas parvenue à le rattraper au moment propice, et le landau était parti. A la maison tout le monde l'a sévèrement réprimandée, mais elle trouvait cela comique et se tordait de rire. A cause de ce frein et de ce fou rire, elle fut renvoyée.

De même, la table d'échecs que j'ai découverte au grenier a son histoire. Un jour, je me le rappelle bien, grand-père était déjà malade, on a installé cette magnifique table dans une niche contre la fenêtre à côté du grand fauteuil dans lequel, enveloppé dans un plaid vert, il passait ses longues heures de malade. Depuis lors, on ne cessait de me souffler : « Chut, grand-père joue aux échecs avec l'archiprêtre Dragić ». Or, ce prêtre brun et chevelu — je me le rappelle par son habit de satin noir, son épaisse barbe, sa chevelure, ses mains velues et son regard perçant, « il ressemble à Svengali au moment de l'hyp-

[1] Hymne croate. (N.d.T.)

nose » a dit mamie — est devenu, en l'espace d'une nuit, mon ennemi, celui qui me séparait de mon grand-père. J'ai vécu la maladie de grand-père comme si l'archiprêtre noir l'avait fait prisonnier, comme si lui seul l'eût contraint à l'immobilité et à de longs silences interrompus de temps à autre par le tintement des pièces sur l'échiquier lisse. A chaque « boum », bien distinct, cristallin, je savais que l'archiprêtre noir bougeait victorieusement ses figures, tandis qu'on n'entendait même pas les coups de grand-père ; il les jouait lentement, comme s'il arrachait avec peine les pièces de l'échiquier. Ses bras fatigués et ses doigts contractés témoignaient de sa maladie. En les regardant, je les comparais à un autre bras blessé dans notre maison.

Sous la cage d'escalier, au rez-de-chaussée, se trouvait une niche bordée de fleurs en stuc. Dans son renfoncement était posée une statue représentant « Le grand-père avec son petit-fils sur ses genoux »[1]. L'enfant observait avec curiosité son grand-père en costume paysan et tenant une guzla. Le grand-père de plâtre avait un bras blessé. Depuis l'épaule jusqu'à la main, tel un os rongé, émergeait une construction en fil de fer qui soutenait la masse. J'ai longuement essayé de deviner comment le bras avait été blessé. Le vieux Filip m'a expliqué qu'en 1914 des manifestants furieux avaient pénétré de force dans la maison et brisé le bras de ce grand-père, « et l'Illustrissime a dit de le laisser comme ça, pour montrer ce qu'ils avaient fait »[2]. En effet, ce fragile et silencieux Filip était le plus sûr témoin vivant de maints événements qui se sont produits dans la maison. On se rappelle qu'il avait apporté à mon arrière-grand-mère malade, Juliana Mihalović, née Rogulić, sa soupe à la tomate préférée sur le balcon. En la découvrant morte, Filip avait d'abord rapporté la soupe à la cuisine, puis, tel un messager, avait brièvement annoncé son décès : « La vieille madame est morte, dehors sur le balcon ».

Filip avait également servi le patriarche serbe Georgije Branković quand celui-ci, à l'occasion de la visite à Zagreb de l'empereur François-Joseph, était venu en toute hâte de Karlovac afin de se joindre aux députations d'hommages provinciales. Pour des raisons de prestige, les Serbes de Zagreb avaient poussé grand-père à céder au

[1] Illustration d'un célèbre poème du poète serbe Jovan Jovanović Zmaj (1833-1904). (N.d.T.)

[2] Après l'assassinat de François-Ferdinand, le 28 juin 1914 à Sarajevo, de violentes manifestations antiserbes ont éclaté partout en Autriche-Hongrie, surtout dans les provinces de Croatie et de Bosnie-Herzégovine. (N.d.T.)

patriarche, en guise de logement, tout le premier étage de la maison. Alors Filip avait réduit à l'inutilité les laquais du patriarche, et même son valet de chambre personnel. Par la suite, mamie s'en était longtemps vantée : « Filip pourrait servir l'empereur, il baisait la main du patriarche comme s'il avait été son diacre à la cour ».

Connaissant sa fidélité, mamie le taquinait souvent : « Filip, quand je serai devenue une vieille femme, vous aurez quitté la maison pour servir l'archevêque, celui qui a dit que vous étiez le meilleur valet de chambre de tout Zagreb. D'autres hypocrites aussi sont partis, alors pourquoi pas vous ? » Alors Filip, avec la loyauté spontanée du paysan qui a lié son destin à celui de son propriétaire terrien, s'opposait doucement aux pièges tendus par mamie : « Je partirai seulement quand vous m'aurez chassé. Si vous n'êtes pas satisfaite de mes services, mettez-moi à la porte », se défendait-il, certain de son maintien. Ici, au grenier, je me dis qu'après la mort de grand-père il a peut-être participé au remue-ménage dans l'appartement de mamie. Peut-être est-ce précisément lui qui, comme dans un cimetière, a posé dans les coins du grenier toutes ces chaises, lampes, paniers, valises, fauteuils, instaurant dans ce capharnaüm un ordre connu de lui seul. En les disposant ici, peut-être espérait-il secrètement que ses vieux maîtres finiraient par l'appeler et lui ordonner de les ramener et de les ranger dans leur ordre antérieur.

J'ignore comment est apparue dans notre maison Nadjina Zakrevska, une Russe loquace qui, tout de suite, dès le premier jour, l'a remplie de l'odeur capiteuse de son parfum et de ses nombreux et hauts cris. Il était impossible de converser à voix basse avec madame Zakrevska sans hausser le ton, qui atteignait immédiatement des hauteurs imprévues, comme des cris de douleur inexplicable. Le palier précis où, dans son âme, étaient situées les zones émotionnelles hypersensibles à toute excitation, fût-elle la moindre, demeurait un mystère. Mamie avait affirmé avoir fait la connaissance de madame Zakrevska au café « Zagreb ». Cette femme savait rire de bon cœur, portait une belle coiffure avec une raie à la Lia de Putti, ornée d'un petit chignon, se maquillait comme une coquette, donnait des cours de français, alors pourquoi ne pas voir ce qu'elle apporterait ? Plus tard, alors que madame Nadjina avait déjà pris le pouvoir dans la maison, mamie trouva rétrospectivement de nouvelles raisons qui l'avaient incitée à faire venir cette si bruyante Russe.

« Cette comtesse russe ruinée m'amuse beaucoup », dit-elle d'un ton moqueur. « Elle me divertit par ses inépuisables mensonges, elle ment avec imagination, invente des histoires, à peine as-tu prêté foi à l'une qu'elle t'en sert une autre encore plus invraisemblable. Vraiment, elle raconte tout cela comme si elle avait personnellement assisté à tous ces scandales pétersbourgeois et moscovites, connu tous les grands-ducs et princes, fréquenté cette société huppée. Voilà, elle m'a amusée en me racontant l'amour qu'éprouvait pour elle le prince Demidov di San Donato, ce bel homme qui avait même voulu s'ôter la vie, car elle le repoussait, lui, ce brigand d'aristocrate, amoureuse qu'elle était de son Volodia, un virtuose du violon, étudiant désargenté. A cause d'elle, par désespoir, Demidov a joué et perdu au casino de Nice tout son domaine, aussi vaste qu'une province russe. Cela ne lui a servi de rien. Elle n'aimait que son Volodia, le violoniste virtuose qui à présent joue du clairon au 35ème bataillon d'infanterie « Zrinski ». Dans sa course folle ils ont échappé à la révolution, les cosaques rouges à leurs trousses. Je veux voir jusqu'ou cette Russe fofolle ira dans ses fantaisies et quel démon la pousse à inventer perpétuellement des histoires et des mensonges ».

Par conséquent moi aussi, je n'ai cessé d'écouter des histoires d'un monde lointain où tout était possible, où tous les obstacles habituels de la vie disparaissent, comme par enchantement, détruits par des sentiments trop puissants. J'étais particulièrement ému par l'histoire de Raspoutine, dont Nadjina Zakrevska ne mettait jamais en doute les pouvoirs surnaturels.

« C'était un moujik de Sibérie, il y avait quelque chose de colossal en lui, une grande puissance dans les yeux, et quand le prince Youssoupov, le comte Soumorokov-Elston, ainsi que le membre de la Douma Pourichkiévitch, lui ont servi des pirojki empoisonnés, Raspoutine les a mangés et il n'a eu aucun mal. Et le prince Youssoupov lui a tiré dessus et lui s'est encore relevé indemne et l'a regardé de ses profonds yeux noirs ».

Elle parlait de ce monstre russe avec une telle exaltation que j'ai fini par croire que le prince Youssoupov n'avait pas pu le tuer, que l'invulnérable moujik était resté en vie, qu'il était retourné en Sibérie en abandonnant la famille impériale et l'Etat russe à leur funeste destin. Comme s'il avait souffert une offense irréparable de la part de ces beaux messieurs dont, tel un brave grand-père, il avait généreusement soigné les enfants.

Or, dans notre maison, Nadjina Zakrevska trouvait des défauts à tout, en soulignant l'éclat passé de Saint-Pétersbourg. Notre nourriture n'était pas bonne, car personne ne pouvait se comparer aux cuisiniers russes, or deux chefs officiaient chez sa mère. Elles envoyaient leur linge à laver à Amsterdam, parce que seules les blanchisseries hollandaises donnaient un blanc parfait. Notre maison était aussi étroite qu'une cabane en comparaison de son palais à Pétersbourg qui comprenait trente pièces et une salle de bal avec un balcon où jouait l'orchestre. Notre automobile semble ridicule par rapport à l'équipage dans lequel elle voyageait, sa luge d'enfant était tirée par trois chevaux, tout comme une troïka. Et même nos bals, comparés aux bals russes, ressemblaient à des veillées funèbres. Nos joueurs de casino, nos don Juans, nos voleurs, nos espions, notre police, tous faisaient pâle figure à côté de leurs homologues russes. Madame Zakrevska profitait de chaque occasion pour nous menacer ouvertement de terribles mesures qui réduiraient, diminueraient, voire efface-raient le monde environnant.

« Cette folle critique tout », disait mamie, « rien n'est assez beau pour elle, or je suis sûre que dans son Pétersbourg elle était simple couturière dans un salon de mode. Son clairon ne la promenait quand même pas en gondole dorée sur la Néva. Je me demande combien de temps je vais encore la supporter ». Elle répétait cette menace, bien décidée à la mettre un jour à exécution.

J'ai bientôt compris que le maintien de Nadjina Zakrevska dans notre maison dépendait de la patience de mamie à écouter ces contes russes. Je savais avec certitude qu'elle se lasserait soudainement de pousser Madame Nadjina à mentir, à consolider à coups d'inventions l'assurance de vivre chez nous. Dans l'attente du dénouement, la gazouillante Russe continuait à déverser de nouvelles histoires afin de survoler de très haut, comme sur un tapis de Bagdad, sa modeste vie d'émigrée. Elle était sûre d'elle et prétentieuse comme si elle croyait résolument à toutes ses affirmations, et elle parlait d'un air hautain comme si elle avait fini par condescendre à accorder une parcelle de son attention à des gens qui n'en étaient pas dignes. J'avais bien remarqué que mamie affectionnait particulièrement ce rôle d'auditrice attentive, à croire que cette position lui offrait le meilleur abri pour sa gaieté. En fait, j'ai compris que madame Nadjina, par ses mensonges, se protégeait contre sa peur de l'existence. Dans une autodéfense désespérée elle se dissimulait derrière un monde pétersbourgeois imaginaire, devinant que ces étranges récits émouvaient les autres, tous ceux à qui cette vie paraissait lointaine et inaccessible. Je savais qu'un jour mamie se lasserait de faire semblant de croire à ces mensonges, et qu'alors madame Zakrevska s'en irait de chez nous comme une personne qui a abusé de la confiance d'autrui. Il resterait l'écho des histoires à propos des aristocrates russes polissons qui trompaient leur langueur de manière si inhabituelle. On conserverait aussi le souvenir de leurs excès propres à conduire leur vie à cet état exceptionnel où les scélérats passent de longs jours, tranquilles, inoffensifs, mais néanmoins vides.

Cet inévitable dénouement, mamie l'a mené rapidement et capricieusement, comme si, en un instant, elle se fût transformée elle-même en comtesse russe souffrant de migraines et d'ennui mortel. « Madame Nadjina », a-t-elle dit d'un ton léger, « le temps est venu de nous séparer. Je ne peux plus dormir à cause de votre Raspoutine, j'en ai assez de vos fantaisies, il vaut mieux que vous partiez avant que je ne tombe malade pour de bon. Chez moi, dans le Srem, on dit : « Joue de la flûte, mais sache à quel moment il faut la raccrocher à ta ceinture. »

Madame Nadjina Zakrevska est partie offensée, sans cacher son mépris. Après son départ mamie a dit : « Cette pimbêche russe me faisait penser aux bijoux de théâtre. Les fausses pierres ne brillent que sous les feux de la rampe, sinon, ces petits morceaux de verre bigarrés n'ont aucun éclat ».

J'ai cru plus longtemps que grand-mère à la verroterie de Nadjina Zakrevska.

Au grenier j'ai également mis la main sur une plaque en fer-blanc portant l'inscription « Seigneurie de Rakitje ». Cela m'a rappelé qu'une semblable plaque de fer-blanc était accrochée sur la calèche, aux flancs de laquelle se balançaient lourdement deux lanternes tordues. Cette calèche ne servait qu'en des occasions solennelles, principalement quand, l'été, la famille se retirait sur le domaine. Ces jours-là on sortait même le carrosse, tout brillant, cet indispensable attribut de tous les domaines des nobles du Zagorje Croate[1] et des environs de Zagreb. On l'utilisait dans plusieurs circonstances. Déjà à Zagreb, avant le départ pour le domaine, mon père me rappelait de ne

[6] Région de Croatie septentrionale. (N.d.T.)

pas oublier de rendre visite à nos voisins, Mihalović à Kerestinec et la vieille Jelačić à Novi Dvori.

J'allais d'abord à Kerestinec voir Son Excellence Anton Mihalović, le dernier ban de Croate du temps de l'Autriche-Hongrie. Ce Mihalović, que tout le monde appelait plus brièvement « Excellence », vivait en original dans un vieux château fort, entouré par ses anciennes douves ainsi que par un grand jardin à l'anglaise agrémenté de chênes centenaires.

A Kerestinec étaient attachées de secrètes et sanglantes histoires de l'époque des grandes jacqueries, et à présent une mystérieuse auréole de vieille bâtisse parait, de façon inattendue et imméritée, son dernier propriétaire. Il avait l'air d'un homme qui s'étonnait lui-même de tout ce qu'il avait découvert dans le labyrinthe des nombreuses pièces. « Son Excellence » s'habillait à la manière d'un noble russe exilé : veston à rayures blanches et bleues, pantalon caca d'oie et chaussures de tennis blanches, tandis qu'un panama aux larges bords dissimulait presque entièrement son étroit visage orné d'une barbichette. Tout le monde racontait que « Son Excellence », en achetant le domaine de Kerestinec au profiteur de guerre et boucher parvenu Hafner, avait mal investi son argent, que le domaine l'avait endetté et que ses jours étaient comptés. Il était indéniable que le vieux politicien usé avait beaucoup de mal à se débrouiller dans les complexes affaires de son patrimoine passif, et que dans ce vain effort il persévérait à présent davantage par entêtement aristocratique que par un calcul avisé. On savait que sur ce domaine à l'abandon il faisait construire depuis des années une petite fabrique de spiritueux, et que pendant ses longues heures de désœuvrement il étudiait les fourmis dont d'immenses pyramides avaient germé aux quatre coins du parc non entretenu.

Je n'aimais pas cette « visite de courtoisie » à la vieille « Excellence ». Surtout parce que le vieux solitaire profitait de toutes les occasions pour exposer en détail ses plans en faveur du renouveau économique du domaine de Kerestinec. Il répétait toujours les mêmes arguments et intentions, en déversant sa colère contre l'ancien propriétaire. « Regardez donc ces écuries », se fâchait Mihalović, « n'est-ce pas la construction luxueuse d'un parvenu typique ? Et qu'était d'autre ce maudit Hafner, *ein ganz gewöhnlicher Kriegsverbrecher, das war er*[1]. Il a livré de la viande avariée à la Trésorerie militaire, et

[1] Un criminel de guerre tout à fait ordinaire, c'est ce qu'il était.

dans les stalles de l'écurie il a fait poser ces miroirs biseautés et ce carrelage d'un vert vénéneux, le misérable ? *Das Ganze werde ich umbauen in eine kleine Spiritusfabrik*[1]. Puisque ces Juifs de Mayer et de Wolkenfeld l'ont fait avec le château de Januševac, pourquoi ne pourrais-je moi aussi agir de même avec cette construction de Kerestinec ? Je ne vais quand même pas attendre qu'ils emportent également le toit de ma maison, comme c'est arrivé au comte Kornberon qui, pour rembourser ses dettes, a dû vendre le toit de cuivre de Januševac, là où, précisément, il voulait ouvrir une université avec le ban Jelačić. Ces messieurs avaient bien préparé leur coup, *aber das war doch ganz irreel, übrigens*[2], de s'occuper d'économie ici en Croatie, *da muss man Mut haben*[3]. Même Tahy n'est pas hors de portée de la faux de ces paysans. S'ils ne peuvent rien faire d'autre, alors, *aus reiner Bosheit*[4], ils s'en prennent aux innocentes fourmis, tous de la racaille ! » Après cette explosion de fureur il s'enquérait généralement de la santé de mon grand-père, oubliant qu'il était déjà mort. « Et papy, comment va papy, ça fait longtemps que nous ne nous sommes pas vus », tel était son refrain.

Le goûter aussi était toujours le même. Nous mangions immanquablement du fromage à la crème, assis sur des chaises de jardin tressées, presque perdues au milieu du grand parc. C'est alors seulement que Son Excellence se lançait dans un discours enflammé. « L'Autriche, l'Autriche », disait-il en soupirant, « aujourd'hui il est difficile d'expliquer ce qu'était véritablement l'Autriche. Des choses bizarres pouvaient se produire dans ce pays. Prenez ces croissants frais. Il faut tout manger. J'ai lu dans les mémoires d'un certain comte Adolf Friedrich Schack que l'écrivain, esthète et historien d'art allemand Friedrich von Rumor obligeait ses invités à transporter des pierres avant de déjeuner. Pour s'ouvrir l'appétit. Donc, mangez afin de ne pas être forcé de transporter des pierres. Ah ! oui ! *A propos* des croissants ! Les coalisés, et votre grand-père en était un, pendant la guerre, lors des suspensions de séances à l'Assemblée, allaient prendre une collation chez Lupal au « Grand ». On connaissait le menu : du goulasch, de la bière et des amuse-gueule. Or quelqu'un en

[1] Je transformerai tout cela en une petite fabrique de spiritueux. *(Les notes sans mention particulière sont de l'auteur.)*

[2] Mais c'était quand même tout à fait irréaliste.

[3] Pour cela il faut de l'audace.

[4] Par pure méchanceté.

a informé l'empereur, *höchstpersönlich*[1] l'empereur Charles. Alors j'ai été convoqué en personne à Schönbrunn, en tant que ban de Croatie, pour faire mon rapport. A cause de ces amuse-gueule et de ces maudit goulasch l'empereur m'a passé un sacré savon. D'un tiroir il a sorti des croissants et a dit : *« Während meine treuen Soldaten hungern und trotzdem die Monarchie verteidigen, isst man bei Ihnen in Agram Salzstangel aus weissem Mehl. Eine wahre Schande ! Sie, Herr Banus, Sie mache ich persönlich verantwortlich für diesen Skandal »*[2]. Oui, oui, c'était cela aussi, cette satanée Autriche ! » concluait Son Excellence de façon quelque peu ambiguë.

La visite à la vieille comtesse Jelačić à Novi Dvori se déroulait différemment. Elle aussi m'accueillait avec hospitalité, tout comme Mihalović, elle aussi insistait pour me faire manger. Après le goûter nous allions nous promener jusqu'à la petite chapelle familiale dans laquelle reposait le ban Jelacic[3], dont la tombe était toujours ensevelie sous des couronnes fanées et des rubans déposés par Dieu sait quels pèlerins. *« Ich lebe hier ganz einsam und vergessen »*[4], se confiait sincèrement la vieille comtesse. *« Die Jelacics sind ja ausgestorben, ich bin noch die letzte*[5]. Si vous revenez l'année prochaine, vous ne me trouverez plus. *Hier, links vom Banus, werde ich begraben »*[6], disait-elle, en frappant les grands carreaux de la chapelle de la petite canne noire de dame à la poignée d'ivoire en forme de perroquet. Elle parlait calmement, paisiblement, comme une personne déjà détachée de son milieu. Et quand, par politesse, je la contredisais, elle se contentait d'esquisser un geste assuré de la main, comme pour me maintenir à une distance réglementaire. *« Sie sind noch jung »*, murmurait-elle, *« und verstehen noch nicht wie das Leben traurig werden kann*[7]. Et le pire est quand vous restez seul. *Die Jelacics*

[1] En personne.

[2] « Tandis que mes fidèles soldats souffrent de la faim mais défendent malgré tout la Monarchie, chez vous à Zagreb on mange des bâtonnets salés fabriqués avec de la farine blanche. C'est vraiment une honte ! C'est vous, Monsieur le Ban, vous que je tiens pour personnellement responsable de ce scandale ».

[3] Josip Jelačić (1801-1859), général autrichien et ban de Croatie, célèbre par sa répression de la révolution en Hongrie en 1848. (N.d.T.)

[4] « Je vis ici dans une retraite totale, complètement oubliée ».

[5] « Les Jelačić se sont éteints, je suis la dernière ».

[6] « C'est ici, à la gauche du ban, que je serai enterrée ».

[7] « Vous êtes encore jeune... aussi ne comprenez-vous pas encore à quel point la vie peut devenir triste ».

Familie ist die traurigste Familie in ganz Kroatien. Mit Fluch sind wir belastet. Ja, selbst die junge Generation kann diesem Fluch nicht entgehen[1]. Vous savez bien quels bouleversements nous avons connus à Novi Dvori ». Nous restions silencieux, par un accord tacite, au moment où la vieille dame arborait les désagréables événements familiaux qui avaient eu lieu quand, tel un ouragan, le chanteur d'opérette Tino Patiera était passé par le domaine où, comme dans un livret de mélodrame, il avait au premier acte fait perdre la tête à la sœur de madame Jelacić, la comtesse Schafgotsch, tandis qu'au deuxième il avait disparu avec sa fille.

Je me rappelle également ma visite à Berger, le châtelain de Mokrica. Ce Juif habile avait acheté le château avec l'intention d'y couper du bois. Ses calculs financiers étaient eux aussi erronés, de sorte que le domaine se trouvait au bord de la faillite. On songeait au désastre imminent en voyant ces longs couloirs ornés par-ci par-là de bois de cerfs accrochés au mur, trophées oubliés par l'ancien propriétaire Freicher von Gagern, ainsi qu'en contemplant les pièces désertes, surtout le grand salon de musique circulaire, situé dans une tour d'angle du château. Sa vacuité semblait encore renforcée par la blanche cheminée à carreaux de style classique, avec un vase à son sommet et dépourvue de garde-feu. Sinon, Berger s'était fait connaître dans le milieu des hobereaux par sa résistance à céder son domaine à un prix raisonnable au roi Alexandre. Il demandait une somme que le roi ne voulait pas payer. Dans le parc il me montrait un grand marronnier entouré d'un banc sur lequel ils s'asseyaient pour négocier. Offensé par le refus obstiné de Berger de baisser son prix, le roi a bondi rageusement du banc et s'en est allé sans saluer. A l'issue de ce duel verbal avec le roi et pendant longtemps, personne n'a osé entamer des négociations avec Berger pour l'acquisition de son domaine.

L'affaire de la lampe avait confirmé mon pressentiment que dans notre maison quelque chose n'allait pas. Mamie Katica venait de plus en plus rarement, prenant comme prétexte la maladie de grand-père. Pressentant la dislocation de la communauté, presque instinctivement, je demandais de plus en plus souvent à mamie de me raconter la

[1] « La famille Jelačić est la famille la plus triste de Croatie. Nous portons le poids d'une malédiction. La jeune génération elle-même n'arrive pas à y échapper ».

chronique familiale. Comme si, une fois pour toutes, je désirais me rappeler la trame unique de ces destins, afin de pouvoir à tout instant me les remémorer. Ces jours-là, où je ne faisais qu'anticiper le péril que courait ma famille, j'ai compris combien mamie aimait sa ville natale de Vukovar. En décrivant la vieille maison des Mihalović, d'où elle était issue, elle nous trompait, elle et moi, par la perspective de revenir dans sa contrée natale, comme si la maison de ses parents n'avait pas été vendue depuis longtemps déjà. Tous deux nous acceptions cette petite illusion suspendue à un fil d'araignée.

Le grand-père de mamie était Justin Mihalović, commerçant et citoyen de Vukovar, ainsi qu'il le signait fièrement, correspondant de l'*Augsburger Zeitung* en 1848 et principal soutien du mouvement de Vuk[1] dans le Srem. Pour Vuk il rassembla les chants populaires, traduisit Wieland, Rabener et le « Politisches Catechismus » de Neusser et ce sous le titre « Au Tyran », exprimant de cette manière ses principes libéraux. Egalement issue de cette maison de Vukovar, sa nièce Ruža s'est à son tour mariée. Elle a été emmenée par un petit employé des douanes nommé Teodor Radičević, avec lequel elle a eu plus tard un fils, Branko[2]. Poète, Branko rendait de fréquentes visites à son grand-oncle Justin, montait dans le grenier de la maison, où, à l'intérieur d'une petite isba, conformément à la coutume familiale, les femmes accouchaient. Son fils Rista, le père de mamie, a soutenu sa thèse de doctorat en droit à Vienne, mais toute sa vie il s'est occupé de littérature. A vingt ans il est même devenu le premier traducteur serbe de Heine, s'efforçant dans ses envols poétiques personnels d'appliquer des traits spirituels, parfois humoristiques, de son illustre modèle. Dans les poèmes de Rista on peut également déceler ces efforts propres à Heine qui défont soudain une atmosphère créée un peu plus tôt. Par une doucereuse sentimentalité, de manière totalement inattendue, il utilisait le persiflage, qui confinait parfois à l'ironie amère. Parmi les poèmes de son père, mamie aimait tout particulièrement ceux-là et les lisait avec un plaisir non dissimulé dans un cahier relié de soie bleue, où il les avait rédigés de son écriture lisible et appliquée.

J'étais assis à côté de mamie, stimulant ses souvenirs et lui posant

[1] Vuk Karadžić (1787-1864), écrivain et philologue ; réformateur de la langue serbe. (N.d.T.)

[2] Branko Radičević (1824-1853), célèbre poète romantique serbe. (N.d.T.)

pour la énième fois des questions sur grand-père, convaincu qu'elle allait me confier quelque nouvel événement, inconnu de moi. « Notre première rencontre, tu le sais, a eu lieu à Vukovar », a dit mamie, « et la deuxième à Pest. Grand-père s'y était rendu pour ses affaires politiques, tandis que mes parents m'y avaient amenée pour me faire assister à un opéra et m'acheter des robes. Nous nous sommes rencontrés à la porte de l'hôtel, tu sais, celle à tambour. Nous, en véritables provinciaux surchargés de paquets, nous voulions entrer, et cafouillions devant cette porte, alors que de l'autre côté grand-père voulait sortir. Nous sommes entrés, et lui est sorti. Myope comme il était, il ne nous a pas tout de suite reconnus. Ensuite il nous a promenés en fiacre à travers Pest, nous a conduits à la pâtisserie « Chez Gerbaut », et à l'opéra où nous avons écouté « Mignon ». Depuis ce soir-là c'était devenu son opéra le plus cher ».

« Et la troisième rencontre ? » ai-je demandé.

« Nous nous sommes rencontrés à Zagreb », a poursuivi mamie, « à l'opéra. Depuis notre loge j'observais le public à la lorgnette quand soudain, juste dans la loge vis-à-vis de la nôtre, grand-père est entré avec sa mère, que la rumeur traitait de vieille femme de fer, de Bismarck féminin. J'avais entendu l'histoire du trousseau de clefs dissimulé dans les replis de sa robe de soie. Comme un vulgaire garde-chiourme elle trimbalait ces nombreuses clefs avec lesquelles elle ouvrait toutes les serrures possibles. Même le garde-manger, elle le tenait sous clef. Or chez moi à Vukovar tout était ouvert. Quand je le désirais, je montais au grenier où pendaient des boudins et je mangeais à satiété. Quand, dans la salle de théâtre, les lumières se sont éteintes et que l'orchestre a commencé à jouer l'ouverture, j'ai remarqué que grand-père avait affectueusement posé la tête sur l'épaule de sa mère. Il est resté ainsi jusqu'à la fin du premier acte. Cette tendresse m'a plu. Son adoration pour sa mère ne me gênait pas, bien qu'ensuite nous ne nous soyons pas entendues. Chez moi, c'est comme ça : j'ai l'esprit ouvert, tandis qu'elle, au contraire, n'en faisait qu'à sa tête comme si elle n'entendait pas les autres. Elle m'a fâchée si souvent. Une fois, nous venions juste de nous marier, nous déjeunions ensemble. Il y avait justement de jeunes feuilles de vigne farcies et je savais à quel point grand-père aimait ce plat. Moi, comme une vraie jeune mariée amoureuse, j'ai rempli l'assiette de grand-père, or elle ne cessait de me fixer devant les domestiques, tel un cobra. Alors par un coup de sonnette elle a fait venir Filip et sans mot dire lui a remis l'assiette de grand-père. Puis elle a rempli elle-même pour lui une autre assiette, et pendant tout ce temps elle n'a pas prononcé un seul mot. J'en ai eu tellement assez de ce perpétuel mutisme que je me suis enfuie à Vukovar en traîneau depuis Ruma. Ils ont eu toutes les peines du monde à me faire revenir, mais auparavant la vieille femme de fer s'est rendue chez sa fille Ljubica à Mitrovica. J'ai demandé à grand-père de choisir entre elle et moi. Il a opté pour moi », a-t-elle dit d'un ton victorieux malgré les années.

D'abord avec retenue, puis de plus en plus ouvertement, presque insolemment, j'exige de mamie qu'elle me parle de ma mère. Au début j'ai vécu ces exigences comme de petites trahisons, mais ce sentiment est allé s'affaiblissant, de sorte que je me suis mis à parler de maman avec mamie comme s'il était question d'une lointaine cousine. Peut-être ce sentiment est-il né à cet insaisissable instant où j'ai soudain compris que ma mère allait sûrement partir de la maison et quitter mon père pour toujours. Je n'en suis plus certain. Mamie parlait aussi de ma mère sans chercher à se défendre de quoi que ce soit.

« Ta mère était belle, très belle, *ein wahre beauté*[1], comme on disait alors. Sa famille était venue de Mohacs s'installer à Zagreb et ta mère est tout de suite devenue une vraie sensation. Ton père l'a vue pour la première fois sur la promenade Zrinjevac près du pavillon de musique. Elle portait un grand chapeau florentin de paille à ruban bleu. Il est tombé amoureux au premier regard et malgré son jeune âge a voulu l'épouser immédiatement. J'ai eu beaucoup de mal à convaincre grand-père de lui donner la permission. Il s'est marié en uniforme de hussard dans une église fermée à clef à Karlovac, et les cierges étaient enveloppés dans des cocardes tricolores serbes. La guerre[2] avait déjà commencé. Il avait pour témoin le docteur Edo Lukinić, député de la coalition, un merveilleux Croate et ami de grand-père. Ils sont allés en voyage de noces à Abazzia. Ensuite j'ai eu toutes les peines du monde à lui éviter d'être envoyé sur le front. Je suis intervenue auprès du feld-maréchal Borojević, en cachette, à l'insu de grand-père. Il l'a envoyé dans un service d'intendance près de Vienne pour inventorier les couvertures et les selles des chevaux. Il

[1] Une véritable beauté.
[2] La Première guerre mondiale. (N.d.T.)

n'a jamais touché de fusil. Je suis allée personnellement acheter des vêtements pour ta mère. Dans les meilleures boutiques viennoises à Grabno. Bittmann lui vendait le plus beau linge, tandis que je prenais des gâteaux chez Dämel et Gerstern. Tes parents étaient trop gâtés, *und schon ist es schief gegangen*[1]. Alors grand-père se fâchait et disait : « Même une guerre mondiale ne pourra assagir ces têtes de linottes ! » Il avait raison, je m'en rends compte aujourd'hui ».

La santé de grand-père empirait de jour en jour. Notre médecin de famille, le docteur Karlo Luschitzky, que grand-mère qualifiait de champion du diagnostic et de *« Lebenskünstler »*[2], venait de plus en plus souvent chez nous. Il sortait de la chambre de grand-père de plus en plus silencieux, et ses paroles de consolation sonnaient de plus en plus faux. *« Nur keine Panik*[3]*, Madame »,* répétait-il en s'efforçant d'être persuasif, « l'Illustrissime a le cœur solide, *und das Herz wird bestimmt aushalten*[4]. Je puis tout à fait le garantir. *So bald als möglich*[5] vous rentrerez avec l'Illustrissime dans votre Rojc et tout ira bien. *Darauf nehme ich Gift*[6] ». Je demeurais assis, troublé et effrayé. Pendant ce temps-là l'archiprêtre noir lui aussi restait assis, muet, dans la pièce en saillie, ressentant peut-être toute l'usure de sa loquacité ecclésiastique.

Ce milieu découragé a reçu un jour la visite inattendue d'un envoyé du roi[7]. On avait informé mamie quelque temps auparavant que grand-père avait été décoré de l'Ordre de Saint-Sava de première classe avec cordon, et que ce témoignage de la bienveillance du souverain serait remis au malade par l'émissaire du roi. Fort énergiquement, grand-père avait refusé de recevoir cette décoration. « Je ne veux pas de ce *Gnadenbrot*[8] tardif », a-t-il dit rageusement. « Toutes ces simagrées arrivent trop tard pour moi ». Et quand l'envoyé du roi est arrivé, malgré tout, mamie lui a expliqué que grand-père venait d'être victime d'une nouvelle attaque cardiaque, qu'il ne pouvait donc le recevoir, et l'a prié de lui remettre la décoration à elle. Plus tard,

[1] Et ça commençait déjà à aller de travers.
[2] « Artiste de la vie ».
[3] « Surtout pas de panique ».
[4] « Et le coeur tiendra sûrement ».
[5] « Dès que ce sera possible ».
[6] « Là-dessus je suis formel. » (N.d.T.)
[7] Alexandre 1er de Yougoslavie. (N.d.T.)
[8] Pain de charité.

quand grand-père est mort, la décoration m'a servi de jouet. Mon père m'a seulement dit : « Je t'interdis de la sortir de la maison ».

J'aimais beaucoup écouter mamie me lire de vieilles lettres, d'amour et de politique, des poèmes et des épigrammes. Tous ces papiers étaient mélangés avec de vieilles notes d'hôtel et des brouillons des discours politiques de grand-père, de sorte que parfois elle fouillait longuement à la recherche du texte désiré. « Je sais que là quelque part j'ai des vers de Laza Kostić [1], attends je vais les trouver », disait-elle en sortant d'un grand sac de voyage des liasses de vieux papiers. « Il venait souvent chez nous quand ton père était petit. Tout Zagreb riait de le voir courir sans chemise à travers Tuskanac [2]. Mais où donc ai-je fourré ce petit poème de Laza, tu verrais quel esprit de répartie il avait. Le voici ! » s'est-elle écriée d'une voix triomphale. « Mais d'abord tu dois savoir comment il a été créé. Une fois nous fêtions très solennellement l'anniversaire de papa. Laza passait par là et il a vu la maison éclairée, une véritable *Hochbeleuchtung* [3], aussi est-il entré par curiosité, sans penser que dans cette maison pleine de cris on célébrait un anniversaire. Se rendant compte qu'il avait fait irruption les mains vides, il a pris un bout de papier sur lequel il a écrit :

Lepa Kato,
Tvoje divno zlato,
Kom se svako divi,
Neka Bog poživi [4].

Plus tard, à une autre occasion, nous nous sommes rencontrés à Pest. On racontait que pour l'argent il avait épousé une femme d'âge mûr mais richement dotée. Le jeune marié est arrivé à Pest avec sa femme en *Hochzeitsreise* [5]. Je lui demande : « Monsieur Laza, comment va la mariée ? » Alors le poète me répond tout de go : « Que

[1] Lazar Kostić (1841-1910), célèbre poète serbe. (N.d.T.)
[2] Grand parc à Zagreb. (N.d.T.)
[3] Illumination de fête.
[4] Belle Kata,
Qua ta beauté dorée,
Par nous tous adorée,
Soit par Dieu protégée. (N.d.T.)
[5] Voyage de noces.

vous dire, tante Katica, elle a les bras comme les jambes ». Quand il était jeune, Laza aimait la sœur de grand-père, la très belle Ljubica, qui a épousé l'élégant, beau et bête Ćira Milekić, maire de Mitrovica. Il lui a dédié entre autres le poème « Mon écureuil, ma traîtresse ». Ljubica était également aimée de Miša Polit-Desančić[1], *aber alles umsonst*[2], la jeune fille ne voulait ni de Miša ni de Laza. Alors Zmaj Jova[3] a envoyé à tous deux le télégramme suivant : « Misa console Laza, Laza console Miša — Ljubica s'est mariée ». Mon Dieu, que de soucis grand-père a eus à cause de cette sœur belle et écervelée et de son mari Cira qu'en famille on qualifiait de paradeur. Il était jaloux, elle était jalouse, et ils avaient divisés en deux camps leurs quatre enfants, qui espionnaient leurs parents pour une crème glacée. Devenue vieille, Ljubica se rendait en cure à Ischl, pour soigner sa goutte, et de tous les poèmes de Laza elle n'a jamais connu par cœur que « Minadir ».

Tandis que mamie me lisait de plus en plus fréquemment ses vieux papiers, mon père se hâtait souvent de nous quitter. Quand un jour je lui ai demandé où il se trouvait, mamie m'a répondu qu'il était parti pour Karlsbad afin de traiter ses calculs biliaires. Alors est arrivée sa carte postale que je n'arrive pas à oublier. En fait, c'était sa photographie prise lors de sa promenade dans le parc de la station thermale. Mon père avait jeté en l'air sa canne pour la rattraper dans sa chute. En bas, en grosses lettres, était imprimé le texte suivant : *« Karlsbad macht dich gesund »*[4]. Je me souviens que la carte a beaucoup offensé maman. Elle a déchiré la photographie en deux. J'ai recollé les parties, m'efforçant ainsi de sauver ce joyeux numéro d'acrobate de mon père. J'ai conservé les deux moitiés. Quand, plus tard, j'ai montré à mon père cette photographie réparée, il l'a longuement considérée sans mot dire, puis a prononcé d'une voix sèche : *« Das Leben spielt oft seine Posen »*[5].

[1] Mihailo Polit-Desančić (1833-1920), journaliste et homme politique serbe. (N.d.T.)

[2] Mais tout cela en vain.

[3] Jovan Jovanović Zmaj : voir note 1 p. 14.

[4] « Karlsbad te redonnera la santé ».

[5] « La vie joue souvent des rôles ».

J'avais remarqué qu'en vieillissant mamie me parlait de plus en plus souvent de mon père Djordje. Elle ne le faisait pas auparavant, aussi l'ai-je interprété comme un besoin de me préparer progressivement à comprendre son absence. « Enfant, il avait à Rakitje sa petite armée composée de garçons de son âge. Il en était le général et chevauchait un magnifique poney noir. Les officiers étaient les enfants des maisons zagréboises, tandis que les petits paysans formaient l'infanterie. Nous avions confectionné des uniformes pour tout le monde ; pendant qu'ils faisaient leurs exercices dans le jardin, on préparait dans une marmite du goulasch pour l'armée. Les paysans envoyaient volontiers leurs enfants à ces manœuvres, mais ils demandaient qu'on leur verse une indemnité. Dès l'enfance ton père a appris à commander, il n'était pas facile à maîtriser.

Encore tout petit, il s'est montré insolent envers l'évêque Strossmayer[1]. Cela s'est passé à Rojc ; grand-père se promenait avec Strossmayer, lorsque ton père et moi les avons rencontrés. « Salue poliment monsieur », lui a ordonné grand-père. Ton père a gardé le silence. « Baise la main de Monseigneur », a repris grand-père. Alors ton père a lancé « Salut, curé ! » avant de s'enfuir à toutes jambes. Pendant ces promenades à Rojc, Strossmayer formulait une proposition, parmi d'autres, à grand-père : « Vous autres Serbes orthodoxes nous donnerez à nous, Croates catholiques, votre autonomie religieuse[2] ; quant à nous, nous vous transmettrons notre sens de l'organisation, et voilà l'unification, voilà une vraie Eglise pour nous », c'est exactement ainsi qu'il parlait », disait mamie, en ajoutant que « l'évêque était un vrai monsieur avec des manières impeccables, ce n'est pas par hasard que l'impératrice l'avait choisi comme confesseur, *für einen anderen Rahmen war er gemessen*[3] ».

Sûre d'elle, mamie me grondait énergiquement quand, pour quelque raison que ce soit, j'espaçais mes visites à la famille de ma mère. En m'envoyant chez eux elle semblait vouloir me faire découvrir les différences, me faire comprendre pourquoi ces deux familles n'avaient pu rester ensemble jusqu'au bout. Leur union apparente

[1] J.J. Strossmayer (1815-1905), prélat croate, l'un des promoteurs de l'idée yougoslave, fondateur de l'université de Zagreb. (N.d.T.)

[2] L'Eglise serbe, comme toutes les Eglises nationales orthodoxes, est autonome. (N.d.T.)

[3] « Il était fait pour un autre cadre ».

avait duré peu de temps. Elle me rappelait la roue d'un vieux moulin à eau de campagne à trois aubes qui grinçait et gémissait. Puis, soudain, elle se mettait à crisser de plus en plus fort, l'eau rapide sautait de plus en plus victorieusement sur les palettes arrachées, la résistance faiblissait, la rotation se faisait plus lente et de plus en plus vaine. Finalement, la roue s'arrêtait, et un monde nouveau constitué de mousse et d'algues devenait le bénéficiaire de son immobilité.

La famille de ma mère vivait en location dans une grande maison, dont les loggias ombragées donnaient sur un jardin botanique et sur un tronçon de voie ferrée. Je n'ai pas connu mon grand-père maternel, Lazar Rajić. Dans la chambre de ma grand-mère Olga Rajić on trouvait, sur une commode, sa photographie en uniforme de capitaine de uhlans. On voyait un grand et élégant officier avec une barbe joliment taillée, à cheval, légèrement voûté comme si après le galop il caressait l'encolure de l'animal. Mamie Olga me racontait qu'il avait été un homme adorable et que, du temps de leurs fiançailles, à Mohacs, ils « chopinisaient agréablement ». Lorsqu'il était apparu à Mohacs, cette bourgade de Pannonie, il venait d'Ivanić-Grad, où son père, ancien chef de bureau au ministère des Finances de Pest en retraite, vivait dans une gentilhommière baroque en bois. En servant loyalement, il avait mérité son anoblissement ainsi que le titre d'« Excellence », et dans ses vieux jours il s'occupait passionnément de la traduction des « Brigands » de Schiller. A Mohacs le père de maman, Lazar, avait ouvert un cabinet d'avocat. Ce juriste budapestois avait été rapidement adopté dans les milieux commerçants et bourgeois.

Mamie Olga était issue d'une vieille famille de Mohacs, les Stajević, qui, dans leur lignée féminine, comptaient quelques ancêtres anoblis par Marie-Thérèse, dont seuls les portraits subsistaient de cette période de splendeur. J'aimais tout particulièrement celui de Georgije Stanković, noble de Piva. Son visage rond et joufflu contrastait tellement avec ses mains exceptionnellement fines. Une pelisse de zibeline jetée sur les épaules, il ne portait pas d'armes et tenait dans sa main une grosse montre.

A la naissance de mamie Olga, ses parents étaient déjà d'un âge assez avancé et avaient deux filles avec des dots fabuleuses selon la rumeur. On disait que le vieux Stajević avait amassé des pièces d'or dans des cruches, que dans sa maison il y avait une salle remplie de ces cruches. Cependant le vieux propriétaire terrien ne rêvait que d'avoir un fils, aussi tout Mohacs attendait-il avec impatience l'accouchement de mon arrière-grand-mère. Son mari avait commandé à l'avance un nouveau fiacre pour le baptême ; il voulait conduire dans cette voiture son fils et successeur jusqu'à l'église. Mais quand en lieu et place du fils est née une fille, pendant sept jours il est resté plongé dans la tristesse, sans manger ni boire, ne voulant voir personne. Dans son exil volontaire il semble avoir vu en prémonition le destin de sa famille, et avant tout, l'éparpillement de ses biens entre Dieu sait quels gendres. Par ce désespoir il semble avoir attiré le malheur. La première à quitter la maison fut sa fille aînée Melanija. Elle épousa un noble hongrois nommé von Ivanka dont on disait qu'il appartenait à la vieille noblesse d'Arpad, si vieille que ses ancêtres avaient décliné les titres de comte et de baron autrichiens. Son importante dot disparut rapidement dans une vie d'aventures, de sorte que le vieux propriétaire terrien se mit, à l'insu de sa femme, à envoyer de l'argent à leur fille. Sa deuxième fille Irena n'eut pas davantage de chance. Elle se maria avec un petit employé du tribunal, un bellâtre aspirant à une vie facile. L'argent d'Irena s'engloutit dans les villes d'eau et sur la Côte d'Azur. Au regard des critères bourgeois, seule ma mamie s'était mariée « convenablement », avec un homme travailleur et d'avenir. Mais, par malheur, mon grand-père est mort subitement en pleine jeunesse, laissant derrière lui sa femme avec cinq enfants. Le dernier souvenir de la jeunesse évanouie des trois sœurs figurait sur un portrait qui les représentait, grandeur nature. Un maître hongrois avait peint les trois jeunes filles maigres et sérieuses en robes de bal, s'efforçant de donner une unité à la composition. Enfin, à la mort de leur père, dans le rapide partage entre les filles leur dernière attache avec Mohacs a disparu. Alors fut également oubliée l'histoire de la chambre aux cruches remplies d'or.

Avec cinq enfants, quelques reliques familiales et un peu d'argent, mamie Olga a déménagé à Zagreb, où son beau-frère Ivo Rajić avait déjà acquis une certaine renommée en tant qu'acteur et metteur en scène de théâtre. Favori de la vieille « Excellence » d'Ivanić, il avait tôt quitté la demeure familiale pour le vaste monde. Il s'était d'abord rendu à Vienne pour apprendre la diction chez Strakosch, puis la mise en scène chez Max Reinhart. Il jouait les rôles du grand répertoire dans les principaux théâtres de Budapest, de Prague et de Hambourg. Il ressemblait à un dandy, à un voyageur cultivé qui serait descendu par erreur dans une gare de province. Passionné de théâtre, il avait à peine le temps et l'envie de s'intéresser sérieusement aux malheurs de sa belle-sœur et de ses enfants mineurs. Dans leur existence aussi il se déplaçait de cette manière distinguée et désinvolte, se contentant de dispenser ses bons conseils en passant. Il était bien plus présent dans le salon de sa belle-sœur lorsque, accompagné par elle au piano, il chantait pour ses invités de vieilles romances françaises, ou bien lorsqu'il exprimait avec fougue ses convictions wagnériennes, acquises à Bayreuth dans le cercle même de la famille de Wagner. Comme ensorcelé par ses aspirations, il répétait obstinément les pensées de Wagner, en essayant de conférer à ses dires une note prophétique. Il parlait comme on tient un sermon : *« Schlagen wir die Kraft der Reflexion nicht zu gering an. Das bewusstlos produzierte Kunstwerk gehört Perioden an, die von der unseren fernab liegen ; das Kunstwerk der höchsten Bildungsperiode kann nicht anders als im Bewusstsein produziert werden »*[1].

Il avait aussi rempli le salon de mamie de lithographies de Franz von Stuck. Je me souviens d'un sphinx rougeâtre, de furieuses bacchanales, du « Baiser » de Peter Berens et plus généralement de nombreuses scènes érotiques. Il gardait dans un cadre posé sur une petite table une photographie dédicacée de Sarah Bernhardt dans le rôle de l'« Aiglon » et une autre de la cantatrice Milka Trnina dans « Fidelio ». J'aimais tout particulièrement poser des questions et écouter des histoires à propos des acteurs russes, dont les photos les montrant dans les costumes de leurs illustres rôles faisaient travailler mon imagination. Mais, malgré tout, je ne peux pas dire que j'aimais cet étrange oncle de mamie, mystérieux et quelque peu distant, « tonton Ivica », comme tout le monde l'appelait. Quand il me rencontrait dans la rue avec la mère, jamais il ne m'embrassait. Au lieu d'un baiser et d'une étreinte cordiale, j'avais droit de sa part à une familiarité princière. Tout simplement, avec son pouce et son index, il me pinçait la joue.

Je ne l'aimais pas également parce qu'on m'obligeait de temps en temps à lui réciter, et à personne d'autre, des poèmes qu'à l'école on nous demandait d'apprendre par cœur. Il était vautré dans un fauteuil, tambourinant nerveusement des doigts sur le dossier, ou bien, sur un

[1] « Ne sous-estimons pas de la force de réflexion. Une œuvre d'art créée inconsciemment appartient à une époque éloignée de la nôtre ; une œuvre d'art de la plus grande période de création ne peut s'être produite autrement que dans la conscience ».

rythme connu de lui seul, il bougeait un pied — ses chaussures étaient munies de guêtres grises. Il brisait implacablement ma résistance silencieuse et mes erreurs volontaires en exigeant que je répète la strophe.

Toutefois je suis redevable à tonton Ivica de mes premières émotions théâtrales. En tant qu'intendant du Théâtre national croate, il nous offrait tous les dimanches, pour les matinées, une loge en mezzanine — elle portait le numéro 7 — qui se transformait pour l'occasion en nid familial. Ma parenté avec l'intendant me permettait de me mêler pendant l'entracte à un monde à part, derrière les coulisses, de visiter la garde-robe des artistes et d'observer avec émerveillement les acteurs en train de se maquiller avant d'entrer en scène. Mon plus grand privilège était de coller des moustaches au comique Dejan Dubajić, que j'aimais tout particulièrement, et ma grande récompense arrivait quand, depuis la scène, il m'envoyait là-haut dans la loge un salut, un geste secret montrant qu'il m'avait remarqué.

Après le spectacle j'allais prendre le thé chez la famille de ma mère. J'adorais observer depuis la vaste loggia le mouvement des trains, compter les wagons ou bien deviner d'après les locomotives s'il s'agissait de trains express ou d'omnibus. Ces grands et vieux engins à vapeur s'extrayaient de la gare comme à contrecœur, lentement et lourdement. Ce n'est qu'au loin que le martèlement de leurs roues gagnait en force et en sûreté, se transformant en un rythme joyeux. A chaque fois je m'émouvais de simplement constater qu'un aussi grand nombre de personnes étaient transportées simultanément dans des directions qui se ramifiaient secrètement et inexorablement.

Lors de ces solennelles visites dominicales chez les Rajić j'ai aussi découvert ma tante Helena. Je dis « découvert », car j'ai compris qu'il existe des gens qui restent toujours fermés et repliés sur eux-mêmes. Elle vivait dans la même maison que sa mère Olga, ma mamie, mais à l'étage inférieur, dans un appartement indépendant. Elle n'avait pas d'enfant, et son mari, Slavko Aranicki, était un haut fonctionnaire du gouvernement provincial de Croatie, dont l'étoile professionnelle brillait à cette époque d'un éclat inaltéré. Je me suis rapidement rendu compte que ma mère et ma tante avaient des personnalités diamétralement opposées. Bien qu'elles aient été toutes deux élevées à Budapest dans la Országos Nöképró Egyesület, fondation de la célèbre bienfaitrice Veres Pálné, puis dans un « Sacré-Cœur » de Dresde, elles se différenciaient par leur tempérament et leur philosophie de la vie. Alors que ma mère avait conservé des réactions promptes et souvent irréfléchies, des mouvements vifs et de brusques sautes d'humeur, exprimées par un rire sonore et des pleurs tout aussi bruyants, ma tante parlait à voix basse, comme si elle interrogeait prudemment ses interlocuteurs. Même dans les circonstances les plus joyeuses elle avait l'air triste, sérieux, à croire qu'elle avait une vocation pour la souffrance silencieuse. Ses mouvements mesurés et son esprit raisonnable faisaient penser à une nonne invétérée, à une personne qui, imperceptiblement et discrètement, s'attache à réparer toutes les injustices de la vie. J'avais remarqué qu'aux murs de sa chambre à coucher n'étaient pas accrochées les habituelles photos de famille. A leur place, s'étendait une véritable petite iconostase comprenant les portraits de ses écrivains et artistes préférés. Sur ce mur on pouvait voir accrochés : Chaliapine, Dostoïevski, Tchekhov, Mark Twain, Petöffi, Heine, Beethoven, Schumann, Gœthe, Dickens, Katchalov, Chopin, Ibsen et Tolstoï. Elle me racontait aussi les représentations triomphales d'acteurs moscovites à Zagreb, la préparation presque rituelle à chacun de leurs spectacles :

« Tout de suite après le déjeuner commençaient déjà le va-et-vient nerveux, les mouvements déraisonnables et les vaines fouilles dans la garde-robe, le besoin fiévreux de faire quelque chose, n'importe quoi. Deux heures avant le lever de rideau nous étions tous habillés et assis, désœuvrés, dans le salon, à attendre que le temps passe. Après le spectacle, de nouveau comme cloués sur place, nous demeurions assis dans le salon à gémir de concert ; quant à dormir, il n'en était pas question. Ces Russes nous hypnotisaient, ils nous conduisaient à la folie, à une véritable transe. S'ils étaient restés un mois encore, nous aurions tous fini à Stenjevac[1]. Or tonton Ivica invitait tous ces merveilleux acteurs à venir prendre le thé chez nous. Katchalov aussi bien que Kniper-Tchekhova, Germanova et Krijanovska, ainsi que Charov, tous venaient chez nous se désaltérer et nous nous embrassions à la russe », me racontait tout attendrie tante Helena, en me montrant dans le salon désert la place où s'asseyait chacun de ces grands personnages.

Ma tante m'a également raconté l'histoire de Charov qui avait

[1] Village des environs de Zagreb où se trouvait un hôpital psychiatrique. (N.d.T.)

emprunté à l'avocat Dušan Popović 10 000 couronnes et utilisé tout cet argent pour acheter des fleurs à la jolie épouse de Dušan, madame Vida. Dans toute la ville Popović l'avait vanté comme étant le plus galant homme qu'il eût rencontré dans sa vie. « N'importe qui à sa place aurait conservé au moins une partie de l'argent, tandis que lui, avec sa merveilleuse galanterie, a tout dépensé, jusqu'au dernier sou, pour faire la cour à ma propre femme », c'est précisément ainsi que s'exprimait l'intelligent Dušan Popović, et lui au moins s'y connaissait en gestes pathétiques et galants.

J'ai aussi entendu ma tante me parler de la fin insolite de sa grand-mère, mon arrière-grand-mère Anastasija, veuve d'une « Excellence » d'Ivanić. Elle m'a raconté cet événement avec calme, comme si elle approuvait tacitement le comportement d'une vieille femme affligée. « La demeure à Ivanić est devenue déserte du jour au lendemain. Mon grand-père Djuro est mort, mon père est mort, et mamie est restée seule à Ivanić. A demi aveugle, elle s'est longtemps opposée avant d'accepter de venir à Zagreb se faire opérer les yeux. Elle se défendait de toutes ses forces en affirmant que tout cela n'était qu'une grande illusion. *« In dieser Lebenswüste hat ja keinen Sinn weiter zu leben, die Zeit ist gekommen dass man sich zurückzieht, man soll dabei nur keinen grosses Radau machen »*[1]. Au sanatorium, cet après midi-là, elle a reçu notre visite. Nous lui avons apporté un peu de raisin, comme elle nous l'avait demandé. Nous avons pris congé normalement, comme si nous allions nous revoir le lendemain. Alors la vieille femme s'est enfermée à clef dans sa chambre et s'est assise dans l'armoire, la fermant de l'intérieur. Elle s'est donné la mort avec un petit pistolet de dame à la crosse ornée de nacre. Même les infirmières de garde n'ont pas entendu le coup de feu. C'est seulement lors de la distribution des dîners qu'on l'a découverte dans l'armoire, car un mince filet de sang s'en écoulait. Avant de la trouver ils ont pensé qu'elle s'était enfuie du sanatorium. Les patients faisaient la sieste l'après-midi, aussi, discrète et distinguée comme elle l'était, s'est-elle assise dans l'armoire afin de ne réveiller personne. Fidèle à sa devise : *« Im Leben soll man mur keinen grossen Radau machen »*[2]. »

[1] « Dans ce désert de la vie il n'y a aucun sens de continuer à vivre. Le temps est venu de se retirer. Et à ce propos il ne faut pas faire trop de bruit ».

[2] Dans la vie il ne faut surtout pas faire trop de bruit.

Pendant que ma tante Helena me racontait ses histoires, je sentais renaître cette vieille blessure. L'ombre de cet événement semblait profiter à tous. La longue mémoire familiale paraissait s'être acquis un nouveau témoin. Je n'ai pas pu recueillir tout de suite son témoignage depuis l'armoire. J'étais troublé par la force peu commune de cette vieille femme qui avait fait ses adieux à sa famille de cette manière-là. Elle avait bavardé avec les siens, mangé les raisins qu'elle avait commandés, et puis, dans l'armoire, elle s'était tiré une balle parce qu'elle ne supportait plus sa vie solitaire, émaillée de rares lettres envoyées par son fils depuis le vaste monde, remplies de conseils de tonton Ivica : *« Liebste Mama, mach mir jetzt nur keine Sorgen »*[1].

La famille de mon père me grondait parce que je posais des questions sur ce suicide. Mamie Katica affirmait avec colère que l'on ne pouvait récrire la vie, et que dans toutes les familles on trouvait des gens faibles qui voulaient la fuir. *« Ich kenne sie aus eigener Familie »*[2], disait-elle d'un ton méprisant.

« Je ne fais pas d'opérette avec ma famille », ajoutait-elle pour poursuivre la dispute. « Dans toutes les vieilles familles on peut dénicher des originaux. A Irig j'avais une cousine. Elle était jeune et belle, mais à quoi bon, *von Geburt aus war Sie verrückt*[3]. Elle avait été discrètement renvoyée de la pension de jeunes filles de Temesvar en raison de sa kleptomanie — cette véritable pie volait toutes sortes de babioles : des rubans, du fil, des aiguilles. Sa mère souffrait de *Grössenwahn*[4] et avait transmis ce mal bourgeois à sa pauvre fille. Quand il était question de mariage, elles disaient toutes deux en cœur : ou bien un aristocrate, ou bien personne, *entweder, oder*[5]. A Ruma, au bal des officiers, elle a rencontré un cavalier nommé Wenecki, un Polonais magyarisé. Il s'en est suivi que ce dernier venait tous les jours à cheval jusqu'à Irig pour l'accompagner en promenade. On était sur le point d'annoncer les noces. Les commerçants juifs ont entendu dire qu'à la maison on préparait une riche garde-robe, aussi se sont-ils précipités pour présenter des échantillons. Et elle, cette cousine folle, elle s'est mise à voler les commerçants ; pendant la nuit elle découpait des morceaux d'étoffe dans les diverses balles laissées là. Et, bien

[1] « Très chère Maman, s'il te plaît ne me crée à présent aucun souci ».
[2] « J'en connais dans ma propre famille ».
[3] Elle était folle de naissance.
[4] Mégalomanie.
[5] C'est l'un ou l'autre.

entendu, les Juifs ont remarqué quelque chose de suspect, ils ont démasqué la voleuse. Ça été un grand scandale. Avec une menace de procès à Mitrovica. Au milieu de ce remue-ménage notre Wenecki a demandé sa mutation et *sans adieu* a filé dans une garnison en Transylvanie. Avant ce faire, il s'était toutefois expliqué : *« Eine Diebin wird meine Offizierskarriere ruinieren »*[1]. Et maintenant vient le plus beau de l'histoire. Cette affaire elle aussi a fini par s'arranger, aucun scandale ne durant plus de trois jours, et ses parents sont revenus à la charge pour le mariage. Mais la jeune fille a refusé tous les prétendants, elle s'est entêtée : ce serait Wenecki ou personne. Et puis la guerre[2] est venue, et elle, la folle, gardait toujours espoir que son chevalier arriverait à cheval de Ruma. Quand la guerre s'est achevée, l'armée autrichienne se retirait par Irig, et la malheureuse fiancée de Wenecki guettait par la fenêtre, avec des jumelles, l'apparition de son chevalier. Mais il ne venait pas. Un nouvel Etat avait été créé[3]. Sa mère et elle n'en ont pas cru leurs yeux quand les emblèmes impériaux ont été enlevés des sous-préfectures et que les musiciens gitans ont revêtu les anciens uniformes de parade. Consternées, elles se sont retirées dans leur maison et ne sont plus jamais sorties dans la rue. Elles ont tout bonnement refusé de reconnaître le nouveau pouvoir et tout ce *Pöbel*[4] qui avait soudain émergé comme dans tout bouleversement. Elles ont vendu tout ce que contenait la maison. Par la fenêtre on les voyait déambuler, toujours en gants de soie, personne ne les voyait jamais les mains nues. La vie s'est ainsi poursuivie après la mort de la mère. Sa fille ne l'a même pas accompagnée à sa dernière demeure, ce sont des étrangers qui ont organisé ses funérailles. La fille est morte de faim. On l'a trouvée morte sur un matelas éventré. Voilà ce qui arrive *wenn man aus dem Leben flüchten will*[5]. »

Voici donc ce qu'on trouve derrière la façade solennelle des familles. Tout simplement, la vie continue à couler, avec une succession de hauts et de bas familiaux, de personnalités exceptionnelles et médiocres, et ainsi naissent spontanément les annales de cette durée tissée d'innombrables efforts en vue de différer, ne fût-ce que d'un

[1] « Une voleuse ruinerait ma carrière d'officier ».
[2] La Première guerre mondiale. (N.d.T.)
[3] La Yougoslavie, en 1918. (N.d.T.)
[4] Populace.
[5] Quand l'homme veut fuir la vie.

instant, la disparition dans l'oubli total. Un certain temps, cette façade solennelle tient bon. Elle résiste aux petites fissures formant déjà un réseau qu'il n'est pas aisé de dater. Longtemps invisibles, les points sensibles se transformaient progressivement en fissures visibles, dont les rainures se touchaient et s'élargissaient. Dans ce processus de désintégration elles vivent selon leurs propres lois, elles réclament simplement leur dû.

Je suis confronté à deux histoires familiales comportant la même fin. La mort intervient des deux côtés et, à vrai dire, il est difficile de définir clairement cet entêtement obstiné qui mène inexorablement à l'autodestruction. Deux conséquences d'un conflit aboutissant à une image brisée du monde qui peu à peu se reconstitue une solide unité, telle une grande mosaïque composée d'une multitude de petits carreaux. Je dirais que ces vieilles familles ressemblent à des mosaïques patiemment élaborées dont chaque fragment réclame son appartenance à l'ensemble. Une fois sorti de cette unité, il disparaît inexorablement, perdant toute raison d'exister.

Je comprends de plus en plus clairement que se sont déjà formés deux clans antagonistes, celui de la mère et celui du père, et que tous deux, à leur façon, entraînent dans le vertige de leurs vérités. Dans cette rivalité je deviens, sans l'avoir mérité, de plus en plus important. Comme si, dans le dernier acte de séparation, chacun tenait à s'assurer mon affection et mon témoignage. Arrivent les jours d'immixtion fiévreuse dans ma naïveté. Sentant cette désunion, mamie Katica parle de plus en plus ouvertement et brutalement :

« Pourquoi te bourrent-ils le crâne avec toutes ces fantaisies ? C'est par amour, uniquement par amour, que ton père s'est marié. Et sans aucune expérience, *aus reiner Liebe*[1]. Ta mère n'a pas su l'accepter convenablement, elle n'a tout bonnement pas su, mais peut-être n'était-ce pas de sa faute. *Sie war ja auch ein grosses Kind* »[2].

A la suite de tous ces conflits je me replie sur moi-même avec une détermination accrue.

Et parce que la fin de grand-père approche, sa réputation croît. Inconsciemment, il devient l'ultime et imperceptible point d'ancrage de la famille, un juge qui ne rend plus de sentences. Tous devinrent qu'elles existent, mais sont tacitement convenus qu'elles ne restent

[1] Par pur amour.
[2] Elle aussi était un grand enfant. (N.d.T.)

qu'une menace lointaine. Malgré tout, chacun semble comprendre que la disparition de grand-père va bouleverser tous les aspects de la vie familiale, métamorphoser cette vie dont la nouvelle image, complexe et diversifiée, effraie tout le monde individuellement. Seule mamie Katica semble connaître à l'avance l'issue de nos nouveaux rapports, et elle parle tranquillement de grand-père. Elle sert son culte encore avec flamme.

Elle m'a souvent raconté ce que grand-père, quand il était petit, avait répondu à l'évêque orthodoxe Nikanor Grujić, toujours fermement persuadée de conter cette histoire pour la première fois. « Quelle est ton appartenance nationale ? » a demandé l'évêque à grand-père. Celui-ci, fier d'être originaire de Novi Sad, l'Athènes serbe, a répondu sans hésiter : « je suis Novisadois ». « Pourquoi être une grenouille de marécage quand tu pourrais être un faucon du Velebit ? »[1] l'a corrigé l'évêque, songeant à sa propre origine. « C'est ainsi que ça s'est passé », concluait-elle mélancoliquement.

Dans ma conscience je mets en exergue les mots « s'est passé ». De temps en temps, malgré moi, je réfléchis à leur sens global. A travers leurs strates je me fraye un chemin menant à une sorte d'apaisement, de confiance en moi et de sécurité. Ce passé composé devient une dorure précieuse qui recouvre la nudité de notre cadre de vie. Lors de telles réflexions, j'ai également découvert la signification du « gros bout de la lorgnette ». A l'opéra, j'aimais observer la scène avec les jumelles de mamie. Je tournais la petite roue qui rapprochait les chanteurs. Puis, soudain, leurs visages devenaient flous. J'avais exagéré dans le grossissement. En tournant la roue en sens inverse, je faisais réapparaître devant mes yeux les héros disparus. Je retournais les jumelles, mais mon image claire, aiguë, était émaciée par la distance. Tout s'était enfui. En considérant ce « passé », mamie disait d'un ton énergique : « Il faut partir à temps ».

Mamie Olga, tante Helena et les oncles Jovan et Lazar approuvaient cette idée de départ au bon moment. « Quelles tragédies peuvent survenir *wenn man das rechtzeitig nicht einsieht* »[2], disait oncle Lazar. « Je me rappelle toujours la vieille Milka Trnina et son concert à la cathédrale. Elle était accompagnée à l'orgue par Franjo

[1] Grande chaîne de montagnes séparant la Krajina de la mer Adriatique (N.d.T.)
[2] Si l'on ne s'en rend pas compte à temps.

Dugan. *Damals war er ein begabter Anfänger*[1] et il ne buvait pas autant. La cathédrale était *vollgestopft*[2], le tout-Zagreb était venu écouter son premier récital depuis la fin de la Première Guerre mondiale. Tout à coup, au beau milieu de l'Ave Maria — un crac. On eût dit que quelque chose venait de se briser en elle. A l'intérieur de la cathédrale, la consternation. Cela fut son dernier concert. *Sofort hat sie sich zurückgezogen. Rechtzeitig hat sie es getan*[3]. Au contraire, la pauvre Magda Pucek, *wollte es nicht einsehen*[4], elle implorait ses amis fortunés de lui organiser un concert au Conservatoire de Musique. Dans toutes les vitrines de la rue d'Ilica on trouvait des photographies d'elle, et c'était une beauté, la coqueluche des hommes. L'un de ses amis lui a ouvert une boutique de lainages et l'a priée de se calmer. Mais elle voulait un concert. Nous sommes tous venus, par courtoisie. Ce fut un fiasco complet. Une telle débâcle que les critiques payés d'avance n'ont pas su quoi écrire. *Höchstens war sie eine Natursängerin*[5], qui pouvait chanter dans un chœur. Après le concert, elle s'est empoisonnée. *So eine wunderschöne Frau mit grünen Augen. Immer dasselbe*[6]. Il faut savoir *in welchem Moment man sich zurückziehen muss* »[7].

Je me suis également rappelé alors de nombreux récits à propos d'Ivo Vojnović[8]. Dans la famille de ma mère, on parlait toujours de lui avec émerveillement : quel homme magnifique, quel esprit, quel invité charmant, quel virtuose de salon, quel charmeur. Tonton Ivica possédait une photographie dédicacée de lui. De profil, coiffé d'un chapeau et la tête exagérément renversée, il semblait observer un vol d'oiseaux. La dédicace était tonitruante, composée de grands mots et d'une grosse signature, de celles dont même l'écriture doit révéler l'esprit de décision et la résolution.

De ces récits j'ai appris qu'il avait le crâne chauve, d'une grosseur disproportionnée eu égard à sa petite taille, qu'il était incroyablement laid, mais seulement à première vue et au premier instant. Quand il se

[1] A l'époque c'était un débutant talentueux.
[2] Bondée.
[3] Elle s'est immédiatement retirée. Elle l'a fait au bon moment.
[4] Elle a refusé de voir la réalité.
[5] Tout au plus c'était une chanteuse douée.
[6] Une si belle femme aux yeux verts. Toujours la même histoire.
[7] A quel moment il faut se retirer.
[8] Ivo Vojnović, auteur dramatique yougoslave, né à Dubrovnik, en 1857, mort à Belgrade, en 1929. (N.d.T.)

mettait à raconter quelque chose, sa laideur disparaissait et tout l'auditoire s'abandonnait rapidement à l'irrésistible magie de son récit. J'ai eu de la peine à croire, quand on me l'a relaté, que pendant la guerre les autorités autrichiennes avaient fait interner ce petit bonhomme d'aspect si insignifiant et laid, l'estimant dangereux pour la sûreté de l'Etat. A demi aveugle, il avait occupé, sous bonne garde, un lit à l'hôpital des sœurs de la charité, mais de temps en temps on l'avait autorisé à recevoir des visites. Aller voir le comte Ivo malade était considéré à Zagreb pendant la guerre comme une manifestation de courage. Sa chambre de malade ne désemplissait pas de patriotes qui lui apportaient des fleurs et des cadeaux. Assis dans son lit, si menu qu'il semblait y flotter, il ressemblait à un étrange bébé affligé d'un visage de vieille femme, aux mouvements vifs qui émaillaient ses propos entrecoupés. Dans la chambre remplie de monde on ne savait pas à qui il parlait, de sorte que parfois les gestes de la main s'adressaient à certains visiteurs et les paroles à d'autres.

« Mes très chers amis, comment vous rendre un tel amour ? », s'écriait-il en recevant d'un visiteur un pot de compote. « Je serai votre débiteur pour toujours ».

A tous les gens présents dans la chambre il adressait des messages politiques ambigus :

« Que voulez-vous, très chers amis, nous sommes encore là, et le diable ne nous a pas encore tous emportés ».

Il a répété cette phrase lors du spectacle « La mort de la mère des Jugović », quand le public enthousiasmé l'a fait venir devant le rideau.

En ces jours de maladie Ivo Vojnović peignait parfois des pastels. Il a ainsi offert à tonton Ivica un paysage bleu de bonace, avec une île et des cyprès. Il peignait toujours le même motif, la même mer calme. Quand une fois on lui a demandé pourquoi il ne représentait pas une mer houleuse, il a répondu qu'il ne le faisait pas parce que la bonace régnait dans son âme. Ma tante dit que le comte Ivo a dépensé sa fortune à acheter des fleurs et à se déplacer en fiacre.

« Une fois je l'ai rencontré », raconte-t-elle, « assis dans un fiacre, un immense bouquet de roses à la main. Quand il m'a aperçue, il a arrêté la voiture, en a bondi tel un chat et m'a offert, à moi, toute troublée, ce bouquet destiné à une autre. Il m'a raccompagnée chez moi, le fiacre nous suivait au pas. Il était ainsi, toujours prêt à un *beau geste*. Quand il a reçu, en 1918, une donation nationale de 10 000 couronnes, il a très rapidement tout dépensé. Sur le corso de Zrinjevac il a donné ses dernières 1000 couronnes à un invalide de guerre. A cette occasion il nous a dit en grand seigneur : « Je ne peux pas supporter la vue de la misère ». Il adorait tonton Ivica.

Dans son appartement il tenait toujours, sur une petite table réservée à cet effet, un cahier dans lequel il notait ses « inspirations », dont il disait qu'elles lui venaient dès qu'il franchissait son cher seuil. De son appartement je me rappelle un saint de bois incliné, un portrait de tonton Ivica peint en Pierrot de Prague, un arôme particulier et un silence glacé. Cet appartement était aussi le refuge secret d'un homme solitaire et difficile d'accès.

Au grenier j'ai également découvert un grand album de famille, soigneusement garni de vieilles photographies. Il avait une couverture de velours rouge sur le devant de laquelle brillait un grand aigle d'argent qui tenait dans ses griffes le monogramme de mon arrière-grand-mère Julijana Mihalović. Cet aigle renforçait encore le caractère solennel, quasiment religieux, du volumineux livre dans lequel, comme dans un registre de monastère, était conservée la mémoire des donateurs disparus depuis longtemps. A présent ce sont mes nombreux cousins qui ont accroché leurs vies à l'arbre familial très ramifié. Ce n'est qu'en des circonstances exceptionnelles qu'on sortait du tabernacle cet évangile familial qu'on feuilletait alors dans une atmosphère solennelle confinant au rituel. Et les commentaires qui accompagnaient la tournée des pages m'apportaient de nouvelles révélations des compléments sûrs et des rectifications à des biographies incomplètes ou obscures. On y trouvait les photographies de membres de la famille qui avaient, sur la base d'un jugement familial définitif, acquis depuis longtemps une invulnérable et sublime auréole, et dont l'existence n'avait connu que le succès. A présent leurs biographies, que j'écoutais et recevais sans résistance ni désir de vérification, ressemblaient à un rapport de canonisation.

Il existait également dans cet album des photographies qui, tel un mémento, rappelaient obstinément les destins manqués, les excès, les petits et les grands dérapages de la vie. On examinait leurs visages plus brièvement. En fait, en tournant les pages de l'album on faisait se dérouler un processus triple. En premier lieu, la personnalité photographiée communiquait à travers le papier jauni un message intime. Toute sa vie, comprimée à un instant, émergeait docilement de sa cachette dévoilée. Ensuite venait le commentaire de l'observateur ultérieur, déjà tout à fait éloigné de la personnalité représentée, dont le jugement était conditionné par des motifs plus ou moins froids. Et enfin, la troisième partie du processus était liée à ma perception, personnelle, souvent peu claire, des deux premiers éléments.

Ici, c'est oncle Sandor, en uniforme de lieutenant d'artillerie, un cousin de ma mère », disait mamie Katica. « C'était un bel homme et un grand briseur de cœurs. Il servait à Vespren et là il a eu une aventure avec la comtesse Zitchi. A titre disciplinaire, on l'a muté en Galicie. A Lublin il s'est battu en duel avec un Polonais. Celui-ci lui a crevé un œil avec son sabre, et alors on l'a mis à la retraite, là-bas quelque part. Il n'a plus jamais donné signe de vie, nous ne savons même pas quand ni où il est mort. *Einfach ist er spurlos verschwunden*[1]. On racontait que le beau Sandor avait ouvert une petite boutique, ou bien un hôtel, et qu'il en vivait, *aber es kann auch nur ein Trost sein »*[2].

J'examine la photographie jaunie, oblongue. Sur une balustrade, derrière laquelle on entrevoit un paysage et un lac peints sur un panneau, est assis un petit homme, les bras croisés, contemplant quelque chose dans les coulisses en carton. L'uniforme moulant, met en évidence son corps musclé et souple, son visage détendu et irréfléchi, comme prédestiné aux difficultés de la vie. Avec tristesse je l'imagine mutilé, un bandeau noir semblable à celui d'un pirate lui cachant l'orbite sans œil. Je devine comment, dans la lointaine Galicie, il disparaît en tant que boutiquier, humilié dans son honneur d'homme du Srem. Or, toutefois, alors qu'il était en pleine possession de ses moyens et au zénith de ses aventures de jeune homme, il vivait pour cette gloire éphémère et trompeuse qui se fondait sur l'admiration des plus faibles et des moins braves. J'ai entendu raconter à plusieurs reprises comment il entrait, accompagné par des cochers, au café budapestois « Hungaria » rempli d'aristocrates et d'officiers hongrois. Pour ses compagnons il commandait du champagne, et pour lui-même de l'eau minérale. Il aimait ainsi chasser ces prétentieux messieurs hongrois, *kostet was kostet*[3], disait-il en riant bruyamment.

Sans doute en guise de contrepoids à ce représentant de la turbulence familiale, on trouvait dans l'album, à côté de sa photographie,

[1] Tout simplement, il a disparu sans laisser de trace.

[2] Mais c'est peut-être seulement une consolation.

[3] Coûte que coûte. (N.d.T.)

celle d'une jeune fille maigre, douce, presque fanée, en robe de mariée. On m'a expliqué que c'était la photo de tante Evica, celle qui voulait épouser de force le préfet de Sombor. « Ce sera lui ou personne », lançait-elle avec une force insoupçonnée, surprenant son entourage par son amertume accumulée.

C'était totalement fou. Elle avait fait la connaissance de ce monsieur corpulent et lourd à la gare de Vukovar, lorsque, à l'occasion d'un accueil solennel, elle lui avait remis un bouquet de fleurs au nom des citadins rayonnants de joie. Le grand monsieur, transpirant dans son étincelant habit de cérémonie, luttait maladroitement avec le bouquet et avec son sabre doré en s'efforçant d'embrasser la fillette. Pour la petite excitée ce baiser avait suffi à désigner en la personne de ce grand monsieur, là, sur le quai, le chevalier de ses rêves de jeune fille. Cependant, le destin en avait décidé autrement. Un jour, les journaux de Budapest ont annoncé que le grand monsieur avait péri lors d'une chasse au sanglier dans les sauvages Carpates. Devant l'animal en furie son célèbre fusil, qui lui avait valu un nombre impressionnant de trophées, ainsi que la réputation, dans les milieux de chasseurs, de tireur infaillible avec lequel « Son Altesse Impériale l'Archiduc François-Ferdinand » aimait à se mesurer, s'était enrayé. Après cette mort inattendue en pleine chasse, les fiançailles de tante Evica défendues avec tant d'obstination se sont défaites, et elle a enfin consenti à épouser un pharmacien de Velika Kikinda. L'album de famille a conservé son visage à la veille du mariage. Dans ses bras mollement relâchés elle tenait comme à contrecœur un bouquet de fleurs enveloppé dans de la soie. Sur cette photographie est également inscrit le dernier acte de ses adieux définitifs à la famille. Par la présence de cette photo dans l'album, toutes les obligations familiales envers elle semblent s'être enfin achevées. Sans que l'on ait cherché un ordre spécifique, tante Evica s'est apaisée sur la même page de l'album qui voit apparaître le beau Sandor. En regardant ces deux photographies, j'ai l'impression d'avoir soudain complètement appréhendé cet étrange pouvoir d'apaisement, quasi mortuaire, qui émanait de ce grand album de famille.

J'examine quelques photos de mamie Katica. Sur l'une d'elles, je la vois déguisée en gitane, avec une fleur piquée dans les cheveux, à la Carmen. Sur une autre, elle porte une tenue d'équitation et tient coquettement sous le bras une cravache de bambou munie d'une poignée d'argent en forme de tête de chien avec des yeux de rubis. Je suis sûr qu'il s'agissait bien d'une tête de chien en argent avec des yeux de rubis car, plus tard, mamie a monté cette poignée sur un parapluie dont elle s'est longtemps servie. Elle ne l'a abandonné que lorsque le chien a perdu ses yeux. Sur la troisième, on la voyait en chasseresse, une cartouchière tombant nonchalamment sur le côté et, entre les mains, un élégant fusil pour dames. Ces photographies me troublent, tant il est vrai que mamie n'est jamais montée à cheval, elle n'est jamais allée à la chasse et n'est jamais entrée sous une tente de Tsiganes. Je suis également gêné par ce port de costumes qui témoignent fallacieusement de quelque chose qui ne s'est jamais produit. Je me demande à qui sont destinées ces tromperies. C'est la même dissonance qui consistait autrefois à accrocher, dans les confortables appartements bourgeois, des tableaux représentant des scènes de la vie des Tsiganes hongrois et des mendiants viennois. Dans ce même esprit, on sculptait une vieille femme vendant des marrons à côté du fourneau en fer-blanc, tandis qu'un enfant affamé s'enroulait autour de ses jambes. Les visages étaient peints, et l'on voyait clairement que la vieille femme avait froid. Mamie aimait tout particulièrement cette *Marronfrau*[1]. Quand quelque chose l'attristait, elle menaçait de nous abandonner tous pour aller vendre des marrons.

Avec une attention particulière et méticuleuse, on avait rassemblé dans l'album les photos reflétant toutes les phases de la vie de mon père. Je le regarde en tenue de nageur. C'est un homme jeune qui bombe le torse, vêtu d'un tricot noir. Puis mon père motocycliste, cycliste, cavalier, cocher en train de conduire une voiture, escrimeur, joueur de tennis, élève du Teresianum en uniforme muni d'une longue rangée de boutons, ressemblant à un garçon d'ascenseur dans un hôtel de bon standing. Je regarde ces photos et je me demande combien de personnalités se nichaient derrière son visage perpétuellement souriant ! Combien d'inquiétudes sont dissimulées par ses métamorphoses espiègles, poussées jusqu'à la limite d'une naïveté véritable. Existe-t-il une photographie qui reflète son véritable visage, son authentique présence, son besoin de multiplier la vie, de la mener jusqu'à la situation extrême des éternelles reprises ? Ces photographies traîtresses ne constituent-elles pas également le témoignage d'une retraite constante, d'une fuite effrayée ? Sa curiosité sur la

[1] Vendeuse de marrons.

motocyclette, sur le siège du cocher, sur le court de tennis, semble insaisissable et fugace. En tant qu'escrimeur il me paraît également peu convaincant.

Je découvre aussi quelques photographies de groupes, de composition strictement symétrique. Deux messieurs sont confortablement vautrés dans des fauteuils. Derrière eux, immobiles comme des élèves, se trouvent leurs pendants. On m'a expliqué que les personnes assises sont le comte Petar Čarnojević et l'arrière-grand-père de maman, Jovan Stajević. L'un des messieurs debout est Svetozar Miletić[1], tandis qu'on a oublié le nom du deuxième. Quoi qu'il en soit, ces messieurs ont été photographiés à l'occasion d'une assemblée du peuple serbe de Voïvodine à Karlovci. Čarnojević est vêtu d'un dolman à la Kossuth[2], et sur la photo ses bottes montantes de cuir mou étincellent de loin. Quant à Jovan Stajević, avec son visage de saint Nicolas, sa barbe blanche très soignée et sa douceur, il détonne avec les autres messieurs arborant des barbes soyeuses. Leurs têtes légèrement inclinées forment une ellipse qui confère à tout le groupe un cachet d'unité intérieure. Ce n'est bien entendu qu'une illusion, créée par le photographe, un inconnu, qui a placé ces hommes politiques expérimentés et pugnaces dans une pose de naïveté savamment calculée. Effrayés et le visage figé, ils ont l'air de lutter pour la sauvegarde de leur importance et de leur réputation politiques.

Alors que cette vieille photographie conserve une dignité naïve de l'instant, la grande photo des membres de la coalition serbo-croate, prise dans le jardin d'un restaurant, m'a laissé l'impression d'une totale disparité. Dans la diagonale baroque de la Cène du Tintoret, les membres de la coalition se sont disposés mollement, comme anéantis par la nourriture et la boisson. Les cols durs ôtent toute élégance aux membres les plus corpulents de cette compagnie, les transformant en personnes dépourvues de cou. Il me semble entendre leur murmure et toutes les remarques désespérées du photographe, ses prières pour que certains de ces messieurs consentent à se déplacer et à se serrer, à défaut de quoi il ne pouvait garantir la réussite du cliché. Je remarque

[1] Svetozar Miletić (1824-1901), homme politique, guide du peuple serbe de Voïvodine. (N.d.T.)

[2] Lajos Kossuth (1802-1894), homme politique hongrois. Pendant la révolution de 1848, il devint président du Comité de défense nationale et proclama la déchéance des Habsbourg et l'indépendance de la Hongrie ; vaincu par les Russes, il fut contraint à l'exil. (N.d.T.)

facilement leur mauvaise volonté à bouger, alors qu'on le leur demande pour la énième fois, tandis que le photographe, enfoui dans son appareil sous un chiffon noir, en pleine agitation, répétait prestement toujours les mêmes requêtes : « Monsieur le docteur, le sixième à partir de la gauche, n'apparaît pas, qu'il se rapproche un peu, s'il le veut bien..., mais à présent je ne vois plus votre voisin, ce n'est pas encore parfait ».

« Ce type costaud », dit mamie en désignant un homme bien bâti à la tête rasée et au regard sombre, « c'est Supilo[1], *begabt und leider verdorben*[2], grand-père le considérait comme génial, c'est pour ça qu'il lui pardonnait ses erreurs. Il était assis entre deux chaises : membre de la coalition, il s'était toutefois compromis dans sa jeunesse, suite à des dénonciations, auprès des autorités autrichiennes. Cela a été découvert au cours du procès Friedjung[3]. Il était entré dans la salle d'audience droit comme Danton, sûr de lui. Grand-père était assis à côté de Masaryk[4], *nichts Böses ahnend*[5]. Alors, le procureur impérial a sorti de son tiroir une lettre qu'il a montrée à tout le monde. L'assistance s'est pétrifiée. Tous les membres de la coalition ont flairé le malheur. Le procureur a demandé à Supilo : *« Herr Supilo, haben Sie diesen Brief geschrieben ? Beantworten Sie uns : ja oder nein »*[6]. Supilo, blanc comme un linge, a réussi à balbutier : *« Ja »*. Grand-père dit qu'il a eu l'impression qu'un vieux chêne s'abattait. Dans cette fameuse lettre Supilo dénonçait la coalition à l'Autriche. Le procès s'est poursuivi, mais Supilo n'était plus là, comme si la terre l'avait englouti. Grand-père et Masaryk l'ont cherché dans les hôtels et auberges de Vienne, ils craignaient que sous le coup d'une dépression nerveuse il ne mette fin à ses jours. Il ne s'est jamais remis de ce choc, bien que grand-père n'ait cessé de dire : « Il ne faut pas casser du sucre sur le dos de Supilo, l'affaire de la lettre n'a été qu'un moment de faiblesse. D'ailleurs, plus tard on a également vu disparaître de diverses façons des gens figurant sur cette photo », dit mamie. « Voici

[1] Franjo Supilo (1870-1917), journaliste et homme politique croate, l'un des artisans de l'union yougoslave. (N.d.T.)

[2] Un homme de talent, mais, malheureusement, corrompu.

[3] Tenu à Vienne en 1909. La coalition serbo-croate était accusée, sur la base de faux documents, de haute trahison. (N.d.T.)

[4] Thomas Masaryk (1850-1937), homme politique tchèque, fondateur en 1918 de la République tchécoslovaque, dont il fut le premier président. (N.d.T.)

[5] Ne pressentant rien de mauvais.

[6] « Monsieur Supilo, avez-vous écrit cette lettre ? Répondez par oui ou par non ».

un cas d'école : le docteur Dušan Popović. Un grand as de la coalition serbo-croate. On pourrait écrire une épopée à son sujet. Au moment où il était le plus indispensable à tout le monde, le vent de la corruption de Serbie l'a emporté. On a facilement piégé ce grand *Braucher*[1]. D'un extrême à l'autre. Un jour il empruntait de l'argent à un garçon de café, et le lendemain il le dépensait sans compter comme s'il était propriétaire d'une province russe. A Budapest, pendant les négociations avec Vekerle et Tisza[2], il faisait la fête au champagne avec des Hongrois. Or il était adroit pour tromper l'adversaire. A l'assemblée du peuple serbe de Voïvodine à Karlovci, un représentant de la majorité lui a demandé : « Au fait, vous êtes combien dans l'opposition ? » « Vingt-quatre et une moitié », a répondu Dušan du tac au tac, faisant allusion au député Jovo Polovina[3]. A l'Assemblée de Croatie, Frank[4] l'a interrompu pour lui dire : « Tu es bête, Dušan ». Et lui, sans ciller, lui a répondu : « Eh, mon Josua, que veux-tu, la bêtise a ses entrées même dans la meilleure société, mais la vulgarité, jamais ! » Grand-père disait toujours que, de tous les membres de la coalition, ce serait Dušan qui irait le plus loin ».

Sur la photographie que j'observe, Dušan Popović est le seul parmi ce groupe serré et troublé à se rengorger devant l'objectif du photographe, à conserver son air de bon vivant sûr de lui, d'homme du monde expérimenté qui sait exactement comment et quand vider le verre de l'amitié en compagnie d'orgueilleux aristocrates hongrois. Comparé aux autres membres de la coalition, sur cette photo, Dušan Popović ressemblait à un professeur principal trônant, dominateur, au milieu de ses élèves de terminale encore effrayés, pour la photo rituelle précédant la séparation définitive.

Je me souviens aussi de la photographie sur laquelle j'ai reconnu grand-père, surpris au moment où il sortait du Hofburg, dans la cour duquel l'attendait un simple fiacre de location viennois. Il venait de rendre visite à l'empereur François-Joseph pour le remercier de la décoration qu'il lui avait décernée. Une sentinelle salue mollement le visiteur esseulé. Aucune pompe, aucun clinquant. Mamie racontait que même le déjeuner au palais, à la suite de cette audience, avait été

[1] Dépensier.
[2] Hommes politiques hongrois. (N.d.T.)
[3] En serbo-croate, « polovina » signifie « moitié ». (N.d.T.)
[4] Député croate de tendance nationaliste et , violemment antiserbe. (N.d.T.)

plus que modeste, comparable à un menu de fonctionnaire. On avait servi du bouillon de bœuf avec des boulettes, du sauté de bœuf à la sauce tomate, de la tarte aux pommes et du café. Au moment où grand-père prenait congé, l'empereur François-Joseph lui a dit quelques phrases que j'ai retenues du récit de mamie : *« Ja, ja, mein lieber Herr Doktor, wir gehen sehr schlechten Zeiten entgegen, denken Sie an meine Worte, sehr schlechten Zeiten entgegen »*[1].

Dans la famille, on citait cette prophétie impériale comme une preuve que le vieux monarque apercevait déjà le crépuscule de son Empire, et sa résignation était considérée comme de l'impuissance, comme une capitulation exprimée à demi-mot. *« Der Kaiser selbst glaubt nicht mehr an die Zukunft der Monarchie »*[2], disait grand-père, en annonçant un désastre imminent. Alors il affirmait qu'avec l'Autriche disparaissait tout un ordre, un équilibre construit pendant des siècles. « Il faudra songer à une nouvelle codification des valeurs, éviter les anciennes erreurs politiques qui pourraient nous saisir durablement dans leurs griffes. Je ne crains pas autant le programme des frankistes que leur logique de pensée dans notre future vie politique. Ce sera terrible si cette logique survit ».

La famille se rappelle l'audience de grand-père chez l'empereur Charles surtout parce qu'elle est liée à l'histoire du sac de farine blanche. A l'issue de l'audience chez l'empereur, le maréchal de la cour a raccompagné grand-père jusqu'au vestibule, où tout à coup, il s'est adressé à lui pour solliciter un service personnel, à savoir : apporter un sac de farine blanche depuis Rakitje pour sa femme malade, à qui les médecins avaient prescrit une diète sévère. Vienne avait faim, a dit le haut dignitaire impérial, à présent tout à fait intimement, on ne trouvait de farine nulle part, or sa femme devait manger des boulettes de farine blanche, et les circonstances le forçaient à solliciter ce sac de poudre salvatrice qu'il allait bien entendu restituer dès que la situation serait redevenue normale. On racontait cette anecdote, tellement similaire à celle des bâtonnets salés de Mihalović, à l'époque où de telles histoires semblaient déjà irréelles, incroyables, raison pour laquelle leur valeur légendaire s'est mise à briller comme de la vieille argenterie familiale après un nettoyage.

[1] « Oui, oui, mon cher Docteur, nous allons au-devant de temps très difficiles, rappelez-vous mes paroles, des temps très difficiles ».

[2] « L'empereur lui-même ne croit plus en l'avenir de la Monarchie ».

A entendre tous ces récits, j'avais l'impression qu'on me permettait soudain de jeter un coup d'œil derrière les coulisses d'un théâtre célèbre, d'examiner en cachette le mécanisme enchevêtré dont dépendent les changements de décors, de visiter ces magnifiques châteaux, ces places méditerranéennes ensoleillées, ces auberges, ces salons, ces lointains horizons chantants.

Je m'en souviens très précisément. Ce jour-là je lisais un livre intitulé *« Deutsche Kriege und Helden »*[1], rien que des guerres, comme je me disais en examinant les images qui immortalisaient toutes ces tueries, collectives et individuelles. J'admirais justement la scène représentant l'empereur allemand en visite auprès des blessés non loin de Sedan qui, du haut de son cheval, engageait avec eux une conversation paternelle, donc, juste au moment où j'observais cette scène, ma mère m'a annoncé que le lendemain je devais partir pour Vienne.

« Cela ne te fera pas de mal de voir un peu le monde », a-t-elle dit avec une sérénité appuyée ! Aujourd'hui je fais le lien entre cette sûreté de ton et les yeux étonnés, tristes, des domestiques qui me regardaient comme lorsqu'on prend congé, en agitant la main depuis le rivage, de cousins émigrant pour toujours vers quelque lointaine contrée. Tout cet après midi-là, je l'ai passé à mettre de l'ordre dans mes affaires. Avec des gestes hésitants, je les rangeais tantôt dans un tiroir, tantôt dans un autre. Dans le train, j'étais déjà persuadé d'avoir placé mes chères reliques aux mauvais endroits. Dans ma folle anxiété de les perdre, de ne certainement plus pouvoir les retrouver, j'essayais vainement de dissimuler ma véritable peur, d'éviter de résoudre sur-le-champ, dans le train, l'énigme de ce départ précipité de ma maison et de mon départ pour Vienne. J'avais alors dix ans.

Sans m'y être aucunement préparé, je me suis retrouvé dans la villa du baron Mandorf à Hinterbrühl, dans les environs de Vienne. On m'a dit que ce baron avait été autrefois le précepteur de l'archiduc Salvator et qu'il était un grand maître dans son art. En guise de témoignage de sa gloire passée, on voyait, accrochées à tous les murs, des photographies sur lesquelles il émergeait puissamment de différents groupes d'enfants, imposant à ces rassemblements innocents un inutile et si

[1] Guerres et héros allemands.

lourd sérieux. Le baron Mandorf exposait ces photos d'enfants impériaux comme des trophées, et expliquait d'un air presque victorieux et d'un ton quasiment menaçant que ces enfants aussi, grâce à lui, étaient devenus des *« ganz gelungene Kinder »*[1]. Quand la Monarchie a sombré, le baron Mandorf a ouvert dans sa villa retirée un pensionnat pour enfants et a ainsi prolongé son action éducatrice.

A l'internat, la journée commençait par le réveil au son de la « Marche de Radetzky », et sur le vieux gramophone dans la salle à manger tournait souvent le disque de l'ancien hymne impérial chanté par le chœur des jeunes garçons viennois. Nos promenades obligatoires nous conduisaient au château de Mayerling, situé à proximité, où s'étaient suicidés le prince héritier Rodolphe et la belle baronne Vetsera, et d'ailleurs nous visitions souvent la tombe de la jeune fille à Heiligenkreutz. Les récits que faisait Mandorf de la vie de ce malheureux couple d'amoureux déchaînaient mon imagination. Il racontait longuement ce sanglant épisode, et des détails et personnages nouveaux venaient toujours renforcer la conviction de ses propos. A la fin, tous ces fils secrets se sont transformés en une immense pelote enchevêtrée d'où avait complètement disparu toute possibilité de séparer la vérité de l'imaginaire foisonnant. Comme dans un sabbat infernal, se succédaient des forces supérieures mystérieuses et imprévisibles, de puissantes raisons d'Etat, de rapides courriers envoyés par je ne sais plus qui, qui fonçaient dans les nuits de tempêtes de neige, l'émissaire impérial qui n'était pas arrivé à temps, une personne à l'identité non révélée mais de très haut rang qui avait hésité au dernier moment, un officier supérieur qui s'était tiré une balle dans la tête, laquelle s'était précisément révélée funeste — Mandorf racontait tout cela comme l'eût fait un témoin, l'unique dépositaire d'un secret. Je me suis abstenu de faire part au baron Mandorf de la version de mamie sur ce suicide impérial. « Ce Rodolphe était un grand toqué, il le tenait de sa mère. Or on a marié un homme aussi fougueux à une femme ennuyeuse. *Eine fade Nocken, und dabei noch ultrakatholisch*[2]. L'un tirait à hue et l'autre à dia, si bien que leur union a fini par éclater. Or Vetsera était *wie eine Rosenknospe*[3]. Tout cela a été toléré tant que c'est resté discret. *Aber einen öffentlichen Skandal, den*

[1] Des enfants qui ont bien réussi dans la vie.
[2] Non seulement assommante, mais de plus ultracatholique.
[3] Comme un bouton de rose.

konnte sich die Monarchie nicht leisten[1]. Ils les ont tués, bien entendu, et tout le reste n'est qu'affabulation romantique, *damit das Kind einen Namen hat* »[2].

Ses sentiments monarchistes accumulés et refoulés, le baron Mandorf les a laissés déborder le jour où s'est répandue la nouvelle du prochain mariage, dans le silence de l'église villageoise de Medling, de l'archiduc Anton de Habsburg avec la princesse Iléane de Hohenzollern-Sigmaringen, sœur du roi Carol de Roumanie et de la reine Marie de Yougoslavie. Sans hésiter, le baron Mandorf a inclus tout son internat dans la cérémonie de mariage. Notre devoir consistait à former devant l'église une haie d'honneur et de jeter des pétales de roses sur le cortège nuptial. Je me rappelle ma grande joie quand j'ai reconnu, en la personne d'un petit monsieur en uniforme qui, tel un espion, marchait à petits pas derrière la mariée, d'après le profil que j'avais vu sur les timbres, le roi d'Espagne Alphonse XIII qui venait d'être chassé de son pays. Le baron Mandorf a complété son émouvante biographie de souverain en exil en nous apprenant que la femme du roi était malade et qu'Alphonse XIII souffrait lui-même d'hémophilie, cette même maladie cruelle qui avait atteint le tsarévitch. De son côté, la baronne Mandorf était inconsolable qu'un si important mariage se déroulât dans une église de village et devant des paysans qui se trouvaient là par hasard, *nur die Unwürdigen waren anwesend*[3], se plaignait-elle. Alors je l'ai entendue raconter à quoi ressemblaient les mariages impériaux autrefois, quand venait y assister la fine fleur de la noblesse européenne, ainsi que toutes les têtes couronnées. Selon elle, la cérémonie de Medling ressemblait à un mariage de personnes qui se cachent, *so geheim und verborgen*[4]. Exception faite du témoin Alphonse XIII et de la reine Marie, aucune tête couronnée n'avait daigné venir, même pas le propre frère de la mariée, le roi Carol, à qui vraiment le protocole imposait de se trouver au côté de sa sœur, mais qui s'était abstenu, *übringens er war ja immer ein ganz gewöhnlicher Skandalmacher*[5] ; qui sait, pendant que sa sœur se marie, où il festoye avec sa Madame Lupescu, *unwürdig eine Krone zu tragen*[6].

[1] Mais un scandale public, ça, la Monarchie ne pouvait pas se le permettre.
[2] Afin de donner un nom à l'enfant.
[3] Seuls les gens indignes étaient présents.
[4] En secret et en catimini.
[5] Du reste, il a toujours été un simple faiseur de scandale.
[6] Indigne de porter une couronne.

Longtemps encore, cet émouvant mariage a constitué le principal thème de conversation du pensionnat, surtout parce que les Mandorf, soudain excités par les lointaines senteurs de la monarchie disparue, s'étaient replongés, comme envoûtés, dans leurs inépuisables souvenirs. Parfois, il était presque triste d'observer ces deux vieillards émus rivaliser dans l'exposé de souvenirs d'un temps qui s'écoulait si paisiblement, avec une solennité et une sérénité étonnantes, comme si la vie entière s'était joyeusement et volontairement soumise à la noble devise inscrite sur le ruban que l'aigle impérial tenait solidement entre ses serres : *« sub umbra alarum tuarum »*[1].

D'ailleurs, d'autres signes attestaient de la loyauté toujours vivace du baron à l'égard de l'ancienne dynastie. Au moins une fois tous les deux mois, le couple Mandorf faisait descendre le turbulent cortège de leur internat dans la crypte de l'église des capucins de Vienne. Dans cet espace, devant les Habsbourg morts, le baron Mandorf donnait ses chers cours d'histoire, alignant infatigablement les noms des défunts empereurs. Dans la crypte il faisait froid et l'air était étouffant, mais il prolongeait impitoyablement cette interminable liste, emporté de manière quasi maniaque par ses sentiments nécrophiles. A la fin, dans une pièce où une petite croix désignait la tombe prévue pour la dépouille de l'empereur Charles, qui avait été enterré en exil à Madère, le baron Mandorf déposait systématiquement une petite couronne de lauriers traversée d'un ruban jaune sur lequel était écrit : *« Unserem grossen Kaiser in kaisertreuer Ehrung*[2]. C'est seulement alors que ce cours d'histoire prenait fin et que, le baron à notre tête, nous quittions en silence les caves à l'air irrespirable de l'église des capucins en nous efforçant vainement de retenir l'ordre des tombeaux des défunts Habsbourg.

Bientôt, mon plus grand plaisir a consisté à observer, dans le jardin de la villa de Mandorf, les jeux inhabituels et débridés d'un jet d'eau qui me rappelait les deux fontaines jaillissantes devant notre maison à Zrinjevac. Pendant des jours, elles restaient silencieuses, comme asséchées, ce qui les rendait tristes. Ce n'est qu'à l'occasion de quelque fête que, dès le lever du jour, on entendait le bruissement de l'eau libérée qui se fondait progressivement avec les bruits les plus hété-

[1] Sous l'ombre de tes ailes.
[2] « A notre grand empereur, avec notre loyauté respectueuse ».

roclites de la rivière de promeneurs qui coulait infatigablement dans le parc animé. Alors, tout comme maintenant, j'observais la puissance de l'eau, essayant de prévoir la hauteur jusqu'à laquelle allait s'élever le jet d'eau dont je divisais la sauvage verticalité en plusieurs parties constituantes, en soubresauts plus ou moins puissants, en éclatements essoufflés et dispendieux. Des heures durant, je suivais le cheminement vif comme l'éclair des innombrables gouttes qui, libérées de leur jet central et tremblotant, après quelques bonds capricieux, retombaient impuissantes, au beau milieu de leur liberté tout juste conquise. J'ai alors appris qu'une grande force, lorsqu'elle a atteint son apogée, commence soudainement, presque en un instant, à faiblir, à se défaire et à se perdre.

Je n'ai pas été surpris quand, un beau jour, mon père est apparu. Je savais qu'il venait pour m'emmener enfin de la pension Mandorf. J'ai remarqué qu'il avait changé et que ses mouvements trahissaient une résolution moins forte. Devant les autres nous nous sommes abstenus de toute manifestation de tendresse, et quand nous nous sommes retrouvés seuls nous n'avons pas jugé utile de remédier à cette omission.

« Tu as bonne mine », m'a dit mon père, alors que j'essayais de deviner au plus vite les mobiles de sa visite. « Tu n'as pas été mal ici ? », m'a-t-il demandé, surpris par mon silence. « Tu ne demandes pas des nouvelles de la maison ? »

Il a dit cela d'un ton conciliant et, m'a-t-il semblé, attristé. J'ai cédé dans ma résistance et me suis enquis de la maison, mais la chaleur perçait bien peu dans ma voix, je n'arrivais pas à enrayer la sécheresse de ton qui commençait à empoisonner notre rencontre. C'est comme si j'avais fait mien le précepte du baron Mandorf : *« Mit Gefühlen soll man sorgfältig umgehen, und es ist nicht höflich wenn man sie in einer stürmischen Form jemandem vorspielt »*[1]. Sans doute est-ce pour cette raison que j'ai reçu sereinement la nouvelle de mon départ pour un internat en Suisse. Mon retour à la maison était différé. Je devenais un voyageur.

A l'institut du docteur Schmidt à Rosenberg près de Saint-Gall, on

[1] « Avec les sentiments, nous devons être prudents, et il n'est pas poli de les exprimer bruyamment ».

m'a reçu officiellement dès le premier jour. J'ai tout de suite compris qu'ici l'arrivée de jeunes garçons des pays les plus lointains était considérée comme la chose la plus naturelle du monde. On sentait qu'une machine invisible travaillait infailliblement, que les processus d'une acclimatation rapide étaient prévus avec précision, et la possibilité de quelque surprise que ce soit réduite au minimum. Je m'en suis rendu compte au bout de quelques jours, si bien que je n'ai pas souffert de ma séparation avec mon père, étant forcé d'accepter l'inévitable. Ma représentation floue, enfantine, d'un aventurier, autrefois liée au visage d'un jeune garçon qui portait un baluchon accroché à un bâton et qui avançait dans le monde d'un pas audacieux, en chantant : *« Hänschen klein ging allein, in die weite Welt hinein »*[1], est devenue plus précieuse ici à Saint-Gall. Au demeurant, elle a perdu son lien particulier avec mon petit bol à lait en émail sur lequel se trouvait cette bienfaisante image du petit garçon parti conquérir de lointains espaces.

Lors des cours d'histoire, ici, le soleil ardent des Habsbourg dont parlait le baron Mandorf, s'est rapidement couché. Son éclat a été terni par des armées paysannes obstinées qui, dans ces montagnes suisses, avaient vaincu les altiers représentants de l'Empire. Même cet œil impérial qui voyait tout et qui, selon la conviction de Mandorf, veillait infatigablement sur le bonheur de ses nombreux sujets, s'était fermé, condamné dès le début à l'ingratitude humaine. Sur ces montagnes alpines, les matinées étaient tout particulièrement empreintes de quiétude et de silence. Sous nos pieds se réveillait la vieille cité de Saint-Gall, tassée dans son noyau initial autour du vieux monastère de saint Gall, un moine venu s'échouer ici depuis l'Irlande, où il avait répandu le christianisme parmi les Celtes. Pendant les longs siècles de son histoire, le monastère a souffert de différentes façons et modifié son apparence. Enfin, tous les malheurs se sont atténués autour de son enceinte et la bâtisse, telle une précieuse relique, s'est forgée et encadrée de l'inaltérable tranquillité de la vie citadine.

Pendant les matinées passées devant la fenêtre ouverte de ma chambre, j'ai également découvert cette frontière sensible qui s'instaure entre le son et le silence. Dans ces moments-là je me rappelais ma ville natale, ses toits que j'avais observé un nombre incalculable de fois, depuis la promenade de Grič. J'attendais comme une révéla-

[1] Le petit Hans part tout seul pour le vaste monde.

tion, les sens aux aguets, la détonation de midi sur la tour du Prêtre. Je la vivais toujours de manière solennelle, comme une puissante menace adressée à la ville assiégée, comme un appel à sa vigilance. Et après chaque coup j'attendais un événement important, décisif, qui, désormais, modifierait la vie tout entière. Déçu du résultat, comme vaincu, je descendais ensuite en ville pour y reconnaître une nouvelle fois ses formes inchangées. De retour, je tombais sur la cohorte des employés et des élèves qui se dépêchaient de monter la colline et sur les promeneurs retraités qui, au son du canon, pressaient le pas pour redescendre chez eux. Ce perpétuel va-et-vient, auquel le petit téléphérique prêtait aussi son concours actif, m'attristait.

Ce silence dans lequel nous vivions, et qui n'était pas sans rappeler celui d'un sanatorium, tellement nous étions coupés du monde, a été brusquement interrompu, bien que tout ait commencé de manière parfaitement ordinaire. Nous prîmes le vieux vapeur « Königin Louise » afin de visiter le musée Zeppelin à Friedrichshafen. Déjà sur le débarcadère nous comprîmes que nous étions tombés dans une ville bouleversée et agitée, entièrement décorée de longs drapeaux rouges ornés d'une croix gammée. D'une multitude de haut-parleurs résonnaient de tous côtés de puissantes marches, après quoi différents orateurs annoncèrent d'une voix émue le discours du guide Adolf Hitler. Sa voix enrouée nous accompagnait même dans l'usine de Zeppelin, nous suivait et nous pourchassait à chaque pas. On ne pouvait lui échapper. Nous errâmes dans la ville, troublés comme une armée en déroute égarée derrière les lignes ennemies. Partout tout n'était que tourbillons et cauchemars. Au début, cette agitation ressemblait à une immense et sympathique réjouissance populaire, tonnant et éclatant dans tous les coins pour inciter les plus réticents à prendre part aux festivités. Les drapeaux bariolés, la profusion des couleurs, les innombrables défilés de groupes vêtus de divers uniformes émergeant sans discontinuer de toutes les rues, toute cette effervescence semblait si éloignée de toute forme de violence. Cependant, cela arriva. Imperceptiblement, le mal s'insinua progressivement dans cette foule rayonnante. Comme s'il avait habilement tiré profit de l'écoeurement suscité par ces longues marches circulaires, de l'assourdissement provoqué par la musique, de la fatigue due à l'agitation des petits drapeaux, et à l'élévation des bras en guise de salut, des mouvements rythmés. Soudain, ils semblèrent tous être prêts au crime. Qui sait en quel endroit secret, au sein de cette multitude enflammée, la barrière du contrôle de soi avait cédé, brisant subitement cette masse en un grand nombre de noyaux autonomes d'intolérance et de violence. Des centaines de personnes se précipitèrent alors dans les boutiques tenues par des Juifs et traînèrent dans la rue les propriétaires sans défense, morts de frayeur. Au vu et au su de la police, ils furent soumis à des sévices en pleine rue. Nous-mêmes, terrorisés, nous regardâmes ces malheureux tirés de tous côtés, battus, fouettés, roulés dans du goudron et des plumes, jetés dans le lac, sortis de l'eau à l'aide de crochets, et toutes ces tortures s'accompagnaient de bruyantes manifestations de joie collective. « Dans ce pays, le national-socialisme est arrivé au pouvoir », nous apprirent sèchement nos professeurs suisses, en ajoutant qu'en raison de ces désordres et de l'imprévisibilité des événements, nous devions mettre fin à notre excursion. Nous retournions à Saint-Gall.

A bord du navire rapide le « Zürich », nous étions tous silencieux, atterrés par les événements dont nous venions d'être les témoins. Quelque chose de cette violence vécue semblait avoir atteint même les contreforts calmes de Rosenberg. Je me souviens bien de cet événement, car il a suscité nos premières prises de positions, augmenté nos doutes et fait vaciller notre confiance en la justice.

En bas, en ville, on jouait le film « Les Nibelungen » avec Paul Richter dans le rôle principal. Les affiches promettaient que l'acteur assisterait en personne à la projection. Et, en effet, juste avant le début de la séance, ce bellâtre de Siegfried a fait son apparition. Dans son costume foncé, il n'avait plus tout à fait l'air d'un héros. Il a anéanti toutes mes illusions en racontant que, pendant le tournage, il avait été sérieusement blessé par le mécanisme mettant en mouvement l'immense queue du monstre qu'il terrassait l'épée à la main. Déjà au retour de la ville des altercations ont éclaté parmi les élèves, à l'occasion desquelles on s'en est surtout pris à nos camarades juifs. Dans cette dispute, un Américain d'origine allemande s'est particulièrement distingué. Par malheur il partageait sa chambre avec un Juif nommé Rosenthal, de Düsseldorf, un garçon chétif qui avait fait parler de lui à cause de son herbarium bien tenu et de sa collection d'insectes, la plus complète, aussi tout le monde l'appelait *Insektenfänger*[1].

Après avoir vu « Les Nibelungen », Hecht se mit à frapper Rosen-

[1] L'attrapeur d'insectes.

berg dans leur chambre, et celui-ci, pour se défendre, lui planta une paire de ciseaux dans le ventre. Ce fut un événement inouï à l'internat, de sorte que nous attendîmes avec une grande impatience la décision de la direction. Enfin, après de longues délibérations, la sentence tomba. Les deux jeunes garçons devaient définitivement quitter notre internat. Hecht rentra chez lui depuis l'hôpital, tandis que le petit Rosenthal mit encore trois jours à ranger soigneusement son herbarium et ses insectes.

« Où vas-tu ? » lui avons-nous demandé, soucieux, en ne cessant de penser à Friedrichshafen.

« Chez moi, à Düsseldorf », a-t-il répondu, tout en pensant à Friedrichshafen, comme nous tous.

Nous l'avons tous raccompagné jusqu'à l'escalier raide qui menait, comme dans un précipice, de Rosenberg à la ville. Il s'est souvent retourné et a longuement agité son filet à papillons vert. C'était à ce jour ma séparation la plus triste.

Je recevais rarement une lettre de la maison. Je m'en sentais humilié, surtout parce que nos pédagogues suisses nous obligeaient à écrire au moins une lettre par semaine à notre famille. Cela m'humiliait et me mettait en colère, car ils nous expliquaient brutalement que peu leur importait ce que nous écrivions, pourvu que nous respections deux instructions : rédiger les lettres d'une belle écriture, sans ratures, et en expédier une chaque dimanche. Ainsi donc, tous les samedis, nous nous acquittions de cette tâche en écrivant ces lettres que le professeur de garde contrôlait avant de les jeter dans la boîte. Mû par une réaction de rébellion, je me suis mis à envoyer à ma famille des lettres humoristiques, parfaitement conscient de dissimuler sous ces mots insignifiants mon humeur véritable. Je ne voulais en aucun cas permettre que leur curiosité me contraigne à sortir de ma solitude bien méritée. De ce point de vue, le baron Mandorf se montrait même généreux en me permettant de rester assis de longues heures caché par le jet d'eau du parc de sa villa. Par contre, ces Suisses exerçaient une surveillance implacable de notre temps libre. Par ces monotones répétitions, j'ai eu l'impression que nous devenions partie intégrante d'une volonté étrangère.

Après l'affaire Rosenthal-Hecht, un autre événement a également bouleversé la vie de l'internat. Notre professeur de gymnastique était un homme tout à fait singulier. Il avait ainsi résumé son travail avec nous : « Mon devoir est de vous former à tous des muscles d'acier ». Nous l'appelions Herr Schöffl, et le provoquions afin qu'il mette en action devant nous, alignés en rangs, ses muscles de gladiateur. Dans la hiérarchie de l'internat, Herr Schöffl se situait quelque part au bas de l'échelle. Sans beaucoup de précautions oratoires, on lui avait fait comprendre qu'ici on l'appréciait uniquement en tant qu'Hercule exotique. J'ignore à quel point il en était conscient, quoi qu'il en soit, Herr Schöffl apportait un exploit personnel à chacune des fêtes annuelles de notre pension. Il le faisait presque comme un coupable, prouvant ainsi son bon droit. D'année en année, on attendait à la pension ce jour de Schöffl, son exploit qui, au moins pour un moment, le préservait des regards condescendants, de ces gestes de la main destructeurs, de cette phrase : Schöffl ? Ah, oui, le type qui est bête comme ses pieds et fort comme un bœuf. On attendait tendus qu'il gagne le respect par la force de ses muscles d'acier. D'autant que commençait déjà à pâlir sa gloire de l'année passée : il avait alors vaincu un athlète professionnel turc à la lutte gréco-romaine. Soudain, la nouvelle se répandit dans l'école : Herr Schöffl avait l'intention de conquérir en solitaire la face nord du Cervin. Depuis, nous l'observions avec terreur, comme s'il était déjà mort. Et lui, semblant deviner précisément nos pensées, devenait de plus en plus joyeux et nous divertissait de plus en plus fréquemment par le jeu de ses muscles en boule. Nous l'avons lugubrement accompagné jusqu'au même escalier raide où avait disparu notre collectionneur d'insectes effrayé. Schöffl portait un énorme sac à dos, mais même ce fardeau ne l'empêchait pas de se retourner souvent pour, dans cette position étrange, en contrebas, nous montrer ses muscles. Au bout de quelques jours les journaux ont annoncé que Schöffl était tombé, qu'il n'avait pas vaincu la paroi nord et que les équipes de secours cherchaient sans relâche son corps. Lors de la commémoration, on nous dit qu'il aimait les Alpes, les hauteurs et les rochers inaccessibles, que c'était un homme fait pour les exploits extraordinaires. Ensuite nous accueillîmes un nouveau professeur de gymnastique. C'était un homme triste et taciturne, dépourvu de muscles proéminents. Avec cet expert fragile nous faisions nos exercices presque en silence, comme si nous participions à d'antiques cérémonies funèbres.

J'ai été convoqué à la direction. Herr Direktor Gademann était confortablement installé dans son fauteuil de cuir. Depuis cette position supérieure il m'observait d'un regard perçant, inquisiteur. Je me suis dit : on m'interroge toujours sur quelque chose, on ne cesse de fouiller dans mes pensées et mes humeurs. Que voulait à présent ce monsieur sévère qui, tel un employé de banque, examinait nos cahiers de compte soigneusement tenus, et paraphait le paiement de notre argent de poche ? La moindre erreur suffisait au directeur Gademann pour nous obliger à refaire tous les calculs. Cela signifiait se remettre debout au deuxième rang, appuyer de nouveau sur le bouton devant sa porte, regarder fixement la petite inscription rouge *« besetzt »*[1], attendre que s'allument les lettres vertes de *« frei »*[2]. Que désire maintenant cet antipathique coupeur de cheveux en quatre ?

Sûr de lui dans le domaine réservé de son fauteuil, que son corps lourd avait modelé, Gademann, d'un geste léger de la main, prit une lettre sur son bureau. Bien qu'il connût précisément son contenu, il hésita, comme pour le vérifier une dernière fois, à me le communiquer sur-le-champ. « Donc, où en sommes-nous ? », dit Gademann. « Ah, oui », poursuivit-il en faisant semblant de retrouver la mémoire, « ta mère m'apprend qu'elle vient nous rendre visite demain. C'est bien, n'est-ce pas ? » Je me taisais, tandis qu'il me dévisageait. « Alors ? » demanda Gademann, rompant le silence, « alors, cela signifie que demain, mais demain seulement, tu es dispensé d'école ».

Je sentais qu'il dissimulait son souhait que la visite de ma mère fût la plus courte possible. Il tenait à ce que rien ne vînt perturber ce rythme béat auquel respirait toute l'école. En me faisant part de la visite, il m'avait clairement fait comprendre que je devais réfréner mon éventuelle joie, car cette rencontre l'allait pas rompre toutes les entraves qui bridaient toutes mes velléités de résistance, calmaient toutes mes petites révoltes.

Donc, ma mère arrivait ! Et cette visite imprévue me troublait, m'inquiétait presque. Personne ne m'avait écrit à propos de sa venue. Tout cela avait été communiqué avec des airs de conspiration au directeur Gademann, en premier lieu à lui, et non à moi. Comme s'il se fût agi d'une grande nouvelle, qu'il fallait distiller raisonnablement, par cuillerées, tel un médicament. Je connaissais cette manière d'agir, d'ensevelir et de cacher les véritables informations derrière de fatigantes absurdités. Je sais ce que cela veut dire quand on annonce une

[1] Occupé.
[2] Libre.

grande nouvelle avec nonchalance, dans le style de tonton Ivica, tout cela *en passant,* accompagné du rituel pincement de joue. Malgré tout, je suis peut-être injuste. C'est possible. Peut-être ma mère allait-elle me dire à l'improviste : « Je te ramène à la maison », tout simplement, sans explications particulières, « fais tes valises, car nous partons demain ».

Je me mis à réfléchir. Si c'était bien la raison de sa venue, alors pourquoi les rares lettres de mamie étaient-elles si dépourvues de joie, pourquoi son sens de l'humour du Srem s'était-il émoussé, étrangement dissimulé derrière de sombres pensées ? Pourquoi m'écrivait-elle : « Reste là-bas aussi longtemps que tu le peux, un jour tu considéreras cette époque comme la plus heureuse de ta vie ». C'est exactement cela qu'elle avait écrit : « un jour ». « Je me trouve plus souvent à Mirogoj[1] qu'à la maison », se plaignait-elle. « Tous les jours je vais visiter la tombe de grand-père et y discuter un peu. S'il pouvait sortir de sa tombe, il voudrait vite y retourner. Madame Lang, la patronne du café « Zagreb », est morte elle aussi, et le petit Lojzek est devenu le chef provisoire, car le vieux Stjef est parti pour Topusko afin d'y soigner les rhumatismes de ses jambes. Tu te souviens de Lojzek avec ses jambes arquées comme si toute sa vie il avait chevauché un tonneau ? » Je réfléchis, grand-père souhaiterait rentrer dans sa tombe, et la vieille madame Lang avait elle aussi quitté ce monde.

Je me rappelle avec quelle dignité, comme sur un trône, elle était assise derrière le grand tiroir-caisse en argent de la marque « Nationale », comment, à ma grande joie, elle tournait la manette, tandis que dans tout le café se répandaient des sons argentins avant que le mécanisme n'expulse le bloc. Un son long, aigu, tsin, tsin, comme pendant la procession de la Fête-Dieu, quand le cortège des petits enfants de chœur sonnait en précédant le « ciel ». Comment ne pas me souvenir du vieux Stjef et du petit Lojzek, qui apportaient à grand-père une grande boîte noire contenant des pièces de dominos, puis, de temps en temps, jetaient un coup d'œil sur le déroulement du jeu, soutenant ouvertement le vieux monsieur distingué. J'entends encore leurs commentaires sincères après la fin de la partie : « Ah ! comme monsieur a bien joué ! J'étais sûr que vous alliez gagner quand vous avez habilement manœuvré avec les pièces du double six.

[1] Le cimetière de Zagreb. (N.d.T.)

Monsieur Dragić aurait déjà dû abandonner après ces deux manœuvres ».

Dans ces lettres, mamie Katica exprimait-elle sa tristesse de voir inexorablement disparaître ces chers et fidèles témoins de sa vie, ou bien sa mélancolie cachait-elle autre chose ? Je m'étais habitué depuis longtemps déjà à cette façade solennelle, je savais qu'elle existait en tant que décoration de plastique superflue sur des immeubles, comme des caryatides ne soutenaient qu'en apparence leurs lourds balcons, dont les véritables piliers restaient dissimulés quelque part, camouflés sous des ornements inutiles. Je refuse absolument de jouer le rôle de cette ridicule caryatide. Je m'en souviens, on en trouvait sur de nombreux immeubles de Zrinjevac, leur file s'allongeait jusqu'à la gare. Il y en avait aussi sans bras et sans tête, j'en découvrais certaines défigurées, malheureuses et impuissantes, parfois ostensiblement éloignées de ces imposants balcons qui, à l'instar d'un belvédère entre ciel et terre, pendaient lourdement dans l'air. Je suis en colère contre ces caryatides, contre moi-même, contre ces insupportables guirlandes familiales dont je sens le poids autour du cou. Je sens qu'à présent tout le monde se tait à la maison, tous font leurs valises pour partir quelque part, comme s'ils fuyaient devant une maladie inconnue et terrible. Mon père se rendra sûrement à Karlsbad, mamie à Rojc, oncle Lazar ira à la chasse, tonton Ivica partira pour le festival de Salzbourg où il assistera pour la vingtième fois à la représentation de « Jedermann » de Hofmannsthal, mis en scène par Reinhardt, cette fois-ci sur le parvis de la cathédrale. Tous vont partir, et ainsi, dans ce mouvement général, ma mère se retrouvera ici à Saint-Gall. Sa mère lui dira au revoir en agitant la main depuis son balcon. Auparavant, en prenant congé, elle lui aura donné un conseil d'un ton soucieux : *« Nur keine Aufregungen, bitte beherrsche dich endlich*[1]. Et, bien entendu, embrasse l'enfant, beaucoup, en notre nom à tous ». Ainsi sera transmis, par un porte-parole, l'un des nombreux messages familiaux qui parvenaient de tous les coins du monde. Ce protocole d'envoi appelle certaines formules de réception. Dans une interrogation rapide, il est important de ne jamais perdre le fil de l'infatigable conversation, et tout particulièrement des curiosités réciproques jusqu'à leur unité, qui laisse aux seuls non-initiés l'impression d'une inextricable pelote.

[1] Surtout pas d'énervement, je t'en prie, maîtrise-toi enfin.

Dans l'attente de l'arrivée de ma mère, je réfléchis nerveusement et confusément à notre rencontre, pensant aussi à certains détails tout à fait ridicules. Par exemple, emportera-t-elle dans ce voyage impromptu son grand carton à chapeaux, cet étrange objet cylindrique en cuir noir ? J'ai appris quelque part que ces cartons ne sont plus à la mode et que, sans doute pour cela, ils suscitent un sourire ironique chez certains compagnons de voyage. J'espère donc qu'elle n'aura pas extrait de ses armoires cette horrible boîte noire qui me faisait toujours penser à un accessoire d'illusionniste. Ce sera terrible si le porteur la sort du wagon, si tout le monde se met à nous observer avec compassion, comme des voyageurs exotiques. Si elle a fait ça, dès le premier pas je serai obligé de me fâcher et d'avoir honte, dès qu'elle apparaîtra sur le marchepied je lui demanderai : « Au nom du ciel, quel besoin as-tu de cette incroyable boîte ? »

C'est comme si je cherchais la dispute. Si je l'attriste au premier pas, le protocole familial habituel en sera perturbé. Il est triste, dans ce genre de rencontres, de ne pas retrouver les effets escomptés. Je m'en souviens, c'est ainsi qu'une fois ma mère a accueilli un de nos cousins, de retour après une longue absence. Chez les familles à longue mémoire, il existe d'anciens conflits qui, au bout de quelques générations, se transforment en héritage obligatoire, bien que personne ne connaisse plus très bien la cause de ces différends. Quand on fait allusion à ces malheureux héritiers qui, selon une loi non écrite, sont encore considérés comme coupables des péchés à présent confus de leurs ancêtres, en général on se contente d'un geste de la main, ou bien on ajoute quelques phrases acerbes : « Les Vajić ! Ah, ces perpétuels gloutons ! Leur arrière-grand-père s'était déjà illégalement approprié des boutons de manchette qui faisaient partie des bijoux familiaux. *Drei Schritt vom Leib* »[1]. Puis, après cette condamnation des Vajić répétée pour la énième fois, s'ensuit une longue période de silence, sans pour autant qu'on leur pardonne, car personne n'est autorisé à le faire.

J'arpente nerveusement le quai. Je me demande si au fond je me réjouis de cette rencontre. Cette simple question atteste déjà que je suis enfoncé dans mes sombres pensées, dans mes prises de position prématurées et non désirées. Tout le monde part en voyage pour une

[1] A trois pas de la vie.

destination ou une autre ! Et il se trouve que j'en prends moi aussi conscience, précisément du fait que cette nouvelle fièvre du voyage ne me contourne plus. J'ai l'impression de contempler, depuis la dernière voiture du train, le déroulement foudroyant, sous les roues, du long fuseau de fer qui fixe les espaces.

La rencontre avec ma mère a été empreinte d'une cordialité qui a dépassé toute attente. Surtout parce qu'elle n'a pas sauté du wagon, selon sa vieille habitude, toute joyeuse et loquace. Elle est apparue en voyageuse triste et fatiguée qui a laissé derrière elle des épreuves nombreuses mais heureusement surmontées. Elle ressemblait à une personne longtemps traquée qui se serait à présent arrêtée, juste pour reprendre son souffle, sous les toits vitrés de cette gare. On eût dit qu'elle-même était consciente que son séjour ici ne durerait que le temps que ses poursuivants la rattrapent et la découvrent. Sans doute me suis-je rembruni à mon tour, car je lui ai demandé sur un ton assez soucieux : « Et le carton à chapeaux, as-tu apporté ton carton à chapeaux noir ? »

Je l'ai interrogée sur cette ridicule boîte noire, comme s'il se fût agi d'un objet précieux et indispensable à sa fuite, d'un reliquaire noir sacré dans lequel, au lieu de chapeaux, se trouvaient tous les symboles secrets de notre indestructible vie sociale. « Je ne l'ai pas emporté », a-t-elle dit calmement, « à quoi m'aurait servi ce lest ? »

Ma mère na m'a annoncé aucune nouvelle particulièrement importante. A la différence de mon père, elle ne remettait jamais au lendemain ce qu'elle avait à dire. En montrant, au sortir de la gare, en donnant son billet à l'employé, elle a dit en passant : « Je suis venue pour quelques jours, seulement pour te voir. Tu dois encore rester ici. Je ne sais pas combien de temps. Ici tu n'es pas mal, tu es toujours à l'air pur ».

Je savais qu'elle dirait cela. A un moment ou à un autre, je le pressentais, elle placerait sa phrase sur l'air pur. Celui-ci m'accompagnait déjà depuis des années, c'est à cause de lui que je devais effectuer des promenades quotidiennes ; or je vivais ces sorties comme de petites expulsions voilées de la maison. Je détestais cet argument inébranlable, toujours opposé à ma résistance. En complément, on avançait également l'argument de notre cousin Nikola Milekić, qui parlait souvent d'air pur et des méthodes de Rickley, le médecin qui soignait même les malades graves avec de l'eau froide, conformément à son principe : *Verkühle dich täglich*[1]. Au petit matin ses patients devaient courir pieds nus sur l'herbe couverte de rosée et marcher longuement d'un pas vif. A l'évocation de cette formule magique de l'air pur, un long et dangereux silence s'installait dans notre maison. C'est seulement quand les témoins étaient sacrifiés à l'air pur, donc éloignés de la maison que commençait la conversation, dont je devinais l'issue par le long silence obstiné qui l'avait précédée. Peut-être est-ce précisément dans cette gare de Saint-Gall qu'est venu le moment de me faire connaître la vérité, longtemps dissimulée, sur l'air pur. Mon attente de cet événement a été troublée par l'apparition d'un porteur en blouse verte qui a proposé de prendre les bagages de ma mère. Celle-ci a immédiatement accepté l'offre, trop rapidement, sans remarquer que cet inconnu l'éloignait inconsciemment de moi.

Noël approche. On m'a demandé de ne pas rentrer à la maison, à cause de la longueur du voyage. L'internat se vide progressivement, et nous nous divisons en deux groupes : ceux qui restent et les voyageurs. La direction prépare un programme destiné aux élèves qui ne partent pas. Cette immixtion ostentatoire ne me plaît pas. On m'a désigné pour jouer, dans une scène de circonstance ayant pour thème l'adoration du Christ nouveau-né par les rois mages, le rôle du roi noir Melchior. Je dois prononcer quelques phrases : « Ô, magnifique nouveau-né, je viens te voir d'un lointain royaume pour m'incliner devant toi. Ni les sept grandes montagnes, ni les sept vallées et les sept mers n'ont constitué pour moi un obstacle suffisant pour m'empêcher de t'apporter mes offrandes, les plus belles et les plus précieuses qui existent dans mon pays ». Après avoir prononcé ces paroles, j'appelle un esclave qui joue le rôle de porteur, je reçois les cadeaux et je tombe à genoux, après avoir ôté de ma tête la grande couronne en carton plaqué d'étain doré. Ce rôle me désespère et j'ourdis une conspiration contre ma propre dignité royale, en me servant de mes erreurs et maladresse volontaires. Tout simplement, je n'arrive pas rentrer dans ce noble rôle de voyageur royal. Je fais partie de ces voyageurs qui n'ont plus le droit de connaître les buts de leur voyage. *« Hänschen klein ging allein, in die weite Welt hinein »*[2], selon la jolie phrase inscrite sur mon bol à lait. Ma mère ne l'avait-elle pas tacitement confirmé ? A un seul moment elle a voulu me confier les raisons de

[1] Rafraîchis-toi tous les jours.
[2] Le petit Hans s'en va seul dans le vaste monde.

ma présence à Saint-Gall. Alors ce porteur est apparu. Il a emporté les valises, qui m'ont semblé contenir toutes les chroniques de ma famille, tous les signes secrets et les codes de notre reconnaissance mutuelle. L'espace d'un instant j'ai découvert que toutes les grandes familles possèdent ces signes secrets, leur langage propre qui peut être pratiqué même en présence d'étrangers sans que le fond des messages ne transparaisse. Comment se forme ce langage et que comprend-il exactement ? Quel lointain ancêtre a-t-il, et quand et dans quelles circonstances, a-t-on ainsi envoyé pour la première fois un message secret ? On les envoie en vain si aucun des interlocuteurs n'est capable de les déchiffrer. Cependant, une fois la liaison établie, elle se rompt difficilement, comme si les moyens de la poursuivre étaient illimités. Les grandes familles ne meurent que lorsque les continuateurs de leur langage codé ont disparu. C'est seulement alors que leur lignée s'éteint, ayant épuisé son particularisme.

Ma mère est partie, en silence et presque imperceptiblement. A la gare on nous a informés que l'Orient-Express avait du retard, et cet élément imprévu a introduit entre ma mère et moi une longue heure, un vide qu'il fallait combler. Elle était déjà derrière la vitre du wagon, elle tenait déjà à la main un mouchoir préparé pour être rituellement agité, et moi aussi je froissais déjà le mien quand, sous la coupole de verre, a retenti cette voix rauque qui a arrêté le train de manière imprévue. En cet instant de tension nous avions l'air disloqué comme ces poupées de Noël en caoutchouc. A peine le haut-parleur s'était-il tu que cette force invisible qui nous avait ridiculement défigurés s'est relâchée. Nous étions de nouveau ensemble, et la conversation est revenue sur les banalités que l'on prononce habituellement sur un quai de gare avant le départ du train. « Si vous allez faire une excursion dans les Alpes, ne bois pas de l'eau froide, tu risquerais d'attraper une diarrhée, et fais attention à tes oreilles car elles sont fragiles, rappelle-toi le pauvre Raiser », m'a dit ma mère, debout derrière la vitre du wagon.

Après le départ du train, j'ai essayé tant bien que mal de mettre bon ordre dans tout ce que j'avais entendu et dit. Que restait-il d'important, me suis-je demandé en gravissant à contrecœur l'escalier conduisant à Rosenberg. « L'Orient-Express a du retard, l'Orient-Express a du retard », j'entendais encore cette brève annonce officielle diffusée à l'adresse des citoyens dociles de ce pays, sonnant comme un avertissement de ne pas voyager dans cet Orient trompeur. Or ma mère est partie si tranquillement en direction justement de cette maudite partie du monde, elle est venue telle une fugitive et repartie après à peine trois jours. Elle a fait allusion à Raiser, mon inséparable camarade de l'école primaire. Pour le goûter il apportait toujours du pain grillé beurré garni de tranches de salami, soigneusement enveloppé dans un sac de toile brodé à ses initiales, I.R., Ivica Raiser, si ma mémoire est bonne. Pendant la récréation, nous jouions aux billes, de magnifiques petites boules de verre multicolores, et il possédait également un joli calot bleu clair. C'était la plus grosse bille que j'aie vue dans mon enfance. Ce Raiser est mort subitement d'une inflammation de l'oreille interne et toute la classe a assisté à son enterrement. Pour la plupart d'entre nous, c'étaient les premières funérailles auxquelles nous prenions part, c'est pourquoi sans doute elles nous ont paru aussi irréelles. Nous regardions d'un air stupéfait son cercueil d'enfant en bois laqué blanc dans lequel il était allongé, revêtu d'un costume de toile jaunâtre, au milieu de fleurs, les mains croisées sur un certificat bariolé de première communion. Ce morceau de papier peint mentionnait, sous le visage du Christ, qu'Ivica Raiser avait reçu sa première sainte communion, ce que confirmait un gros cachet ainsi que la signature du prêtre.

Après Raiser, mon ami Branko Dvojković est mort lui aussi ; il habitait dans une cour voisine, où sa mère disposait d'un logement de concierge, titre impersonnel que tout le monde lui donnait. Il recevait mes vestes usagées, et alors, comme par un accord tacite, nous nous évitions mutuellement, pour lui laisser le temps de s'habituer à son nouveau costume, et à moi, de l'oublier. Sa mère a omis de fermer le gaz et c'est ainsi qu'il est mort. Il s'est endormi pour ne plus se réveiller. Désespérée, la concierge s'est jetée sous les roues du « Samoborec », ce drôle de petit train qui transportait les excursionnistes de Zagreb à Samobor. *« Das Leben geht weiter »*[1], a dit mamie.

On m'a surpris en train de lire en cachette des romans policiers interdits. *« Der Mord am Branitzerplatz »*[2], c'était précisément le titre de ce roman embrouillé qui, à l'issue d'une rafle imprévue, est tombé entre les mains de l'éducateur de garde. Je suis convoqué à un

[1] « La vie continue ».
[2] « Meurtre sur la Place Branitzer ».

interrogatoire chez le directeur Gademann. Je me sens irrité et humilié par la longue attente devant sa porte. Ma nervosité croît jusqu'à que s'allume l'inscription verte « frei ».

« Je me fais du souci pour ton instruction religieuse. Nous n'avons pas chez nous d'église de ta confession[1], aussi es-tu dispensé de catéchisme », dit calmement Gademann en tapotant sur la table avec son crayon rouge, celui-là même qui servait à contrôler notre cahier de dépenses. « Cependant, nous ne pouvons pas permettre que tu deviennes tout à fait sauvage. C'est pour cela que tu vas prendre la Bible et, dans un cahier particulier, tu vas me recopier le récit du Christ à propos du fils prodigue. Tu le recopieras jusqu'à ce que tu aies rempli le cahier. C'est clair ? Nous parlerons plus tard de la morale du récit. C'est clair ? Tu peux te retirer », conclut sèchement Gademann. Et c'est ainsi que je n'ai jamais appris qui avait assassiné dans le roman le sénateur König. Mon roman inachevé a été rajouté à la collection des objets interdits de l'internat, soigneusement tenue par nos vigilants éducateurs. A cette occasion, j'ai appris pour la première fois de ma vie qu'il existait des livres interdits.

Enfin, ma famille me demande dans une lettre de me préparer à rentrer à Zagreb. Je voyagerai seul, car personne ne peut venir me chercher. Le docteur Gademann me convoque une nouvelle fois. Il est aimable et m'offre de succulentes pralines. « D'abord finissons-en avec les formalités », dit-il en me remettant mes papiers et mon billet de train. « Voilà. A présent tout est fini. Il te reste à m'expliquer la parabole du Christ sur le fils prodigue. Quelle en est la morale ? »

Je balbutie quelques paroles sur le repentir, après quoi le docteur Gademann me donne une boîte de pralines, comme pour solde de tous nos comptes.

Dans le train, ma joie de voyager croît, ainsi qu'une sensation nouvelle d'indépendance. Chaque frontière franchie représente une petite victoire personnelle. Je me réjouis à l'avance des uniformes bariolés des gardes-frontière, des douaniers, de tous ceux qui me laissent poursuivre mon chemin. J'aime éprouver cette sensation de trouver la route libre, de voir les barrières frontalières levées, les différents drapeaux marquant symboliquement que là, précisément à

[1] L'auteur est un Serbe orthodoxe. (N.d.T.)

partir de cet endroit, commence quelque chose de nouveau et d'inconnu. Progressivement, je sens monter en moi un doute, car c'est la première fois que je voyage seul. Ce fait semble receler une signification profonde. Le docteur Gademann paraît en avoir été lui aussi surpris, il s'est conduit comme quelqu'un qui connaît l'avenir des autres, comme un homme doué d'une terrible prescience qui aurait déjà feuilleté en cachette le petit livre de ma vie. Maintenant, dans le train, je me demande pourquoi il m'avait forcé à recopier la parabole du fils prodigue et à en mémoriser la morale et l'enseignement. J'ai l'impression de ne pas encore comprendre tout à fait la notion de pardon, et l'heureuse fin de l'histoire me fait penser à une fable, qui ne peut donc ni se renouveler ni être vérifiée, sans doute parce qu'elle est quelque peu étrangère. Au lieu de me concentrer sur ce lointain dilapidateur biblique, son frère envieux et son généreux père, je pense à présent au retour du collectionneur d'insectes à Düsseldorf, à cette rentrée sans remords. Je songe à ce garçon qui s'était défendu désespérément, à son père qui, lui-même plongé dans d'immenses frayeurs concernant sa propre survie, allait accabler, voire maudire son fils. Leurs peurs redoublées, quasiment autonomes, se rencontreront quelque part à Düsseldorf, et le père du collectionneur d'insectes perdra peut-être la raison quand il aura senti toute la supériorité de la peur de son fils, dont la pointe trop effilée avait abouti ce fameux jour dans le ventre de Hecht. Je suppose que ce garçon fragile, maintenant désarmé, qui avait soudain laissé échapper sa peur, tel un mystérieux papillon, cherchera en vain sa culpabilité. L'issue de cette variante contemporaine d'un vieux récit biblique m'apparaît incertaine, surtout parce que j'ignore ce qui se passera si le père ne se délivre pas lui aussi de sa peur, si celle-ci demeure pour toujours enfermée dans l'héritage de la soumission séculaire, de l'acceptation de l'humiliation, de la tranquille habileté à expier des péchés originels. Dans ce cas, le pauvre collectionneur d'insectes n'aura pas droit au pardon, et il s'en ira seul, sous la malédiction, vers son anéantissement. Je pense à lui, que ce châtiment attend peut-être simplement parce qu'il n'a pas complètement saisi la nécessité de s'identifier à ses lointains ancêtres. Il sera puni aussi parce qu'à un moment il s'est libéré de sa grande peur, dont les érudits de son peuple interprétaient invariablement et sagement l'existence séculaire, comme mûs par le désir de transformer ce monstre à cent têtes en animal domestique apprivoisé. A présent, c'est clair : nos pédagogues suisses n'ont rien compris du tout ! Dans une quiétude glacée, ils ont rendu leur sentence, dont nous avons senti qu'elle était injuste. Comme de coutume, cette communication de l'internat a été annoncée juste avant le déjeuner. Assis à leur table, les directeurs ont ouvert leurs dossiers et se sont mis à lire. Jamais silence n'avait été plus total que ce jour où nous attendions la décision à propos de l'affaire du collectionneur d'insectes. Une fois la sentence prononcée, nous avons continué à nous taire, incapables de trouver rapidement les moyens d'exprimer notre résistance. Nous avions honte, tels des soldats faits prisonniers pendant leur sommeil par l'incursion inattendue d'un ennemi plus audacieux.

Cet état de soumission et de résignation dans lequel j'étais plongé semble ne s'évanouir que maintenant que je me trouve dans le train. Ma sérénité paraît renaître à mesure que je reconnais ce qui lui faisait obstacle. Dans le train haletant je deviens plus conscient de mes métamorphoses, apprises et acquises, de mon habileté à dissimuler mon humeur véritable. Pratiquement dès notre premier jour à l'internat, on nous a inculqué les principes d'une bonne conduite : nous devions nous dompter, nous maîtriser, éviter d'étaler nos sentiments. En énonçant les punitions, le Dr Gademann répétait souvent sa vieille formule favorite, qui avait façonné de si nombreuses générations à l'internat : *« Beruhiget euch, wir wissen schon wie man solchen unbeherrschten Burschen die Zügeln hält. Wir werden euch bestimmt das gute Benehmen beibringen »*[1].

Je me rebelle de plus en plus contre son assurance qui m'offense par son caractère hautain. *« Die lustige Miene zum bösen Spiel »*[2], c'est ce qu'il préconisait pour affronter les difficultés de la vie. Je sens que je rentre à la maison révolté et humilié. Déjà devant Zagreb, aux aguets pour que ne m'échappent pas la vieille cabane située dans notre vigne de Podsused et la muraille en ruine de Susedgrad qui me faisait toujours penser à une immense tête de sucre ébréchée, je me rappelle qu'à travers l'image du Dr Gademann je recherche les motifs de mon humiliation et de ma révolte. Il faut évincer cet adroit pédagogue qui en fait me réconciliait avec la vie, profondément convaincu que ses petites ruses favorisaient la découverte des notions essentielles telles

[1] « Soyez tranquilles, nous savons tenir la bride à des jeunes gens dissipés. Nous vous apprendrons à bien vous conduire ».

[2] Un visage joyeux pour un jeu méchant.

que la méditation. A présent tout est clair à mes yeux : il dispensait ses bons conseils en contemplant l'image paisible du monde auquel il appartenait. Sa confiance en lui, sa supériorité, voire son orgueil, tout cela provenait d'un ordre exceptionnel des choses dans lequel le moindre retard d'un train équivalait à une véritable catastrophe. Il s'agissait d'une conception d'où étaient exclus tous désordre, déviation, négligence, désespoir, regard vers la misère d'autrui. On dirait que sur toutes ces montagnes entourant ce petit pays sont accroupis, jour et nuit, des gardes innombrables chargés de le défendre contre les intrus et les indésirables, contre tout ce qui pourrait troubler cette communauté et, ainsi, sans doute, la dissoudre. Le peuple qui a vendu au monde entier les meilleures montres qui soient semble avoir arrêté le temps pour lui-même.

L'accueil à la gare semblait indiquer que toute la famille avait fait sienne la devise de Gademann : *« Die lustige Miene zum bösen Spiel ».* Déjà derrière la vitre du wagon j'avais remarqué leurs visages radieux, et en un éclair j'ai fait la différence entre la joie sincère et celle qu'on simulait. On eût dit que les traits dissimulaient les frontières naturelles de tous les sentiments. De même, j'ai immédiatement noté l'ordre étrange dans lequel était disposé le groupe familial sur le quai. Mon père, en compagnie de sa mère, se tenait trop éloigné du reste de la famille, dont le noyau était composé par la branche maternelle. Ma mère se trouvait quelque part au milieu, et j'ai eu l'impression qu'on la cachait. Tous semblaient s'être arrêtés, indécis, devant un carrefour non signalé. J'ai remarqué que nous nous attardions inhabituellement sur le quai, les mouvements embarrassés paraissant arracher une pause souhaitée. La première joie des retrouvailles a été trop vite dépensée. Questions et sourires se répètent. Tout le monde a l'air de chercher des gestes et des mots salvateurs. Or la solution est des plus simples : l'accueil est terminé et il faut rentrer à la maison. Mais cet ordre se fait interminablement attendre, comme si cet étrange groupe avait perdu son chef naturel. Cloués sur place, nous attendons que quelque chose se produise. Mamie Katica tourne cette situation en plaisanterie : « Maintenant, chacun chez soi ! », dit-elle avec un brin d'amertume dans la voix. Ces paroles nous mettent en mouvement tous ensemble vers la sortie. *« Die lustige Miene zum bösen Spiel »,* la formule de Gademann me revient à l'esprit. Devant la gare, le groupe familial se divise enfin. Ma mère s'en va avec les siens, non sans m'avoir lancé : « Nous nous verrons demain, appelle-moi dès que tu te seras réveillé ».

A présent tout est clair. J'ai accepté le langage codé de ma famille. Par ce langage on m'a fait savoir ici, à la gare de Zagreb, que la dislocation de la famille avait finalement eu lieu.

Le vieux Filip m'accueille avec une joie sincère.

« Jésus, Marie », dit-il, aussi admiratif qu'un petit enfant, « Comme le jeune monsieur a grandi, il a rattrapé le vieux monsieur ».

« Et toi, Filip, tu es de plus en plus jeune, on pourrait encore te marier », dis-je en dissimulant ma tristesse devant le spectacle de son visage vieilli et ses yeux clignotants et troubles.

Pourtant, à première vue, l'appartement est resté le même, bien que je me sois attendu à remarquer d'emblée des changements. Tout est là, le secrétaire en bois laqué noir de maman muni de nombreux tiroirs cachés, la bergère Ohrklappen sous une pendule dorée qui joue des menuets ; sont également à leur place les portraits sérieux des ancêtres, la cheminée, le piano Bösendorfer, la salle à manger avec son imposant mobilier gothique « Altdeutsch », les canapés couverts de peluche rouge, tout, tout est demeuré dans l'ancienne disposition.

Je me retrouve sur le balcon, jusqu'auquel montent les épaisses cimes des platanes de Zrinjevac qui, éclairées la nuit par les réverbères, jetaient d'émouvantes ombres animées sur le plafond de ma chambre d'enfant. J'espionnais en silence l'agitation de ces ombres pendant quelques-unes de mes maladies et les identifiais aux héros des fables que j'avais lues. Comme autrefois, en bas dans la rue une rivière de promeneurs bruit, de ce murmure somnolent que presque chaque son individuel absorbe, dissimule et emporte. Seuls de rares tramways viennent troubler cet ondoiement uniforme des passants. En bas, devant notre maison, son bruit métallique perçant atteint son point culminant dans l'angle de la pharmacie Brodovin avec son portrait de Nikola Subić Zrinjski[1] à l'intérieur de la vitrine à côté de l'entrée. Le pharmacien prudent prend des précautions : la nuit il baisse le rideau de fer. Tout est là, cependant j'ai l'impression que de tous les coins de l'appartement et de la maison commencent à apparaître des changements, cachés seulement à cet indispensable premier

[1] Ban de Croatie-Slavonie de 1542 à 1556, il défendit victorieusement Szeged contre Soleyman le Magnifique en 1566, siège au cours duquel il périt. (N.d.T.)

moment de la rencontre qui nous préserve de la douleur inattendue.

« Où est Janko ? », je m'enquiers de notre canari auprès de Filip.

« Madame l'a emporté », répond Filip avec un air de connivence.

« Où est l'éléphant en argent qui sert de presse-papiers, et l'horloge noire à colonnettes d'albâtre ? » Je continue mon interrogatoire, mais Filip donne toujours la même réponse : « Madame l'a emporté ».

Connaissant d'avance la réponse, je mets fin à mon enquête sur les objets disparus. La phrase « Madame l'a emporté » est suffisamment explicite. Enfin, tout ce tas de meubles, qui paraissent si immuables, comme incrustés dans le miroir du parquet mosaïque, ne demeurent ici qu'à titre provisoire, semblant m'attendre pour un adieu définitif.

Le départ de ma mère a aussi arraché l'âme de tous ces objets. Dès demain, leur caractère monumental sera recouvert par une impression de futilité et d'absurde. J'ai l'air presque perdu dans le labyrinthe de ces choses mortes de la fidélité desquelles je prends congé. Mamie Katica s'approche de moi en silence par derrière.

« Ne sois pas triste », dit-elle sur le ton d'une personne qui a déjà surmonté sa crise de fièvre. « Nous avons tout fait pour ne pas en arriver là, mais elle n'a pas voulu. Comprends : *das Leben geht weiter*[1]. C'est bien que grand-père n'ait pas vécu tout cela ».

Et alors, à bout de force, elle fond en larmes, comme à part, pour elle seule, sans observateur. Visiblement, elle a perdu l'envie de continuer à faire usage de ses petites tromperies. *« Die lustige Miene zum bösen Spiel »*, je me rappelle à nouveau l'enseignement de Gademann et essaye de consoler mamie par les récits sans intérêt de mon long voyage. Et je me dis, effrayé : je ne dois pas m'arrêter, ni m'interrompre, mais continuer à déverser mes paroles. J'ai peur que l'horloge ne se mette à jouer ce tendre et touchant menuet. A cet instant de consolations laborieusement échafaudées, il serait assez fort pour détruire chez nous deux l'équilibre établi à grand-peine. Pour nous sauver, mamie et moi, je l'inonde de ma fausse bonne humeur.

Un obstacle est franchi. Je pense à mamie et ma première rencontre avec l'appartement où j'ai passé mon enfance. Replié dans mes cachettes rapidement réinvesties, j'épie, tel un franc-tireur, les autres membres de la famille, m'efforçant, dans ce désordre inattendu, de déterminer la place et le rôle de chacun. Mon père a l'air de fuir les

[1] La vie continue son cours.

regards et la conversation. Il arrive et s'en va prestement et en silence, et ses mouvements sont devenus mécaniques, comme s'il avait perdu sa puissance et son assurance naturelles. J'ai l'impression qu'il hésite à entamer une discussion avec moi. De toute évidence, il ne parvient pas encore à harmoniser son orgueil d'autrefois avec la situation actuelle d'humiliation soudaine. D'ailleurs, il est né pour être le maître, et non un homme abandonné dont la femme s'est pratiquement enfuie de la maison. Si je me décidais à utiliser le langage codé de la famille, j'apprendrais jusqu'aux moindres détails tout ce qui s'est passé. Je diffère cette découverte, je la repousse consciemment, la considérant comme incongrue. Dans les grandes familles, les côtés sombres de la vie sont dévoilés progressivement, de même qu'on dissimule aussi longtemps que possible la vérité aux gens gravement malades. Par un accord tacite, on fait durer l'espoir, et ce n'est qu'exceptionnellement qu'on brûle de manière irrémédiable les ponts derrière soi.

A présent, des gens inconnus font leur apparition à la maison, on dit que ce sont des avocats célèbres dont la mission consiste à régler sur le plan juridique la situation nouvellement créée. Ces nouveaux invités m'observent d'un œil curieux et protecteur. En fin de compte, c'est quand même mamie qui a le plus vite et le plus précisément résumé tout ce qui se passait à la maison. Elle a dit : *« Alle miteinander schauen wir jetzt über die Trümmer*[1]. Heureusement que ton pauvre grand-père n'a pas vécu ça. Deux caractères incomparables se sont rencontrés. *Schon am Amfang konnte man es voraussehen. Ein ewiges Durcheinander*[2]. L'un disait blanc, l'autre, noir. *Und wie gesagt*[3], ce qui est fait est fait, *und aus dem ganzen Trümmerhaufen sollte man wenigsteins jetzt vernüftige Schlüsse ziehen*[4]. »

Il est manifeste qu'à présent mon sort aussi se joue à la hâte.

De l'autre côté, dans son nouvel appartement, petit, un peu étroit, ma mère m'accueille. Comme s'ils s'étaient mis d'accord, elle non plus ne m'explique pas les événements passés, et ses phrases inachevées sont difficiles à relier dans un ensemble. Pendant ce temps, dans

[1] Tous ensemble nous regardons à présent par-dessus les ruines.

[2] Dès le début, on pouvait le prévoir. Un désordre constant.

[3] Et comme on dit.

[4] Et de tout ce tas de ruines il faudrait à présent tirer au moins une conclusion raisonnable.

le vestibule, j'examine d'un œil inquisiteur une paire de bottes de chasse soigneusement rangées et bien cirées, dont j'ignore le propriétaire.

« A présent tu ne comprends pas, mais cela ne pouvait pas se passer autrement, *es war die einzige Lösung* »[1], dit ma mère, tandis que j'admire furtivement ces bottes raides qui ne se décident pas à se coucher chacune de son côté. Je remarque que, de ses mains, ma mère leur a donné ce lustre inhabituel, inaccessible, par lequel elle surpasse même le maître en cirage de chaussures qu'est le vieux Filip.

Et tandis que débarquaient chez nous des cousins et des amis, invités ou non, les uns mus par une curiosité émue, les autres par une joie mauvaise, le mécanisme secret de notre famille ramifiée continuait à fonctionner. Au premier regard, toutes les fissures qui l'affectaient étaient difficilement perceptibles. C'est seulement le soir, quand les vastes pièces se vidaient enfin et que le vieux Filip refermait le lourd portail de bois, que, soudain, comme répondant à un signal secret, nous nous retrouvions tous face à la réalité : le silence et le vide croissants. L'un de ces soirs, mon père m'a fait venir dans sa chambre. J'ai compris avec soulagement que, sans faire une trop longue introduction, il allait me faire connaître ses décisions. Je voulais découvrir la vérité derrière ces nombreuses visites et conversations, ces chuchotements, ces venues et ces départs soudains, toute cette agitation qui régnait dans la maison. Je souhaitais cet entretien avec mon père dans l'espoir secret qu'il ne passerait pas sous silence toutes les raisons qui avaient déjà modifié notre vie de famille. Je croyais sincèrement qu'il ne serait pas confus lors de notre discussion. A cet instant j'avais besoin de la fermeté et de l'assurance de mon père. Je les attendais comme un grand cadeau, déjà conscient que je m'en souviendrais et la porterais longtemps en moi.

« Assieds-toi », me dit brièvement mon père, et dans ce ton d'homme d'affaires je sens une intimité, une vieille complicité. « Tu sais tout ce qui s'est passé dans cette maison. C'était inévitable. Ta mère ne reviendra plus ».

Je me tais et confirme d'un mouvement de tête les paroles de mon père.

« Quoi ? » demande-t-il, comme surpris de mon silence.

« Rien », dis-je laconiquement.

[1] C'était la seule solution.

« Bon », continue-t-il, « tu me facilites les choses. C'est raisonnable. Il faut regarder vers l'avenir. Ce qui est fait est fait. *Jetzt ist es vorbei. Das Leben geht weiter*[1]. Tu dois poursuivre tes études. Ici, à Zagreb, tu perds ton temps. J'ai trouvé la solution. Nous partons pour la Dalmatie, pour l'île de Korčula. Il y a là-bas un lycée de franciscains où je vais t'inscrire. Ce ne sera que du provisoire. Afin que tu ne perdes pas une année ».

C'est effectivement une solution pratique. De même, il est bon que la conversation ait été brève, que mon père ait tout dit d'un trait. De cette façon j'ai conservé au moins une parcelle de son ancienne invulnérabilité.

Mon départ de Zagreb s'est déroulé sans trop d'émotion. On aurait dit que tout le monde était soulagé de voir écarté au moins un témoin dans une période qui ne laissait rien présager de bon. En guise de consolation, on m'a dit qu'il faisait bon vivre au bord de la mer et que l'île de Korčula n'était pas au bout du monde. Mon père a décidé de m'accompagner, et cela a été notre premier voyage ensemble.

Le bateau accoste le quai du port de Korčula. Nous descendons et restons là, seuls, désemparés. Mon père se renseigne sur ces franciscains. On nous achemine vers un bateau à moteur qui porte le nom de « La Sainte-Croix », là nous devons trouver le passeur, le frère Augustin, qui nous conduira jusqu'à l'île de Badija, près de Korčula. Mon père et moi, nous nous regardons comme des gens dupés. Cela signifie un nouvel isolement du monde.

Le frère Augustin porte une soutane tachée de graisse, ceinte d'un cordon sale, et a des mains noircies de laboureur. « Nous partons dans une demi-heure », nous annonce-t-il nonchalamment, de toute évidence habitué à des voyageurs comme nous.

Une longue demi-heure encore mon père et moi demeurons en tête-à-tête. Pendant une demi-heure encore s'offre à nous l'occasion d'élucider toutes les raisons qui nous ont conduits à échouer ici, devant ce religieux capricieux qui s'affaire autour de son moteur.

« Cette vieille cathédrale est belle », dit mon père d'un air déprimé en examinant d'un œil pensif l'audacieuse verticalité de son clocher. Je suis son regard, attendant qu'il s'arrête sur un ornement de pierre, pour que je le rattrape et le saisisse sur le rebord d'un griffon avant de

[1] A présent c'est du passé. La vie continue.

le ramener, tel un fugitif, en bas, à terre. En effet, j'exige sa présence, je veux le capturer par mon mutisme, et, dans le silence de ces étroites rues de Korčula, je l'oblige à parler. « Regarde cette mouette, elle s'est posée sur l'aiguille de l'horloge de l'église », dit mon père pour attirer mon attention sur cette scène inhabituelle. « Sais-tu ce que les marins racontent à propos des mouettes ? Ils disent que ce sont les âmes des capitaines morts qui suivent les bateaux. J'ai entendu cette histoire quand, après mon baccalauréat, je me suis rendu à Malte. C'est une vieille croyance marine. Elle est belle, n'est-ce pas ? »

Mon père m'échappe de nouveau. C'est la première fois que j'entends dire qu'il est allé à Malte.

« Comment trouves-tu ce prêtre sale ? » je pose cette question à mon père car j'ai été offensé par le ton impératif qui nous a chassés du rivage.

« Armer Teufel »[1], répond mon père, « il me rappelle certaines publicités bavaroises pour une bière de monastère. Il a vraiment le physique de l'emploi ».

« Il nous a chassés brutalement », poursuis-je avec ma mauvaise humeur contre le frère Augustin.

« Qui peut savoir ce qui se passe en lui », ajoute mon père sans conviction et d'un ton apaisant, « sans doute n'a-t-il pas une vie facile. On m'a raconté que ces moines dorment peu, qu'on les réveille la nuit pour les obliger à faire des prières, et qu'ils mangent mal. Mais on peut espérer que les autres à Badija ne lui ressemblent pas. Dans leur prospectus il est écrit que là-bas se trouve leur lycée ».

Le frère Augustin a déjà allumé le moteur. Il est debout à la poupe, tenant le gouvernail entre les jambes. A présent, d'une voix forte, il nous enjoint de nous dépêcher. « Avanti, messieurs, avanti, embarquez car nous partons, ce n'est pas votre yacht privé. Je dépense du carburant. Le Supérieur me fera des reproches ».

Nous sautons dans le canot. C'est fini. La « Sainte-Croix » a quitté le port. Mon père tente maladroitement d'engager la conversation avec le frère Augustin. Il lui demande d'où il est originaire, depuis combien de temps il est moine et quel temps il fait ici en hiver. Le frère Augustin rit malicieusement. A certaines questions il ne répond pas du tout, quant au temps, sa réponse est ambiguë : « Le temps en hiver ? Quoi vous dire ? Ici, nous disons :

[1] Pauvre diable.

A Dame Chandeleur
Hiver plein de rigueur,
Puis arrive saint Blaise
Qui dit que c'est foutaise.

Et le peuple ajoute :

A Dame Annonciation
Sur les rosiers des boutons.

Après cette tirade, le frère Augustin rit de bon cœur, comme un paysan qui aurait joué un bon tour à des ignorants de la ville. Presque humiliés, nous nous taisons de nouveau. A l'issue d'un virage sur la gauche dans le détroit de Dominac, le canot prend la direction de Badija. On aperçoit maintenant le grand bâtiment du couvent à un étage muni d'un toit rouge neuf, complètement séparé du vieil édifice. Sur le petit débarcadère on distingue déjà les visages des moines que le bruit du moteur a fait affluer de tous côtés.

« Cela ressemble fort à un accueil officiel », me chuchote à l'oreille mon père, en observant la foule nouvellement formée.

Je reconnais dans sa voix cette vieille nuances d'interrogation de l'interlocuteur, son hésitation à se lancer tout de go dans la conversation. Sa mère aussi possédait cette faculté de s'isoler, grâce à une barrière invisible, de l'indésirable curiosité des autres.

« Cela m'a l'air d'une prison », dis-je à mon père, car je suis désagréablement surpris par les lourds blocs de pierre du couvent. Une force répulsive recherchée, soigneusement cultivée, se dégage de toutes les parties de cette forteresse religieuse. Je vois s'avancer vers mon père un robuste moine doté d'un nez proéminent et charnu et de petits yeux bleus très rapprochés.

« Je suis le padre Leonardo », dit-il en tendant à mon père une main qui émerge lentement des larges plis de sa soutane. « Ici je suis le préfet des études principal, et j'enseigne également les mathématiques », ajoute-t-il, tout à fait conscient de son importance.

Du groupe se détache également pour venir à notre rencontre un moine élancé, droit, élégant, avec des mouvements appuyés d'homme du monde. « Je suis le docteur Bandera, directeur », se présente-t-il, presque aimablement. Vous ne pouvez pas rentrer chez vous aujourd'hui, il n'y a pas de bateau, demain le frère Augustin vous conduira au navire. Voici notre Supérieur, padre Rudolf, un brillant économe, il a fait des miracles sur cette île de pierre et voici padre Vid, également professeur. Vous savez que nous avons aussi des professeurs laïques, vous ferez leur connaissance au dîner. Et maintenant, que votre fils aille porter ses affaires dans le dortoir, puis il ira rencontrer ses futurs camarades. Quant à vous, nous vous invitons à prendre un café ».

En partant avec mes valises, j'entends encore la voix esseulée du frère Vid qui expose à mon père l'historique du monastère et lui propose de l'emmener sur-le-champ dans le plus beau cloître de Dalmatie centrale.

En un instant je suis transi de peur en voyant les moines emmener mon père. On m'a envoyé au dortoir comme si je connaissais tous les passages et couloirs de ce grand bâtiment, comme si je ne venais pas ici pour la première fois de ma vie. Partout je suis accueilli par un silence total et quelques crucifix sur les murs des longs, étroits et très froids couloirs. Quel endroit lugubre, me dis-je, désespéré, c'est une véritable prison, comme je l'ai dit à mon père. Alors, soudainement, je me sens envahi d'une rage envers lui, et dans cette colère impuissante, j'ai envie de lui dire quelque chose de brutal, de méchant, quelque chose qui nous faciliterait à tous deux la séparation du lendemain. Qu'il ait envie de partir au plus vite, qu'il se sente soulagé au moment d'embarquer. Je suis pris au piège et enfermé, or j'ignore encore comment me défendre. Je sens que demain, quand mon père sera parti, le fil ténu de liberté qui me relie à un monde différent de celui auquel est aveuglément soumise la vie sur cette île se rompra lui aussi. Je pressens l'existence chez ces moines d'une immense expérience à briser toute résistance, par des actions, encore inconnues de moi, qui leur permettent d'imposer la soumission totale.

Avec crainte j'ouvre une porte, je ne sais plus laquelle. Dans le coin le plus proche de cette salle de classe déserte est agenouillé un jeune garçon qui récite des déclinaisons à haute voix. Il a les cheveux tondus, ce qui met encore davantage en évidence son petit crâne. Je me rappelle en avoir rencontré de pareils à Tuskanac. J'étais assis avec mamie Katica dans le pavillon de bois bosniaque et je prenais mon goûter, et précisément à ce moment-là passaient souvent dans une longue procession, les enfants de l'orphelinat de Josipovac. La boule à zéro, ces petits ressemblaient à un cortège de condamnés qu'on conduit au gibet. Plus d'une fois j'ai entendu des parents qui, désignant la longue colonne d'enfants affamés, incitaient leurs rejetons à manger malgré tout leurs sandwiches au jambon ou leurs tartines au fromage.

« Pourquoi es-tu à genoux ? » lui demandé-je à voix basse.

Lui aussi a peur.

« Je suis puni », répond-il encore plus bas. « Fiche le camp d'ici, le padre Leonardo va venir m'interroger sur ces maudites déclinaisons ».

« Où est le dortoir ? », dis-je prestement, « je suis nouveau ».

Il me renseigne dans un murmure : « Essaye d'obtenir un lit d'angle, devant la fenêtre il fait froid l'hiver. Tu ne connais pas les bourrasques venant de Saint-Elie ».

Aujourd'hui mon père s'en va. Il est impatient de connaître mes premières impressions. Nous nous promenons sur le rivage le long d'une oliveraie, et je ne puis m'enlever de la tête le sentiment que ces moines attendent avec impatience le départ de mon père. Comme si sa présence les gênait, car elle diffère inutilement l'application de leurs règles, la mise en place de leur ordre, suspendu, menaçant, dans les couloirs.

« Alors ? » demande mon père, « quelle impression retires-tu de tout cela ? Peut-être le diable n'est-il pas aussi noir qu'on le dépeint. Je ne peux rien dire, ils se sont à tout moment montrés très aimables. *Mann könnte sagen fast harmlos* »[1].

Je me tais et cherche des paroles rudes.

« Quant au cloître, il est vraiment magnifique, il m'a rappelé Venise », poursuit mon père, incapable de supporter mon silence. « Ce padre Vid avait raison ; du reste, il a fait ses études en France, à la Sorbonne, où il a suivi des cours d'art, et il connaît personnellement tous les peintres et sculpteurs croates. *Ein Du-Freund mit Augustinčić*[2], il m'a prié de lui transmettre ses salutations cordiales. Dans sa cellule il a une véritable petite pinacothèque. Il connaît également très bien le sculpteur Meštrović, il dit lui rendre visite dans son atelier chaque fois qu'il va à Zagreb. Il porte des chemises de soie parfumées et des boutons de manchettes en or. Il ressemble à quelque abbé de la

[1] On pourrait dire presque inoffensifs.
[2] Il tutoie Augustinčić.

Révolution française, *so profan, aber trotzdem nicht blutdurstig*[1]. Et le Supérieur, ce gros type. Il m'a ennuyé avec l'économie, son sujet favori, j'ai cru entendre ce sénile Mihalović, rien que des projets. Pendant le dîner j'ai fait connaissance avec tous tes futurs professeurs, les laïques. Ils ont l'air très effrayés devant les moines. De toute évidence, tous respectent le Dr Bandera. Il est le plus intelligent, un ancien élève parisien qui a obtenu deux doctorats. Et par ses manières il domine les autres telle une *turmhoch*[2]. Je lui ai également posé la question à propos du catéchisme. Il dit que tu iras à Korčula chez le prêtre orthodoxe ; il ne leur est pas vraiment sympathique, il n'arrête pas d'intriguer, mais c'est la seule solution ».

Je sens que par cette phrase nous avons précisément atteint la fin naturelle de notre conversation. A présent je comprends clairement que mon père a passé la soirée à rassembler des arguments qui lui permettraient de partir la conscience tranquille. Je me plais à l'idée qu'il est en mon pouvoir de détruire en un clin d'œil la tour qu'il a bâtie en toute hâte afin de défendre ses agissements. Il s'en va, et moi, je reste.

Je n'oublie pas les yeux pénétrants du padre Leonardo, l'attention appuyée avec laquelle il m'a examiné de côté. Comme si, dans sa longue mémoire, il cherchait un cas semblable au mien, avec le désir de l'identifier à moi. J'ai eu peur à l'instant où j'ai senti qu'il avait trouvé ce qu'il cherchait. Alors il a esquissé un léger sourire, et à ce moment précis j'ai ressenti la portée de son habileté de pêcheur. Je me suis dit en un éclair : il m'a attrapé. Depuis cet instant je me suis mis à songer à la fuite. Pas à une fugue enfantine consistant à s'enfuir de l'île, mais à l'élaboration secrète, cachée, de moyens de résistance et d'espaces de liberté. Je me suis pour ainsi dire retrouvé sur le chemin solitaire qui me conduit au noyau même de ma solitude résistante. Une étonnante et émouvante quiétude est devenue le fondement de ma découverte. Depuis la petite berge j'ai pris congé de mon père en agitant longuement et joyeusement la main.

Depuis de longs jours je remarque à peine mes camarades d'études. Et eux aussi passent devant moi sans bruit ni curiosité. Ils ont pour la plupart le crâne tondu et portent des vêtements qui semblent empruntés. Ici on les appelle « candidats », car ils étudient pour devenir

[1] Si profane mais malgré cela il n'est pas assoiffé de sang.
[2] Tour.

moines. Ils viennent en majorité de petites îles, et leur élocution rapide, émaillée de petits cris perçants, me fait penser aux martinets qui s'ébattent et survolent infatigablement les murailles du monastère. A dix heures, pour la collation, on aligne ces candidats contre le mur du jardin, où ils attendent patiemment qu'on leur distribue une tartine de marmelade d'arbouse. Quant à nous, « les externes », nous sommes facilement reconnaissables par nos vêtements mieux coupés et nos cheveux plus longs. Pour notre collation nous recevons, outre le pain, un œuf au plat ou bien du salami, et c'est la cuisinière en chef, la sœur Janja, qui nous sert. C'est une femme de petite taille, corpulente, fortement serrée dans sa robe de religieuse qui ne parvient pas à dissimuler toutes ses rondeurs. Elle est sévère avec nous, qui ne pouvons l'apitoyer qu'en lui offrant en cachette, en échange de pain azyme, de petites images pieuses. Nous les achetons au vice-préfet, le padre Vjekoslav, que tous appellent par son diminutif : padre Djidji. De tout le monastère il est le seul moine qui soit allé à Assise, qui ait prié sur la tombe de saint François et qui ait obtenu une grosse rémission de ses péchés. Simple et de bonne humeur, il représente pour nous le modèle parfait du bon moine, toujours prêt à rendre de menus services, depuis la vente des petites images pieuses, de médaillons en fer-blanc, de petites croix et de chapelet, jusqu'à l'infatigable narration de la vie des trois plus grands saints de l'ordre des franciscains : saint François, saint Antoine de Padoue et saint Bonaventure, qu'il appelle avec une crainte révérencielle *doctor seraphicus*. Il aime plus que tout nous rassembler à la récréation dans l'oliveraie. Nous prenons place sur les racines déployées des oliviers centenaires, et le padre Djidji, jouant tantôt avec un chapelet, tantôt avec une corde à nœuds, se met à expliquer les étranges rencontres du ciel et de la terre qui illuminent la vie des élus de Dieu. Soudain, tout ce qu'il raconte, toutes ces visites de la Sainte Vierge et du Christ dans les cellules d'ermite des frères mineurs, tous ces cieux qui s'ouvrent docilement aux cœurs en ébullition, tous ces messages anciens, anoblis par sa paisible foi, tout cela croît là, devant nous, franchissant sans peine toutes les frontières de la réalité. Ici, sous les oliviers ancestraux, peu importe en vérité si ces enivrantes senteurs célestes ont jamais envahi les sombres cellules dans lesquelles elles étaient accueillies comme un baume au cœur de ces voyageurs fatigués d'avancer dans notre vallée de larmes, selon les termes immuables que le padre Djidji utilise pour désigner ce bas monde. « Demande aux animaux et ils t'apprendront, interroge les oiseaux célestes et ils te montreront », c'est ainsi que le padre Djidji conclut ses récits, se référant au témoignage de Job.

C'est aussi dans l'oliveraie que j'ai fait connaissance avec le frère Diego, le plus vieux moine de Badija. Autrefois chercheur d'or en Alaska, il a traversé en aventurier toute l'Amérique pour finir, à l'issue de tous les naufrages possibles, par revêtir la soutane des franciscains. C'était un frère convers, comme le padre Augustin, aussi était-il chargé au monastère de tous les travaux pénibles. Ces longues années de durs services semblaient avoir extrait les dernières ondes de forces de son corps fragile, la peau de son visage s'était fortement amincie, de sorte qu'on voyait distinctement les contours de son crâne. Vieux et harassé, il passait la journée entière à greffer les oliviers à coups de serpe, tout en bredouillant les vocables latins des chants religieux. C'est seulement dans les longues litanies de la Toussaint que nous l'entendions, toujours avec retard, prononcer distinctement : *ora pro nobis*[1]. Détachée du refrain commun, la phrase résonnait comme perdue dans l'église. Le padre Leonardo nous a tous avertis que le frère Diego était un original et nous a demandé de le laisser tranquille. On nous a ordonné de l'éviter, surtout à cause des récits fantastiques de ses aventures américaines. Malgré tout, chaque fois que nous le pouvions, nous allions le retrouver sur une branche d'olivier, d'où, comme d'un nid dissimulé, il s'entretenait volontiers avec nous.

« Frère Diego, criions-nous, la tête levée vers le feuillage de l'olivier, « frère Diego, que faisiez-vous donc en Amérique ? »

« Je cherchais de l'or », répondait-il joyeusement.

« Et vous est-il arrivé d'en trouver ? » poursuivions-nous, obstinés.

« Mes petits, longtemps, je n'ai rien trouvé, et soudain, une grosse pépite, de la taille d'une tête d'enfant, aucune banque d'Amérique n'a pu l'échanger contre des dollars ».

« Mais qu'est donc devenu cet or ? »

« Un directeur de banque a voulu me prendre pour gendre, me donner sa fille ».

« Mais qu'avez-vous fait de l'or ? »

« Eh, mes petits, rien, rien du tout. Je suis tombé sur des bandits à Vancouver qui me l'ont pris ».

[1] Prie pour nous.

« Est-ce qu'il fait froid en Alaska ? » lui demandions-nous, tout en connaissant à l'avance sa réponse naïve.

« Eh, mes petits, là-bas, quand on crache, c'est de la glace qui tombe par terre ».

« Et comment était la fille du directeur ? »

« Belle, belle, comme sainte Thérèse de l'Enfant-Jésus ».

« Et l'avez-vous embrassée ? » demandions-nous, conscients de notre petit piège lascif.

« Allez au diable, petits démons, je vais descendre et vous frapper avec cette serpe », se fâchait-il de manière très peu convaincante, et, après un court silence, commençait une nouvelle conversation :

« Frère Diego, quand vous êtes devenu moine, pourquoi avez-vous pris le nom de Diego ? »

A cette question il répondait toujours de bon gré.

« Saint Diego était moine dans un monastère d'Espagne. Il travaillait à la cuisine, et il était si pieux que les anges venaient lui prêter main forte, alors qu'il priait Dieu. Il faisait ses prières, et pendant ce temps-là les anges s'occupaient de la cuisine, pour que le supérieur ne le gronde pas. J'ai entendu parler de sa sainte vie et c'est pour ça que j'ai pris son nom ».

A l'église, j'écoutais ces longs refrains, mécaniquement prononcés, des prières qui unissaient mes camarades au prêtre devant l'autel. Il avait un rôle de chef, et ce n'est qu'à l'arrivée attendue du refrain, comme par incitation, qu'il disait son texte. Le soir, lors de la bénédiction, ce long dialogue prenait tantôt le caractère d'un pieux chuchotement, tantôt la nuance coléreuse d'une âpre discordance. Sentant qu'il ne maîtrisait pas cette piété enfantine, le padre Leonardo, revêtu d'une chasuble brodée d'or, se retournait avec irritation vers les prie-Dieu où étaient agenouillés les fidèles. Alors seulement l'ordre semblait être rétabli. Mais le prêtre expérimenté qu'était le padre Leonardo, avec son ouïe aiguë, découvrait presque infailliblement après l'office tous ceux qui en avaient troublé le déroulement. Puis, pendant le sermon, comme par hasard, le padre Leonardo prêchait à tous les participants les indicibles vertus de la prière collective en utilisant d'innombrables exemples tirés de l'histoire de l'ordre des franciscains. Plus généralement, ces saints franciscains étaient très souvent cités dans les leçons de morale, et leur vie toute de renoncement, de bonnes actions, de souffrances et ensuite de gloire céleste ne cessait d'être présente à notre esprit. Il est vrai que l'on nous enseignait également d'autres destinées, celles de dominicains et de jésuites, mais leurs biographies ne pouvaient aucunement égaler ni s'identifier aux vies des paisibles ascètes que saint François avait envoyés de par le monde consoler les malheureux. Ils ont été nombreux à toutes les époques, si nombreux que la miséricorde divine s'était manifestée sans discontinuer par leur intermédiaire. Leur immense pouvoir et les multiples miracles qu'ils ont accomplis ont troublé jusqu'aux incroyants les plus endurcis. Eux aussi, le padre Leonardo les transformait facilement en alliés de sa foi. *Profuit umbra*[1], répétait-il, d'un air victorieux, la pensée de saint Augustin. Son ombre était utile, c'est précisément ce qu'il disait en réfléchissant au doute de l'apôtre Thomas. Ce premier grand doute qui a troublé le christianisme lui a été plus profitable que la foi des autres apôtres. Le padre Leonardo nous avertissait avec ardeur : *Novam de vulnere vitam*[2]. Après ces leçons, nous chantions avec plus de sentiment et d'harmonie l'hymne de saint Antoine :

Si tu cherches des miracles,
La mort, les erreurs, les malheurs,
Le diable et la peste fuient,
Les malades guérissent.
Les vagues de la mer reculent
Jeunes et vieux prient
Et ils sont exaucés.

Ils « prient et ils sont exaucés ! » Je réfléchis longuement à cette formule claire, simplifiée jusqu'au dépouillement. Elle représente un dialogue intérieur mené à son terme et à sa vérité, qui remplace par sa simplicité des milliers de pages scolastiques. Comme tout cela paraît simple ! Ils « prient et ils sont exaucés » ! Il n'est pas facile de racheter cette lettre de change divine. Donc, il faut prier, toujours recommencer, prier opiniâtrement, infatigablement et sans aucun espoir. *Renovabitur ut aquilæ iuventus tua*[3], dit le psalmiste.

Au Moyen Age on croyait que les aigles volaient jusqu'au soleil

[1] Fuis, l'ombre.
[2] De la blessure naît une nouvelle vie.
[3] Ta jeunesse renaîtra, comme celle de l'aigle.

pour se baigner à une source et ainsi retrouver la jeunesse. La morale de la fable était la suivante : Fais de même, eh, homme, si tu portes de vieux habits et si les yeux de ton cœur ont vieilli. Cherche la source divine de l'esprit et lève les yeux de ton âme vers Dieu. Alors tu recouvreras la jeunesse. Si je ne comprends pas cette morale, l'enseignement de Jean s'applique à moi : « Et la lumière brillait dans les ténèbres, mais les ténèbres ne l'ont pas comprise ».

Mes camarades voulaient comprendre le plus vite possible cette sagesse divine pour en profiter. Leur foi les conduisait à se rendre à l'église avant l'heure, à s'agenouiller dans ses coins, à se prosterner, à jeûner volontairement, à s'autoflageller même en cachette. Parfois ils me montraient leur ecchymoses avec fierté.

« Ça te fait mal ? » demandais-je, attristé, tout en touchant précautionneusement avec mes doigts les traces bleuâtres des coups. Alors ils me rappelaient avec orgueil l'exemple de saint François : « Pour lui aussi c'était dur, et il a reçu en récompense les cinq stigmates de Jésus ».

Le padre Leonardo parlait souvent des stigmates de saint François. Il les interprétait comme la meilleure preuve de l'amour du Christ pour l'ordre entier des franciscains. Il n'omettait jamais de souligner que saint François était justement le premier élu de Dieu qui ait reçu en don les plaies du Christ. Comme si ce n'était pas suffisant, une fois, la Sainte Vierge en personne avait déposé dans les bras de ce pauvre de Dieu le petit Christ, faveur qu'avait également méritée plus tard saint Antoine de Padoue. La mère de Dieu lui a permis de jouer, tout comme un homme ordinaire, avec son fils céleste, de le caresser et de l'embrasser à la joie et à l'admiration des observateurs cachés. C'est alors seulement que j'ai compris la signification de ces deux mains croisées, blessées, avec un avant-bras nu et l'autre couvert d'une manche de soutane, qui, clouées à la porte d'entrée du monastère, rappelaient l'émouvante rencontre de saint François avec le Christ.

Les sanglantes blessures qu'une lumière céleste avait laissées sur le corps fragile du saint étaient devenues présentes parmi nous, et provoquaient une peur sourde. Seul le padre Djidji était capable de rasséréner le visage sombre du saint et de l'alléger de l'immense fardeau céleste qui pesait sur ses forces d'homme épuisées. Assis sous un olivier, il nous traduisait les chants que François avait dédiés au frère soleil, au frère loup, ses tendres « Petites fleurs » qui nous rendaient confiance dans l'immense joie vitale de l'ascète, dans sa simplicité, son optimisme, qui l'avaient d'ailleurs incité à faire fi des richesses de son père et à errer en mendiant insouciant de par le monde. Or, à son époque, ce monde était troublé et fermement convaincu de sa fin prochaine. Et tandis que les uns s'appropriaient avidement des trésors, d'autres s'abandonnaient aux plaisirs, s'évertuant à vaincre leur inextinguible peur de l'imminent jugement dernier. Ce que nous racontait tranquillement le padre Djidji, tandis que je suivais du regard sur la mer les longues barques des tailleurs de pierres de Lumbarda qui rentraient chez eux après leur labeur dans les carrières voisines. Il était six heures et à présent l'Ave Maria sonnait. Le padre Djidji rassemblait en vitesse les plis de sa soutane brune et joignait les mains pour une prière. Sur l'étendue marine, les figures des tailleurs de pierres demeuraient comme clouées à leurs longues rames. Leurs barques avançaient rapidement, telle une flotte de pirates fuyant ses poursuivants.

Le silence du monastère était souvent brisé par le rire sonore et la voix tonnante et enrouée du padre Bernardin Sokol, docteur romain en musicologie et en théologie, infatigable compositeur et brillant organiste. Homme corpulent et vif, avec des mains perpétuellement agitées, il ne cessait de retrousser les manches de sa soutane ou d'arranger nerveusement son capuchon. Un peu ridicule avec son petit nez en trompette au milieu d'un visage rond et lisse, il s'efforçait vainement, lors de ses cours de musique, de dompter notre résistance encers ses compositions. Fidèle à la devise des psalmistes : « Chanter un nouveau chant au Seigneur », il essayait de donner un second souffle au chant populaire. Dans les revues ecclésiastiques « Le Négrillon », « Le Messager du Cœur de Jésus », « Le Messager de Saint Antoine » et dans le calendrier « Danica » il recherchait obstinément des poèmes écrits par des enfants, s'inspirant de leurs vers pour composer ses œuvres. Il avait également écrit des opérettes à contenu pieux qui comportaient toujours une morale. Nous avons joué son opérette intitulée « Les trois Chasseurs » le jour de son anniversaire.

Je me souviens du début. Devant des coulisses, naïvement peintes, représentant une forêt, apparaissait un petit chasseur. La main levée vers le front, il se tournait sur sa gauche et chantait trois fois : « Il n'y a personne », puis criait à trois reprises : « Hé ! Les amis ! » Je ne me rappelle plus la suite de la pièce, mais, grâce à leur ange gardien, les chasseurs perdus finissaient par se retrouver. Bien que le padre Leonardo, le padre Vid et tous les autres frères aient estimé que le padre Sokol gaspillait son temps ainsi que l'argent du monastère à ses chants sans valeur, celui-ci s'entêtait à composer. Le monastère le ressentait d'autant plus vivement que le padre Sokol avait également composé deux magnifiques messes : « Sainte Cécile » et « Saints Cyrille et Méthode ». Mais cette musique sacrée de Sokol semblait être devenue une fatalité dans son message artistique ; aussi, impuissants à le contrer, les moines avaient-ils renoncé à toute tentative contre ce compositeur fécond. Toutefois, de temps à autre, il savait jouer à l'harmonium, des heures durant, du Bach et du Haendel. Puis il les abandonnait brutalement, au beau milieu du thème le plus émouvant, presque rageusement, il nous chassait de l'église et se mettait soudain à jouer l'une de ses compositions.

En dépit de ses imprévisibles sautes d'humeur, le padre Sokol nous a toujours été cher. Nous aimions aussi jouer à la pétanque avec lui, car il savait se fâcher comme un charretier quand, avec un tir précis, quelqu'un réussissait à déloger sa boule collée au cochonnet. Pour les messes basses de l'école, nous nous proposions tous volontiers pour l'assister, bien que les fautes commises soient sanctionnées par une réprimande crue et à voix haute. Il ne faisait jamais de sermon, et gagnait notre amour par de multiple petites bonnes actions qu'il accomplissait avec plaisir. Les élèves le considéraient comme leur protecteur, et l'on savait qu'il ne supportait pas les confessions et accordait rapidement l'absolution. Toute sa piété semblait dispersée et désordonnée, comme si les rythmes uniformes de la vie monacale ne faisaient qu'entraver ses dispositions artistiques. Le padre Sokol avait également un étrange refuge spirituel. Il s'agissait de « Sœur Marja Celina », « vierge parfumée », une carmélite tôt fanée qui avait confié en rêve au padre Sokol son souhait que ce fût précisément lui qui répandît sa gloire en ce bas monde, et prêchât la puissance des prières adressées à cette protectrice, bruyante et excessive ; le padre Sokol avait accepté cette grande mission. Persuadé que lui-même avait guéri de la tuberculose de la gorge grâce à la protection de sœur Marija Celina, vierge parfumée, le padre Sokol avait fait imprimer une petite image de la nonne avec le texte de la prière que chacun pouvait lui adresser pour demander la protection céleste. Sokol demandait qu'un compte rendu de tous les vœux exaucés et tous les miracles accomplis fût envoyé à son adresse personnelle imprimée au dos de l'image. Cette lithographie bigarrée la représentait en jeune fille belle, triste et certainement malade, avec ce sourire de supériorité qui constitue la marque distinctive des véritables visionnaires. Dans le parfait désordre de sa table de travail, le padre Sokol conservait toutes les réponses écrites des malheureux que sa pieuse élue avait aidés.

« Pourvu que je vive jusqu'à sa béatification ! », disait-il avec une émotion véritable, « pour pouvoir lui composer une messe ».

Je n'ai jamais pu découvrir pourquoi le padre Sokol, parmi tous les saints officiellement reconnus, avait choisi précisément cette bonne sœur inconnue dont la gloire s'était heurtée à de si nombreux et insurmontables obstacles. Comment cet homme exubérant avait-il fini par croire que lui seul serait en mesure d'en venir à bout et que son devoir sacré consistait à hisser cette petite nonne jusqu'à la gloire de l'autel ? Même quand il partait lancer son filet de pêche, il demandait l'intervention de sœur Maria Celina, vierge parfumée. Et nous étions tristes quand le soir il revenait bredouille. Nous interprétions son retour sans poisson comme une inexplicable mauvaise volonté de la part de cette étrange carmélite, contre laquelle nous nous mettions alors sincèrement en colère, car à nos yeux elle détruisait l'idéal romantique de son fidèle chevalier. Pour essayer de le consoler, nous continuions à demander au padre Sokol de nous donner, pour nos cousins et amis dans le malheur, de petites images de sœur Maria Celina, vierge parfumée, qui, grâce à ces pêches infructueuses, voyageait dans tous les coins du monde.

Le médecin du monastère, le docteur Baldo Mirošević-Sorgo, que nous surnommions « Notre santé », était considéré à Korčula comme une personne bien informée. Il venait généralement nous rendre visite une fois par semaine, examinait les malades à la va-vite, les remettant aux bons soins du toujours souriant frère Sebastijan, un frère maigre et convers, infirmier du monastère et irremplaçable sacristain. Né à Dubrovnik, le frère Sebastijan Flé était sans conteste d'origine française, peut-être le descendant d'un soldat de Napoléon. Lié dès l'enfance aux moines de Dubrovnik, il était devenu assistant dans leur illustre pharmacie. Dans tous les monastères où il avait servi, le frère Sebo était rapidement devenu un personnage important, d'abord en raison de ses connaissances médicales, ensuite en tant que sacristain exceptionnellement consciencieux. Il était élancé, avec une tête oblongue, romane, qu'il inclinait de temps en temps de côté, et ses mouvements étaient souples, quelque peu féminins. Il faisait penser à l'image idéalisée de son homonyme saint Sébastien, qui, percé de flèches, contemplait paisiblement, un doux sourire de soldat du Christ aux lèvres, ses cruels tortionnaires.

« Notre santé » fut le premier à annoncer que le roi Pierre II de Yougoslavie allait débarquer à Badija afin d'y effectuer une visite officielle au monastère. Cette nouvelle troubla la vie sur l'île. Le padre Bandera prit en main personnellement la préparation de la cérémonie d'accueil. Pendant des jours, nous tressâmes de longues guirlandes d'asparagus que nous choisissions à grand-peine dans l'épais maquis. On écrivit des slogans de joyeuse bienvenue sur les banderoles, les élèves apprirent des poèmes patriotiques, car le roi voudrait certainement rencontrer les garçons de son âge. Seul le padre Sokol était furieux. « Qu'avons-nous donc besoin de ces fureteurs belgradois ? », disait-il d'un ton irrité, tout en préparant avec le chœur des élèves une chanson de bienvenue :

Nous t'aimons, notre bon roi,
Car tu as le cœur si doux,
Car tout le peuple sait que toi,
Tu es cher et bon pour nous.
Aussi à ta gentille voix
Nous voici, nous sommes là tous,
Pour aller au feu ou au combat
De cœur et de corps, nous sommes à toi.

Pour cette visite, « Notre santé » examina à fond tous les élèves, prescrivant à ceux qu'il trouvait faibles de l'huile de foie de morue, que leur versait dans la bouche le frère Sebo, aussi radieux et doux que s'il portait le calice pour leur distribuer la communion.

Cependant, la visite n'eut pas lieu. Le yacht royal se contenta de passer par le détroit de Korčula, sans même s'arrêter à Orebić, dont le rivage avait été couvert d'inscriptions « Salut à toi, espoir de l'Adriatique ! », par les patriotes locaux. Le padre Sokol se moqua de tous d'un air victorieux.

« Qu'est-ce que je vous disais, bande de fous, il se fiche pas mal de nous autres, misérables moines ! J'attends de pied ferme ce nigaud de

Sorgo qui sait tout de ses *sette bandiere*[1] de Korčula, des membres de l'*Orjuna*[2], du *Soko*[3] et des francs-maçons. Ici une chose et là-bas une autre. Il fait semblant d'être modeste et gentil. Mais ce type-là cracherait même sur son scapulaire. Si tant est qu'il le porte. Pourtant, j'avais bien dit : s'il faut vraiment qu'il y ait une fête, organisons-la, mais *brioso ma non troppo*[4]. Or Bandera voulait des guirlandes d'aspargus. Bien fait pour lui ! Qu'il les accroche à son cou et qu'il les fasse rire ! »

Mais il était dit que tous les efforts consentis pour les préparatifs de l'accueil solennel ne seraient pas totalement perdus. Soudain, une dépêche nous annonça que le général des Franciscains, le père Leonardo Maria Bello, arriverait à Badija et y demeurerait quelques jours. Pour cette visite on conserva les guirlandes d'asparagus, et le frère Sebo continua à abreuver d'huile de foie de morue ses patients maigrelets. Il se révéla que les efforts de notre chœur n'avaient pas été non plus vains, car l'hymne de Sokol pouvait être chanté au père général. « Car tout le peuple sait que toi » fut remplacé par « Car tout l'ordre sait que toi », et « roi » par « guide ».

Et ce fut tout. Le général arriva à Badija à bord du bateau à moteur « La Sainte-Croix », embrassa tous les frères, écouta, en hochant doucement la tête, les discours de bienvenue prononcés en latin, bénit les rangées d'élèves, caressant légèrement quelques joues au passage, puis il se rendit en *processionaliter* à l'église, que les bonnes sœurs, avec l'aide du frère Sebo, avaient transformée en jardin. Le deuxième jour il visita notre réfectoire à l'heure du déjeuner, goûta nos plats avec curiosité, après quoi il se remit à longuement hocher la tête, comme pour approuver cette manière de cuisiner. Il se rendit également à un cours de latin où il ne posa aucune question. Le troisième jour, juste avant son départ, une photographie de groupe fut prise devant l'église, à la suite de quoi nous eûmes tous droit à une bénédiction. Avant de s'en aller, il distribua aux enfants du chœur de saintes images et les bénit une fois encore, tandis que le padre Solol reçut en

[1] Sept bannières (expression péjorative pour qualifier la versatilité de Dubrovnik).

[2] Organisation des patriotes yougoslaves, fondée en 1919 et dissoute en 1929 ; de tendance unitariste, elle agissait dans le domaine politique, économique et culturel. (N.d.T.)

[3] Ou « Faucons » : organisation sportive et culturelle de la jeunesse, fondée au XIXe siècle, d'abord chez les Tchèques et ensuite chez les autres peuples slaves, dissoute en Yougoslavie en 1945. (N.d.T.)

[4] Animée mais point trop.

présent un rosaire. Alors le général repartit et le monastère retrouva son silence habituel. Après Alphonse XIII et le mariage à Hinterbrühl, ce fut le deuxième événement solennel auquel j'assistai.

Des documents attestent que les franciscains se sont établis à Badija depuis 1395. Et l'on conservait à l'église depuis longtemps — personne ne sait combien de temps au juste — comme la plus sainte des reliques, un grand crucifix gothique peint, dont les couleurs renforçaient encore l'expression puissante du visage du Christ. Selon la légende, les franciscains avaient réussi à acquérir ce crucifix au Kosovo, pour devenir, progressivement, les bénéficiaires de son pouvoir miraculeux. D'abord tous les cent ans, puis tous les cinquante ans, ils organisaient, le jour de l'Assomption, une procession autour de l'île. Sur un radeau spécial, tiré par des rameurs, flottait triomphalement la Sainte-Croix, posée sur une estrade de bois. Ensuite, on racontait ces festivités jusqu'au moindre détail. On se rappelait encore que le dernier radeau avait été aménagé par Vicko feu Gabro Tomović, menuisier de Korčula, dit « Le Canari », celui-là même qui, dans la chapelle Sainte-Croix de Badija, avait fabriqué deux grands confessionaux, dont les rideaux mauves dissimulaient à mes yeux l'entrée dans un monde exceptionnel et secret. La décision de faire défiler la Sainte-Croix autour de la ville de Korčula était liée à l'année de pardon du pape Pie XI par laquelle celui-ci, comme dans une grande braderie, voulait alerter la conscience lasse et endormie du monde catholique. Pour cette occasion, comme toujours lors des crises morales des temps passés, dans tous les coins du monde renaissaient de vieux symboles, parfois fort usés, de la piété chrétienne, à l'efficacité desquels veillaient de nombreux missionnaires. Partout on prêchait la pénitence, occasion unique d'effacer des centaines et des milliers d'années de souffrances dans le purgatoire. Sous la baguette du padre Sokol, nous répétions inlassablement différents chants pieux, dont la ligne mélodique, si simple du point de vue rythmique, était si propice à l'expression de la dévotion populaire. Pour cet événement, nous avons également célébré un office en vers latins en l'honneur de saint Antoine, composé par Julian Speyer, et dont le padre Sokol avait dit qu'il était encore plus émouvant en latin qu'en croate.

Si queris miracula
Mors error calamitas

Dæmon lepra fugiunt
Aegri surgunt sani.
Cadunt mare vincula
Membra resque perditas
Petunt et accipiunt
Iuvenes et cani[1].

En ces jours remplis de l'attente impatiente du grand événement, les exhortations spirituelles étaient redoublées. Soudain, le ciel lui-même semblait s'être assombri, comme si toute joie avait quitté notre milieu sans espoir de retour, comme d'ailleurs toute conversation à haute voix. Des jours durant, nous écoutions docilement les longs et épuisants discours de l'ex-provincial qu'était le frère Maurizio Gugić, que le padre Leonardo avait présenté comme un excellent « formateur de la jeunesse », comparant son inhabituelle qualité aux capacités similaires des prêtres des temps anciens du monachisme égyptien. Cet homme morne et entêté nous parlait comme s'il lisait dans quelque épaisse chronique ne traitant que des malheurs, des péchés et des châtiments. Le regard fixé sur un point éloigné situé au-dessus de nos têtes, il baissait rarement ses yeux tristes pour nous contempler avec une grimace de douleur, comme si à cet instant précis il avait perçu notre perdition finale pour les espaces célestes. Sans la moindre émotion, sans paraître étonné de voir devant lui autant d'âmes pécheresses, son regard retournait lentement à son point de repère, comme si celui-ci allait tout à coup faire jaillir une intarissable rivière de compassion céleste. Frère Maurizio était un homme âgé et doté d'une grande expérience de l'existence. Malgré sa vie spirituelle, il avait conservé l'apparence d'un solide capitaine du temps de la navigation à voile. Toute la force de ses paroles, enroulées dans d'innombrables exemples de repentir et de compassion céleste, restait dissimulée derrière son immense expérience de l'existence. Nous ressentions les épisodes de la longue mémoire comme la confession d'un homme généreux qui revenait pour un instant seulement d'un monde lointain, inconnu. Libéré de toutes les contraintes, compromissions et ruses, il nous avertissait en passant : « Que celui qui a des oreilles entende ! *Animo cum animor*, je spiritualise, si l'âme se laisse faire ». Nous nous habituions de plus en plus aux pensées de frère Maurizio sur la

[1] Pour la traduction de ce texte en français, voir page 85. (N.d.T.)

vanité de ce bas monde, au mépris du monde dans l'esprit du principe : « *A solo ad solem* »[1], ou bien à ses mises en garde : « *memento homo quia pulvis es, et in pulvere reverteris* »[2].

Vint le jour où l'on porterait la Sainte-Croix de Badija en procession autour de la ville de Korčula. Ce matin-là, toute une flotille de canots à moteur, de voiliers et de petits bateaux fit son apparition au large de Badija. Le dais fut débarqué moyennant beaucoup d'efforts. L'abbé mitré don Maso Bodulić, un joyeux petit vieillard dont la voix de fausset détruisait toute atmosphère mystique, allait prendre place sous le ciel. Il criait de tous côtés, basculait ses chanoines, réprimandait les enfants de chœur, interrompant ainsi l'enchaînement parfait des prières en latin.

Les représentants des autorités locales suivaient cette étrange procession, tassés et troublés, comme un groupe de pécheurs déjà condamnés tels que les représentaient les tableaux du Jugement dernier. Les bonnes sœurs étaient sorties à pas lents de leurs couvents ombrageux et frais, et à présent elles prenaient patiemment le soleil, figées, immobiles comme des tarentules. Toutes les trois confréries de Korčula étaient présentes, disposées selon leur ordre séculaire. En tête se trouvait la plus ancienne confrérie, celle de la Toussaint, dont les membres portaient des bures gris clair à capuche. C'étaient des frères pénitents, qui se mortifiaient pour le rachat des péchés des hommes, respectaient tout particulièrement le Saint Sacrement, et œuvraient en tant qu'agents de leur organisation centrale romaine, à Santa Maria Rotonda. Ils étaient suivis en silence par les membres des confréries Saint-Roch et Saint-Michel, les premiers en bures jaunes et blanches, les seconds en bleu et blanc, tous portant dans les mains d'immenses torches allumées.

La Sainte-Croix avait déjà été posée sur son estrade, que devaient porter les membres de la confrérie de la Toussaint. Finalement, toute la flotte partit pour Korčula, où les cloches de toutes les églises sonnaient sans discontinuer. Les pétards éclataient, la ville était décorée pour la fête, et l'émotion de la foule croissait. L'obscurité était déjà tombée, et des centaines de bougies, par le vacillement de leurs petites flammes, semblaient attiser l'agitation générale.

[1] Du soleil vers le soleil.

[2] Rappelle-toi, homme, que tu n'es que poussière et que tu redeviendras poussière.

La lourde procession serpentait lentement le long des rues étroites de la ville. C'est seulement en son milieu, où les membres expérimentés de la confrérie de la Toussaint portaient la Sainte-Croix, que semblait encore subsister un semblant d'ordre. Ils résistaient encore aux assauts de cette piété déchaînée. Celle-ci n'arrêtait pas d'émerger des sombres ouvertures de cette cité médiévale. On eût dit que soudain quelqu'un avait levé tous les barrages qui, depuis on ne sait combien de temps, réfrénaient et contenaient le déferlement de cette sentimentalité exacerbée. Libérée jusque dans son essence ancestrale, elle s'enivrait de cette soudaine liberté. Aiguillonée par des langueurs cachées et par ces innombrables et vaines prières individuelles, dans cette nuit sombre elle s'était tout d'un coup focalisée en des aspects divers et variés. La morne procession de la Sainte-Croix était accueillie par des cris et des clameurs, des chants désaccordés de groupes formés sur place à l'abri de l'obscurité et du désespoir. On criait des prières de tous côtés, exprimant ces petits et grands souhaits qui, en temps normal, demeuraient discrets dans la vie quotidienne. Le douloureux soupir de la veille, empreint de réconciliation, apparaissait à présent comme une menace, ou une malédiction, destinée à ce vieux crucifix de bois qui avançait lentement à travers la foule ondoyante. Comme dans une embuscade, les gens lançaient leur désespoir, et leurs nombreuses requêtes me paraissent aujourd'hui un défi dépité à l'encontre du ciel, le conjurant d'accomplir un miracle.

« Jésus-Christ, fais que je marche », criaient les invalides. « Rends-moi la santé », s'exclamaient d'autres. « Rédempteur, rends-moi la vue », imploraient les aveugles, tandis que don Maso, essoufflé et pressé de tous côtés, ne cessait de bénir à l'aide de son ostensoir doré, comme s'il voulait éloigner des importuns. Encadré par les chanoines, sous son dais, il ressemblait encore plus au maître de la procession, à un intermédiaire entre elle et le crucifix, à l'intercesseur pour tous les solliciteurs. Le temps passait, et toujours pas de miracle. L'impatience et l'effervescence de la masse allaient croissant, comme si soudain les gens s'arrachaient à l'autorité du chapitre de Korčula. L'événement immédiat, spontané, religieux, semblait progressivement se libérer des limitations imposées par l'autorité de l'Eglise, de cette entremise dans le douloureux processus d'imploration divine. Les miracles ne survenaient pas, et don Maso, avec sa suite solennelle, paraissait encore plus minuscule et plus perdu. Comme s'il sentait lui-même qu'il avait trompé les gens, il admonestait les contrevenants de plus en plus fort et durement.

Avec leurs visages tristes à toute époque, les handicapés locaux suivaient le Christ de bois. Eux aussi bredouillaient quelque chose à voix haute. Ces pauvres hères se bousculaient autour de l'estrade en bois, pour la première fois protégés des moqueries et des quolibets. Dans l'émotion générale, ils semblaient s'être réconciliés avec leur destin sans espoir, au milieu de tous ceux qui demandaient et attendaient un miracle. Or il n'y avait pas de miracle.

Petit à petit, la fin de la procession approchait. Comme obéissant à un signe invisible, la rumeur commençait à s'apaiser, tandis que la pelote des gens agglutinés se dévidait lentement. Restaient encore les moines, les prêtres du chapitre de la ville, les membres des confréries et une poignée d'invalides ahuris, dans leur ordre de marche initial. On eût dit qu'eux seuls demeuraient inébranlablement fidèles au Christ qu'ils portaient. Surtout les invalides. Quelque part du fond de leur conscience trouble, comme dans une douloureuse convulsion, leur loyauté désespérée, presque instinctive, au crucifix de bois, émergeait, se débattait et luttait. Et c'était précisément quand ces malheureux comprenaient enfin que le crucifix ne les aiderait pas que survenait le moment le plus tragique de cette procession.

A ce dernier groupe, presque effrayé, venait se joindre la compagnie des élèves de Badija. Eux aussi étaient affligés de ce qu'aucun miracle ne se fût produit cette nuit-là. A l'instar de ces citadins qui avaient de nouveau disparu dans les ténèbres de leurs maisons, nous aussi étions envahis par l'amère sensation d'un réveil brutal provoqué par une attente déçue. Tout comme ces gens-là, nous aussi aurions droit à une réprimande de la part des prêtres patients, en raison de l'absence de miracle ; je pressentais déjà notre culpabilité pour n'avoir pas demandé assez profondément, assez fort. « Il n'y a pas de miracle », diraient à la fois le père Leonardo et le padre Maurizio, « si l'on n'ouvre pas son cœur, si on n'adresse pas au Christ un cri *de profundis,* si on n'accomplit pas sa pénitence jusqu'au bout ». « Pourquoi les miracles sont-ils rares aujourd'hui ? » allaient-ils nous interroger comme des coupables, responsables de ces décisions célestes. « Pourquoi la source de la grâce divine ne coule-t-elle plus comme autrefois en flots intarissables ? » « Parce que », répondraient-ils, sévères et sûrs d'eux, « les gens ont perdu la foi, parce qu'ils se sont détachés de Dieu et des mystères sacrés de l'Eglise, parce qu'ils sont avides des trésors de ce bas monde. *Sursum corda !* »[1], lançaient-ils alors leur vieille formule salvatrice.

Je me sentais abattu, trompé et humilié. Je me demandais : avais-je moi-même cru un instant au miracle ? J'avais envie de disparaître dans la première oasis de paix que je trouverais dans cette nuit agitée, de grimper au sommet de la vieille tour de Marmont qui montait la garde au-dessus de Korčula, pour m'y lamenter, tel un prophète sur les ruines de Jéricho. Comme dans un délire, je partis à la recherche de l'embarcadère et du bateau à moteur « La Sainte-Croix ». Sur le rivage se trouvaient déjà les élèves de Badija, assis. Ils se taisaient, défaits. La grande représentation était terminée, et les coulisses détruites. Nous attendîmes patiemment que les membres des confréries déposent sur le radeau le Christ et les bannières ecclésiastiques repliées. Le padre Augustin mit en marche le moteur qui fit avancer rapidement le bateau dans le noir.

Depuis des jours déjà je me sentais oppressé par la sombre image de la procession de Korčula. Auparavant j'avais bien eu l'occasion d'observer de grandes processions de croyants. A Zagreb, ces groupes soigneusement rassemblés me divertissaient. Je n'arrivais pas à oublier le corps des officiers de la garnison de Zagreb, en tuniques blanches, en train de marcher au rythme de leur sincère ennui militaire au sein de la procession de la Fête-Dieu, et cette joyeuse confrérie était suivie, à petits pas de canard, par un groupe de bonnes sœurs. En queue de toute la procession chevauchait toujours le souriant lieutenant de police Fedor Suput, qui saluait de tous côtés, comme pour faire savoir à toutes ses connaissances qu'il célébrait à présent un petit triomphe personnel. A Korčula, tout semblait différent. Ici tout était plus sérieux, donc plus proche des vieux démons de la foi. Dans cette petite ville il semblait impossible de quitter les sentiers battus, de renoncer à cette mémoire séculaire qui avait tissé de si nombreuses légendes autour de la croix de Badija. Il était difficile d'oublier les preuves de sa puissance dans les temps révolus, dépourvus de consolation et de quiétude. Dans cet espace réduit de désespoir, il restait ce Crucifix en guise de preuve exceptionnelle de la durée de nombreuses vérités immuables.

En silence, presque en cachette, le lourd radeau transportant la

[1] Haut les cœurs !

Sainte-Croix est entré dans le port de Badija. Tel un empereur vaincu et blessé, le Christ était étendu sur le rivage, attendant que tous ensemble nous l'emportions dans la chapelle. J'ai vécu son retour avec le même étonnement mélancolique qui m'envahissait souvent lorsque j'observais les employés du théâtre de Zagreb emporter dans le magasin les éléments du décor, après la représentation. Je me souviens m'être demandé si un jour ces différents objets seraient de nouveau rassemblés, ne fût-ce qu'une seule fois.

Ainsi que je l'avais prévu, nos prédicateurs franciscains avaient précisément senti notre déception en la Sainte-Croix, également la naissance d'un premier doute. Cela les incita à rétablir le plus rapidement possible notre foi ébranlée. Depuis le retour de la Sainte-Croix à Badija, un sentiment confus de culpabilité s'était développé en nous, comme si c'était justement nous qui avions différé ce miracle que les croyants devraient attendre cinquante ans encore. Or le point de départ de cette situation était la pénitence, cette dompteuse, toujours appréciée, de tous les côtés sombres de notre âme. Seul frère Diego nous accueillit paisiblement, comme s'il n'avait pas été surpris que la Sainte-Croix n'eût pas accompli de miracle.

« Mes petits, comment ça s'est passé ? » demanda-t-il sans cesser d'ébrancher des oliviers avec sa serpe.

« Magnifiquement, frère Diego, magnifiquement, tout Korčula a suivi la Croix, mais il n'y a pas eu de miracle ».

« Mes petits, mais qu'est-ce que vous voudriez ? C'est déjà un miracle que Jésus-Christ nous garde tous en ce monde, que nous ne soyons pas encore en enfer. Et Dieu et les hommes en ont assez de nous. Galériens, brigands et filous se sont multipliés ».

Je compris que, dans sa représentation douce de la vie, ce moine tranquille avait concilié toutes les contradictions. Tout d'abord le sentiment de culpabilité avait été créé, puis un moyen d'apaisement. Les gardiens de ce sentiment de culpabilité étaient en même temps les intermédiaires dans le processus d'apaisement. Cercle vicieux d'où il était pratiquement impossible de sortir. Comment s'enfuir ? Fuir par dépit tous les contacts indésirables, les liaisons invisibles, l'héritage qu'on reçoit sans résister. Qui sait où et quand, peut-être dans une soudaine tempête levantine, quelqu'un a accepté sa première défaite devant les horreurs de la solitude. Peut-être cela s'est-il produit au milieu d'une sécheresse qui brûlait les champs et suçait aux vallées assoiffées jusqu'à leur dernier germe de vie. Une fois subie, cette défaite, accompagnée de cette peur immense, se répandait, telle une dangereuse maladie. Seulement, dans ces innombrables échecs se générait aussi un habile système consistant à les prolonger, et la chasse aux renégats, afin de les ramener à l'ordre pétrifié, était devenue, depuis longtemps déjà, une profession rentable. D'ailleurs, le père Maurizio ne le cachait pas lorsqu'il se présentait sereinement comme un « chasseur d'âmes ». Il prononçait cette expression sur un ton professionnel, comme s'il énumérait intérieurement ses trophées.

Depuis la procession de la Sainte-Croix j'étais devenu aussi prudent qu'un déserteur après une bataille. Mes sens étaient aux aguets, et je ne confiais ce secret à personne. Même dans les lettres à ma famille je dissimulais toutes mes découvertes. Petit à petit, je prenais plaisir à ce repli sur moi.

D'ailleurs, les nouvelles que je recevais de la maison me faisaient clairement comprendre le désir général de ne pas me voir troubler l'ordre nouvellement établi par le récit de quelques vérités désagréables à propos de ma vie sur cette île. Il me semblait entendre les membres de ma famille rassemblés, en train de se consoler mutuellement en se racontant le contenu tout à fait innocent de mes lettres. Plus les lettres que j'envoyais étaient inoffensives, plus grande était la consolation des miens. Ils devaient sûrement dire : « Dans ses lettres il ne se plaint pas, d'ailleurs il est constamment au bord de la mer et en plein air, on l'envierait presque. Quand on pense qu'il y a tellement de gens qui n'ont pas encore vu la mer, et puis ces moines *scheinen doch ganz gemütliche Menschen zu sein*[1], tout s'est passé mieux que ce qu'on pouvait prévoir. De plus, l'école est sûrement bonne, ces frères sont des latinistes réputés dotés d'une expérience pédagogique, un peu comme autrefois les moines de Pécs chez lesquels oncle Jovan a fait ses études. Mon Dieu, quelle coïncidence, *schon wieder sind wir bei der Ausbildung der eigenen Kinder auf die Katholiken angewiesen. Wie dumm*[2] que nos orhodoxes n'aient pas ouvert une école semblable. Qu'est-ce que ça leur coûterait de se donner un peu de mal ? »

J'imaginais mamie lisant mes lettres, assise à sa table du café

[1] Ont l'air d'hommes tout à fait débonnaires.

[2] De nouveau, pour l'éducation de nos propres enfants, nous devons faire appel aux catholiques. Comme c'est bête.

« Zagreb », parcourant à l'aide de son lorgnon les lignes de mon texte, tandis que les personnes de sa compagnie écoutaient attentivement, comme des élèves suivant les explications de leur institutrice. Ensuite elle leur donnait congé, les dispersait, telle une souveraine capricieuse. « C'est assez pour aujourd'hui, vous avez entendu ce que mon petit-fils m'écrit, à présent je vais lui répondre, je ne peux plus avaler ces gâteaux à la pensée qu'en ce moment il mange des haricots au monastère. Mon Dieu, qu'avions nous tous besoin de cela, mais c'est ce qui arrive quand les vieux perdent la tête, alors les enfants innocents payent la note ».

Je la voyais rester seule à sa table, dans la vitrine du café, ses fidèles serviteurs tourner autour d'elle en silence, presque sur la pointe des pieds, et lui apporter discrètement, à intervalles réguliers, de l'eau fraîche, *« ganz wienerisch »*[1], disait-elle. De ce coin de café devenu silencieux me parvenaient ses longues lettres dans lesquelles je décelais clairement une joie forcée, comme autrefois en Suisse. Je sentais qu'elle était vraiment triste et qu'elle cachait à grand-peine ce sentiment en me relatant, pour m'égayer, des anecdotes véridiques ou inventées. « La ville entière raconte que le recteur de l'université, Hondl, a quitté la procession de la Fête-Dieu à cause d'une diarrhée. Son chapeau melon à la main, il s'est précipité comme un dératé dans le premier café. A Rakitje ton père a installé un Juif berlinois, Herr Simon ; ce petit malin l'a convaincu de monter avec lui une ferme d'élevage d'oies d'Emden. L'autre est venu à Rakitje sans oies, mais il a amené une bibliothèque entière, rien que des livres en *Ledereinband*[2], et à présent il passe toutes ses journées à lire à l'ombre, sur la terrasse, et à attendre les oies. L'ingénieur Naumov le pousse à se rendre au moins dans les villages afin de vendre du savon aux paysans, pour s'occuper un peu. Ils ont aussi réparé le vieux puits à Rakitje, et au sommet ils ont installé une immense grenouille de béton. *Auch ein Geschmack !*[3] Ton père voyage de nouveau. A présent il a mis les voiles pour Nice, Luschinski soigne son hypocondrie. Il y a eu un scandale à Rojc. Femka Misić a fini par passer l'examen d'accès au grade de commandant, à la suite de quoi en une soirée il a perdu au jeu sa solde mensuelle, et maintenant il sollicite un emprunt

[1] Purement viennoise.
[2] Reliures de cuir.
[3] Un goût, aussi.

auprès des veuves riches. Des *schmutzige Schulden*[1], il en a fait aussi à l'hôtel, et puis il a filé en douce. Il devrait aussi quitter l'Autriche, or il continue de se pavaner chez nous, bien poudré, et ce en uniforme de la Garde ».

Ces lettres comiques arrivaient, mais à présent je sentais de plus en plus nettement à quel point j'étais loin de ce monde, dont j'avais probablement appréhendé toute l'absurdité de ses principaux héros. Presque imperceptiblement, ces frères avaient détourné ma concentration d'observateur, et un *memento mori* constamment présent s'était insinué dans ma conscience. Alors, je réfléchissais beaucoup à la mort, je lui ai même consacré mon premier petit poème ; je me souviens de sa fin apaisante :

Si mon heure est venue,
Emporte-moi avec toi,
Vers le ciel clair et ensoleillé...

Je l'ai écrit après l'enterrement de frère Diego. Un matin, la nouvelle de sa mort s'était répandue. On l'avait trouvé, l'air endormi, à l'ombre d'un olivier. Ensuite on l'a déposé au beau milieu de l'église, comme une grande poupée. Il était allongé dans un cercueil, minuscule, presque perdu dans les larges plis de sa soutane. Derrière le maître autel, le padre Sokol faisait tonner sur son harmonium un *De profundis,* tandis que le père supérieur chantait tranquillement des psaumes mortuaires qui évoquaient un paisible voyage loin de cette vallée de larmes. Puis on a soulevé devant l'église une lourde dalle de pierre, et le corps de frère Diego a disparu pour toujours dans le profond caveau commun. Comme après une bataille, à la fin de la cérémonie, des nonnes impatientes ont fait leur apparition et ont prestement remis de l'ordre dans l'église, remettant sur l'autel tous les pots à fleurs que le frère Sebo avait disposés autour du catafalque noir. La greffe des oliviers fut confiée aux domestiques du monastère.

Comme nous, nos professeurs laïques étaient contraints de s'habituer à la vie du monastère. C'étaient pour la plupart des enseignants retraités, expérimentés, venant de différents lycées publics, ou alors de jeunes gens frais émoulus de l'université qui, dans l'attente d'un emploi dans le service public, avaient accepté un poste dans ce

[1] Des dettes sales.

lycée franciscain. Au début, ces jeunes gens avaient paru totalement troublés. Parfois, on remarquait facilement que la vie sur cette île isolée leur était pénible. Pour eux, tout comme pour nous, l'excursion à Korčula sur « La Sainte-Croix » constituait un véritable événement, et ils allaient volontiers retirer notre courrier à la poste. Ils assistaient à contrecœur aux cérémonies religieuses et les évitaient même dans la mesure du possible. En hiver, quand la tempête dévalait violemment le mont Saint-Elie, après avoir revêtu de chauds manteaux, l'air perdu, ils cherchaient un abri contre le vent. Ils n'étaient pas sincères avec nous, car ils craignaient les délateurs. Or il s'en trouvait qui, insaisissables, informaient avec précision les direction de tout manquement. Et c'est justement ce sentiment d'être exposés à un danger commun qui rapprochait, de temps en temps, ces jeunes enseignants de nous, les externes, puisque le hasard nous avait rangés dans le même groupe de suspects. C'est alors que, pour la première fois de ma vie, j'ai été confronté au phénomène du mouchardage ; j'ai appris le langage secret des regards, l'art de la conversation à demi-mot. Un autre langage conventionnel se formait également dans ma vie. Grâce à ces jeunes enseignants, j'ai réussi à lire, sous la couverture d'un roman consacré à saint François d'Assise, le livre « Humiliés et Offensés », sans que ce dernier connût le sort des « Frères Karamazov », ouvrage que le père Leonardo m'avait un jour confisqué pour le flétrir publiquement avant de le déchirer furieusement en petits morceaux. Je le vois encore tremblant de rage, brandissant au-dessus de nos têtes le livre écrit par l'Antéchrist. J'ai alors saisi toute la portée de l'*« Index librarum prohibitorum »*[1]. Triste et abattu, j'ai sollicité en vain d'un regard réprobateur la protection de nos professeurs laïques. Ils m'ont trahi en silence.

Les vieux professeurs laïques avaient l'air encore plus triste, eux que diverses difficultés de la vie avaient contraints à reprendre du service. Deux d'entre eux se distinguaient particulièrement. De l'un, le professeur Jakov Carić, on disait que depuis la mort de sa femme il était tombé dans une incurable mélancolie et qu'il écrivait des sonnets larmoyants. C'était un petit vieillard exceptionnellement silencieux, avec une imposante tête chauve, dont les jambes flageolaient parfois. Il entrait sans bruit dans la salle de classe, en se tenant aux pupitres. S'appuyant constamment contre son bureau, il aimait à laisser errer un

[1] Index des livres interdits.

regard absent à travers la fenêtre. Il parlait dans un murmure, si bien que nous l'avions surnommé : *Pioggia piano sopra coperta*[1]. Sa méthode pour nous rendre sérieux durant son cours constituait à faire une récitation. C'est alors qu'il se métamorphosait devant nos yeux, et ses paroles distinctes, portées par une irréprochable modulation musicale, suivaient avec précision le rythme du poème. En allemand il nous récitait « Les deux Grenadiers » de Heine, dont il prononçait le final en crescendo avec l'exaltation d'un sans-culotte. A l'opposé de ce tonnerre de Heine, il récitait l'épilogue de la « Trilogie ragusaine » de Vojnović dans un chuchotement et les yeux remplis de larmes. Je considérais ce vieillard chancelant comme un satyre de l'Antiquité que de méchantes bacchantes auraient capturé et châtié au beau milieu de ses réjouissances. Dans le silence du monastère il avait l'air ridicule et inadaptable. Les frères l'ont senti, et un jour il a été remplacé par un autre enseignant. On nous a dit que le professeur Carić avait « fichu le camp ». Plus tard on racontait qu'il vivait dans la misère et que, pour gagner un peu d'argent, il écrivait et récitait des sonnets aux enterrements. Le padre Vid nous a expliqué que c'était tout à fait dans le style de la Renaissance, car l'historien Benedetto Bacri avait ainsi atteint la gloire par ses discours en l'honneur d'éminents défunts. Notre Carić vendait sa muse moins cher, a dit le padre Vid.

Le professeur Krsto Krile était un homme d'une tout autre trempe. De nombreuses générations de ses anciens élèves avaient déjà tissé autour de son nom une curieuse couronne d'anecdotes. Parmi tous les professeurs laïcs, il était le seul clérical convaincu et endurci, et le fait qu'il avait rejoint l'ordre des franciscains en tant que frère laïque n'était un secret pour personne. Petit vieillard coriace, perpétuellement mal rasé et habillé avec négligence, il se dandinait en marchant comme s'il était toujours prêt à se joindre à une procession. Précis dans son enseignement, il exigeait implacablement de ses élèves une soumission totale. Il ne manquait jamais une cérémonie religieuse et donnait le ton à la prière à haute voix. Malgré tout, même ce vieux Ragusain, que la Dalmatie entière connaissait et considérait comme un véritable « original », avait de puissantes aspirations qui se traduisaient par un besoin irrépressible de voyager en mer. L'on savait déjà que tout au long de l'année scolaire il économisait l'argent nécessaire

[1] Le bruissement de la pluie sur la couverture.

à ses étranges croisières. De ces longs voyages il revenait tout fier et, plus tard, au cercle culturel catholique « Domagoj », il lisait pendant tout l'hiver ses carnets de bord. Lors de ces réunions, il mettait une ardeur particulière à rectifier les erreurs de différents guides sur les informations concernant les ports, la puissance des phares, le nombre d'habitants. Dans son exposé sur Alexandrie, il expliqua à l'auditoire qu'il avait personnellement mesuré, par un décompte de pas, la longueur du rivage, tandis qu'à Hammerfest il avait établi que la lumière du phare à l'entrée du port était plus puissante que celle de Málaga. Les espaces verts de la ville de Lisboa, appelée par erreur Lisbonne, égalaient depuis longtemps ceux de Madrid, et les données de la « Lloyd's » de Hambourg à propos du tonnage de la marine marchande étaient elles aussi inexactes. Il relevait avec délectation les coquilles dans les livres et les journaux, qu'il notait consciencieusement, en y ajoutant ses commentaires politiques, sur le blanc de la marge. La « Garde Croate » et « La Nouvelle Epoque » de Split, les seuls journaux qui parvenaient au monastère, étaient toujours gribouillées de ses bizarres annotations. Parfois, il se contentait de trois points d'exclamation ou d'interrogation. D'autres fois, il annotait laconiquement : « ça par exemple ! », « quelle idiotie ! », « mais non ! », « tiens donc », « qui vivra, verra ! », ou bien il inscrivait dans la marge des proverbes latins qu'il connaissait en quantité inépuisable. *« Est captu facilis turbata piscis in unda »*[1], avait-il marqué à côté d'une nouvelle au sujet du Président de la République turque. En marge d'un discours du roi Alexandre il avait écrit, tel un vieux chroniqueur : *« Errat, su quis existimat tutum esse ibi regem, ubi nihil a rege tutum est »*[2], et, à une autre occasion : *Eum ducem, qui de sua unius sententia omnia gerat, superbum iudico magis quam sapientem »*[3]. Il ornait les déclarations des hommes politiques du pays d'aphorismes tranchants tels que : *« Ex plumis cognoscitur avis »*[4], *« Exspectat dum defluat amnis »*[5], *« Falsa tempore ac spatio vanes-*

[1] C'est en eau trouble que l'on pêche le plus facilement le poisson.

[2] Il se trompe, celui qui croit le roi est en sécurité ici où rien de ce qui émane du roi n'est sûr.

[3] Ce duc qui n'en fait qu'à sa tête, je l'estime plutôt orgueilleux que sage.

[4] On reconnaît l'oiseau à son plumage.

[5] En attendant que le fleuve s'écoule.

cunt »[1], *« Fide, sed cui vide »*[2], *« Fuimus Troes »*[3], mais il préférait le plus souvent l'expression de saint Augustin : *« Iustition remota, quid sunt regna nisi magna latrocinia ? »*[4], pensée que le padre Sokol répétait souvent à propos du Royaume de Yougoslavie.

Et grâce à ces antiques maximes acerbes, par lesquelles le professeur Krile visait l'Etat, nous découvrions les tempêtes politiques qui, dans leur écho latinisé, touchaient même notre île, qui vue de l'extérieur, semblait complètement coupée du monde. Tout à fait par hasard et involontairement, je me trouvais exposé à la bourrasque politique.

La mairie de la ville de Korčula était entre les mains de Yougoslaves unitaires, et ce bastion avancé du régime était assiégé de toutes parts par les forces d'opposition de Maček[5]. Pressentant leur échec aux élections, le conseil municipal et la direction du *Soko* de Korčula avaient pris la décision de faire don de la vieille église Sainte-Barbe, abandonnée et en ruines, à la petite communauté orthodoxe de la ville. Un malheur ne venant jamais seul, un habile moine serbe, le père Ilarion Mijatović, fils spirituel de l'évêque d'Ohrid Nikola Velimirović, fit son apparition à Korčula. Ainsi, après de longs siècles d'intolérance mutuelle[6], une fois encore, et ce dans cette vieille ville catholique, l'Orient et l'Occident se rencontrèrent.

Adroit et malin, le père Ilarion accepta sans se faire prier le présent des loyaux conseillers municipaux. Il fit venir des ouvriers qui réparèrent l'église et annonça sa consécration officielle en la présence, en tant que co-officiant, de l'évêque de Mostar ainsi que d'un grand nombre de prêtres et de séminaristes qui passaient leurs vacances dans leur maison de repos à Orebić. Tous les efforts du chapitre de Korčula, y compris l'intervention personnelle de l'abbé mitré don Masa Bodulić, visant à empêcher le transfert de cette ancienne ruine entre les mains de schismatiques, se révélèrent vains. La décision de la municipalité était définitive et sans appel. Fort de l'appui des autorités, le père Ilarion fit enlever du fronton de la petite église la statue de pierre de sainte Barbe qu'il envoya, en témoignage d'amour chrétien,

[1] Le mensonge disparaît avec le temps.

[2] Crois, mais regarde bien en qui.

[3] Nous étions des Troyens (allusion à la gloire perdue).

[4] Si la justice est rejetée, que sont les Etats sinon de grands terrains de brigandage ¡?

[5] Vladimir Maček (1879-1963), leader du Parti paysan croate.

[6] Entre Croates catholiques et Serbes orthodoxes.

en cadeau à don Masa. A la place de la représentation de la sainte apparut un beau matin une croix orthodoxe en pierre, ce qui accentua encore l'échauffement des esprits en ville.

C'est justement auprès de cet ingénieux moine que j'allais prendre mes leçons de catéchisme, au cours desquelles il me révélait beaucoup de secrets ayant trait à ses succès de missionnaire. « Je connais bien ces fripouilles latines », disait le père Ilarion sur un ton combatif, « mais ils ne peuvent rien contre moi. Je consacrerai l'église et je ferai venir les séminaristes de Karlovac pour qu'ils chantent pendant l'office, et alors ils verront ce que sont de véritables chanteurs par rapport à leurs braiments de ténors. Ils devraient chanter « Vous les chérubins » pour faire tomber le clocher de leur cathédrale. Ils entravent mon travail, mais ils se rappelleront ce qu'est un moine orthodoxe ! Nous sommes une noix dure à briser, ils s'y casseront leurs dents romaines. Et tes moines, que disent-ils ? Toi, un Serbe et un orthodoxe, qu'est-ce que tu fabriques chez eux, qu'avaient donc tes parents dans la tête pour t'envoyer ici, chez ces frères, alors que pour choisir une école il n'y a que l'embarras du choix ? Te poussent-ils à abjurer ta foi ? Ne te laisse pas faire, mon enfant, car tu es sous ma protection. Si seulement ils te touchent, viens me le dire, je leur en ferai voir de toutes les couleurs, je les poursuivrai jusqu'au Jugement dernier, je ne te laisserai pas tomber ! »

Cependant, à cause de la chapelle Sainte-Barbe et de la querelle ouverte avec le père Ilarion, le padre Bandera décida qu'à l'avenir je ne me rendrais plus aux cours de catéchisme à Korčula. Ils veilleraient à remplacer ce moine inculte par un véritable catéchiste de lycée. J'attendais avec impatience mon nouveau directeur de conscience. Et un jour, effectivement, un prêtre de haute taille, digne, débarqua à Badija. On me dit qu'il arrivait de Dubrovnik et qu'il serait mon nouveau catéchiste orthodoxe.

Tels deux conspirateurs, nous nous promenions tous deux sur le rivage, et ce grand monsieur distingué m'interrogeait calmement, presque négligemment, sur les moines. « Fiston », me disait-il de sa voix veloutée de baryton, « je sais que ce n'est pas facile pour toi, tu t'es égaré parmi ces latins et tu te retrouves seul ici. Tu es serbe, or les Serbes n'ont jamais eu la vie facile. Les nôtres ont donné leur vie pour la sainte croix et la liberté chérie. As-tu entendu parler du diacre Avakum ? Il a refusé de se convertir à l'islam, et les Turcs l'ont empalé pour son refus d'abjurer la foi de ses ancêtres. Et sur son pieu il se moquait des Turcs, pour ne pas montrer sa peur devant les infidèles. C'est ainsi qu'étaient nos aïeux ».

J'écoute ces leçons de mon nouveau catéchiste et je tente de m'y retrouver dans ce combat qui se livre pour le salut de mon âme. Ces disputes sont abondamment illustrées de sanglantes anecdotes de part et d'autre. Demain, dès que la « Sainte-Croix » aura emporté ce monsieur si digne, le padre Leonardo fera sa réapparition et de sa voix puissante il déversera de nouveaux exemples illustrant les objectifs de son Eglise pour lesquels il combat et témoigne. Il parlera de la grande idée d'un seul troupeau et d'un seul pasteur, d'une Eglise universelle que même le feu de l'enfer ne pourra soumettre, d'un unique vicaire de Jésus-Christ, le seul qui ait le droit d'interpréter la parole divine car lui seul est assis sur la chaise de saint Pierre et tient entre ses mains les clefs de l'Eglise de ce bas monde.

Je l'écoute attentivement alors qu'il prononce ces paroles en me regardant sans sourciller. Il s'adresse à moi comme si, depuis quelque cachette, il avait écouté le récit à propos du diacre Avakum. En contrepoids à cette victime isolée des Turcs, il cite à présent sur un ton presque victorieux toute une légion de martyrs tombés de l'autre côté.

Je réfléchis, assombri : donc, cela commence ainsi. D'abord sous la forme d'une honorable protestation contre les vices de son temps, d'une pauvreté véritable et commune s'opposant au brusque enrichissement des communes au Moyen Age, d'un cœur d'or sous une soutane grise et de pieds nus sur des pierres pointues. La parole est semblable à un baume, elle guérit les gens effrayés, et la préparation à l'horreur ultime du monde conduit à la fréquentation des oiseaux, du soleil et du frère loup. Des milliers de petits bienfaits ordinaires naissent. La main gauche ignore ce que fait la droite. Au début, tout est discret, échappant à la réalité et à l'organisation pratique. Les premiers pas sanglants de ces exaltés sont ingénument vagues, entre ciel et terre. Les mains sont occupées par le port de la croix, l'épée n'a pas encore scintillé dans leur poing. Et puis, brusquement, de manière incompréhensible, est apparue cette croisée des chemins, devant laquelle une voix inconnue semble avoir chassé la grande cohorte des malheureux, détruisant pour longtemps toute alliance entre le ciel et la terre. Quelque part dans cette pénombre se perdent également ces paroles de saint Bonaventure, prononcées au XIIIe siècle : « Tout artiste a l'intention de créer une œuvre belle, utile et durable. Si l'œuvre remplit ces trois conditions, elle lui est chère et bienvenue…

Tout artiste qui crée une œuvre le fait ou bien pour obtenir des louanges, ou bien pour en tirer un profit ou un bénéfice, ou encore pour qu'elle atteigne les trois points de son aspiration : l'honnêteté, l'utilité et la satisfaction esthétique. Et pour atteindre ces trois objectifs, Dieu a doté l'âme de la raison, pour qu'elle aussi le célèbre, le serve et trouve en lui la satisfaction et la paix ».

« ... et trouve en lui la satisfaction et la paix », je répète comme en un délire ce sublime refrain, pressentant du même coup toute la dimension de son inanité. Je le perçois comme un objectif inaccessible. Dans cette perspective nos bras sont depuis longtemps affaiblis, notre cœur flanche, notre raison s'est assombrie. Depuis longtemps déjà cette pensée roule sous les pieds des gens comme des perles détachées d'un collier. Je suis également touché par l'histoire, sèchement racontée, du diacre Avakum, laquelle démontre son obstination. C'est pour cela que je m'interroge de nouveau : est-ce là l'obstination d'un croyant inébranlable, ou bien une opiniâtreté confessionnelle issue de son cœur de combattant, de guerrier ? Si la seconde proposition est la bonne, elle ne représente qu'une parcelle rejetée de la conscience populaire globale révoltée, un extrait de la morale sociale de notre société patriarcale, avec ses lois de l'héroïsme fixées une fois pour toutes.

A l'écoute de tous ces récits sur le martyre enduré par ces nombreux missionnaires morts pour la parole du Christ, je me retrouve en face d'une alternative : qui a péri sur ce pal turc, un croyant ou bien un combattant contre l'esclavage ? Cette interrogation perd progressivement la magie de l'incertitude. A la lumière de mes lectures hagiographiques, je penche vers une interprétation patriotique de la mort du diacre. Cette découverte semble par ailleurs me rapprocher pour la première fois d'un sentiment plus ferme d'appartenance à mon peuple. Au moment où l'on tente de cristalliser mon attention sur le labyrinthe des témoignages du martyrologe catholique, je ne cesse de revenir à la mort bien commune de l'inculte diacre Avakum, qui ne se distinguait pas par une dévotion particulière, mais qui, appartenant à un petit peuple, a accompli l'exploit de s'inscrire dans sa mémoire. Il l'a fait comme s'il exécutait un acte ordinaire, presque naturel, quelque chose qui arrive tout le temps et qui fait partie intégrante des chroniques de la souffrance de son peuple. De cette manière il n'a pas confié sa mort au souvenir du monde entier, et rien de ce persévérant moine serbe ne parviendra jusqu'aux fastueux autels baroques, contrairement aux actions de saint Philippe Neri, ou de saint François Xavier. « Un instant je me suis retrouvé au-dessus du ciel », a dit une fois saint Ignace de Loyola pour décrire ses envols spirituels. L'inculte Avakum n'a rien dit. Les témoins de sa mort ont rapporté qu'il chantait sur son pieu. Sa chanson appartenait à ce monde.

Tandis que le professeur Jakov Carić, enthousiaste et larmoyant, nous récitait des vers, le professeur Krsto Krile ne permettait que rarement un relâchement de la discipline durant ses cours. Malgré tout, nous découvrîmes rapidement ses faiblesses, son infini besoin de raconter ses longs voyages, de déverser des faits précis et vérifiés. Parfois, au milieu d'une pénible tension dans la classe, il suffisait de lui demander : « Monsieur le professeur, êtes-vous allé en Espagne ? Est-il exact que c'est dans ce pays qu'ont lieu les plus grandes processions ? » pour que le professeur Krile se mette à vagabonder dans ses souvenirs de voyages. Comme s'il avait attendu avec impatience une telle question pour défaire devant nous son sac de voyage. « Et comment, que je suis allé en Espagne, et plusieurs fois même ! » répondait-il fièrement. « Oui, en effet, il est exact que là-bas se déroulent les plus grandes processions, car la foi de ce peuple n'est pas entamée par l'irréligion. Nulle part ailleurs je n'ai vu une foi aussi pure et profonde. Il faut vivre les jours qu'ils appellent *Semana Santa en Sevilla.* La fête commence l'après-midi du Dimanche des Rameaux et dure jusqu'à la nuit du Vendredi Saint. Pas moins de quarante-huit confréries, appelées *Cofradías* en espagnol, prient là-bas pour obtenir la bénédiction et la grâce divines. Pendant cette grande semaine, leurs membres sont vêtus de longues toges et coiffés de cagoules nommées *capirotes.* C'est merveilleux de les vois traîner à travers la ville les *Pasos,* c'est-à-dire des statues de bois gravées, mais grandeur nature, représentant le chemin de croix de Jésus ; et en ville il y en a exactement quatre-vingt-huit, que, telle une grande scène de théâtre, tirent des hommes masqués dont on ne distingue que les pieds. Les toges des membres des confréries sont violettes, noires, blanches ou rouges, et ces couleurs correspondent à la tenue de deuil du Moyen Age. C'est d'ailleurs à cette époque qu'ont été fondées ces confréries ou *Cofradías,* en fait créées par les corporations de métiers, pour se développer au fil des siècles en associations pieuses, comme vous avez pu en voir à Korčula. Seule une foi ardente a pu les maintenir », ajoutait obligatoirement Krile.

Le professeur Krile nous a fourni d'autres informations relatives à cette piété espagnole. « Pour un Espagnol croyant le plus grand honneur consiste à devenir membre d'une confrérie. Vous n'avez sans doute jamais entendu parler de la *papaleta de sitio ?* Je savais bien que non. Dès l'enfance le jeune Espagnol de Séville reçoit un papier qui désigne sa place dans la procession. A partir de ce moment et toute sa vie durant, il pourra participer dans la toge de sa *Cofradía* au défilé dans la ville. Vêtus de cette toge et cette *papaleta de sitio* à la main, ses confrères l'accompagneront jusqu'à sa dernière demeure. Et dans ces processions de la Semaine Sainte de Pâques, les Sévillans portent précisément trente-huit statues de la Vierge Marie, ornées de couronnes dorées, de capes de brocart et de toutes sortes de bijoux, tandis que des larmes lui coulent des yeux. Le peuple, cependant, accueille la Mère de Dieu par d'ardentes prières et une chanson intitulée *Saeta.* Mais savez-vous ce que signifie ce mot ? Vous ne savez pas ! Flèche », répondait-il à sa propre question. « Et pourquoi flèche ? » demandait-il de nouveau. « Car, de même qu'une flèche quitte brusquement l'arc, de même une ardente prière témoigne de la fidélité à la Sainte-Vierge. Que cela vous serve de leçon », disait Krile pour conclure son récit exhaustif sur la piété espagnole. Il parlait comme le porte-parole sûr de lui de vérités immuables et éternelles, comme un fidèle idéal et en fin de compte privilégié du Royaume de Dieu.

Après le récit de Krile, je ne cesse de penser à ces petits Espagnols, à leur précieux petit papier *« papaleta de sitio »* qui détermine le chemin de leur vie. Je les compare à mes nombreux camarades au crâne rasé qui, un papier similaire à la main, ont été envoyés ici, à Badija, depuis leur doline dalmate où ils crevaient de faim, arrachés à ce maudit cercle de la terre grâce à la recommandation du curé leur permettant d'entrer dans l'ordre monastique. Je comprends soudain qu'il existe au monde d'innombrables cercles concentriques dans lesquels, comme au fin fond d'un abîme, le temps se serait arrêté. Or seul ce petit billet magique ouvre et démêle toutes les impasses de ces paysans, lui seul apporte des solutions salvatrices. Celui qui t'a donné la première et unique consolation te préparera à marcher dans cette vallée de larmes. Comme dans le feu de la *« sæta »* apparaît ce sentiment de sécurité longtemps espéré et tout à fait inconnu, de soulagement car le petit papier convulsivement conservé, tel quelque horoscope, a déjà tout prévu, car le cercle vicieux de cette marâtre de doline a disparu pour toujours de la conscience. Ce petit papier salutaire confère à son possesseur, à l'issue de toutes les vérifications de loyauté et de fermeté, le merveilleux pouvoir de se hisser lui-même jusqu'à l'autel, jusqu'à la chaire, jusqu'au confessionnal, pour que depuis ces endroits salvateurs il poursuive le jeu ancestral consistant à corriger les malheurs de la destinée humaine. Une fois la persévérance conquise et le sentier du retour définitivement enseveli, il devient possible, même dans les tourments du désespoir, de trouver un état de soumission et d'apaisement, de transférer devant le seul tribunal équitable, celui des cieux, toutes les douleurs incurables de ce bas monde. C'est le dernier refuge, dont le rôle consiste à calmer l'ardeur de la possible révolte des défavorisés de ce monde.

Je réfléchis : qui réussira jamais à détruire définitivement chez les hommes cet espoir que tout, jusqu'aux plus petites injustices, est comptabilisé quelque part, car seule l'omniscience divine sait pourquoi il a été décidé de repousser à une date indéterminée le Jugement dernier. Je me demande : quelqu'un n'aurait-il pas, après avoir compris qu'il n'y aurait pas de règlement de comptes final et épouvanté par cette découverte, institué le rêve d'une invincible justice ? Alors ont été abandonnées toutes les raisons de sa lenteur. Dans ce nouveau rêve on évite toute confrontation ; elle n'existe pas car elle n'est pas visible par les yeux au sens anatomique, mais seulement par les yeux de l'âme. Enfin, on nous garantit qu'on peut obtenir ces yeux de manière parfaitement honnête, toutes les conditions de cette obtention ont d'ailleurs été annoncées. « Ils prient et ils sont exaucés », ainsi que le chante obstinément le peuple. La possibilité d'exprimer cela en chanson le tranquillise. Comme si la distribution des dons dépendait de sa volonté. A un enterrement j'ai entendu la chanson suivante :

« Calmez-vous, pleureuses,
Ô mère, sèche tes larmes,
Non, ne pleurons pas,
Le tombeau est la source de la vie ».

Aujourd'hui le padre Leonardo nous a officiellement informés que bientôt ~~les~~ « exercices spirituels » allaient commencer. Pendant sept longs jours nous allons écouter différents sermons, et il n'y aura pas de cours. Lors de nos heures libres il nous sera interdit de jouer et de tenir la moindre conversation, le mieux étant de se livrer à des « lectures pieuses » ou à la méditation solitaire. A l'issue de cette inhabituelle semaine, une confession générale et une communion obligatoire auront lieu. Soudain, le monastère s'est dépeuplé, devenant encore plus silencieux. On nous distribue, puisés dans la bibliothèque scolaire, un monceau et d'ouvrages pieux, surtout des biographies populaires de petits et grands saints. Suivant l'ordre établi, différents orateurs se succèdent qui, dans leurs prédications, ne cessent d'évoquer l'idée du péché originel, de la nécessité de nous racheter, en nous recommandant la prière et la soumission comme moyens les plus sûrs d'obtenir le salut de nos âmes chancelantes.

De plus en plus fréquemment, dans ces longs prêches apparaissent les noms des glorieux propagateurs du christianisme dont les puissantes paroles font se convertir des pécheurs déjà à moitié perdus. Dans leur cortège figurent comme témoins tous les puissants de ce monde, rois et empereurs, barons et comtes, illustres savants et écrivains, commerçants et gens riches, divers martyrs et malheureux, tous ceux qui ont soudain découvert la lumière, et ainsi, du jour au lendemain, transformé leur vie de pécheurs. Dans ces récits apparaissent également des envoyés du ciel, de gentils anges apportant des messages ; on parle de rayons dc lumière qui, telles d'irrésistibles vrilles, percent l'armure des péchés humains. De tous côtés cette grande armée de justes s'accroît, nous avertissant que seule une foi profonde permet cette métamorphose. Ils peuvent accrocher l'auréole du saint même au plus grand pécheur. Dans une démarche apparemment concertée, tous nos prédicateurs invoquent continuellement des sources historiques, tout ce qu'ils racontent a déjà été exposé par des témoins. On nous affirme que tous ces exemples ne sont cités qu'incidemment, tellement ils sont abondants dans la réalité ; d'ailleurs, les annales de l'Eglise ne peuvent être closes, si bien qu'au moment présent d'autres miracles se produisent de par le monde.

Depuis des jours déjà je suis troublé par cette pression inattendue constituée par les témoins, et je consacre tout mon temps libre à l'observation de la mer. J'accueille patiemment les bateaux de Dubrovnik et de Split qui glissent dans le canal de Korčula. Je guette de nouveau les canots des tailleurs de pierre de Lumbarda qui se rendent sur les îlots voisins. Ils rament debout, les yeux fixés sur le fond de la mer, comme s'ils cherchaient un objet perdu. Les moines ont une mauvaise opinion de ces hommes durs, le supérieur en voit de toutes les couleurs avant de réussir à conclure une affaire avec eux. Quant aux habitants des îles voisines, les frères apprécient surtout ceux d'Orebić ; ils disent que leurs longs voyages à travers le monde les ont rendus pieux, et que c'est pour cette raison qu'ils sont indéfectiblement attachés à leur sanctuaire de l'Assomption, un petit monastère où le padre Celestin, aveugle, joue de l'harmonium. Les bateaux passant au large saluent d'un coup de sirène la Vierge miraculeuse ; très rares sont les capitaines qui oublient de le faire. On fait venir le père Celestin pour remplacer le padre Sokol quand celui-ci joue de l'orgue dans la cathédrale de Dubrovnik. Il ne joue pas fort, ne forçant jamais le ton. Nous sommes toujours émus à la pensée de sa cécité. Son supérieur, le padre Rafo Capurso, un homme rude et bruyant, qui se conduit avec son confrère aveugle avec la plus grande prévenance et douceur, le raccompagne depuis Badija.

Lors des exercices spirituels on nous tient de longs et fatigants sermons, que tout le lycée écoute dans un silence obstiné. Cette relation crée petit à petit une humeur particulière. Presque inconsciemment nous sommes tous conduits au bord même de la solitude intérieure, jusqu'à son véritable amincissement. Une fois notre surprise surmontée, nous sommes capables, en pensant à nos grands et petits péchés, à nos chutes et à nos élans, de recoller rétroactivement les pièces, depuis longtemps dispersées, de la mosaïque de notre vie. Or l'objectif ultime de ces exercices spirituels, ainsi que le souligne d'un ton confiant le padre Leonardo, doit mener à la soumission volontaire aux vérités chrétiennes, dont des millions de justes ont attesté la grandeur et la valeur, car en dehors de ces vérités intangibles tout est *vanitas vanitatum et omnia est vanitas*. Et les doctes écrivains de l'Eglise n'ont-ils pas dit : « Heureuse l'innocence qui abandonne les sentiers des questions difficiles pour prendre la route droite et sûre des commandements de Dieu » ? — nous demande le padre Leonardo. D'une voix d'outre-tombe il nous prépare pour la énième fois au futur dialogue avec nous-mêmes. Une fois encore, on nous répète les rigoureuses pensées des pères de l'Eglise : « Celui qui a instauré l'ordre en lui-même ne s'émeut pas parce que chez les autres il y a du bien ou du mal ». « L'homme a autant de soucis et d'obstacles qu'il s'en crée lui-même ». « Si tu étais ce que tu devrais être, un homme au cœur pur et totalement innocent, tout contribuerait à ton bien et à ton progrès.

Mais beaucoup de choses ne te plaisent pas, elles te troublent parce que tu n'es pas encore tout à fait mort pour toi-même, pas plus que tu ne t'es détaché du monde terrestre. Rien ne souille ni ne trouble autant le cœur de l'homme qu'un amour impur envers les créatures. Si tu repousses la consolation extérieure, tu pourras te plonger dans les affaires célestes et te réjouir souvent dans l'âme ».

Tout un pénible programme de vie, prononcé d'une traite, pénètre d'une manière désordonnée et confuse dans ma conscience. Je sens que je ne dispose d'aucune retraite, que je suis au pied du mur. A l'instar d'un rebelle attendant son exécution, je me demande : comment puis-je mourir complètement pour moi-même, comment renoncer aux consolations extérieures, à toutes les petites manifestations de la compassion humaine ? Je brûle comme un feu de camp, or je dois recevoir calmement ces enseignements que le padre Leonardo nous inculque habilement. Le padre Maurizio nous demande la même chose quand il nous dit : « Si tu veux t'affermir et progresser dans le bien, considère-toi comme un exilé et un étranger sur terre ».

Le padre Maurizio fait de son mieux pour que nous transformions ses paroles en une réalité volontairement appliquée jusqu'à ce que nous soyons recouverts par la dalle sous laquelle a disparu cet aventurier soumis qu'était devenu le frère Diego. Finalement réduit au silence, lui aussi a été incorporé à cet ordre des choses établi depuis longtemps. Il a été dompté, et c'est seulement pour cette raison que nous écoutons l'histoire déjà élaborée de son repentir et de sa rédemption. *« Del senno del poi ne son piene le fosse »*[1], telle est la seule leçon de sagesse que nous ait apprise le professeur Carić. « Frappons la racine à la hache pour que, libérés de la passion, nous parvenions à la paix de l'âme », c'est ce qu'à présent on nous dit, on nous conseille, on nous menace, nous ordonne et nous effraie à travers l'histoire de la pomme de la connaissance. Malgré tout, il est aussi écrit dans les livres d'église : « Mais souvent il y a quelque chose de caché en nous, ou en dehors de nous, qui nous conduit ».

J'observe mes camarades assoupis et je me pose la question : qu'est-ce donc qui est enfoui en eux et en moi, qu'est-ce qui est déjà en dehors de nous et où cela nous conduit-il ? Notre destin veut-il que nous résistions et que nous nous révoltions contre toute forme d'exil et de mise à l'écart, ou bien avons-nous déjà emprunté le chemin de la

[1] Les cimetières sont remplis de sagesse rétrospective.

soumission ? C'est ce que je me demande ; or je sens déjà croître en moi le désir de résister par dépit, je suis déjà emporté par une aspiration de comploteur à découvrir de nouveaux carrefours. Mes premiers exercices spirituels sont terminés. Apaisé et vraiment purifié, animé d'un sentiment de confiance en moi et d'invulnérabilité, je pressens mes futurs échafauds.

Demain mes camarades accompliront l'acte primordial de la confession générale. Sur de petits rouleaux de papier, ils ont inscrit tous les péchés dont ils se souviennent, bien décidés à les confier dans un murmure à leur confesseur. A présent ils réfléchissent au confesseur qu'ils vont choisir, car certains sont connus pour les pénitences excessivement sévères qu'ils infligent. On sait ainsi que le padre Leonardo est le plus sévère, mais, comme il est aussi le préfet des études, la ruse exige précisément qu'ils évitent de le fuir, de sorte que devant son confessionnal une longue file de pécheurs attend.

Une fois la confession achevée, une messe chantée sera célébrée, au cours de laquelle le padre Bandera administrera la communion. C'est alors seulement que la cérémonie prendra fin et qu'un sentiment général de soulagement envahira tout l'internat. Comme à l'issue d'un long rêve, la vie reprendra son cours sur cette île esseulée après s'être retirée et dissimulée derrière les imposantes murailles du monastère, le temps de ces exercices spirituels. L'île déserte semblait alors complètement abandonnée, tandis que nous tous avions été transformés du jour au lendemain en figurants dociles d'un entraînement à la fuite du monde et de soi-même.

Néanmoins, tout cela n'avait été qu'un petit exercice, un parmi les nombreux autres que nos directeurs de conscience prévoyaient pour notre avenir. Puis, avec des centaines de sensations ordinaires, quotidiennes, la vie avait détruit en nous cet état solennel, exceptionnel, auquel nous réduisaient les formules théologiques elliptiques, les solutions simplifiées empruntées aux disputes théologiques séculaires. A cette occasion elles furent prononcées de manière si brève, si naïve, et avec une nuance de doux étonnements, qu'on eût dit qu'elles n'avaient jamais été sujettes à des débats passionnés et empreints de la haine qui allumait les bûchers. Le padre Maurizio, en tant que membre du parti victorieux, a passé sous silence toutes ces pages sanglantes du passé de l'Eglise. En sa qualité de vainqueur, il s'est permis d'exprimer de temps à autre une magnanimité retenue. Se rappelant sans doute les hérétiques brûlés il y a longtemps, il s'est contenté d'esquisser un geste de la main et a dit : « Il faut leur pardonner, car ils ne savent pas ce qu'ils font ». Ainsi, lui aussi, sur place, les remettait à un tribunal plus compétent, devant lequel il se lavait humblement les mains, se dégageant de toute responsabilité quant à leur sort ultérieur. Et même pour les zones sombres de son parti victorieux, le père Maurizio disposait de témoignages, et tous ses éventuels doutes étaient dissipés à l'avance par la formule selon laquelle même les portes de l'enfer n'allaient pas vaincre l'Eglise du Christ. « Oui, oui, mes chers petits », disait-il, pénétré de la générosité et du pardon divins, tel un véritable *angelus in moribus,* « les adversaires de notre sainte Eglise et de notre foi nous citent l'exemple des papes de la Renaissance, qui ont sombré dans des scandales de ce monde. Admettons que ce soit exact et qu'ils aient été les indignes successeurs de saint Pierre sur son trône. Qu'il en soit ainsi. Mais qu'est-ce que cela signifie ? Voici une nouvelle confirmation des paroles du Christ : « Tu es Pierre, c'est-à-dire une pierre, et sur cette pierre je bâtirai mon église, et même les portes de l'enfer ne pourront la détruire. » Car qu'advient-il des œuvres humaines quand elles sont mal conduites ? Où sont les puissants Etats d'Alexandre le Grand, où est la glorieuse Rome, où est Julien l'Apostat, où est Soliman le Magnifique, où est le Roi-Soleil, où est Napoléon ? Tous leurs plans et toutes leurs œuvres ne sont plus que cendre et poussière, pour certains on a même perdu la trace de leur sépulture. Et l'Eglise du Christ ? Si parfois dans son histoire elle a eu de mauvais guides, elle est toujours debout aujourd'hui, plus belle et plus forte que jamais. Voilà, mes chers petits, la preuve qu'il ne faut jamais douter de son origine divine », concluait avec un air de supériorité le padre Maurizio en examinant chez ses auditeurs, comme tous les prêcheurs, l'effet produit par ses paroles.

De manière plutôt inattendue, le père supérieur avait conclu avec les tailleurs de pierre de Lumbarda un accord les autorisant à ouvrir un café à Badija. Depuis lors, ils débarquaient en silence sur l'île chaque matin pour se rendre à leurs chantiers, toujours sans mot dire, ne nous prêtant pas la moindre attention, à nous les élèves. Toute visite au café nous fut immédiatement interdite. Seul s'y rendait le supérieur : il s'asseyait sur un chapiteau à demi taillé et comparait avec le contremaître des comptes qu'ils ne parvenaient jamais à ajuster. Une certaine répulsion semblait régner entre notre père supérieur et le contremaître des tailleurs de pierre, et leurs rencontres faisaient penser aux réunions forcées de deux commandants ennemis qui, lors d'une accalmie dans la bataille, négociaient un échange de blessés. Le père supérieur revenait toujours en colère de ces entretiens, répandant lors de la partie de pétanque des accusations fielleuses contre ces nouveaux et provisoires habitants de l'île. Fier comme un enfant de son habileté à la pétanque, le supérieur attribuait chacun de coups ratés à ces fichus gens de Lumbarda et à leur contremaître coriace. « Mais regarde un peu comment tu as lancé le cochonnet, père Bernardin », fulminait le supérieur, « où as-tu donc mis tes yeux, tu m'embêtes comme ce toqué de contremaître, il dépasse les limites du café que nous avons établies ensemble, la pierre ne lui convient pas, il cherche une nouvelle veine, le galérien ! Regarde, je vais tirer ta boule, voilà, et lui aussi je le chasserai avec toute sa bande de fripouilles. Sinon il me percerait toute l'île, et puis adieu, et nous, nous resterions ici à vivre au milieu des trous de gruyère ».

Dans cette vie quotidienne sont venus se glisser les préparatifs du padre Augustin pour son voyage pascal d'« aumône ». Avec deux ânes, ce moine va parcourir les villages de Korčula afin de recueillir des dons en espèces et en nature pour la Sainte-Croix. Je demande au padre Vid pourquoi on agit ainsi alors que les villages sont pauvres et les gens réticents à donner de l'argent ou de la nourriture. Comme toujours, le padre Vid éclate d'un rire ambigu, faussement naïf. Comme toujours, de son élégante soutane bien coupée se dégage un parfum agréable, qui m'avertit que le padre Vid connaît et aime les joies de ce monde.

« A quoi bon l'aumône, me demandes-tu », me répond-il avec un sourire ironique qui règle par avance son compte à ma curiosité. « Eh bien voilà, c'est une survivance des temps reculés de notre ordre mendiant. A présent, c'est plus une coutume qu'une recherche de profit effectif. Tout simplement, nous donnons au peuple la possibilité de montrer sa loyauté envers l'Eglise. L'un offre un œuf, un autre une poule, un autre encore une bouteille de vin ou une couronne de figues séchées, peu importe la substance, seul compte le geste, le moment où l'homme surmonte son égoïsme inné. C'est comme dans l'Evangile le récit du Christ à propos de la beauté de la veuve, tout se transforme en symbole, comme ce manteau d'officier que saint Martin de Tours a partagé avec le premier mendiant venu : il n'y a là rien de logique, seulement des associations d'images suggestives. Tu as appris chez monsieur Krile d'où vient le mot religion. De « religare » ! Toujours relier de nouveau au ciel et à la terre, la terre et le ciel, ce qu'interrompt le péché. L'œuf que le padre Augustin obtiendra d'un villageois avare, dans les ténèbres de l'égoïsme général, représente peu, une petite flamme vacillante de renoncement. Ce paysan perpétuellement courbé obtient, grâce à une poignée de figues sèches, la possibilité de se redresser. Pour un moment seulement, nous lui rappelons l'existence du ciel, moyennant quelques figues nous lui offrons ce qu'avant lui les justes conquéraient au prix du sang. Comprends-tu à présent la signification de l'aumône ? » me demande le padre Vid, sans cesser de sourire ironiquement.

Malgré tout, je sens bien dans sa réponse un désir de connivence. Comme si le padre Vid me proposait une alliance secrète, fondée sur une naïveté sciemment évitée dans notre conversation fortuite. Car, je me le rappelle bien, le padre Vid a conclu notre entretien de manière tout à fait imprévue par les paroles suivantes : « Parfois j'ai moi-même des doutes à propos de ce don d'œufs par les paysans ». Il n'achève pas sa pensée, comme s'il voulait m'en laisser le soin.

Donc, je me demande ce qui va remplacer cet œuf de paysan dans cette région sauvage et déserte, poursuivant en pensée mon entretien avec le padre Vid. Je suis un enfant de la ville, et lui un fils de la campagne. Je suis issu d'un palais, lui d'une chaumière. Mes ancêtres discutaient avec des empereurs, pour les siens le curé était le personnage le plus important. Depuis sa plus tendre enfance, il est prisonnier d'une pauvreté sans espoir. Rester ou bien s'enfuir. Il s'est enfui, et maintenant il aide d'autres à en faire autant. Au fond, que sais-je des portes toujours fermées ? Dans ce vieil ordre mendiant, il les ouvre toutes, sauf peut-être la dernière, devant laquelle il s'est arrêté, hésitant. Il n'est pas sûr que dans la vie il faille ouvrir également cette dernière porte, découvrir l'ultime secret. Car personne ne sait avec certitude ce qui se cache derrière elle et quelle désolation l'attend peut-être. On commence et on finit dans la désert. C'est une découverte qui exige une force exceptionnelle. Et la confiance en l'expérience d'autrui. Or c'est précisément cette faculté que les hommes effacent le plus vite en eux.

Je me mets à éprouver de la sympathie pour le padre Vid. Surtout parce qu'il m'a permis de jeter un bref coup d'œil derrière les retranchements de ses certitudes. Il est le premier homme à Badija qui m'ait fait présent de l'un de ses dilemmes. Je poursuis sur ses traces.

Un événement encore a renforcé mon inclination pour le padre Vid. J'avais dans ma classe un camarade, un garçon de Korčula, enfant de la ville, dont la mère tenait l'hôtel *« Bon Repos »*[1]. On savait qu'elle avait été abandonnée par son mari, un officier de la marine qui avait quitté son navire ragusain pour embarquer sur un autre battant pavillon panaméen, bien décidé à ne plus jamais revenir. Ainsi, les circonstances avaient forcé cette belle femme à devenir hôtelière et à envoyer son fils à Badija. Elle venait souvent sur l'île, dans le canot de l'hôtel, et longtemps elle fut la seule femme que nous rencontrions en cet endroit. Elle sautait gracieusement du petit canot blanc comme neige et recouvert de tapis rouges, puis attendait patiemment son fils dans la pièce destinée aux rencontres des élèves avec leurs parents. Dans cette pièce les seuls ornements étaient des asparagus fastement entretenus, des eaux-fortes bariolées représentant des scènes de la vie de saint François et une photographie en couleurs du pape Pie XI qui bénissait des deux mains les pèlerins. C'était une petite pièce intime, nichée dans le labyrinthe des couloirs du monastère, qui semblait avoir été construite pour les confessions et les chuchotements. C'est là qu'était assise la belle hôtelière quand je suis venu lui annoncer que son fils était parti avec sa classe dans les bois afin d'ouvrir un chemin jusqu'à la chapelle Sainte-Clara, ce qui le ferait revenir avec un léger retard. A travers le rideau translucide de la porte vitrée j'ai distingué deux ombres serrées l'une contre l'autre. J'ai tout de suite compris que le padre Vid se trouvait avec elle ! J'ai frappé à la porte et au bout d'une assez longue hésitation je suis entré dans la pièce. Le padre Vid se tenait debout près de la fenêtre et observait en silence la mer. La belle hôtelière m'a regardé de ses yeux tristes, comme un fauve pris au piège. J'ai transmis ma commission et suis parti sans demander mon reste. Tout à coup, je me suis senti envahi par une indicible tristesse, comme après l'observation des champs dévastés à Rakitje où, après un terrible orage, le régisseur désespéré du domaine, l'ingénieur Naumov, m'avait conduit. Il me semblait avoir senti de près la chaude haleine émue de la belle hôtelière et du padre Vid, ces deux malheureux qui, dans cette petite salle d'attente du monastère,

[1] En français dans le texte. (N.d.T.)

avaient détruit les derniers restes de leur confiance en eux-mêmes. Le marin disparu de la vie de l'hôtelière avait été remplacé par un autre personnage irréel, par un autre naufragé, que cette liaison allait finir par repousser dans l'épaisse obscurité de sa dernière chambre, pas encore ouverte. Un nouveau secret venait de rapprocher de moi le padre Vid, et j'ai tout de suite su qu'à un moment ou à un autre il me confierait aussi sa dernière découverte, à laquelle il était parvenu dans l'habit de saint François.

Cela s'est produit alors que nous jouions ensemble à la pétanque. D'un tir adroit il a délogé ma boule qui a roulé au loin, puis il m'a demandé à voix basse : « Alors, qu'en dis-tu ? Tu avais presque collé ta boule contre le cochonnet et, rempli de confiance, tu attendais que je rate mon coup. Et où est ta boule à présent ? Elle est allée bien loin. C'est pareil dans la vie. Tu t'approches tant bien que mal d'un objectif, tu te tapis près de lui, tu attends en silence, et alors, boum, une boule arrive par surprise et détruit tout, t'expulse de ta cachette, et tu roules honteusement dans un coin, tu es vaincu jusqu'à la partie suivante, où l'on lancera de nouveau les boules ».

Je ne le comprends pas tout de suite, ou bien je ne désire pas saisir rapidement à quel point il est affligé en ce moment, atteint dans sa grande maîtrise de soi.

« Padre Vid, j'ai joué, c'est votre tour », l'avertis-je, pour qu'il arrête de se faire du mal. Je ne souhaite pas être témoin de l'autodestruction volontaire de la confiance en soi. En ce moment, je suis parfaitement conscient de l'utilité des coulisses, plus précisément de ces paravents protecteurs que nous méprisons si souvent dans la vie. N'est-ce pas justement ici que l'on m'a appris ceci : « ne juge pas trop facilement les paroles et les actions des autres ; ne te mêle pas de ce qui ne te concerne pas ; ainsi, tu ne seras pas trop, ni trop souvent troublé ».

« Ah bon, c'est à moi de jouer », le padre Vid tressaille, interrompu dans ses pensées. « Choisis toujours plutôt moins que plus », dit-il plus pour lui-même en lançant sa boule qui, lentement, sans la toucher, roule à côté de la mienne. « J'ai raté », m'informe-t-il d'un ton calme, « j'ai raté et je perds. Comment ai-je fait pour rater ? » demande-t-il en me regardant droit dans les yeux.

Nous nous taisons tous les deux. Puis, malgré tout, je lui pose la question :

« Padre Vid, pourquoi avez-vous raté ? »

Je vois qu'il est de nouveau concentré, sans aucun signe visible d'émotion. Il répond rapidement, comme s'il avait déjà longuement réfléchi à la question.

« Je ne suis pas un tricheur. Ça, non ! J'ai fait vœu de soumission à la volonté d'autrui et ai toujours consciencieusement recherché la dernière place. Soudain, la boule d'un autre est tombée, écartant la mienne du cochonnet. Dans le premier livre de la Bible, qui s'appelle la Genèse, il est clairement écrit : « Et Dieu regarda la terre, mais elle était corrompue : car tout corps corrompt son chemin sur terre ».

Je rentre à la maison pour les vacances de Pâques. Je me réjouis de ce départ pour plusieurs raisons. Surtout parce que la simple possibilité de me déplacer me libère de la pénible et durable sensation d'emprisonnement. La petite île perdue au milieu de la mer, la forteresse du monastère encerclée par le maquis, les locaux de l'internat sévèrement cloisonnés, tout cela augmente le sentiment d'être à l'étroit. C'est pourquoi la nouvelle de mon voyage satisfait mon désir refoulé de grands espaces. Enfin, j'ai envie de me rendre compte de tous les changements intervenus dans ma famille que jusqu'à présent me faisaient pressentir les lettres banales, au contenu volontairement naïf, qui passaient visiblement sous silence, voire dissimulaient, tous les événements importants. Beaucoup de temps s'est écoulé, aussi ai-je tout lieu de penser que ma famille a déjà pris l'habitude de vivre dans la désunion. Moi-même, j'emprunte déjà un chemin séparé, si bien qu'à mon avis je trouverai ma famille engagée sur la même voie. Tous ses membres finiront sans doute par accepter cette formule de sagesse fort simple : *« Das Leben geht weiter »*[1] que j'ai entendue de si nombreuses fois comme une découverte salvatrice. Cette logique vitale servait, dans des circonstances pénibles, de symbole attitré de la sérénité et de la légalité. Je suis curieux de savoir si je parviendrai à lire dans le regard des membres de la famille toutes mes petites métamorphoses.

Je saute joyeusement dans le bateau à moteur « La Sainte-Croix » que le frère Augustin va faire accoster pour moi contre un navire de Dubrovnik. En mon honneur, il s'est habilement rangé contre le quai

[1] La vie continue.

principal de Korčula, jouxtant le grand navire « Roi Alexandre Ier », qui oscille lourdement sous le fort mistral de l'après-midi. De là-haut, sur le pont, je parviens encore à lui faire des signes, tandis que son canot à moteur s'éloigne rapidement en direction d'Orebić. Je me dis que ma relation avec le frère Augustin et son bateau vient de se modifier substantiellement. Jusqu'à cet embarquement je voyais en lui mon geôlier ; l'air de supériorité avec lequel il nous conduisait, comme ses prisonniers personnels, m'offensait. Tout cela, je le lui pardonne à présent, je suis prêt à oublier toute sa rudesse affichée, toutes les humiliations délibérées. Sur ce navire, qui fait route vers Split, je me sens sûr de moi, quasiment débarrassé de tous les fers qui constituaient ma captivité. On dirait que tous mes sens se rebellent pour détruire le cauchemar que me cause l'affirmation de la Genèse selon laquelle « tout corps corrompt son chemin sur la terre ». Le dilemme se réduit à la corruption ou à l'amélioration. Le padre Vid a d'abord accepté l'idée de corruption, mais à présent il voudrait bien changer le cours de sa pensée. Boum, la boule d'un autre atteint et chasse la sienne. Et maintenant il souhaiterait corriger ce qui est corrompu, accomplir cela ici, sur terre, après son décès, comme cela a été le cas pour le frère Diego. Le témoin authentique doit se taire tant qu'il est en vie, et c'est seulement une fois qu'on l'a dissimulé sous la dalle portant des inscriptions latines qu'on le convoque à une confrontation avec les vivants. Dans cet étrange procès, l'avocat de ces derniers s'exprime.

Je suis allongé sur une chaise longue sur le deuxième pont du bateau et mes compagnons de voyage sont les nuages et les mouettes. Mon père avait dit qu'elles étaient les âmes des commandants morts. Un beau symbole. Son message fondamental est le suivant : sauvés de l'oubli, les défunts ne disparaissent pas complètement. Transformés en oiseaux, ils survolent obstinément le bateau.

Quand je serai rentré à la maison, que devrai-je dire ? Je ne dois pas me faire d'illusions, tout a changé et plus rien ne pourra ressouder ma famille. D'ailleurs, je me dis tranquillement : pourquoi continuerions-nous à voguer en convoi et sous le même pavillon ? Que se passerait-il si je formulais soudain une exigence technique de commandant : donnez-moi la position de votre bateau ? Qui pourrait me répondre ?

Je suis rentré à la maison. Mon arrivée a été beaucoup moins solennelle que ce que je m'étais secrètement imaginé. A la gare, j'ai une nouvelle fois remarqué le même empressement maladroit ; je me suis dit que tous mes proches seraient bien contents de me faire embarquer dans le premier train en partance pour n'importe quelle destination. Ils ont tous l'air de s'être complètement épuisés dans ces premiers moments, bruyants, des retrouvailles, où la cordialité et la chaleur se consument si vite et si irrationnellement. Puis les pauses dans la conversation ne cessent de s'allonger, un silence pénible s'instaure, brisé par de soudaines bourrades et d'autres gestes absurdes. Cependant, toute cette pagaille à la gare m'est encore agréable, je comprends immédiatement tous les privilèges dont je jouis en tant que voyageur à peine débarqué. Habilement, je m'inclus dans les bulletins de santé familiaux, conscient de ce qu'ils offrent précisément d'innombrables possibilités de tromperie et de dissimulation. Je conteste magnanimement être bénéficiaire d'un magnifique bronzage et que tous mes proches, en comparaison avec moi, semblent sortir d'un sanatorium.

Dans la mêlée générale, je finis par apprendre que je m'installerai chez mamie Katica. Cette solution me réjouit, surtout parce qu'après l'ordre et la sévérité du monastère, son style de vie chaotique me plaît, de même que les surprises qui chez elle commencent dès le matin, ses flâneries inquiètes en ville, son comportement vif et bruyant en compagnie de ses connaissances. Chez tous mes autres parents je découvrirais un rythme de vie clairement ordonné, posé, des moments obligatoires de repos, des repas pris à heures fixes, des coups d'œil périodiques, discrets quoique visibles, à la montre. Si l'on prend le thé à cinq heures, c'est toute une petite cérémonie pour laquelle chacun se voit attribuer un rôle précis. La grande théière en argent à poignée d'ivoire et au couvercle orné d'un bouton de rose, ainsi qu'un récipient semblable destiné à l'eau chaude, sont du ressort exclusif de mamie Olga. Les sandwiches et les bâtonnets londoniens servis avec des brioches à la vanille dans des corbeilles en argent Biedermeier « Vieux Vienne » glissent des mains de ma tante Helena. La porcelaine « Zwiebelmuster » bleue et blanche de Mayence, disposée d'une façon précise sur la table, donne l'impression d'une atmosphère solennelle, relevée. Vraiment, l'heure du thé constitue une authentique cérémonie, qui à présent et sous cette forme symbolise une certaine unité familiale, l'occasion de vivre une simple arrivée ou sortie du cercle comme un événement d'une importance exceptionnelle, auréolé de nombreuses questions. Avant Badija, je prenais part à ces festivités comme un petit enfant de chœur qui, au bon moment, se joint à ceux qui officient, muni de sa joyeuse clochette d'argent. Autrefois j'étais prudent de manière touchante, par crainte de commettre une erreur, de gâcher la solennité des paroles et des gestes. A présent, après mon premier retour de Badija, je sens immédiatement que je n'assiste plus à cette cérémonie du thé en tant qu'enfant de chœur et que les paroles que j'entends ici ont perdu l'envoûtement de la découverte. Maintenant elles sont devenues banales, apprivoisées par mes doutes. Je me rappelle avoir découvert et acquis cette faculté de dompter à Badija, et ce après une éprouvante messe chantée. Quelqu'un m'avait chargé de porter un message à notre supérieur dans la sacristie. Lorsque je l'ai trouvé, il venait juste d'ôter sa chasuble brodée d'or et il était en train de manger gloutonnement, dans une assiette en émail bleu, une portion de goulasch. L'ordre des choses ne semblait pas devoir en souffrir : la longue messe, la faim du supérieur, et ce goulasch chaud que sœur Janja lui avait mitonné. Pourtant, devant cet homme affamé, recourbé sur son plat en émail bleu, presque en un instant, sont nés mes doutes quant aux paroles humaines, et, d'un refuge intérieur, tel un hibou qu'on aurait dérangé, ma faculté de les apprivoiser a pris son premier envol.

Lors de ce thé familial tout est comme avant, à une exception : je suis venu sans ma clochette d'argent. L'absence de ce petit attribut d'enfant de chœur me cause une satisfaction particulière, secrète. Finiront-ils par remarquer que je ne l'ai plus ?

Au début, tout se déroule sans surprise, selon un ordre connu d'avance. Mamie Olga dit joyeusement : *« O lieber Gott, wieder einmal die ganze Familie beisammen »*[1], et l'oncle Lazar complète ses paroles : *« Das erinnert mich an die schönen alten Zeiten in Ivanić »*[2], s'attendant à ce que je le prie de me raconter la vie à Ivanić, ce qu'il fait toujours avec un enthousiasme non dissimulé. Parfois, il m'arrivait de le questionner pendant des heures sur la gentilhommière en bois de son grand-père Djura, dont il ne restait qu'une photographie jaunie avec, devant le bâtiment, des personnages flous dont on établissait généralement l'identité à l'issue d'une petite

[1] Oh ! Dieu merci, revoici la famille rassemblée.
[2] Cela me rappelle le bon vieux temps à Ivanić.

querelle. Non seulement ses habitants ont disparu, mais en outre la maison baroque elle-même, d'abord vendue, a été par la suite complètement démolie. L'espace qu'elle occupait a été transformé en un pré où, deux fois par an, on vend de la bonne luzerne. Seuls ont échappé au massacre trois immenses platanes et un puits doté d'un bel auvent qui, depuis lors, fait partie du patrimoine communal. Au cimetière du village il reste une parcelle où reposent bon nombre de mes ancêtres, soldats frontaliers qui, jadis, défendaient la forteresse d'Ivanić contre les Turcs.

Avant, j'étais presque désespéré et fâché lorsque oncle Lazar, avec une légère émotion dans la voix, me racontait la disparition de cette demeure. Je ressentais sa destruction comme un mal et une injustice exceptionnels, sans comprendre exactement quelles forces obscures s'étaient insinuées de la sorte dans cette maison d'apparence si sûre, ni ce qui avait aussi brutalement sapé ses fondations. Car derrière ces grosses poutres robustes, sous cet immense toit qui, tel un solide casque de chevalier, se rengorgeait aux quatre coins du monde, vivaient seulement un gentil grand-père qui traduisait Tacite, et une brave grand-mère, une véritable « Hausbacken », le type même de la femme qui peut accueillir ou raccompagner quelqu'un tous les jours en répandant des larmes de joie ou de tristesse. Et, pour que l'injustice soit encore plus grande, ce grand-père, à l'instar de Caton l'Ancien contre Carthage, ne cessait de lancer l'avertissement suivant : *« Kinder, Kinder, Hochmut kommt vor dem Fall »*[1], évitant sincèrement dans son existence toute forme de suffisance, fût-ce la moindre. Cette ancienne « Excellence », en tant que président de la paroisse serbe orthodoxe « Festung Ivanić », s'est plus tard consciencieusement occupée de ses membres dispersés. Il était particulièrement affecté par la disparition inexorable des Serbes de cet ancien foyer frontalier.

Il adorait également les bêtes. Il avait un chien nommé Poufi, un petit animal laid et gros avec qui, à son réveil, il prenait le café. Quand le chien est mort, le grand-père a envoyé le télégramme suivant à son fils à Budapest : « Cette nuit à trois heures, Poufi nous a quittés pour toujours. Papa t'embrasse ». A cause de Poufi, mamie tombait dans ses *« Schwemut »*[2], ennuyant la vieille Excellence avec son obsession

[1] « Les enfants, les enfants, la suffisance vient avant la chute ».
[2] Indispositions.

de liquider tous leurs biens à Ivanić, car à présent tout le monde abandonnait la vieille maison comme un galion échoué. *« Hier will ich nicht untergehen, hier kann ich nicht mehr aushalten »*[1], disait-elle, désespérée, tandis que le vieux sage, assis devant le bâtiment, tel un sénateur romain attendant les Gaulois, disparaissait tranquillement dans les volutes émanant de son immense pipe de porcelaine. Et quand il finissait par avoir pitié de cette vieille femme à bout de nerfs, il se mettait à la consoler doucement, toujours à sa manière pensive et digne : *« Nur keine Aufregungen, liebste. So und so, bald wird dieses Haus leer bleiben, beruhige dich, nur ein wenig Geduld, und schon ist alles im Dunkel verschwunden »*[2].

A présent, comme un juré, j'écoute attentivement ces vieilles légendes d'Ivanić, et je sens disparaître toutes les occasions de me manifester avec ma petite cloche argentée d'enfant de chœur.

Après le thé, oncle Lazar m'invite dans sa chambre pour une conversation. Je devine qu'il a remarqué que la clochette d'argent de mon enfance s'est tue.

« Tu sais », dit-il en allumant sa courte pipe de chasseur, « je te trouve changé, tu as l'air absent, comme si quelque chose te tourmentait. Explique-moi franchement ».

« Tu te trompes », répondis-je, tout à fait conscient de chercher ainsi à couper court à la conversation. « Au début, à Badija, ç'a été dur pour moi, atroce même. A chaque pas on t'espionne. Si je n'avais pas eu ce voyage à la maison, ç'aurait été insupportable. Comme pour un prisonnier qui a écopé d'une longue peine ».

« Bien, bien », dit mon oncle, « j'avais l'impression que notre décision de t'envoyer là-bas t'avait offensé et fâché contre nous tous. Mais c'est une longue histoire, et en ce moment il vaut mieux ne pas rouvrir de vieilles blessures. Tu sais bien ce qui s'est passé entre tes parents. Badija n'était peut-être pas la meilleure solution, mais on n'a rien trouvé de mieux dans notre nervosité. Et puis le temps passe vite, n'est-ce pas ? » conclut-il d'un ton tout a fait conciliant.

A cet égard je suis d'accord avec lui, et je me dis que cette invocation du temps en guise de remède aux coups durs de la vie m'est bien connue. C'est exact ! Devant les énigmes de la vie, devant tous les

[1] Je ne veux pas m'ensevelir ici, je n'en puis plus ici.

[2] Surtout ne t'énerve pas, ma chérie. A ce rythme-là, cette maison va bientôt être déserte, calme-toi, un peu de patience et tout aura déjà disparu dans les ténèbres.

revers de fortune, le professeur Krsto Krile y ferait sûrement appel. C'est un grand maître dans l'art d'utiliser tous les arguments possibles, il pense sans risque.

Bien que je me sois retrouvé d'innombrables fois dans la chambre de mon oncle durant mon enfance, j'ai l'impression d'en noter pour la première fois toutes les particularités, y compris les objets les plus insignifiants, dont elle est truffée. Je remarque, accrochées aux murs, plusieurs eaux-fortes traitant de la chasse. Je découvre que ce sont les œuvres de Johann Elias Ridinger, exécutées en 1741, et de J.G. Hamilton, et qu'elles s'accordent parfaitement à l'atmosphère d'intimité que dégage la chambre de mon oncle, remplie de trophées de chasse. A présent je suis seulement étonné de voir sur les murs, à côté des portraits familiaux, des gravures en couleurs du fils de Napoléon, le duc de Reichstadt, dont j'avais entendu raconter la biographie romanesque de si nombreuses fois dans mon enfance. C'est un jeune homme élancé, au visage presque enfantin, portant un pantalon bleu très étroit et des bottes montantes vernies. Sa cage thoracique enfoncée et fragile est solidement serrée par une veste blanche d'uniforme sur laquelle brille une décoration en forme d'étoile. Le long de son flanc une fine épée pend coquettement, tandis qu'il affiche un sourire d'impuissance dans le vide. Je suis surpris par ces gravures et je demande à mon oncle pourquoi il les garde. Il m'explique avec une satisfaction non dissimulée que « ces scènes de chasse ainsi que ces gravures représentant le duc de Reichstadt ont été apportées d'Ivanić. En réalité, elles me viennent de ma grand-mère Anastasija, ton arrière-grand-mère. Elle les a obtenues de sa grand-tante qui était la préceptrice du malheureux duc de Reichstadt. En outre, la tradition veut que celui-ci l'ait aimée, et c'est d'ailleurs indiqué dans le livre intitulé *« Geschichte Napoleons von der Wiege bis zum Grabe in Wort und Bild von C.T. Heine »*[1], imprimé à Leipzig en 1843. Cet auteur mentionne lui aussi cette romance entre l'Aiglon et une jeune fille de notre famille, histoire qui se confirme par les souvenirs de la famille. On parle aussi d'une fille qu'il aurait eue avec sa préceptrice. La cour aurait immédiatement arraché le bébé à sa mère pour le remettre à des religieuses. Elle-même a dû finir sa vie en nonne, en tout cas on n'a

[1] « Histoire de Napoléon depuis le berceau jusqu'à la tombe en texte et en images ».

plus jamais entendu parler d'elle. A la suite de cet événement, la famille a maintenu le culte de Napoléon, et moi j'aime ces tableaux car ils me rappellent mon enfance à Ivanić. Ils y étaient accrochés, dans un salon ».

Je réfléchis à ces images. Au cours du temps, que de choses sont entrées dans ces longues chroniques familiales ! Venant on ne sait d'où, on y retrouve une préceptrice qui — comment et pourquoi justement elle ? — lisait des vers à l'Aiglon malade. Le destin a alors décidé que ce jeune homme souffrant sentirait pour la première fois, dans sa cage dorée de Schönbrunn, la chaleur quotidienne et ordinaire dans une voix humaine. Cependant, tout cela était bien entendu vain, condamné à s'effacer promptement comme un beau mirage angélique. L'Aiglon tout comme sa préceptrice sont sortis de scène au premier acte. Le temps s'est écoulé et, soudain, de manière tout à fait imprévisible, ce prince maudit renaît sur les murs d'une vieille maison de soldats frontaliers, où les lointains descendants de sa préceptrice adorée gardent un souvenir éternel du seul moment d'humanité que le fils de Napoléon ait peut-être jamais connu. Je reconnais dans ce fait la constance séculaire de leur loyauté de sujets et de leur croyance quasiment aveugle en un ordre et une justice immuables, justice rendue en protecteur par Son Altesse Impériale, assise l'air débonnaire sur son trône protégé et doré de Schönbrunn. On y trouve également présente la foi en son auriculaire magnanimement levé, dont le plus petit mouvement dispose, déplace et décide de toutes les petites et grandes vies dans les vastes étendues de son Etat. Cet auriculaire s'est sans doute actionné au moment où l'enfant de la préceptrice a disparu pour toujours dans les bras des religieuses. De son extrémité il a touché le beau Sandor, décidant de sa disparition en Galicie. Son ongle doucement arrondi a brisé la carrière de fonctionnaire de mon arrière-grand-père, l'« Excellence », en attribuant au « Festung Ivanić » le rôle du mont Ararat où, comme notre ancêtre Noé, il allait faire halte avec son galion familial échoué. Dans la direction indiquée par cet auriculaire impérial coquettement levé, mon grand-père Lazar allait chevaucher, avec son Cinquième escadron d'Uhlans, lors des manœuvres automnales, et seule une mort prématurée au sanatorium Löw de Vienne l'a empêché de conduire ses cavaliers à la rencontre des cosaques russes et d'arrêter l'offensive de Broussilov.

De cette cohue générale où bouillonnent des milliers et des milliers de vies qui s'exterminent mutuellement, s'érige un socle sur lequel des désespérés inconnus hissent de charmants symboles de leur assurance glacée d'épouvante. Depuis un semblable socle le Saint Père Pie XI sourit sur le mur de la salle d'attente de Badija. Il a l'air infiniment reconnaissant à l'égard de ces paysans dalmates déguisés en moines qui soutiennent avec autant de dévouement la vertigineuse hauteur de son trône, que les gardes suisses éventent avec leurs plumes d'autruche. Sous les lourds brocarts et sous le poids de sa tiare en or, le Saint-Père est tout à fait conscient de sa puissance, mais, pour le moment, il est généreusement décidé à ne pas dresser son auriculaire et à ne pas lancer ses fidèles dans de nouvelles aventures.

Je reste avec mamie Olga qui me permet de fouiller sur les étagères où elle conserve ses notes. C'est étrange à quel point j'aime ces vieux albums de notes qui dissimulent une musique que plus personne ne joue, mais qui, jadis, émouvait nos ancêtres. Je range ses albums qui affichent sur leur couverture rose pâle des prime donne souriantes, des soubrettes et des chanteurs moustachus, et je lis les dédicaces naïves des compositeurs oubliés, leurs touchantes flatteries destinées à de belles inconnues et à de puissants personnages tombés dans l'oubli. *« A Mademoiselle Hélène Dada, la belle Serbe, première Grande Fantaisie sur des thèmes serbes pour piano par Richard Löffler »*[1], une musique qui s'est tue pour toujours, Dieu sait quand. On y trouve aussi une *« Fantaisie de concert pour piano sur Oberon de Weber, composée par E. Kotterer op. 45 »* [173], puis un *« Pot-pourri sur des motifs d'opéras favoris, pour piano par Henri Cramer »* [173] et *« La Gondola, souvenir de Venise, Nocturne pour piano par W. Wallace »* [173] des compositions dont certaines, pour la plus grande joie des vieilles dames, renaissent soudainement dans les kiosques à musique des stations thermales. Nos ancêtres s'attendrissaient à l'écoute de ces œuvres dans lesquelles la petite étincelle de talent est étouffée par la routine ; c'est surtout par amour pour cette musique qu'ils ont rempli leurs maisons de pianos à mécanique viennoise. *Ein bisschen französisch, und ein bisschen Klavier*[2], tel fut longtemps le principe de base pour l'éducation de toutes les filles à marier de la bonne société. On déménageait ces pianos-monuments laqués de noir, flanqués de chandeliers dorés et ornementés, témoins officiels de la dot de la jeune

[1] En français dans le texte. (N.d.T.)
[2] Un peu de français, et un peu de piano.

fille, pour, très peu de temps après les noces, les retrancher dans un coin du salon de style « Alt-Deutsch » où ils attendaient patiemment qu'on vienne les rouvrir afin de donner une éducation musicale aux enfants. Cependant, mamie Olga n'avait conservé ces partitions qu'en tant que souvenirs de la maison de ses parents à Mohács, car elle-même s'enthousiasmait que pour la grande, la vraie musique. Elle me disait toujours, sans cacher sa tristesse : « Au temps où j'étais une jeune fille, le piano était un instrument masculin, les filles en jouaient seulement à la maison, ainsi qu'aux fêtes de l'école. En tant que fiancés, nous chopinisions, feu ton grand-père et moi, et ce furent les jours les plus heureux de ma vie. Mon fiancé venait prendre le thé, toujours avec un « bouquet Schubert », et puis, jusqu'au soir, nous jouions de la musique dans le salon, tandis que ma mère brodait patiemment des tapisseries. *Das waren ganz andere Zeiten, als sie heute sind !*[1] Et une fois devenus *Ehepaar*[2] nous nous rendions à Budapest pour la musique, nous ne manquions pas une seule saison lyrique. Tout simplement, nous adorions la musique. Très souvent, à l'issue des fastidieux et éprouvants procès contre les paysans, ton grand-père rentrait à la maison fatigué et de mauvaise humeur et me demandait de lui jouer un morceau. Il disait : *« Nur mit Musik kann ich mich erholen. Ich bitte dich spiele, damit ich die Sorgen vergesse »*[3].

« S'il te plaît, joue-moi quelque chose à moi aussi », insisté-je afin de tester mon pouvoir, « allez, une polonaise, ou bien une mazurka, mais avant, laisse-moi allumer les bougies, pour mettre de l'ambiance ».

Et dans cette petite mise en scène de mon cru, je l'écoutais jouer avec enthousiasme, tandis qu'elle attirait de temps à autre mon attention sur des passages exceptionnellement beaux ou difficiles. J'aimais l'observer à la dérobée en train de s'engloutir dans la musique, de répéter pour son plaisir certains de ses passages préférés, présentant ses excuses lorsqu'elle ne parvenait pas à un glissando limpide.

« Autrefois j'y arrivais, mais maintenant mes doigts sont devenus raides, et ça ne marche plus. Zut ! *Eine wahre Schande wie ich es jetzt*

[1] C'était une époque tout à fait différente de la nôtre.

[2] Jeunes mariés.

[3] Seule la musique peut me remettre d'aplomb. S'il te plaît, joue, pour me faire oublier mes soucis.

spiele[1]. C'est pour cette raison que je ne joue plus du Mozart. Sa musique exige des doigts jeunes et agiles, un jeu pur et cristallin. *Vorbei, vorbei*[2], encore heureux que je puisse continuer à jouer », ajoutait-elle timidement comme pour nous consoler tous les deux.

Pendant ces vacances, mes rencontres avec ma mère ne sont pas une réussite. Je lui rends visite dans son appartement, dans le vestibule duquel est accrochée, puissante et pesante, une panoplie de chasseur. Je reconnais les bottes impeccablement cirées, qui réveillent en moi une fureur difficilement maîtrisable. Je constate rageusement que ma mère me fait clairement comprendre la surprise que lui causent mes visites. A peine suis-je entré qu'elle me propose de sortir pour une promenade avec elle. Elle perd de son assurance quand je manifeste l'envie de rester. Comme par un accord tacite, nous évitons de souligner le fait que je viens la voir dans un petit appartement au quatrième étage d'une bâtisse de location. Nous gardons également le silence sur les bottes vernies. Nous nous conduisons comme si nous nous étions déjà tout dit, tout expliqué, tout révélé, comme si nous avions déjà surmonté les tourments de ces interprétations qui accompagnent toujours les moments où se dénoue une situation conflictuelle. Je dissimule prudemment mes moindres tentatives de la comprendre et de conserver quelque attache. Malgré tout, ce silence crée un éloignement entre nous, il laisse notre vérité faussement intacte. Comme si on pouvait la préserver du doute, comme si on pouvait la mettre en quarantaine. Nous nous comportons comme si nos soupçons avaient un avenir. Ils n'en ont pas. A quoi bon nous illusionner ? En effet, j'ai même perdu l'envie de lui raconter mon séjour à Badija, les moines, ce monde particulier dans lequel est née ma faculté d'accepter la solitude. Je pressens qu'après ces événements passés sous silence il en viendra d'autres, et que s'approche le jour où je me retrouverai tout à fait incapable de communiquer avec elle. Loin derrière mon dos se tiendront les étendues vaincues de la solitude, qui auront auparavant eu raison de mon besoin de pardon. Si un jour je me retrouve sans cette colère qui m'habite, dépourvu de désespoir, ce sera la preuve que je marche dans le monde sans m'étonner, que j'aurai finalement surmonté les désirs périssables du cœur humain.

[1] C'est une vraie honte, comme je joue maintenant.
[2] Du passé, du passé.

A tout cela, ma mère n'entend rien et je me demande seulement quels chemins elle a empruntés pour échouer ainsi dans une indifférence complète à l'égard de ceux qu'elle a mis au monde. Je ne veux pas me promener, ce qui la fâche à présent, tant elle se défend de ma présence dans son nouveau nid, fraîchement construit. De toute évidence, là n'est pas ma place. J'interromps enfin notre pénible négociation et je pars me promener seul. « Une émotion sublimée », dit mon oncle Lazar. « C'est l'état de l'esprit humain qui ne comporte aucune preuve raisonnable. Il conduit tout simplement à un court-circuit et les instincts reprennent les commandes. Ta mère possède le meilleur cœur au monde, mais à quoi lui sert-il puisqu'elle n'est même pas capable de s'aider elle-même ! Elle ignore ce qu'est la ruse, *harmlos wie ein Kind, das ist sie*[1], avec juste quelques grammes d'astuce en plus elle s'en tirerait mieux dans la vie. Tu t'aperçois toi-même qu'elle se débrouille mal dans les nuances de la vie. Mon cher, *das Leben soll man nicht nur in schwarz-weissen Farben malen, die Beobachtungsmöglichkeiten sind ja bedeutend grösser*[2]. Rappelle-toi ce conseil de ton oncle : exerce-toi à saisir la vie avec toutes ses nuances ».

C'est le genre de conseils auxquels je songe à présent, dans le train qui me ramène à Split. Mon oncle les a prononcés sur le quai, quasiment d'une seule traite, tandis que nous cherchions à la hâte une place libre dans le train bondé. Cette course, cette bousculade et cette quête, ainsi que ces conseils prodigués au passage ont brusquement rompu le nouveau et fragile attendrissement de la séparation. Malgré tout, sur ce quai il ne fallait pas oublier l'objectif principal : mon installation la plus prompte et efficace dans ce train. Ensuite, s'il en avait encore le temps, mon oncle continuerait à me dispenser des conseils jusqu'au départ du train. Par la fenêtre de mon compartiment je l'ai vu m'observer avec un soulagement évident, comme après un travail bien exécuté.

« Tu as compris ce que je voulais te dire ? » me demande-t-il en s'efforçant de remettre de l'ordre dans le cours interrompu de ses réflexions. « Il est important que tu deviennes indépendant et que tu regardes tout avec une certaine distance. Avec le temps, l'homme

[1] Elle est aussi naïve qu'un enfant.

[2] Il ne faut pas peindre la vie uniquement en noir et blanc, les possibilités d'observation sont nettement plus nombreuses.

analyse les malheurs tout à fait différemment, il importe que disparaisse ce répugnant *Katzenjammer*[1] comparable à la gueule de bois. Quand notre famille a dû abandonner Mohács, j'étais un enfant et je croyais que je n'y survivrais pas. Il en a été de même avec Ivanić. Or, maintenant, si j'en souffre, c'est d'une manière différente. *Ein kleiner Trost bleibt immer. So lange man lebt ist die Hoffnung nicht verloren*[2], et cela signifie que la consolation n'est pas totalement vaine. Souviens-toi de mes paroles, *je früner, desto besser* »[3].

Je l'entends crier ces derniers mots en dispersant à l'aide de son joyeux petit chapeau de chasseur les nuages de vapeur qui s'échappaient des wagons.

Il parle bien, mon oncle, il sait trouver les mots justes. Et, de fait, peu importe de savoir qui est responsable de l'éclatement de cette famille bourgeoise si unie en apparence. Tout simplement, ses supports et ses attaches ont rompu. Les dilemmes qui s'ensuivent se trouvent fortement simplifiés. Mon oncle n'a-t-il pas mentionné deux de ses racines arrachées, Mohács et Ivanić ? Dans ces deux lieux de si nombreuses générations avaient laissé leur apport, leur contribution, leurs constructions, connaissant d'innombrables malheurs. On en viendrait à penser que des forteresses si âprement défendues sont imprenables. Et puis, soudain, comme dans une embuscade, les derniers défenseurs tombent, fauchés les uns après les autres, et le drapeau blanc de la reddition est déjà hissé sur ces maisons aux murs rasés. Ceux qui restent seront ensevelis sous les ruines. Le salut réside dans la seule fuite. Si elle est possible. Dans ce modèle bourgeois, la famille exige une longévité, une destinée ininterrompue, la sédimentation de ses lois et coutumes, c'est à ce prix que se remplissent les chroniques et les albums qui en témoignent. Bien entendu, cette architecture solennelle doit s'harmoniser avec la travail moins visible de milliers de mains qui tirent, apportent et contribuent à la continuation de la vie des bénéficiaires présomptueux. Donc, soit au sein de l'ordre établi soit en dehors de lui, un dilemme m'est à présent imposé dans ce train étouffant. D'autant que je suis parfaitement conscient de retourner dans un ordre différent, qui lui aussi conserve ses règles de

[1] Nausée.

[2] Une petite consolation demeure toujours. Tant qu'il y a de la vie, il y a de l'espoir.

[3] Le plus tôt sera le mieux.

soumission. *Mach dich selbständig*[1], conseille mon oncle, en me laissant le soin de découvrir les chemins occultes qui conduisent à ce but. Mon père et mamie Katica disent la même chose, et qui sait maintenant comment ils imaginaient ce processus d'indépendance. Car, dis-je pour me convaincre moi-même, chacun a sa vision du salut et regarde d'un œil différent les décombres de cet ordre bourgeois. De quel côté vais-je me tourner à présent, telle est la question que je me pose, tandis que le train serpente dans les étroits défilés pierreux de la Lika, se frayant un passage vers la mer.

C'est depuis ces gorges, cette désolation et cette misère éternelle que jadis mon arrière-grand-père Danilo et son frère Milorad sont partis, à pied, à la recherche d'un monde meilleur. Tous les membres de la famille les ont accompagnés jusqu'à la sortie du village. Puis leur père, Georgije, leur a remis à chacun une pièce d'or enroulée dans un foulard bleu, et a formé le vœu de les voir faire des études. Il l'a exigé d'eux parce que leurs parents et proches avaient rassemblé leurs économies afin de les racheter de l'obligation militaire, leur épargnant ainsi une dure vie de soldats frontaliers. Les vœux de Georgije ont été exaucés. Son fils aîné Danilo a fait des études de philosophie chez les hégéliens à l'Université de Berlin, il a entretenu de bons rapports avec les princes Miloš et Mihailo[2], et a édité la revue « Napredak »[3] à Sremski Karlovci, en 1848. Le cadet, Milorad, écrivain et journaliste, a occupé le poste de secrétaire auprès de Njegoš[4] et du prince Danilo[5], et pris part aux entretiens diplomatiques avec le tsar de Russie et le prince Metternich. L'histoire familiale ajoute encore que les nœuds faits aux deux foulards bleus sont restés intacts et que les deux frères n'ont jamais dépensé les deux pièces d'or offertes par leur père au moment de leur départ pour le monde.

Je réfléchis à la force de ces deux frères qui leur a permis, même dans les plus grandes difficultés de la vie, de s'abstenir de dénouer ces foulards et de dépenser leurs pièces d'or. Ils les ont conservées en mémoire de leur père pauvre, petit employé dans un régiment fronta-

[1] Fais ton possible pour devenir indépendant.

[2] Miloš et Mihailo Obrenović, princes de Serbie, respectivement de 1815 à 1839 et de 1856 à 1860, et de 1860 à 1868. (N.d.T.)

[3] Le Progrès. (N.d.T.)

[4] Pierre II Petrović Njegoš (1813-1851), prince-évêque du Monténégro et illustre poète serbe. (N.d.T.)

[5] Prince Danilo (1826-1860), successeur du précédent sur le trône du Monténégro. (N.d.T.)

lier, soumis comme un esclave à l'empereur d'Autriche, en souvenir de son désir né sur Dieu sait quel champ de bataille d'épargner à ses enfants ce destin de pandore. Afin de les sauver de cette grande caserne frontalière, ce gratte-papier militaire a été obligé de les envoyer dans le vaste monde, le plus loin possible de la maudite terre natale, parfaitement conscient que leur départ du village signifiait qu'il ne les reverrait jamais. Ses proches également s'en rendaient compte tandis qu'ils regardaient ces jeunes gens, une petite trousse dans la main, s'éloigner dans les lacets du chemin vicinal.

Sans doute en mémoire de ces deux pièces d'or non dépensées, mon grand-père Bogdan a par la suite fait sortir de leur pays natal des enfants pauvres de la Lika afin de les inscrire dans des écoles de Zagreb. Eux aussi venaient avec des foulards bleus dans les nœuds desquels se cachait un ducat autrichien. Il accomplissait ces bienfaits comme quelque chose de tout à fait naturel, sans s'en vanter à qui que ce soit. Ce n'est qu'après sa mort que l'on a retrouvé, dans un monceau de papiers, les reçus de l'administration scolaire pour les sommes versées au titre de la scolarisation des enfants indigents de la Lika. Je me rappelle que mamie avait été heureuse de cette découverte au bout de tant d'années, bien qu'avaient disparu depuis longtemps les signataires courtois des bulletins scolaires semestriels destinés à l'illustre propriétaire terrien et président de l'Assemblée nationale de Croatie. Ces vieux papiers ont beaucoup attendri mamie et, émue, elle m'a raconté que grand-père était vraiment un galant homme, quoiqu'il n'aimât pas gaspiller son argent. Quand il le donnait, il le faisait soit à l'insu de tout le monde, soit presque honteux, comme s'il lui était désagréable de se rappeler qu'il était riche. Et en guise de preuve elle racontait l'histoire de ces capricieux membres de la Coalition[1], parmi lesquels on trouvait de nombreux hommes célèbres, intelligents et fanfarons, aux manières raffinées à la Esterhazy[2].

« Après un jubilé, une fête au champagne a eu lieu au café « Grand » chez Lupal. En raison de son estomac sensible, grand-père a peu bu, il se contentait de faire semblant. Quant aux autres, les coquins, ils n'arrêtaient pas de commander de nouvelles bouteilles et lançaient à grand-père : celle-là ira sur votre compte, Président, et

[1] La coalition des partis politiques serbe et croate de Croatie, créée en 1905. (N.d.T.)

[2] Famille d'aristocrates hongrois, XVIIe-XIXe siècle. (N.d.T.)

celle-ci aussi. Et ainsi de suite toute la nuit. Grand-père se taisait et ne réagissait pas. A un moment, ils ont appelé Lupal pour l'addition, mais il leur a annoncé calmement : « Son Excellence a déjà payé la note ». C'est ainsi que cela s'est passé. Discrètement, sans que personne s'en aperçoive, grand-père a informé Lupal qu'il paierait tout le banquet, et ainsi il les a tous rendus honteux de leur stupide plaisanterie ».

Je n'arrive pas à m'endormir, recroquevillé dans un coin du compartiment. Je ne cesse de revenir en pensée aux journées passées à Zagreb, au thé que je prenais chez mamie Olga, à mamie Katica qui va partir ces jours-ci pour Rojc, à mon oncle qui se prépare à aller à la chasse au sanglier à Papuk, à ma mère qui — je l'ai appris de source sûre — cherche à mener une nouvelle vie à Samobor, où elle se rend par le petit train appelé « Samoborac ». Or celui-ci ne passe qu'à une cinquantaine de mètres de la route de Rakitje, elle le sait sûrement et, à cet endroit, il est impossible qu'elle soit tout à fait indifférente. Je me souviens du domaine de Rakitje dont les revenus vont diminuant, et dont mamie Katica affirme que « ce n'est qu'un théâtre de marionnettes, une coûteuse pastorale qu'il faut maintenant liquider. *Einfach, es hat keinen Zweck*[1] de payer grassement tous ces intendants. C'était une autre époque, lorsque grand-père tenait solidement les rênes. Il lui arrivait de venir à pied depuis Zagreb, traversant les viviers de la Save, traversant les groupes de moissonneurs. Il s'asseyait avec eux à l'ombre, discutait familièrement avec chacun car il les connaissait tous. Et maintenant ? Des mois entiers s'écoulent sans que personne ne passe là-bas, tandis que les intendants se frottent les mains et se remplissent les poches ». Elle parlait avec virulence, mais elle avait raison. Et Rakitje se trouve déjà largement sur la même pente que le « Kerestinec » de Mihalović, que le « Nouveau Château », tous ces domaines sont devenus du jour au lendemain absurdes et superflus, le nôtre finira lui aussi par devenir désert tout comme notre grande maison de Zrinjevac, au premier étage de laquelle s'est déjà implantée la « Banque Slavija ». Toute cette opération s'est révélée si simple et si rapide qu'on eût dit que ce premier étage de notre maison avait, dès la première seconde, été destiné à accueillir cette banque. Du jour au lendemain, mamie a déménagé dans l'aile du bâtiment donnant sur la

[1] Ça n'a tout bonnement aucun sens.

cour, tandis que les banquiers envahissaient son appartement. Saisie par une véritable rage destructrice, elle a menacé de louer toute la mezzanine à un patron de café nommé Stermann et de laisser ce dernier tout raser pour construire un bistro. A présent elle s'amuse à chercher avec ce rusé Styrien un nom pour ce futur café. Mais, malgré tout, j'ai remarqué qu'elle continue à être triste et pensivement repliée sur elle-même. Elle parle souvent de la mort, des palpitations qui l'étouffent, elle ne défie plus les maladies mais s'y habitue.

« D'ailleurs cela a assez duré », me dit-elle d'un ton résigné. Elle se rend toujours aussi régulièrement sur les tombes à Mirogoj, je l'ai vue payer à l'avance une jardinière du magasin « Jankomir » pour garnir de roses sa future tombe. *« Humor muss man haben »*[1], me conseille-t-elle résolument en voyant mon visage étonné. « Cette femme, si elle est honnête, exaucera mon souhait. Pourquoi maltraiterais-je la famille en la forçant à venir ici et à apporter des fleurs par-dessus l'épaule ? Toute cette comédie, je peux la mettre en scène moi-même. A présent il est trop tard, mais j'aimerais tant ramasser tous ces chers ossements et les ensevelir avec moi près d'une fontaine dans la Fruška Gora. Branko[2] est allé sur une colline, mais moi je préférerais reposer à côté d'une fontaine. J'y mettrais aussi un petit banc pour les couples d'amoureux, pour qu'ils boivent de la bonne eau et s'aiment près de nos tombes. Ici, à Mirogoj, la compagnie est par trop ennuyeuse, tous ces Zagrébois importants, toutes ces tombes faussement pathétiques avec beaucoup de marbre, tout est *einfach ekelhaft*[3], n'est-ce pas ? Et le pire, c'est cette chapelle mortuaire qui sent toujours mauvais, et toute cette *pompe funèbre*[4] avec toutes ces commères zagréboises avides de ragots.

Dans le couloir j'appuie mon front contre la vitre froide de la fenêtre et je regarde les petites gares, dans lesquelles le train ne s'arrête pas, disparaître dans l'obscurité épaisse. J'observe, sur le quai désert, un chef de gare qui, figé dans un garde-à-vous réglementaire, adresse un salut militaire au convoi. Comme son salut est bien réglé et digne ! Comme si dans ce mouvement ancestral il conservait l'héritage séculaire de ses aïeux guerriers. Bien que fonctionnaire civil, chef

[1] On doit avoir de l'humour.

[2] Branko Radičević (1824-1853), célèbre poète serbe, chantre de la jeunesse et de l'amour, enterré sur la Fruška Gora (Province de Srem, en Voïvodine). (N.d.T.)

[3] Simplement dégoûtant.

[4] En français dans le texte. (N.d.T.)

d'une gare perdue de la Lika, il salue d'un air important et solennel, comme si, au cours de manœuvres militaires, il remettait un rapport à son supérieur hiérarchique et attendait avec fierté le : *Brav, mein Sohn*[1].

Dans cette épaisse obscurité de la Lika, je songe à cette brève formule militaire derrière laquelle se cachent tant de morts obéissantes sur tous les champs de batailles imaginables d'Europe. Elle a si bien réussi à dompter la nature autrefois sauvage de ces soldats frontaliers, elle les a habitués à des uniformes étrangers, a orné leurs épaules de différentes petites étoiles, et leurs poitrines, de médailles. En collectionnant pendant des décennies ce *Brav, mein Sohn,* Svetozar Borojević était parvenu au titre de von Beun, et Mane Grba à celui de von Brlog et au grade de général de division à Agram[2], au premier rang du parterre au théâtre d'où il pouvait observer avec passion, dans ses grandes jumelles de campagne, les mouvements gracieux de la soubrette d'opérette Ljerka Schramm. Je réfléchis à cette puissance magique de l'uniforme, à cette hiérarchie et cette promotion militaires magnifiquement conçues car correspondant parfaitement à toutes les étapes de l'autoconfirmation humaine. Ici, dans ces terrains pierreux de la région de la Lika, le point de départ est égal à zéro. Et il en est ainsi depuis ces temps lointains lorsque, à cette frontière commune à trois pays, la chasse aux Turcs ou à leur bétail avait cessé, et lorsque ces vieux traqueurs expérimentés avaient été transférés aux frontières extrêmes de l'Empire, ou alors recasés dans des écoles militaires. Le phénomène Preradović[3] est resté dans les mémoires parce qu'en fin de compte il s'est tout de même mis à chanter en serbo-croate, dérogeant ainsi aux règles établies. Le phénomène Šupljikac[4], on s'en souvient en raison de son incapacité à assumer son rôle de voïvode, soudain et non désiré. Les descendants de l'un et de l'autre ont déjà complètement oublié les épisodes de la carrière de leurs ancêtres. Paula von Preradović, un être éthéré, à la Biedermeier, *und dabei ganz österreichisch eingestellt*[5], Marijana Mosinski, mariée au serbophobe

[1] C'est bien, mon fils.

[2] Nom allemand de Zagreb. (N.d.T.)

[3] Petar Preradović (1818-1872), général autrichien et poète d'origine serbe. (N.d.T.)

[4] Stevan Šupljikac (1787-1848), Serbe, officier de l'armée française puis autrichienne, devenu voïvode en 1848, l'année de sa mort. (N.d.T.)

[5] Et de sensibilité tout à fait autrichienne.

docteur Accurtia, petite-fille de Šupljikac, surprise dans le rôle d'espionne du parti politique frankiste[1]. *Sub umbra alarum tuarum*[2], comme l'énonce brièvement la devise des Habsbourg. Le padre Leonardo affirme qu'elle aussi est empruntée au livre des Psaumes : « Garde-moi comme la prunelle de tes yeux : abrite-moi à l'ombre de tes ailes ». Et le psalmiste ajoute : « Disperse les peuples qui souhaitent la guerre ». Ici il n'y a jamais eu d'abri. « Le monde passe ainsi que ses désirs », dit l'apôtre Jean. Et le patient Job s'exprime ainsi : « Il pousse comme une fleur, puis se détache et fuit telle une ombre et ne reste pas ». Et il poursuit : « L'homme, lui, meurt épuisé ; et une fois qu'il a expiré, où est-il ? »

Pourquoi, dans ces gares de la Lika, sens-je la mort ? A mes yeux, les chefs de stations ressemblent à des squelettes. Et il fait trop sombre. Il faudrait plus de gaieté. Ils se sont raidis telles des figurines de bois qui, à la sortie de leur maisonnette, indiquent le temps. Mamie les achetait à Rojc chez Lipša. Ah ! ce Lipša ! Il avait une boutique près du jeu de quilles, remplie de magnifiques pièces de bois sculptées. Un saint Florent, le patron des pompiers, un seau à la main, saint Antoine et saint Roch avec un petit chien, et aussi des dalles découpées sur lesquelles avait été collé un panorama de Rojc, des verres peints à petits tuyaux incorporés qu'on portait obligatoirement sur soi, pour la digestion, dans le parc de la station thermale. Et puis des cannes de toutes les formes imaginables ! Une canne à pommeau en forme de hache, c'est celle que je désirais.

Ai-je donc de la fièvre ? Le contact de la vitre froide contre mon front me fait du bien. Je retourne à Badija ! Pourquoi suis-je calme maintenant ? De toute façon, l'uniforme asservit. Or l'habit des moines en est un. Les frères eux aussi marchent en rangs, ils nous l'ont appris dès le premier jour. Tout se répète. En tête du cortège se trouvent le padre Leonardo et le padre Djidji, et nous les suivons comme une foule de pénitents. Avec l'air de nous tirer l'un l'autre. Une fois mise en mouvement, la procession ne peut plus s'arrêter. Seul le padre Leonardo a le droit d'immobiliser notre pas, et il est parfaitement conscient de ce pouvoir. Sur un simple signe de sa part, nous nous arrêtons tous et attendons docilement qu'il nous autorise à

[1]. Parti ultranationaliste croate, fanatiquement antiserbe, dirigé par Josip Frank. (N.d.T.)

[2] Sous l'ombre de tes ailes.

reprendre notre marche. En chemin, il se remet espièglement à jouer avec son chapelet et resserre la corde qui ceint sa taille. C'est exactement ainsi que les officiers rajustent leur ceinturon et les lanières retenant leur sabre. Je les ai vus agiter continuellement les bras. Qui donc a dit que des mains nerveuses trahissent un mauvais acteur ? Bien entendu, c'est tonton Ivica, dans le salon chez mamie. Il parlait des comédiens. « Avez-vous remarqué », a-t-il demandé, « leur jeu de mains supérieur ? Combien de fois n'ai-je pas interrompu une générale en voyant un de mes acteurs gesticuler à la manière d'un ténor italien ! Synchronisez vos mouvements avec le texte, monsieur, et, s'il le faut, oubliez que vous avez des mains. La main de l'homme est comme un instrument de musique, or chacun d'entre eux répond à des règles d'utilisation. N'est-ce pas ? »

Que dirait alors tonton Ivica s'il voyait le padre Vid, ou bien ce chef de gare de la Lika qui répète son jeu pour les conducteurs et les quelques voyageurs qui, somnolents, regardent à travers la vitre embuée ? Avec quels mouvements légers et gracieux le padre Vid prend le calice, comme il s'approche calmement de l'enfant de chœur afin que ce dernier verse du vin dans l'eau. Et sa manière de soulever l'hostie tout juste consacrée et de boire avec passion le contenu du calice, les yeux fermés, à grandes gorgées, comme s'il était transporté de volupté, entièrement transpercé par les flèches célestes de l'amour. Derrière l'autel, il était le seul à synchroniser tous ses gestes.

L'uniforme ! Comme nos ancêtres sautaient joyeusement dans cette souricière officielle ! Je pense au portrait de mon arrière-grand-oncle Ognjeslav Utješinović Ostrozinski. Un Illyrien[1]. Un rebelle. Un enfant de nos montagnes. « Tant que nous vivrons la Croatie ne sombrera pas. Une aube se lève partout dans le monde, dans les Balkans il n'y a pas de jour ». Ces vers de son poème épique « Nedeljko » sont devenus populaires dans toute la Croatie. Puis est venu l'absolutisme de Bach[2] et alors le vieux barde a dû revêtir l'uniforme nouvellement coupé de préfet de Varaždin, de conseiller de la cour, avec un manteau de fourrure bordé de ganses et l'indispen-

[1] Mouvement Illyrien (1830-1850) ; créé par des intellectuels croates, il préconisait l'unification, culturelle puis politique, des Slaves du Sud. Précurseur du yougoslavisme. (N.d.T.)

[2] Alexandre Bach (1813-1893), homme politique autrichien, connu pour son absolutisme implacable et réactionnaire et la germanisation qu'il voulut imposer. (N.d.T.)

sable sabre recourbé, sans oublier le colback. Toute la panoplie. Et le tout couronné par un grand portrait exécuté par un romantique viennois. A l'arrière-plan une colonne antique à cannelures soigneusement dessinées, un rideau et un morceau de ciel. Une eau calme sur laquelle flotte un canot. Le préfet tient solidement son sabre recourbé de magnat, tel un trophée pris à l'ennemi sur le champ de bataille.

J'aimais beaucoup tonton Ognjeslav, bien que mamie ait toujours dénigré son père. Elle disait qu'il avait été l'homme de confiance de Rauch[1]. « Malgré son statut de directeur du département de la justice, il ramenait le ban totalement ivre des lieux de débauche. Pour cette besogne il aurait aussi bien pu engager son secrétaire ». Je me le rappelle comme un élégant vieillard arborant une barbichette pointue à la kaiser Guillaume II. Portant toujours une redingote noire et une perle à sa cravate. « Un vieux dandy », disait mamie, *« und ein gefährlicher Schürzenjäger dazu »*[2]. Cette redingote finit elle aussi par devenir un uniforme. Elle aussi est officiellement et courtoisement adoptée et représente un des symboles de l'ordre social. Tout comme les uniformes des soldats frontaliers. Selon un *Militärschematismus*[3], les confins militaires ont donné 10 007 officiers jusqu'à leur démilitarisation. Ce qui signifie un nombre égal d'uniformes. C'est calculé avec exactitude. Or personne n'a encore recensé tous les costumes du préfet, toutes ses redingotes, tous ses habits, hauts-de-forme et chapeaux melon qui sont apparus sur les têtes de nos gens. Ce sont, sans doute, également des uniformes, des accessoires incontestables de l'ordre et de la discipline. Comme les gens les recherchent, comme ils changent en les revêtant !

La procession de la Fête-Dieu. Arrive l'association « Katarina comtesse de Zrinj ». Des femmes à la poitrine opulente coiffées de petits bonnets noirs brodés d'or. Toutes des déesses de la fécondité, puissantes protectrices du foyer familial. Puis vient l'association « Josip baron Jelačić ». De braves bourgeois vêtus comme les héros de l'opéra « Nikola Šubić Zrinjski ». Derrière eux marchent « Les pandores de Trenck » en manteaux rouges et culottes bleues. Portant pistolets et yatagans à la ceinture. Tous marchent l'air sérieux, sûrs d'eux, un regard empreint de piété fixé sur leurs bannières.

[1] Levin Rauch (1819-1890), ban de Croatie de 1868 à 1871, adversaire de l'idée yougoslave, il favorisa un accord entre Hongrois et Croates. (N.d.T.)

[2] Et un dangereux coureur de jupons.

[3] Schéma militaire.

D'un œil fatigué et déjà absent, je regarde à travers la fenêtre. Ce peuple se libérera-t-il un jour de ces pièges dans lesquels les attrapent à tour de rôle ses poursuivants et chasseurs ? Si Pierre et Paul s'en rendent compte, pourquoi alors supportent-ils ces adjudants, gendarmes et généraux, préfets, princes et empereurs, qui leur font ployer l'échine et leur sucent le sang ? Quand est survenue leur première résignation, quand s'est éteint leur esprit de révolte dans l'uniforme impérial ? Au diable ce maudit uniforme ! Je me rappelle que parfois ma mère me montrait le portrait de mon père en uniforme de hussard. « Il a l'air tout à fait élégant », disait-elle avec amour. « Seule la guerre l'a sauvé de l'uniforme ».

Comment trouverai-je Badija maintenant ? Je sens que cette fois je me suis libéré encore davantage du poids de la solitude et de la peur de cet uniforme bruissant de moine. Oncle Ognjeslav m'a conseillé lors de mon départ : « N'accorde pas trop de crédit à leurs paroles. Leur érudition consiste à répéter le savoir d'autrui. Ces pensées intelligentes ont été exprimées en son temps par Johann Joachim Winkelmann. Elles peuvent également s'appliquer à tes moines. Dans ma vie j'ai souvent songé à ces paroles et c'est ainsi que j'ai pu mieux connaître ceux qui me mettaient des bâtons dans les roues ». Il a utilisé précisément cette expression : « mettre des bâtons dans les roues ». Un instant je me dis que cette pensée de mon oncle comporte un double sens. La famille le considère comme un personnage qui mène une brillante carrière de fonctionnaire. L'une de mes grands-mères le vante pour cette raison, tandis que l'autre lui en fait le reproche, critique son père qui était doté d'une âme de rond de cuir, raison pour laquelle il est devenu l'adjoint et l'homme de main de Rauch. Il se tenait au garde-à-vous devant Rauch et attaquait avec condescendance la Coalition croato-serbe. Mais il envoyait malgré tout ses fils à Rakitje jouer aux soldats avec mon père. Mamie Katica dit qu'elle les invitait seulement à cause de leur maman. *Sie war eine Dame, der einzige helle Schein in der ganzen Familie*[1]. Vuk[2] venait également chez elle avec sa fille Mina. *Und musikalisch war sie auch*[3], seulement, auprès de ce vieux satyre, sainte Cécile elle-même aurait cessé de jouer. Tante Helena raconte que mon oncle était pauvre

[1] C'était une dame, le seul rayon de lumière dans toute la famille.

[2] Vuk Karadžić (1787-1864), écrivain et philologue, réformateur de la langue serbe ; il a recueilli et publié les chants épiques et lyriques du peuple serbe. (N.d.T.)

[3] Et elle était musicienne aussi.

dans sa jeunesse et qu'il avait fait des études par ses propres moyens. Il avait été embauché comme greffier bénévole. A leur mariage, ils ont débuté leur vie commune dans une chambre meublée. Aujourd'hui encore elle conserve le premier pot de compote que, jeune mariée, elle avait préparé, pour qu'il lui rappelle ces premiers jours de vie conjugale dans l'indigence. Le seul chagrin de leur vie tient au fait qu'ils n'ont pas d'enfants. Mon oncle dit : « Quelqu'un est toujours désavantagé, tandis que l'autre a trop. Celui qui a plus péché a également davantage osé, enseignait le sage August Wilhelm Schelling. Cependant, ton père péchait de très belle manière, *aber er wagte es desto mehr*[1]. Il a toujours été aussi *Glückspilz*[2]. Etourdi, mais il parvenait chaque fois à se tirer d'affaire. *Immer ist es ihm gelungen aus der Falle zu entgehen* »[3].

Elle dure longtemps, cette nuit dans le train étouffant qui traverse la Lika et se vide progressivement. En cette période hivernale, peu nombreux sont ceux qui se rendent au bord de la mer. Je ne connais personne et personne ne me prête attention. Dans l'étroit couloir un prêtre obèse se fraye un passage ; il s'agit sans doute du curé d'une paroisse dalmate aisée. Il a des doigts courts et boudinés aux extrémités charnues qui me rappellent les mains du supérieur de Badija, le père Rudolf. Ces prêtres catholiques ont les mains toujours en mouvement. Ils n'arrivent pas à laisser au repos ces mains de paysans qui ont échappé à la pioche. On dirait que quelque chose les chasse perpétuellement de leur bienheureuse oisiveté, et cette animation semble être ralentie par leur rondeur. Alors, enfin, ces mains parviennent tant bien que mal à s'apaiser, les doigts commencent à enfler et s'immobilisent dans une position parfois vraiment ridicule. Ils se referment sur le ventre, ou bien une main part derrière le dos à la chasse de l'index de l'autre. Même la démarche dans cette longue soutane devient tout à fait bizarre. La plupart avancent en se déhanchant, dans l'impossibilité de libérer complètement leurs pieds du poids de la soutane. Ces ceintures rouges et ces croix accrochées ne sont d'aucun secours. Dès le premier embonpoint la silhouette du curé change totalement. La soutane sied encore le mieux au padre Bandera

[1] Mais il osait d'autant plus.
[2] Chanceux.
[3] Il parvenait toujours à éviter les pièges.

et au padre Sebo. Depuis le capuchon leur long cou fin s'étire. C'est avec des mouvements ô combien énergiques que le padre Bandera ajuste les larges plis de sa soutane, surtout quand dans l'église à demi obscure il prêche derrière l'autel, éclairé par la lumière des cierges. Sur le mur de l'église son ombre agitée sautille, et chaque geste de la main, agrandi dans des proportions gigantesques, me permet de suivre jusqu'au moindre détail sa gesticulation d'orateur, apprise dans la lointaine époque de sa jeunesse.

Tout cela donne l'impression d'avoir été très étudié à l'avance. Sans doute tonton Ivica lui-même serait-il satisfait. Quelle amélioration pourrait-il apporter ? « Levez les mains au bon moment, surtout pas avant », voilà certainement ce qu'il dirait. « Faites attention au point culminant de votre discours. C'est le passage le plus émouvant. Il faut lever les yeux au ciel, tandis que votre main doit s'immobiliser dans un geste menaçant au-dessus de l'abîme de la chaire. Qu'elle tremble un peu à cet instant-là. C'est bon, c'est contagieux, le petit peuple le remarque et croit à votre émotion. D'ailleurs, celle-ci se transmet facilement aux autres. Si vous ne réussissez pas du premier coup, essayez une fois encore, et encore, et ainsi de suite jusqu'au succès ». Tels sont probablement les conseils que tonton Ivica prodiguerait depuis sa loge de metteur en scène.

Mais que m'a donc confié une fois le padre Vid à propos des mains ? Je me souviens, c'était lors de l'une de nos conversations familières après l'affaire de la belle hôtelière. J'avais l'impression qu'il voulait me dévoiler le secret qui l'avait conduit à devenir moine. Ce ne pouvait être qu'une confession. Il a dit : « Je suis né dans une île, sur une terre où les mains sont précieuses, ainsi que le disait à propos de l'île de Cres, dès le XVIIIe siècle, Alberto Fortis. Et sais-tu ce qu'a encore écrit sur mon île cet explorateur curieux de notre Dalmatie ? En 1771 il a dénombré à Cres exactement cent vingt prêtres, moines et religieuses. Voici la réponse à sa question de savoir pourquoi les mains étaient précieuses là-bas. C'est précisément ce qu'il a dit. Que devais-je conclure de tout cela ? Tous ceux qui le pouvaient sauvaient leurs mains du fardeau du travail agricole pour les garder précieuses ».

C'est ainsi que le padre Vid a expliqué les raisons de sa fuite. Où le conduira cette découverte ? De toute évidence, la soutane lui pèse de plus en plus. Je ne pense pas qu'il continuera à tricher. Un jour il retournera cependant auprès de ses propres mains...

Il est encore loin de Split…

En débarquant à Badija, je ressens une étrange quiétude. Mon état d'esprit du train se perpétue. Comme si cet inaccessible bâtiment du monastère avait fini par me révéler toutes ses sorties cachées. Comme si à présent ce sentiment d'emprisonnement et d'impuissance avait complètement disparu, comme si s'était effacée la douleur ressentie à l'observation des bateaux qui passent, probablement en direction de la haute mer, de l'horizon libre. Ma relation avec l'île n'est plus troublée par d'obscurs pressentiments, par la peur de la capture. Le fardeau des jours arrêtés, la pénible sensation qu'ici les aiguilles de toutes les montres se sont immobilisées, paraît s'être évaporée. Et sur la façade du monastère je distingue de nombreuses fissures, des centaines de veines d'érosion qui se sont plantées dans les lourds blocs de pierre. Je lis tout un ordre nouveau dans la pierre, sur laquelle glissent de multiples messages d'apaisement libéré. Avec une joie secrète je vois croître entre le padre Leonardo et moi un grand malentendu : il interprète mon calme comme un signe de soumission et d'asservissement final. Or à ce moment précis, ses yeux pourtant expérimentés ne voient pas que je me suis déjà profondément engagé dans la voie d'un irrémédiable éloignement.

D'ailleurs, les autres non plus ne l'ont pas remarqué. Même pas mes proches lors de mon séjour de vacances à Zagreb. Ils s'attendaient à de l'amertume et à des accusations, à de pénibles interrogations, à me voir proférer des reproches rétroactifs. Au lieu de tout cela, j'ai rendu visite, en silence et avec beaucoup de sollicitude, à toutes les parties brisées de ma famille, m'adaptant presque parfaitement à leurs vies indépendantes. La seule réflexion que je me suis faite est que vraiment personne n'était responsable du fait que notre façade solennelle et bourgeoise eût fini par s'effondrer, laissant la rivière en crue de la vie faire irruption. Et à présent, qu'importe que l'on ait ainsi définitivement abandonné la formule collective et ancestrale dont on héritait tranquillement, sans aucun mérite, comme de cette magnifique recette de fabrication des gouttes Mayer, que la famille a adoptées un jour, il y a longtemps, et qui depuis lors soulagent les problèmes intestinaux de ses membres. Vraiment, un remède magique ! Je me rappelle bien ce liquide noir, miraculeux, soigneusement conservé dans les profondeurs d'un immense buffet de style Alt-Deutsch qui occupait la moitié de la salle à manger. Je me rappelle avec quelle confiance illimitée je permettais à tante Helena de me verser dans la bouche ces mystérieuses gouttes médicinales Mayer, composées d'innombrables herbes qui étaient, déjà à cette époque, difficiles à trouver. Ce lourd flacon de cristal était précieusement conservé et l'on comptait attentivement les gouttes, comme si elles étaient le dernier vestige d'un monde déjà disparu. La quantité de cet élixir magique diminuait de façon presque funeste, et nous prenions tous part à ce décompte des gouttes dans la peur, car qui aurait pu trouver des herbes qui ne poussaient plus ?

Dans une complète quiétude je me promène sur l'île dont l'isolement est destiné à se refermer sur moi comme un piège habilement posé. Celui-ci a fait tout ce qu'il a pu, tous ses ressorts tendus ont fonctionné à merveille, j'ai senti sur ma peau le contact froid du fer qui le compose. Mais, malgré tout, comme par miracle, ses crochets et ses chaînes glissent sur moi. De toute évidence, je suis libre ! Je me souviens de l'histoire de saint Pierre enchaîné dans son cachot. Le padre Maurizio nous avait raconté quelque chose à ce propos lors des exercices spirituels. La nuit, saint Pierre emprisonné reçoit la visite d'un ange qui le sort en silence des casemates. Les puissances célestes ont décidé de retarder encore un peu son martyre. Le padre Maurizio nous confie que ce fut un miracle, car Dieu voulait accorder une dernière fois sa miséricorde à ce véritable disciple du Christ. Quelque temps plus tard, les Romains ont quand même fini par le mettre à mort, et ainsi la volonté de Dieu a été exaucée.

Je réfléchis : si l'on analyse le cas de Pierre selon les prémisses avancées par le père Maurizio, tout est logique jusqu'au bout, fixé à l'avance jusqu'à ce final de mort. D'abord libéré puis, malgré tout, exécuté. Mes petites chaînes tombent de par ma volonté, dans cette action je n'ai pas d'intermédiaire. J'ai appris les lois de la captivité, découvert les chausses-trapes du bien et du mal, aussi j'accepte différemment aujourd'hui le processus de durée et d'usure. Mon exemple a une valeur unique. Celui de Pierre est resté dans les mémoires parce qu'il est devenu partie intégrante du système. L'image au-dessus de l'autel qui le représente sortant de prison sous la conduite d'un ange n'est qu'une illustration de l'enseignement canonique. N'est-ce pas ce qui s'est passé à moindre échelle avec la vie du doux frère Diego ? Il a d'abord vécu sa vie à l'écart, de manière effrénée, échevelée, aventureuse comme un Argonaute. Il a erré de par le monde pendant que la fièvre de l'or le tenaillait. Une fois fondue la pépite de son rêve doré, il s'est glissé parmi les obéissants serviteurs de saint François, pour passer cinquante ans en leur sein à greffer les oliviers. Ce n'est qu'après une absence comique que le récit de sa vie, tel un olivier greffé, livre au monastère ses premiers fruits. Inquiets, découragés, hésitants, exténués, ils reçoivent seulement maintenant de nouvelles preuves pour affermir leur foi ébranlée, une force nouvelle pour lutter contre l'inanité, les désirs réduits annonciateurs du départ.

Tout d'un coup, j'ai l'impression d'avoir déjà vécu ma vie et, pour une raison qui m'est incompréhensible, de la recommencer à présent. La quiétude et la confiance en moi, qui m'ont envahi de manière si inattendue, semblent provenir de la découverte d'un ordre final qui régit le monde autour de nous. Tout ce qui auparavant m'abordait dans le désordre et la brusquerie se tient maintenant devant moi dans une complexité exceptionnellement solennelle et ordonnée. On dirait qu'il ne me reste plus qu'à passer en revue d'un pas tranquille ces éléments de mon avenir rangés comme pour la parade, qui en cet instant se dévoilent à moi comme à un visionnaire. La pensée que j'ai acquis le pouvoir de faire l'inventaire de mon propre futur semble me remplir de joie, malgré la crue découverte de tous les chagrins qui émaillent les longues rangées d'événements.

A présent je prends une nouvelle fois congé de grand-père, en l'absence duquel a d'ailleurs commencé le naufrage de ma famille, après la mort duquel le toit de notre maison a commencé à laisser passer la pluie. Je l'imagine douloureusement écartelé entre la politique et ses soucis domestiques, également en train de négocier avec des barons hongrois à propos de certains droits historiques de la Croatie, ou bien encore lors des audiences impériales où, à la tête des députations d'hommage de l'Assemblée nationale de Croatie, il sollicitait patiemment l'indulgence du souverain, tout cela au nom d'une légitimité et d'une logomachie juridico-étatiques. Je me le rappelle se retirant, déçu, dans un coin du café « Zagreb », derrière les fenêtres duquel il observait d'un œil soupçonneux la vie nouvelle, troublé par les souvenirs du temps où l'on pouvait encore croire à la parole d'un magnat. Une parole non respectée, quel qu'en fût l'auteur, conduisait au suicide, comme les *schmutzige Schulden*[1] à l'armée, à cause desquelles les officiers donnaient leur démission ou bien se

[1] Dettes sales.

tiraient une balle dans le front. C'est exactement ce qu'il disait, suscitant l'approbation de ses auditeurs. Il en allait de même pour ce domaine mélancolique et désuet de Rakitje, auquel seule sa présence redonnait de l'ordre et un sens. Quand il n'était pas là, même les paysans se rendaient compte que Rakitje n'avait plus d'avenir et que le déménagement de ses propriétaires n'était plus qu'une question de temps. Ici, à Badija, j'assiste aussi à notre futur départ. Une fois encore je me promène dans le village en tant que jeune propriétaire terrien et, sous un vieil orme, j'accueille les journaliers, faucheurs et moissonneurs et j'écoute leurs chants et leurs taquineries réciproques. Ensuite il faut se retirer, simplement, en silence, car le départ est inévitable, et la mémoire des paysans gardera un souvenir tout à fait juste de toutes nos actions. Sous le vieil orme du village ce sage jury paysan prendra rapidement la parole, et son verdict ne sera plus jamais modifié. Contre lui les appels ne servent à rien, tous les pourvois en révision de la décision sont rejetés d'avance. Longtemps, pendant sept décennies, nous avons vécu les uns à côté des autres, nous nous sommes blessés, réconciliés, mutuellement pardonné, supportés et entendus, nous guidant d'une compréhension pratique, rationnelle. Pour cette raison il est vraiment juste que la vérité à propos de ces relations inhabituelles soit d'abord énoncée par ceux qui ont travaillé nos champs. Nous ne nous sommes jamais particulièrement aimés, aussi n'existe-t-il aucune raison pour que maintenant, au moment de nous séparer, nous fassions preuve d'une tendresse rétrospective. Tout simplement, nous nous regarderons dans les yeux, et réglerons calmement, professionnellement, nos derniers comptes. Si nous avons rogné quelque chose, ce sera notre honte. Si nous avons été justes, que ce soit à notre honneur. Cette issue me semble parfaitement équitable et sans doute est-ce pour cela que mes adieux aux gens de Rakitje, ici à Badija, ont été si solennels et sereins. Je suis convaincu que j'attendrai leur verdict en toute quiétude. Je crois en la justice du tribunal paysan.

A Badija, j'ai l'impression de découvrir une véritable quiétude, inconnue jusque-là, une sorte de ralenti inattendu dans lequel les événements me parviennent, et leur approche silencieuse me fait penser à l'apparition progressive d'un bateau en haute mer. A un moment, le navire naît à l'horizon tel un petit point qui diffuse l'émouvante lenteur de sa croissance. Ce long regard inquisiteur dans le lointain, cette patiente découverte de l'étendue marine et de ce qui navigue à leur rencontre, ont très probablement influé sur le caractère de ces marins, façonnant leur légendaire sang-froid. Dans mes promenades solitaires je m'efforce maintenant de jeter de cette nouvelle manière un coup d'œil à mon passé, j'attends avec curiosité l'émergence de nouveaux visages depuis les ténèbres où ils reposaient, comme perdus. Ils surgissent un instant, transmettent en silence leur petit message épisodique, puis, telles des marionnettes, disparaissent du champ éclairé de ma conscience. Seulement dans la somme de ces innombrables disparitions il me semble percevoir la force d'un système ; par la suite, un par un, ces épisodes ont malgré tout conservé leur impuissance d'origine. Je les fais naître ici, au fond de ma conscience, pratiquement dans une sorte de fièvre, comme si j'étais parfaitement conscient d'être leur géniteur et bourreau. « Tu as un regard en rayon X », m'a dit mamie, « tu sais être *unheimlich* »[1], sans se douter que sur cette île désespérément déserte j'acquérais une faculté de compréhension.

Je me suis retrouvé dans un système qui part de l'hypothèse solide selon laquelle tous les hommes disposent d'une seconde paire d'yeux, spirituels, et qu'ils doivent les ouvrir, « de gré ou de force », ainsi que l'affirmait dans ses exhortations le padre Leonardo. « Ne vous étonnez pas, mes chers petits, de la rudesse de mes propos. Oui, il faut au besoin utiliser la force pour chasser du corps les impuretés spirituelles, comme l'a d'ailleurs fait le Christ quand il a chassé les marchands du Temple à coups de fouet. Et les soldats du Christ n'ont-ils pas souffert, ne se sont-ils pas mortifiés pour parvenir à leur perfection ? » ajoutait-il avec une inébranlable confiance, toujours prêt à corroborer son affirmation par une multitude d'exemples. Je préférais celui de saint François, qui, à un moment de tentation devant l'entrée de l'ermitage de Portioncule, s'est jeté nu dans les ronces. Alors la tentation a immédiatement disparu et, en guise de symbole magique de la victoire du saint, douze magnifiques roses rouges et douze roses blanches ont fleuri. Le saint les a cueillies et emportées à l'église, où le Christ et la Sainte Vierge lui ont ordonné de les montrer au pape et de lui annoncer par la même occasion que le pardon lié à la petite église de Portioncule serait accordé aux fidèles le 2 août, jour de la libération de saint Pierre. Les égratignures que j'apercevais sur le

[1] Désagréable.

corps de mes camarades sont apparues comme le fruit direct des puissants discours du padre Leonardo, et tous ces petits novices, qui ont fui dans les ronces devant le péché, ont ensuite raconté tout joyeux leur victoire sur leur corps. Parfois je les observais avec une certaine tristesse, peut-être surtout parce que j'étais bien conscient d'assister aux phases initiales de la création de leur futur fanatisme. Une fois canalisée, leur volonté obéirait à tous les ordres de la hiérarchie, toute velléité de rébellion étant à l'avance vouée à l'échec par la grandeur de l'idée maîtresse de soumission absolue aux instructions des supérieurs. De cette façon on crée des liens quasiment indéfectibles, un réseau solidement entrelacé. Le véritable idéal de ces âmes apeurées ne consistera pas à chercher une issue, mais, au contraire, à se livrer docilement au système. Et celui-ci récompense ses prisonniers en promettant généreusement la quiétude, la sécurité et le pouvoir de distribuer tous ces dons aux autres. Du sentiment de vanité absolue on parvient à faire naître, par de longs exercices spirituels ainsi que par d'autres démarches savamment conçues, une force jusque-là inconnue. Les premières victoires sur les malheureux qu'elle a capturés stimulent son insatiable et inexorable nature offensive. Dans l'édification attentive de leur système, les franciscains, outre l'érudition, n'ont jamais oublié le cœur humain. Comme s'ils savaient depuis toujours combien de constructions rationnelles ce cœur a précisément détruites dans l'histoire. Même le savant Doctor Seraphius, saint Bonaventure, a servi d'exemple pour illustrer la prééminence des sentiments sur la raison. Le padre Maurizio nous en a parlé, en se délectant comme s'il avait été lui-même le témoin de cette grande scène consignée par la chronique de l'ordre des franciscains.

« Il est bien connu », nous disait le padre Maurizio, « que deux savants théologiens, le dominicain saint Thomas d'Aquin et le franciscain saint Bonaventure, se rencontraient souvent et menaient alors de longues controverses philosophiques. Ainsi, une fois, saint Thomas a demandé à saint Bonaventure dans quels livres il avait puisé sa profonde connaissance de Dieu. En entrouvrant un rideau de sa cellule, saint Bonaventure lui a montré un Crucifix, et a répondu à som éminent hôte : « Toute ma connaissance vient du Christ qui a souffert et qui est mort pour les hommes ». « Quelle réponse ! » concluait triomphalement le padre Maurizio, « digne de saint François lui-même, qui opposait à l'enseignement des livres l'adoration du cœur ».

Nous l'écoutions attentivement. Il le sentait et, sans doute en guise de récompense, renforçait son récit par une seconde visite de saint Thomas à saint Bonaventure. « Cela s'est passé à Paris, au couvent des Cordeliers », nous informait le padre Maurizio sur un ton d'intimité familiale. « Saint Thomas est revenu voir saint Bonaventure, et il est arrivé au moment précis où celui-ci, lisant un livre consacré à la vie de saint François, s'était tellement plongé dans les merveilleux exploits du saint que, soulevé par une force mystérieuse, il se trouvait en lévitation au-dessus du sol de sa cellule. En découvrant cette extraordinaire image de la grâce divine et comprenant la profondeur de sa méditation, saint Thomas s'est retiré en silence, en disant humblement : "Laissons ce saint homme œuvrer pour un saint."

Ici, de tous côtés et à diverses occasions, j'entends citer des exemples tirés de la vie des saints, il en est devenu presque impossible d'imaginer une quelconque réunion au cours de laquelle nos enseignants ne feraient pas appel à eux pour étayer les vérités qu'ils nous expliquent. Je découvre en moi une résistance à de tels comportements, car tous ces personnages ne peuvent témoigner que de leur époque, de leurs contemporains. En effet, cette force du témoignage ne peut servir qu'à son époque, tandis que reporté dans une autre, il risque d'être considéré comme une version arrangée des vérités de jadis. D'ailleurs, de quoi témoigne cette extase de saint Bonaventure, sa lévitation qui, dans un moment également unique, a été aperçue par saint Thomas ? Et que me raconte donc à présent ce padre Maurizio fatigué qui, en un demi-siècle de port de soutane, n'a jamais vu rien de semblable, et ne parviendra jamais lui-même à cet état d'apesanteur, bien que chacun avoue avoir servi avec dévouement les objectifs de son ordre coriace. « Ce n'est pas donné à tout le monde, et longs, presque inaccessibles, sont les chemins qui mènent à la décision de Dieu de glorifier quelqu'un sur terre pour sa vie pieuse », nous a dit le padre Leonardo en nous expliquant le fait évident qu'aujourd'hui, sur cette Terre de péchés, les saints se sont raréfiés. Or justement cette abondance de mal en ce bas monde, qui se multiplie victorieusement, devrait constituer le plus fort stimulant pour qu'apparaissent enfin ces personnalités exceptionnelles capables de chasser les épaisses ténèbres dans lesquelles rampent les hommes.

Je me demande, avec une certaine douleur dans l'âme, pourquoi le Seigneur en colère a détourné la tête de cette malheureuse humanité, retirant même de la surface de la terre ses illustres messagers et envoyés. Les personnalités exceptionnelles, même quand elles se dévoilent, ne sont remarquées que par un détail extraordinaire, tandis que la substance de leurs paroles et de leurs convictions demeure dans l'oubli, comme enfermée dans une solide boule.

A Rogaška Slatina, on vendait justement, non loin du jeu de quilles, de ces boules de verre solides, à l'intérieur desquelles on distinguait clairement un paysage magique. A la moindre secousse, la boule se troublait soudain d'une neige qui venait dissimuler le village idyllique en papier multicolore. Combien de fois n'ai-je pas provoqué une petite tempête de neige artificielle, presque désespéré par ce parfait silence, cette image inaccessible qui reposait à l'intérieur la boule. J'agitais furieusement ce ballon de verre parfaitement lisse, m'efforçant en vain de libérer, de perturber l'image clouée au noyau même de la masse de verre. Il suffisait d'une première accalmie pour que tous les flocons de neige artificielle retrouvent leur harmonie carcérale.

J'ai souvent pensé à cette petite boule bariolée pendant les sermons du padre Leonardo. Ceux-ci commençaient presque toujours calmement, il prononçait ses pensées initiales dans un murmure, parfois sur un ton quasiment joyeux, comme s'il décrivait simplement le contenu harmonieux de la boule. Tout à coup, comme s'il l'avait secouée, la neige de ses paroles s'éparpillait de tous côtés, et, dans son noyau troublé, d'espiègles diablotins se mettaient à sautiller, fuyant la vaillance. Le corps à corps avec Satan représentait le point culminant ordinaire, obligé, de son prêche. Dans ce chaos spirituel, provoqué par le péché, venaient se mêler des puissances bienfaisantes, célestes, qui seules offraient l'apaisement et la béatitude. Le triomphe complet de ses convictions apparaissait à la fin extrêmement paisible. Je l'ai écouté tant de fois, analysant ses sermons dans leurs détails. Mais une fois que je les eus appris et compris, j'ai commencé à laisser tomber progressivement ce petit jeu de décomposition et de recomposition des prêches du padre Leonardo, qui me forçaient de plus en plus souvent à fuir les retranchements de cette forteresse monastique. A n'en pas douter, je quittais également sans espoir de retour la sécurité de vie qui m'était offerte, tout ce qui aspirait à me mettre sous une aile protectrice devant les incertitudes susceptibles de me menacer. Et même ce phénomène de durée invulnérable, d'identité désespérante, de répétition lancinante des mêmes illusions qui, tel un vieux lierre, se sont solidement enroulées autour du tronc ancestral de la connaissance du bien et du mal, tout, tout cela disparaissait pendant les sermons du padre Leonardo comme dans quelque bouleversant cauchemar. Ce moine nu-pieds avait l'étrange pouvoir, tel un habile peintre néerlandais, d'approfondir et de disséquer l'espace, de briser son caractère bidimensionnel. Grâce à lui, dans ma conscience ont commencé à s'ouvrir ces nombreuses coulisses qui, semblables à de beaux rideaux cotonneux, protégeaient les inaccessibles profondeurs des horizons lointains. Je ne saurais affirmer que telle était son intention première. Peut-être est-ce arrivé malgré lui. Je l'ignore. Peut-être sa longue expérience lui a-t-elle suggéré qu'il valait mieux élargir ma vision de notre cage terrestre car, dans le désordre des découvertes inattendues, je ressentirais tout d'abord l'épouvante qui ramène inexorablement, comme dans la parabole du fils prodigue, les désespérés effrayés au point de départ de leur fuite. Il faut rappeler que ces consolateurs expérimentés et sauveteurs de naufragés montent, depuis des siècles déjà, une garde vigilante. En écoutant le padre Leonardo, j'étais le seul à savoir que nous ne nous rencontrerions plus jamais, qu'il n'y avait aucun espoir que je pousse jamais ce vieux et douloureux cri : *pater, peccavi !*[1] Nous nous séparions sans colère, tranquillement, comme avec les paysans de Rakitje. Et je remettrais mes actes au jugement rétroactif de ces moines, à leur condamnation ou à leur absolution. Je ne veux pas douter de leurs bonnes intentions. Ils ont fait et dit tout ce en quoi ils croyaient eux-mêmes. Ils n'ont pas menti.

Chaque fois que je me rendais à Korčula, j'avais l'impression que la ville était victime d'une inexorable décadence. Comme si ces tours et ces murailles qui l'entourent gardaient ses habitants emmurés, impuissants à briser un siège invisible et permanent. Comme sous le coup d'une peur panique, toutes choses se repliaient sur elles, la vie était suspendue au cœur de ces vieilles maisons élancées, attendant dans la pénombre des chambres une solution confuse, soudaine, qui interromprait brutalement la langueur et l'incertitude. Derrière les volets perpétuellement clos je devine quelques regards étonnés, comme si mes pas sonores blessaient et dérangeaient les habitants effrayés de cette ville. Dans de semblables silences les fidèles écoutaient jadis, l'oreille aux aguets, l'approche du jour et de l'heure où, en raison de nos péchés excessifs, viendrait la fin du monde. Ces gens

[1] Mon père, j'ai péché.

terrifiés, malgré qu'ils eussent échappé à cet anéantissement, semblent avoir légué à leurs descendants innocents, en signe de gratitude, cette insondable peur qui leur avait empoisonné l'âme pour toujours. Le terrible roulement de tonnerre, présage du *Dies irae*[1], était ainsi transmis de génération en génération, conservant intacte la force du dernier argument. Les chroniques et les récits de ces villes-là sont remplis de témoignages sur les pénitences opportunes, mais jamais suffisantes, de pénitents qui mouraient dans la soutane d'une ordre mineur ou bien étaient engloutis dans la mer pour un vœu non respecté. On y trouve également de tristes histoires sur les filles patriciennes restées célibataires et qui, privées de dot, avaient été forcées de revêtir l'habit des clarisses ou des dominicaines, menant alors l'existence de sévères et inexorables abbesses. Elles laissaient parfois dans leur sillage de fort étranges récits relatant de violentes flagellations qui parvenaient à chasser de leurs corps les cris concupiscents des démons. De lointaines vérités, tout ce qui survenait sous une forme simple et presque habituelle, changeait et se métamorphosait avec le temps, au cours duquel chacun ne voulait découvrir que sa vérité, que son témoignage. Quelque part au cœur de la ville ils ont planté le poteau de la honte, ce véritable symbole de toutes les interprétations arbitraires des transgressions les plus diverses. Il est resté comme l'antique autel de la religion officielle sur lequel les prêtres de la justice crucifiaient leurs victimes. Sans ce poteau et ces crucifixions, les pages des annales municipales seraient restées vierges, et les greffiers des mairies seraient morts d'ennui. Ces spectacles étaient toujours interrompus par les hurlements des hérétiques condamnés, tandis que le peuple, qui embrassait toujours la bonne religion, manifestait son adhésion croissante à ces émouvantes cérémonies en criant à forte voix son approbation du supplice. A la fin de ce rituel, il ramenait tranquillement dans ces mêmes maisons de pierre aux beffrois et aux balcons gothiques sa foi en la justice omnisciente qui l'avait appelé comme témoin.

Ces mêmes cloches de la cathédrale annonçaient par leur lourde sonnerie qu'elles partageaient la joie collective d'avoir vu les contrevenants châtiés. Alors retombait sur la ville un funeste silence, les regards longtemps fixés sur la haute mer, on se mettait à chuchoter avec effroi des histoires de navires qui auraient déjà appareillé depuis

[1] Jour de colère.

longtemps depuis le Levant et qui n'arrivaient toujours pas. Ces maisons de marins sont encore remplies de divers objets exotiques et l'on y voit se mouvoir de vieilles femmes desséchées qui, continuellement, telles des taupes obstinées, fouillent dans les coffres et les caisses, ignorant les raisons précises de cette tâche.

Depuis Badija, on m'envoie souvent porter des messages dans ces maisons au bord du dépérissement. Le plus souvent, je dois dire : « Le père supérieur vous salue et vous informe qu'il célébrera la messe des morts dans la chapelle de la Sainte-Croix, quant au reste, vous le savez ». Ces vieilles femmes effrayées m'écoutent comme un messager de la mort, rendent respectivement son salut au supérieur et reçoivent docilement l'annonce dont elles connaissent la pleine signification. Pour ma récompense je reçois généralement une poignée d'amandes et quelques figues sèches, qu'elles dénombrent attentivement comme si elles triaient les grains d'un chapelet. Et tout cela serait positif et normal, si je n'étais aussi irrésistiblement attiré par cet espace mystérieux de la troisième dimension, que m'a révélé le padre Leonardo.

Je me retrouve face aux ombres de vies vécues il y a longtemps, dont la troisième dimension s'est perdue et obscurcie dans l'implacable succession des vanités. Les mouvements qui demeurent me rappellent les étranges soubresauts des insectes déjà transpercés d'une épingle. Sans les messages du supérieur à propos des offices des morts à la chapelle de la Sainte-Croix, leurs mains empêtrées dans la rangée usée des grains du chapelet demeureraient finalement oisives. Alors s'interromprait sans doute le fil invisible auquel se rattachent ces personnes effrayées par la vie. Dans l'obscurité de leurs maisons je devine cette immense peur qui s'est installée en elles un jour et qui les domine à présent comme un invisible esprit domestique. Peut-être est-ce précisément à ce moment-là qu'est arrivé le premier message du supérieur, et un de ces matins-là qu'a été chantée la première messe des morts commandée dans la chapelle de la Sainte-Croix, qui a bouleversé toute leur vie. Derrière la commission du supérieur se cache aussi — à présent je le sais bien — une consolation, ajoutée à la résignation glacée du cérémonial de l'office des morts, pour laquelle le padre Sabo préparait soigneusement de magnifiques mouchoirs de velours noir ornés de brocarts d'argent. Dans leurs vêtements sacerdotaux solennels de deuil, le padre Leonardo aussi bien que le padre Bandera modifiaient leur démarche, et même leur maintien général. Ils inclinaient légèrement la tête vers la poitrine, la laissaient dodeliner souplement au rythme de leurs pas lents. La pleine impression de détresse endeuillée n'est cependant donnée que par leurs ombres agrandies, sur le mur de l'église.

Je me demande de nouveau ce que dirait de tout cela tonton Ivica, s'il voyait leur tristesse de commande. Reprocherait-il au padre Vid de marcher fièrement, voire orgueilleusement, dans l'église, la tête rejetée en arrière, tandis qu'à la commissure de ses lèvres se dessinait un sourire espiègle, moqueur ? Tonton Ivica bondirait-il, mécontent, pour exiger un changement de pas, d'allure et d'expression du visage ? Peut-être dirait-il : « Pensez plus profondément, avec davantage de passion à l'instant où vous êtes le seul en mesure d'apporter une consolation à une vieille femme. N'oubliez pas, c'est votre grand moment ! La vieille femme en est tout à fait consciente, elle accepte la consolation à n'importe quel prix, d'une certaine façon elle l'extorque à Dieu par votre intermédiaire. En êtes-vous conscient ? Attention, vous devez la mystifier, exactement comme elle le souhaite elle-même. N'avez-vous donc jamais vu des enfants observer des prestidigitateurs ? Même les plus petits et les plus naïfs paraissent comprendre qu'à un moment ils seront dupés. Ils s'efforcent de saisir cet instant, mais n'y parviennent pas, aussi finissent-ils par s'abandonner à la force de l'illusion ».

Je réfléchis : c'est précisément dans cette représentation complexe que forment le peuple et tous ceux qui le servent que résident les secrets de tous les succès remportés par ces sages franciscains qui exploitent depuis des siècles déjà la puissante imagination populaire, développée sur le fumier de la misère chronique. C'est dans cet antique processus de recherche qu'est née, chez les pauvres et les malheureux, cette image si élevée et précieuse de la bonté et de la douceur exemplaire dont avait jadis rêvé le fondateur de l'ordre des franciscains lui-même. Il avait bien senti que seuls les pauvres et les doux pouvaient réussir à consoler les nécessiteux et les malheureux. Au lieu de leur enseigner la théologie, il a offert aux déshérités de belles et charmantes images qui attendrissent, qui mettent du baume au cœur et sur les blessures de la douleur humaine, prononçait des paroles par lesquelles il apprivoisait les bêtes sauvages. Le père Bandera nous raconte qu'en 1221 ce rêveur a écrit des épîtres qui contenaient des pensées aussi simples que celle-ci : « En ce monde vous n'avez aucun bien, et rien de plus dans aucun autre monde. Vous imaginez pouvoir posséder longtemps des biens de ce monde, mais vous vous trompez, car viendra le jour, viendra l'heure auxquels vous ne pensez pas, que vous ne connaissez pas et que vous ne pouvez pas voir. Le corps est malade, la mort approche. Amis et parents se rassemblent et disent : "Ecris ton testament". La femme du mourant, ses enfants, les membres de sa famille, ses amis, tous ont un air éploré. En les regardant, il les voit en larmes, et alors, pénétré d'un mauvais pressentiment, il se dit : "Eh bien, mon âme, mon corps, tous mes biens, je les remets entre vos mains".

Cet homme est vraiment maudit, lui qui remet son âme, son corps et ses biens en de telles mains. De même le Seigneur dit par la bouche d'un prophète : "Malheur à l'homme qui se confie à un homme". Donc, ils appellent immédiatement un prêtre qui dit au malade :

— Veux-tu recevoir le saint sacrement de l'absolution pour tes péchés ?

Il répond :

— Oui, je le veux.

— Veux-tu prendre possession, afin de réparer le mal que tu as fait, de tes tromperies, de tes injustices, comme tu le peux ?

Il répond :

— Non !

Et le prêtre :

— Et pourquoi non ?

— Parce que j'ai tout remis entre les mains de mes proches et de mes amis.

A cet instant le malheureux commence à perdre la parole et meurt en pécheur. »

« Chacun doit savoir qu'à l'homme qui meurt en état de péché, qui que ce soit et où qu'il se trouve, sans avoir réparé ses méfaits quand il en avait la possibilité, le diable arrache l'âme du corps avec une haine et une souffrance si grandes que personne ne peut se les représenter, sauf ceux qui les subissent. Et tous les talents, les connaissances, toute la sagesse qu'il s'imaginait posséder lui sont pareillement arrachés. Quant à la famille et aux amis, ils s'emparent de ses richesses pour se les partager, après quoi ils s'exclament :

— Malheur à son âme ! Il aurait pu acquérir et nous léguer bien plus encore.

Donc, les vers attaquent le corps, et ainsi tout est perdu, l'âme et le corps, dans cette courte vie terrestre, et il s'en va en enfer, où il sera torturé sans fin ».

Le padre Bandera ajoute que ce merveilleux message le fait penser à l'esquisse d'une pièce dramatique, tandis que le padre Sokol voit dans ce texte un excellent livret pour un opéra tragique. Il regrette que les écrivains n'entreprennent pas un tel travail, même pas ceux qui se disent catholiques. Il me semble que l'ermite d'Assise a simplifié le vieux thème du *memento mori*[1], traitant des tourments humains immémoriaux liés au mépris des biens terrestres. Dans la construction du message l'élément important est le diable, à qui est en fin de compte revenu le rôle d'exécuteur de la justice divine sur le pécheur qui n'a pas écouté la voix du prophète et s'est confié à l'homme. En vérité, c'est là précisément que réside la signification la plus triste du message du saint, car les héritiers sont uniquement intéressés par le partage des biens et leur reproche que le défunt ne leur ait pas légué davantage semble fort cynique.

Le silence de l'île est interrompu par les nouvelles d'Espagne. Là-bas une guerre civile a éclaté, le padre Djidji, tendu, écoute systématiquement tous les soirs Radio-Bari, et il est devenu pour chacun la principale source d'informations. Dès le premier jour, tout le monde ici a pris franchement le parti du général Franco. On nous dit ouvertement qu'il est le seul dans ce malheureux pays à pouvoir protéger et sauver la foi menacée. Les nouvelles d'Espagne deviennent de plus en plus sanglantes, or nos professeurs n'en trouvent que plus claire cette ronde infernale.

« Le Seigneur s'est mis en colère contre nos péchés », dit sur un ton vengeur le padre Sokol, « le châtiment divin est arrivé, et ses voies sont impénétrables », répète le padre Djidji en s'éloignant de poste de radio. S'il commente ainsi une émission qu'il vient juste d'entendre, je comprends tout de suite que les rebelles progressent et que les rouges ont perdu une nouvelle bataille. De même, je sais quand les nouvelles sont favorables aux autorités de Madrid, car le padre Djidji fait alors des citations bibliques qui justifient la destruction de l'ennemi par le feu et l'épée. Pour de telles circonstances, il fait appel dans son courroux aux prophètes de l'Ancien Testament, or ceux-ci se sont vraiment comportés comme de dignes fils de leurs tribus enga-

[1] Souviens-toi de la mort.

gées dans de sanglants conflits mutuels. A mesure que la guerre se prolonge, je remarque qu'une combativité jusqu'ici cachée croît chez les frères, et que le sort variable des armes détermine leur humeur. Par moments, j'ai beaucoup de mal à les reconnaître, et la dureté de leurs paroles chasse mon innocente joie ainsi que la chaleur des vieux principes franciscains d'amour universel entre les hommes, envers les animaux et la nature en tant que fidèle miroir de la création divine. Je raconte tristement et avec effroi au père Leonardo les grandes souffrances des innocents, mais lui, tel un soldat professionnel, hausse les épaules d'un air indifférent et explique sagement : « Qui pourrait, avec notre esprit de pécheur, séparer les justes des coupables, jeter un coup d'œil dans le cœur humain et y découvrir tous ses secrets ? Fiston, Dieu n'a-t-il pas, dès les temps anciens, utilisé même le déluge et le soufre pour châtier les hommes, mais c'est malgré tout Lui, avec son insondable sagesse, qui a sauvé le genre humain. Les pestes, Attila, le fouet de Dieu, les puissantes hérésies ont constitué les présages impies de l'Antéchrist. Et que s'est-il passé ? », demande-t-il en me fusillant de ses petits yeux perçants. « Réponds, que s'est-il passé ? »

Je connais la réponse. Je devrais dire : Tu es Pierre, c'est-à-dire une pierre. Et sur cette pierre je bâtirai mon église que les portes de l'enfer ne pourront pas détruire. Au lieu de prononcer tout simplement cette formule salvatrice, je me tais. Le padre Leonardo me donne congé de mauvaise grâce, non sans m'avoir conseillé de juger beaucoup plus humblement la volonté de Dieu. D'après l'ardeur de sa combativité réveillée, je devine qu'en Espagne quelque chose de grand, marqué par le destin, est en train de survenir.

Les nouvelles de ce conflit se sont répandues dans l'ensemble du pays, aussi même cette petite île est-elle assaillie par un réseau d'informations multiples et un grand nombre d'exemples de tueries impitoyables, de prises de position désespérées et funestes. Je ne pouvais même pas imaginer combien cette lointaine secousse européenne résonnerait dans le silence apparemment inviolable de ce modeste monastère dans lequel de jeunes garçons, mis à l'abri comme dans un antique asile, apprenaient consciencieusement jusqu'à hier les *consecutio temporum*[1], traduisaient les Commentaires de la guerre des Gaules de César et écoutaient les chants de saint François consacrés

[1] Concordance des temps.

au frère Soleil. L'ouragan venu d'Espagne semble avoir soudainement effacé en eux toutes ces leçons de morale, les avoir arrachées de leurs profonds et paisibles points d'ancrage, avoir détruit leur confiance en eux. A ce moment-là j'ai l'impression que sur les champs de bataille du monde leur âme de mercenaires s'est émoussée. A présent en Espagne ce magnifique message du saint sur l'apostolat durable dans toutes les couches de la société a disparu. Autrefois, la pensée de l'orphelin divin avait semé l'hésitation et le doute dans la folie des croisades. Que faire d'une tombe vide quand des milliers d'âmes, de croisés et de Sarrasins, se perdent, car le Christ a déserté son sépulcre pour les uns comme pour les autres, ainsi que l'a rêvé ce missionaire nu-pieds. En outre, ingénu, il estimait qu'il valait mieux apporter l'Evangile aux Sarrasins plutôt que de les passer au fil de l'épée. Or à présent, devenu aveugle et sourd à ces principes, le padre Djidji est accroupi devant la radio et, tremblant, écoute les sanglantes informations guerrières, mécontent de la trop lente progression des Marocains de Franco. Alors, pour la première fois, je sens et comprends ce que signifie l'alliance progressive avec le crime. « L'Espagne chrétienne est tombée bien bas pour avoir besoin de conduire sur son sol une armée croisée composée en partie de Marocains, de défendre grâce à ces Africains impies la Sainte Croix et les saints sacrements. *Dio guardissime !*[1] s'écrie-t-il visiblement troublé de ce que la volonté céleste, au bout de tant de siècles, comme pour assouvir une vieille revanche, permette de nouvelles croisades, approuvant même leur revers. Sur nos visages on découvre que les horreurs espagnoles se rapprochent de plus en plus de nous. « C'est comme un nid de guêpes », dit le père supérieur. « Quelqu'un a dérangé les guêpes, et qui pourra les apaiser maintenant ? On a plongé le doigt et la main dans de profondes blessures nationales, le sang a giclé, la plaie s'est envenimée, or le médecin est loin ».

J'écoute ces raisonnements du supérieur, brutalement interrompus par le padre Vid : « Eh, mon cher supérieur, laisse tomber la politique et occupe-toi de tes affaires. Qu'est-ce que tu sais de l'Espagne, et surtout de l'âme espagnole ? Ils ne connaissent pas de juste milieu ni de mesure, ils optent toujours pour l'extrême. La lumière et les ténèbres, la soie et le chiffon, l'amour et la haine, la boue et les hauteurs célestes. Même pour Dieu, ils se battent différemment des

[1] Dieu bien-aimé.

autres. Je crois qu'ils le détestent précisément parce qu'ils ne peuvent pas l'entourer suffisamment de leur amour. Ils tirent sur Dieu tout en sachant qu'ils ne peuvent verser son sang. Il faut être prudent avec les Espagnols ! Ce n'est pas un hasard si l'Inquisition a brûlé le plus grand nombre d'hérétiques justement en Espagne ! Occupe-toi des tes affaires, supérieur, et cesse une bonne fois de fouiner dans la malheureuse âme espagnole ».

Cette spirale ironique au coin de ses lèvres est maintenant encore plus comprimée, formant sur son visage une grimace convulsive.

Dans ces discussions le plus triste est malgré tout la situation des professeurs laïques. Leur comportement traduit l'embarras, comme s'ils souhaitaient éviter toute prise de position, surtout publique. Seul Krsto Krile approuve à haute voix les proclamations de Franco, car ses armes sont bénies par la Sainte-Croix, et il a vu lui-même dans un journal impie la photographie de tout un régiment écoutant à genoux la sainte messe, sur le front même, à la veille de la bataille. Un bellicisme dissimulé s'est fait jouer chez le professeur Krile, qui troublait aussi ses auditeurs par son excellente connaissance de la géographie espagnole. Sans grande hésitation, le professeur Krsto Krile préconise un jugement dernier terrestre. Si le temps est venu, qu'il en soit ainsi, et une fois pour toutes, tout comme il en sera devant le tribunal céleste, séparons les justes des coupables. En de grands cycles, l'humanité devient sauvage comme un homme enragé qui, en raison d'un sang trop fort, doit être soigné avec des sangsues. Les clairons remplaceront les anges célestes qui attendent patiemment la seconde venue du Christ. Vraiment, je n'arrive pas à m'expliquer clairement pourquoi ma sympathie me porte vers ceux sur lesquels tout le monastère a jeté sa malédiction. Je me retire de nouveau à l'abri sûr de ma solitude.

Sur la carte géographique de la Yougoslavie, l'île de Badija n'est même pas indiquée. Du point de vue géographique, cette poignée de pierres est plus qu'insignifiante. Sur ce point pratiquement inexistant de l'archipel de Korčula une masse d'hommes s'est rassemblée, unie par le souhait commun d'échapper à la vie. A présent je découvre que cet élément représente depuis toujours le principal point commun des habitants de cette île. Celui qui n'a pas encore compris et admis cette vérité dans son ensemble peut encore constater à Badija qu'un fugitif de la vie se tourne malgré tout vers lui, que l'on peut tenir durablement cette vie à une certaine distance, que les sentences sont rendues avec une aisance et une célérité de juge. Il existe de longues journées de solitude désespérée durant lesquelles l'on entrevoit à peine les visages dont la netteté nous est parfois si atrocement nécessaire pour déterminer tous nos actes. Ce sont les petits points d'ancrage de notre vie sans lesquels nous nous sentons égarés, perdus. Leurs silhouettes se meuvent comme derrière des vitres embuées, et en outre un silence insondable nous sépare. Alors dans cet éloignement on se reconnaît soudain, tous les visages deviennent distincts, lisibles, compréhensibles, limpides, comme si par miracle ils avaient perdu leur faculté de déguisement et de tromperie. Tout simplement, on dirait que nous devenons des observateurs muets et insensibles d'une promenade fantomatique dont les acteurs prennent part à la triomphale procession de notre vie. Ils ne le méritent que lorsque dans nos sens s'évanouit la possibilité maligne de témoigner.

La magie de cette douceur monacale est brusquement interrompue par leur témoignage combatif et outrancier en faveur de tous les objectifs du général Queipo de Llano, dont les tirs d'artillerie précis suscitent leur admiration. Déçu et à présent en vain, j'écoute mes professeurs faire des citations bibliques salvatrices qui redressent les torts dans la vie. Devant mes yeux apparaît sans cesse le visage de conquistador souriant de ce Queipo de Llano dont les lointains ancêtres soumettaient autrefois des continents entiers. Je ne puis deviner tous les horizons et angles de vision que va m'ouvrir cette voix de Bari qui parle depuis une boîte noire laquée. Cette voix envoûtante a même entraîné quelque part, au loin, le petit padre Djidji, notre modeste traducteur des chants de saint François au frère Soleil.

Sa disparition m'a poussé, de manière peut-être inattendue, à une observation encore plus attentive de ma famille. Depuis lors, j'ai l'impression d'avoir inclus les miens dans cette longue et muette procession spectrale de la vie, à laquelle je consacre maintenant ma curiosité. J'étais même secrètement joyeux de les voir passer sans leur ancien dépit de résistance qui m'empêchait de voir de façon plus véridique les visages altérés. Tous ces traits énervés qui déformaient leur expression se sont tout à coup apaisés, figés comme dans un mouvement quotidien, ordinaire, comme cela se produit dans les contes de fées à propos des châteaux enchantés. Sans peur, sans joie, sans aucun regret, je scrute à présent leurs visages figés. Mon unique souhait est de me les rappeler, comme si je pouvais ainsi conserver ne serait-ce qu'une parcelle de notre futilité mutuelle, fondée sur de nombreux et tenaces malentendus. Maintenant je réalise clairement que nous ne serons plus jamais unis par cette insouciance originelle, et que notre magnifique légèreté a volé en éclats à cause de mon insatiable aspiration à la troisième dimension.

On annonce depuis Bari que Queipo de Llano est entré dans Séville. Le padre Djidji dit qu'il aimerait chanter un Te Deum solennel. Le padre Sokol promet que pour la chute de Madrid il composera une nouvelle marche, tandis que le padre Vid se demande si à Tolède on sauvera les toiles du Greco. Seul le père supérieur est désespéré que ce climat méditerranéen ne permette pas l'élevage des porcs du Yorkshire qu'il avait acquis à grand-peine. « Il y tient comme un Mljetois[1] à ses chèvres », dit le padre Bandera. « C'est pour ça qu'on dit d'eux : si les chèvres se perdent, le Mljetois en mettra d'autres au monde, si les Mljetois se perdent, les chèvres les chevretteront ! »

En ce qui me concerne, je suis déjà fort loin. A présent je suis hors d'atteinte du padre Leonardo lui-même, j'échappe à tous les pièges subtils qu'il dispose à chacun de nos pas. Maintenant je ressens un tel calme que même les lettres de ma famille, qui me promettent un prochain retour, ne m'émeuvent plus. Je sais que les miens souhaitent me réjouir par ces nouvelles, aussi je réfléchis à la manière de leur répondre sans leur faire sentir à quel point cela m'est devenu indifférent. Je rentrerai dans une maison qui n'existe plus. De nouveau, on m'y accueillera avec curiosité, en examinant mon degré de déception. Si je ne satisfais pas leur attente, la mesure exacte qu'ils ont déterminée d'avance et pour laquelle, également à l'avance, ils ont déjà préparé des paroles de consolation, ils se mettront à chuchoter nerveusement en se demandant ce qui m'arrive. Et moi ? Comment leur dire que des mois et des années durant j'ai parfait mes pouvoirs d'observation, en les concentrant sur les secrets de la vie ? Aujourd'hui que j'ai l'impression de me trouver sur le point de résoudre l'énigme, peut-être l'unique chimère de ma vie, personne n'a plus le droit de me renvoyer à mon point de départ, de me proposer de retrouver la vie à laquelle j'ai échappé pour mon salut. Au prix de quels tourments je me suis soustrait aux poursuivants chargés de me traquer dans ma solitude ! Et j'ai dû vaincre ma peur tout seul, cette immense peur dans laquelle venaient malicieusement s'emmêler toutes les forces du

[1] Habitant de l'île de Mljet (entre l'île de Korčula et Dubrovnik). (N.d.T.)

ciel et de l'enfer. Ils me menaçaient d'un arsenal précis de punitions, et interprétaient chacun de mes chagrins et de mes malheurs comme de justes représailles, de celles qui accompagnent précisément toutes les chutes secrètes de l'homme. Vivant dans ce cauchemar de peur et de vengeance, j'avais à peine le temps de chercher cette troisième dimension salvatrice. Une fois découverte, elle s'est transformée en mon unique refuge en me hissant, comme un stylite du temps passé, jusqu'au sommet d'une magnifique, inviolable solitude. Je me pose la question : mes chers et tendres parents, comment pouvons-nous désormais bavarder à propos des douleurs subies il y a longtemps ?

Je suis assis sur le dernier banc dans la chapelle de la Sainte-Croix. J'écoute les religieuses en train de murmurer leurs prières destinées au Crucifix de bois. Ils sont si agréables à l'oreille, ces chuchotements qui disparaissent complètement par moments pour remplir à nouveau, sur un signe invisible, de leur doux bruissement confidentiel la chapelle plongée dans une semi-obscurité. Durant un instant, j'ai l'impression qu'une nuée d'oiseaux survole l'île, puis il me semble entendre un gémissement étouffé dans le lointain. Tous les mouvements des bonnes sœurs sont parfaitement harmonisés, comme si chacune savait exactement à quel moment il faut incliner profondément la tête, ou bien se lever en silence. Je les regarde s'approcher paisiblement, à tour de rôle, du grand confessionnal, derrière les rideaux violets duquel est assis le padre Leonardo qui attend d'un air supérieur que ces femmes dociles lui confient tous leurs péchés. Je me demande d'ailleurs quels péchés ont bien pu commettre ces paisibles religieuses encloses dans leur univers réduit à une petite île, en vase clos, exposées à la surveillance quotidienne et permanente du respect de leurs vœux. Malgré tout, ces femmes se confessent presque tous les jours sans que je réussisse à découvrir le secret de leurs péchés, comme si elles les commettaient seulement en rêve. J'essaye de deviner : en essuyant la poussière sur le corps lisse et dénudé de saint Sébastien, qui se tord timidement sur l'autel, elles avaient peut-être les mains tremblantes. Honteuses devant ce guerrier souriant et nu, telles des femmes dont l'amour n'est pas partagé, sur le second autel elles touchaient cet enfant divinement beau descendu des hauteurs célestes jusqu'aux mains d'Antoine de Padoue. Entre ces dépoussiérages quotidiens, je devine que se dresse une longue nuit vengeresse, chaude, ainsi qu'une aube qu'elles attendent peut-être contractées dans leurs lits monacaux. Même dans les ténèbres les plus épaisses elles chassent peut-être en vain le chevalier élancé que le graveur sur bois a doté de traits si doux, en couvrant de façon provocante ses hanches étroites d'un simple pan de foulard. Ce doux jeune homme rôde autour de leurs cellules, entre sans bruit, libéré par l'obscurité de tous ses attributs de saint. Il fait son apparition comme s'il était depuis longtemps lassé de sa longue présence sur l'autel, étourdi par son interminable faction sur la gloire que lui a apportée autrefois sa constance dans la foi, ce qui lui a valu d'être percé de flèches. Tristement, il s'avance vers les couches de ces femmes endormies dont les corps tremblent légèrement sous les couvertures blanches, comme s'il était totalement conscient de son impuissance, de la complète inutilité de sa visite nocturne. Avec une mélancolie infinie il les observe longuement en train de se recroqueviller, de se retourner, d'ôter en des mouvements fiévreux chemise et couverture, leurs seins blancs, leur ventre, leur bras brillant dans la nuit, de serrer jusqu'à la douleur leur oreiller entre leurs genoux, d'étouffer de leurs mains ce cri de désespoir après lequel le visiteur nocturne doit disparaître en silence, comme il était entré. Alors tout exténuées, elles attendent l'aube, et avec les premiers signes de conscience naissent également le repentir à cause de ce rêve blasphématoire, le soulagement de savoir que dans la chapelle de la Sainte-Croix le père Leonardo attend déjà pour déterminer précisément, avec des mots doux, la gravité du péché rêvé et la pénitence correspondante. Elles la recevront presque joyeusement, comme si la simple rémission de leurs péchés leur donnait l'espoir que même les nouvelles visites nocturnes du chevalier céleste seraient pardonnées.

Aujourd'hui l'émotion règne sur l'île. Après une grosse tempête, la mer a fini par se calmer. En flânant sur le rivage, j'ai trouvé sur les rochers un gilet de sauvetage que les vagues avaient apporté de la haute mer. Il comporte l'inscription : *Stella maris — Bari*. Le padre Sokol dit qu'il faut immédiatement informer de cette découverte la capitainerie de Korčula. Le père supérieur n'est guère disposé à envoyer notre canot à moteur en ville, car si le petit bateau a perdu un gilet de sauvetage, les naufragés se sont sûrement déjà noyés, l'on ignore depuis combien de temps le gilet se trouvait dans l'eau. Il parle ainsi pour mettre en colère le padre Sokol, qui crie que ce n'est pas un comportement chrétien et qu'il faut envoyer notre canot sans délai, car que se passerait-il si, plût à Dieu, ces Apuliens étaient encore en vie ?

— et ce ne serait pas la première fois que l'on verrait des naufragés flotter plusieurs jours en mer. A la fin, le supérieur cède et envoie à la capitainerie du port le padre Augustin, qui emporte le gilet trouvé. Depuis lors, nous n'avons plus entendu parler de ce petit bateau italien dont une espèce de couronne mortuaire nous est parvenue sous forme de gilet de sauvetage. De temps en temps seulement, notre conversation revient sur le mystérieux gilet du petit bateau disparu, dont le naufrage est rattaché à des catastrophes maritimes plus importantes et plus célèbres. Quoi qu'il en soit, ce petit naufrage a reçu un statut héroïque. J'ai quand même fini par comprendre toute la futilité des tragédies individuelles. Prises isolément, elles ont du mal à survivre à leur temps. Cette embarcation apulienne ne peut maintenant avoir sa place qu'à côté des catastrophes des colosses transocéaniques. Sans elles, son naufrage passerait quasiment inaperçu. Pauvre *Stella maris !*

J'ai remarqué qu'au moment de se séparer les gens sont particulièrement attendris, car ils pressentent sans doute la libération des pénibles attaches de la présence mutuelle. Parfois, il s'agit peut-être d'une vengeance pour de longues années d'incompréhension, des échecs et des appels restés sans réponse. Lors de la séparation, tout devient plus solennel, et l'émotion souvent présente semble provoquée par l'attente du sentiment qu'à présent, enfin, peut laisser l'image inconnue, sous-estimée, galvaudée et dissimulée de notre vie intime. En de tels moments on dirait que nous nous transformons en éphémères qui, malgré leur mort prochaine, vivent joyeusement leurs courts instants. Dans leur vol qui, tant qu'il dure, ne voit jamais faiblir l'irrésistible besoin de découvrir des directions inconnues, personne n'est en mesure de reconnaître sur-le-champ ces petits mortels fragiles. Lors de ma séparation avec les frères et le monastère, je me demande avec curiosité s'ils vont enfin s'ouvrir devant moi, pour que je puisse, avant de partir, me rappeler leur véritable visage. J'attends cela comme un présent et je désire l'inscrire dans ma mémoire en tant que souvenir cher. Car, maintenant ils le savent aussi bien que moi, nous nous séparons pour toujours. Je me sens comme si j'avais tout vu et tout vécu ici. Je devine déjà paisiblement que dans des solitudes futures j'aurai l'occasion de classer lentement toutes mes expériences accumulées en ce lieu. J'aimerais conserver au moins quelque chose de leur confiance en eux qui a victorieusement traversé les siècles.

Le canot à moteur « La Sainte-Croix » est déjà prêt à partir pour Korčula. Tous les moines se trouvent sur le rivage où ils prennent congé de moi de différentes manières. A un moment, le padre Leonardo me prend à l'écart, comme s'il souhaitait me confier quelque secret. « Va dans le monde, mon fils », dit-il avec dignité, « va et vis ta vie courageusement et honnêtement, et apprends à reconnaître vite et intelligemment les fausses paroles. Le monde est rempli de faux prophètes, souviens-t'en bien. Habitue-toi à leur arracher à temps le masque et les grelots grâce auxquels ils abusent de la crédulité des gens. Ne perds jamais courage et n'aie pas peur de la solitude ».

Je vois, pour la première fois, que le padre Leonardo est vraiment soucieux et que notre séparation lui est pénible. J'inscris dans ma mémoire son visage renfrogné en ces instants. Il me fait penser à un homme inquiet de l'avenir d'un proche. J'essaye de relier cet attendrissement inattendu du padre Leonardo à sa dureté et à l'implacable persévérance avec laquelle il a régné sur nous pendant des années. Et c'est uniquement pour cette raison qu'à présent j'esquive à l'aide de petites ruses sa bonté attendrie, luttant moi-même pour ne pas détruire l'image patiemment élaborée de ce moine énergique. Par des hochements de tête je confirme que j'ai bien reçu son message. Le padre Vid prend congé de moi d'une manière presque théâtrale. Je ne puis échapper au sentiment qu'il m'est tout particulièrement reconnaissant d'emporter maintenant avec moi notre secret commun à propos de la belle hôtelière. Il me raccompagne comme si j'étais son complice invétéré, son receleur qui ne l'a pas trahi. Quant à Krsto Krile, il se contente d'afficher un sourire béat, comme lorsqu'il répondait à nos questions empreintes de curiosité par un laconique : « Qui vivra, verra ».

Finalement, je pars. C'est seulement à cet instant que je me rappelle avoir autrefois imaginé certaines évasions secrètes, des embarquements nocturnes réussis grâce à l'aide de frère Diego, dont la vie aventureuse me remplissait de l'espoir qu'il ne refuserait pas de me prêter assistance. Et quand les bonnes sœurs se sont longuement affairées autour de lui pour le rendre plus beau dans son cercueil, je me souviens que je ressentais aussi sa mort comme la perte de mon unique soutien dans ma fuite. Et ces nonnes sévères ! Elles avaient mis le frère Diego en bière sans sa serpe. En l'absence de cet outil, il me faisait penser à un saint à qui l'on aurait, volontairement ou par inadvertance, ôté tous ses attributs, comme si un plaisantin avait enlevé du corps de saint Sébastien toutes les flèches qui s'y trouvent obligatoirement.

Le padre Augustin s'active adroitement autour du moteur. On dirait qu'il fait semblant de ne pas me voir, comme si même ce dernier voyage en commun lui était indifférent. Je luis dis :

« Padre Gusta, voilà, je m'en vais ».

« Eh bien qu'est-ce qu'on peut y faire, puisque tu n'as pas voulu apprendre pour devenir moine », répond-il avec indifférence.

« Je vais regretter la mer », ajouté-je rien que pour montrer au moins un regret au moment de partir. « J'ai envie de devenir capitaine ».

Il me lance, presque rageusement :

« Tu n'es pas fait pour être capitaine, ce n'est pas pour les Valaques »[1].

Son propos me blesse, je ressens le désir de lui faire moi aussi une remarque acerbe, mais je me retiens. Je me contente de lui demander :

« Mais pourquoi aimez-vous tellement la mer ? Le padre Sokol et le padre Leonardo eux aussi l'aiment comme s'ils n'étaient pas moines, s'ils s'écoutaient ils seraient toujours en mer ».

« La mer apporte, la mer emporte », me dit-il vivement, « réfléchis-y ».

De nouveau, je me trouve sur le pont d'un bateau. Je prends le soleil, décontracté, tranquille. « La mer apporte, la mer emporte ». Cela ressemble à une formule de sagesse, forgée depuis longtemps. Qui l'a prononcée le premier et pourquoi ? A mes oreilles elle sonne comme une consolation, énoncée au bon moment, une réconciliation avec les coups inattendus du destin. Comme les paroles prononcées au cimetière par lesquelles les amis ramènent les proches attristés à la réalité. Cette sage formule aurait pu naître dans une maison de capitaine dont la fortune aurait été emportée par la mer. Quoi qu'il en soit, elle est en relation profonde avec le désir de comprendre le sens de la vie comme un équilibre, et sa quiétude fondamentale semble provenir d'une conférence théologique. C'est cela ! Peut-être a-t-elle été murmurée un jour à une oreille au confessionnal ! Et elle fait égale-

[1] Nom que les Turcs employaient de manière péjorative pour désigner les Serbes. (N.d.T.)

ment penser à Krsto Krile. Il la connaît sûrement et l'utilise pour clarifier les énigmes et les secrets des gens qui vivent de la mer. Je me demande où j'ai déjà entendu quelque chose de semblable. Mais bien sûr ! Dans l'Ancien Testament, le tolérant Job accueillait avec la même résignation les messagers du ciel chargés d'éprouver sa fidélité envers Dieu. « Dieu a donné, Dieu a repris », a-t-il dit en surmontant son désespoir. Et jamais il n'a prononcé la moindre parole de révolte, pas plus qu'il n'a émis de doute offensant pour la puissance céleste, qui avait décidé de mettre cruellement à l'épreuve la loyauté de son préféré, de son élu.

Je me rebelle contre cette docilité et considère insupportable cette pensée qui détruit tout espoir, aussi mince soit-il, de modifier le destin de l'homme. Tout dans notre vie est-il donc joué d'avance, l'armure une fois fabriquée restera-t-elle impénétrable jusqu'à la fin ? Et qui pourra deviner les secrets de ce siècle, dont j'ai entendu exposer les contradictions des années durant ?

J'observe une fois encore le sillage blanc et écumeux que laisse le bateau. Celui-ci s'éloigne, et les sillons exemplaires de la mer se rejoignent de nouveau au loin. En guise de souvenir de leur brève rencontre il reste une longue ligne d'écume qui semble me relier à la petite île que j'ai quittée il y a peu de temps, muni des nombreux conseils des moines. Sentant que je partais pour toujours on aurait dit qu'ils tentaient fiévreusement de me communiquer toutes leurs expériences, de vérifier une dernière fois le pouvoir de leurs paroles. Et ils l'ont fait d'une voix douce, inconnue de moi jusque-là, tels des gens sûrs de leur métier et de leurs connaissances. Mais, à l'instar de certains espions, que cachaient-ils dans les méandres de leurs conseils ? Renoncer au monde afin de le diriger, c'est ce que préconisait le padre Maurizio lors des exercices spirituels. Quant au péché, il disait avec l'assurance d'un roublard de ce bas monde : « La seule connaissance du péché commis, quelle que soit son importance, constitue la véritable mesure de sa gravité ».

Visiblement, il voulait créer chez nous autres, petits pécheurs, une sensibilité permanente, un sentiment diffus de culpabilité même après les absolutions périodiques. Ce besoin irrépressible de foi ! Il nous en parlait comme de l'état inné de l'âme humaine. Il citait aussi des laïcs, le mathématicien Carnot qui avait dit quelque part : « La vie nous donne l'aspiration au surnaturel et au miraculeux, et quand elle fait défaut, toutes les interrogations de l'esprit s'achèvent par une douleur de l'âme ». Et le père Leonardo ajoutait au témoignage de ce laïc que la foi en Dieu consiste à créer Dieu, car, comme Dieu nous inculque sa foi en Lui, Dieu se crée sans cesse en nous. Saint Augustin l'a exprimé encore mieux dans ses *Confessions* : « Je Te chercherai, Seigneur, ma foi T'appelle, la foi que Tu m'as donnée, que Tu m'as insufflée par l'amour de l'humanité que Ton fils a manifesté en remplissant son devoir de prédicateur en Ton nom ». Je me dis : voici les chemins de la vie auxquels me destinaient mes professeurs en soutane ! A présent, sur le bateau, je me rappelle avoir rarement entendu à Badija des paroles de doute, rencontré une simple incrédulité quotidienne, apparue dans un moment de découragement. La conviction de leur témoignage s'insère toujours dans des cadres lourds et solennels qui avertissent, menacent, arrêtent implacablement les fugitifs. Et Krsto Krile interprétait même la pensée *mundus vult decipi*[1] comme le souhait du monde d'être dupé, en sous-entendant que les trompeurs sont d'insensés renégats de la foi. J'ai également appris que sainte Thérèse a célébré sa foi inébranlable, militaire, dans l'œuvre intitulée *La Vie*, en écrivant : « N'est-ce pas une chose merveilleuse qu'une pauvre religieuse de San José puisse commander au monde entier et à toutes les connaissances ? » Je me demande comment cette femme fragile a fait pour dompter son âme et son corps, pour s'abandonner sans hésitation à ses terribles visions. Quelle division de travail proposait-elle en prononçant ces paroles : « Que celui qui est pieux prie pour nous, que celui qui est savant nous enseigne, que celui qui est sage nous guide » ?

Soudain, le bateau contourne un îlot. A cet instant j'ai l'impression que le long fil blanc qui me reliait à l'île que j'ai quittée est brusquement coupé. Je me rends immédiatement compte de cette rupture inattendue. Comme dans une crevasse, le fleuve de ma vie disparaît, rejoignant les eaux souterraines de l'enfance. Où et quand apparaîtront-elles à la lumière du jour ?

Dans les grandes familles il est difficile d'établir une liste définitive des parents. De manière totalement inattendue, de lointaines tantes font leur apparition dans votre vie, puis des cousines et des cousins, voire des personnes qui se trouvent dans les pages des vieux albums familiaux. Parfois, de la façon la plus curieuse, ces inconnus

[1] Les gens veulent être trompés.

rejoignent l'arbre familial dans lequel ils se nichent solidement, comme si celui-ci avait toujours gardé pour eux le lit qui leur revient. Ainsi, je n'avais jamais entendu dire qu'à Sremski Karlovci nous avions une tante nommée Pava Vrhovac. Mamie l'avait une seule fois mentionnée, en passant, comme exemple de parenté ennuyant le monde avec ses rapports périodiques sur sa propre santé. Son mari, proviseur du lycée de Sremski Karlovci à la retraite, est le fameux tonton Rada, illustre pédagogue, historien littéraire et pendant de longues années président de la « Société Littéraire Serbe ». Ce fait a certainement été déterminant pour la poursuite de ma scolarité dans un autre milieu.

« Il a assez écouté ces moines catholiques et leur *dominus vobiscum* »[1], a dit mamie Katica à mon père, « il est grand temps que cet enfant entende quelques paroles serbes. Je vais écrire à ma cousine Pava Vrhovac pour qu'elle attelle au travail son ennuyeux maître d'école, qui pourrait nous aider et montrer ses sensibilités pédagogiques. J'aime ces cousins qui ne font que vous importuner, qui vous demandent toujours quelque chose, qui ne sont jamais disposés à faire quoi que ce soit, jamais contents ».

C'est ainsi que j'ai changé de milieu, car tante Pava a rapidement répondu que je pouvais venir, en promettant, au nom de son mari, comme toutes les femmes opiniâtres qui dirigent le foyer, que je serais soumis à une surveillance quotidienne.

Ma première rencontre avec ces parents perdus de vue Dieu sait quand et à présent retrouvés a immédiatement confirmé l'exactitude des paroles de tante Pava. Le couple Vrhovac habitait une petite maison sur un niveau dotée d'une grande terrasse et d'un jardin rempli de fleurs qui était laissé aux bons soins du vieux proviseur, comme à un Cincinnatus à la retraite.

« C'est son royaume et je ne m'en mêle pas », m'a averti tante Pava sur un ton d'intimité appuyée, qui indiquait en même temps, d'une manière aimable, les limites exactes de la souveraineté domestique.

Le vieux proviseur était élancé, extrêmement méticuleux, et il aimait croiser les mains derrière le dos. Ses pas étaient lents et solennels comme ceux d'un homme qui toute sa vie durant a marché dans les longs couloirs d'un lycée, désirant être vu de tous et laisser une

[1] Le Seigneur est avec vous.

bonne impression. Il avait un regard sévère d'examinateur, de juge, et c'est seulement de temps en temps que s'allumait dans ses yeux l'étincelle d'une curiosité particulière, inattendue. Il se tenait dans le petit salon dans lequel je buvais du café en attendant patiemment que tante Pava fasse une petite pause. Il accueillit en silence toutes les nouvelles que j'apportais, tandis que tante Pava buvait mes paroles comme si elle voulait ainsi, en vitesse, compenser toutes ces longues années où, pour des raisons inconnues de moi, elle avait été exclue des événements familiaux. Sans doute avait-elle toujours ressenti cet état de choses comme une injustice, car elle interrompait souvent mon récit par des exclamations : « Mon Dieu, mon Dieu, mais je l'ignorais totalement, comme si nous ne faisions pas partie de la même famille, mon Dieu, ce n'est pas bien, oh ! là là !, personne ne m'a informée, même pas par une carte postale, eh bien, si notre défunt grand-père savait comment une partie de la famille a été mise à l'écart, Rada, tu entends ce que le petit raconte ? »

Pendant ce temps, tonton Rada regardait stoïquement un lointain accessible à lui seul, en imaginant les questions susceptibles de vérifier mes connaissances de la langue grecque. Toutes ces tempêtes familiales semblaient rapidement s'apaiser à ses yeux devant la beauté de l'analyse linguistique des textes anciens. Il se tenait debout de la même façon raide et quelque peu absente, ainsi que je l'avais vu sur la grande photographie encadrée posée sur le piano et sur le portrait fort ressemblant que Predić avait fait de lui avec ses décorations. Croisant l'un de mes regards dissimulés, tante Pava s'est manifestée, pour la énième fois, en tant que seule et digne interprète de la gloire de son mari : « Ce portrait de Rada a été peint par Uroš Predić, quand mon mari a reçu l'Ordre de Saint-Sava de première classe[1]. Je voulais qu'il en reste un souvenir. Ne dirait-on pas qu'il est vivant ? Ce Predić était un grand peintre. Tu devrais voir ses tableaux dans la chapelle du Palais, il y a peint une Vierge Marie belle comme une œuvre de Raphaël. Les défunts patriarches Georgije Branković et Lukijan Bogdanović le considéraient comme leur peintre officiel, et, de leur temps, c'était vraiment la belle époque à Karlovci. Rada, montre à cet enfant tes autres décorations ».

A ses gestes adroits, presque dociles, j'ai deviné que tonton Rada avait déjà sorti un nombre incalculable de fois de la vitrine Bieder-

[1] Décerné par le roi Alexandre de Yougoslavie. (N.d.T.)

meier les boîtes multicolores contenant ses décorations, organisant ainsi, selon le vœu de tante Pava, sa petite exposition forcée sur le piano.

« Explique à cet enfant de quelle décoration il s'agit », a-t-elle dit en poussant une boîte rouge ouverte sur le velours de laquelle trônait orgueilleusement une croix d'émail blanc, « moi, je me trompe toujours ».

« C'est la Croix de Danilo, de deuxième classe », répondit tonton Rada, « une décoration monténégrine qu'on porte autour du cou, et ceci, c'est l'Etoile de Karageorges sans épées qu'on décerne uniquement pour services personnels rendus à la dynastie ».

« Dans notre ville de Karlovci, personne n'est ainsi décoré d'ordres nationaux. On peut trouver à la rigueur quelques porteurs de médailles autrichiennes, mais l'Ordre de Saint-Sava de première classe, ça, tu ne le découvriras pas ici », a dit fièrement tante Pava.

La petite représentation s'est achevée, tonton Rada a habilement enlevé du piano les accessoires bariolés de sa petite mise en scène.

« Je dois arroser les fleurs », a-t-il dit d'un ton tranchant, comme s'il se lançait un ordre à lui-même, pour chercher une issue à une gêne inattendue.

Pendant qu'il arrosait les plantes, tante Pava complétait son inévitable bulletin de santé.

« Karlovci est une ville humide, or je souffre de rhumatisme et de la goutte. Il faudrait aller à Ischl, mais nous n'en avons jamais le temps. Rada écrit à présent un livre sur Djuro Daničić[1], et il a aussi du travail pour la Société Littéraire Serbe, à ne plus savoir où donner de la tête. Tu as sans doute entendu parler de Daničić ? C'est le linguiste qui a élaboré des dictionnaires. Eh bien, reviens nous voir, je dois te présenter à quelques bonnes familles de Karlovci. Ici tout est *herabgekommen und verfallen*[2], mais il demeure quand même des gens bien, Karlovci n'est tout de même un village, on y trouve de la bonne société qui a vu des temps meilleurs ».

Elle a tenu sa promesse, cette infatigable, ingénieuse tante Pava. Une fois elle m'accueille sur le seuil avec la phrase suivante :

« Aujourd'hui il n'y a ni kouglof, ni textes grecs, on nous attend

[1] Djuro Daničić (1825-1882), célèbre philologue et grammairien serbe. (N.d.T.)
[2] Dégradé et décrépit.

chez les barons, dis bonjour à tonton Rada dans le jardin, nous partons tout de suite ».

Je l'accompagne dans les rues étroites et sinueuses avec une crainte révérencielle, tandis que, tel un guide infatigable, elle me désigne les maisons des bourgeois de Karlovci et me raconte leur histoire.

« Ceci est la maison des Smotrin, et le libraire s'appelle Radivoje Zagorica, il porte le même prénom que ton tonton Rada, seulement il est un peu toqué. Il s'est fourré dans la tête qu'il a vendu à quelqu'un un authentique Stradivarius, qu'il avait ramené de Russie, où il était *Kriegsgefangener, der arme Narr spinnt*[1], mais c'est l'histoire qu'il raconte à tout le monde.

Et ici habite notre archiprêtre Sabovljević, on l'appelle le pope Planche. C'est un homme maigre, calme, bon et affable, *aber dumm wie Nacht*[2]. Tonton Rada a du mal à le supporter, il lui est pénible même quand il bénit notre eau. Il a prononcé le sermon suivant à un enterrement :

— Celui qui naît doit mourir, c'est ainsi que notre défunte est née, a vécu et est morte. — Des rires ont fusé dans l'église. Là, ce sont les Miljušević. Aujourd'hui Miljuš est le bourgmestre de Karlovci, mais on l'appelle encore le magouilleur, car autrefois il a intrigué avec les radicaux avant de décrocher le siège de maire. Du temps de l'ancienne Monarchie au moins on savait qui était qui, alors qu'aujourd'hui, *Gott erbarme dich*[3], tu verras à quoi ressemble le palais du patriarche, on dirait un capharnaüm ».

Jusqu'au palais Ilion de Rajačić[4], j'ai déjà pu voir plusieurs maisons de Karlovci. La façon qu'a tante Pava de fournir des renseignements me rappelle mamie, nos promenades autour de Cmrok, quand elle me parlait avec une implacable causticité des villas nouvellement construites et de leurs propriétaires. Elle avait toujours détesté les parvenus et tous ceux qui faisaient étalage de leurs richesses. Alors, en suivant les sautillements rapides de tante Pava dans les ruelles de Karlovci, j'ai l'impression d'écouter un réquisitoire contre les gens qui, par leur comportement, ont troublé un ordre bien établi. Ces deux femmes en colère parlent en parasites, indignes à force de

[1] Prisonnier de guerre, il délire, le pauvre fou.

[2] Mais bête comme la nuit.

[3] Dieu me pardonne.

[4] Josif Rajačić (1785-1861), patriarche serbe ; sa circonscription ecclésiastique couvrait uniquement la Hongrie. (N.d.T.)

ternir l'image de leur monde. Un petit agent électoral du parti radical, un intrigant et un arriviste est devenu maire de Karlovci, et ce saut jusqu'au sommet du pouvoir se transforme en exemple de chute sociale, en un tableau de la décadence générale. Le pope Planche est destiné une fois pour toutes à être un prêtre de village, or l'eau pour la fête patronale dans la maison des Vrhovac ne peut être bénie que par quelque personnage de la cour qui a obtenu un diplôme de théologie à Tchernovtsy, voire la Faculté de théologie à Moscou ou à Kiev. Tout le reste n'est que balivernes, comme dirait ma grand-mère.

Les deux frères Rajačić représentent la personnification d'un ordre très ancien, idéal, qui leur permet aujourd'hui, dans ces circonstances malheureuses, orageuses, d'affronter la réalité, ne serait-ce que grâce à leur persévérance, dans la dignité. Une disparition silencieuse dans une résistance muette, pleine de dépit, semble se cacher derrière la solide grille d'entrée de leur palais. Celui-ci est rempli de trophées de chasse, de collections d'armes, il contient une grande bibliothèque et des portraits des membres de la famille, réalisés presque de manière calligraphique par Predić, avec les inévitables armoiries familiales dans l'angle supérieur droit. On dirait que cette maison bondée garde et dissimule le secret de leurs véritables difficultés financières. Tante Pava le dit elle-même, avec les explications suivantes : « A propos des Rajačić, on peut dire ceci : *Nobel geht die Welt zugrunde*[1] ». Car même à leur « belle époque » ils n'ont jamais été particulièrement riches. Le baron Vlada, qu'on appelait le Grand Baron, portait un loden tyrolien raccomodé aux coudes avec des morceaux de cuir en forme de cœur, un pantalon de velours et des souliers passablement usés. C'était une juxtaposition bizarre combinant habits de garde-chasse de noble autrichien et tenue de promenade vespérale d'un résident de station thermale. Sa belle tête était ornée d'une épaisse chevelure grise à la raie soigneusement dessinée. Il était connu dans toute la région comme un fameux trousseur de jupons et chasseur. Quant à sa gloire d'autrefois, à présent seule en témoigne la conduite assurée d'un homme qui n'a rien oublié du monde de la noblesse hongroise dont il était fréquemment l'invité. Il est également trahi par ses yeux joyeux et brillants, dont le scintillement correspond au frémissement ironique de ses lèvres minces, de sorte qu'on ne sait jamais s'il se

[1] Le monde sombre élégamment.

moque de lui-même ou des autres. De haute taille, nous laissant le précéder de deux marches, il nous pousse à avancer tel un vrai maître de maison, en bredouillant des mots de bienvenue.

« Je vous en prie, Madame Pava, veuillez entrer, il y a longtemps que vous n'êtes pas venue chez nous, comme si nous ne vivions pas dans la même ville, et ce jeune homme doit être votre neveu, dont j'ai bien connu le grand-père, et je suis bien content de faire la connaissance du petit-fils ».

Le baron fait preuve des mêmes manières intimes, quelque peu condescendantes, dans le salon, tournant même de temps en temps sa tête léonine vers moi.

« Je respectais ton grand-père, bien que les indépendants m'aient considéré comme trop apolitique », me dit-il avec une sympathie évidente. « Ils avaient à l'égard des Hongrois un comportement de juristes, *zu bürgerlich und zu heftig*[1], je n'arrivais pas à leur faire comprendre que j'aurais pu mieux promouvoir leur cause *als Du-Freund des Grafen Tisza und im ungarischen Oberhaus sitzend*[2], plutôt qu'en m'agitant dans leurs réunions électorales de villages. *Aber das konnte man der ganzen Herrschaft einfach nicht beibringen*[3]. Tout simplement, ils n'ont jamais compris la mentalité des magnats magyars, tout cela ressemblait trop à un compromis, une vulgaire compromission. *Im Gegenteil*[4], il aurait fallu agir *grosszügig*[5] et tout se serait arrangé. Le vieux Šumanović le leur avait bien conseillé, lui aussi, *ein kluger Kopf*[6], et même le patriarche Lukijan, qui connaissait parfaitement les Hongrois. Mais tout cela a été mal conduit, et aujourd'hui on en mesure les conséquences ».

Au beau milieu de la conversation, comme par un fait exprès, apparaissent, sortant de leurs chambres, deux autres Rajačić : le baron Joca, dit le Gros Baron, et la baronne Sofija, une femme silencieuse dépourvue de surnom. Le Gros Baron se déplace difficilement et baise avec effort la main de tante Pava, presque engloutie dans un grand fauteuil Biedermeier. On remarque à peine ses moustaches grises

[1] Trop bourgeois et trop violent.

[2] En tant qu'amis à tu et à toi du comte Tisza, et en siégeant à la Chambre haute de Hongrie.

[3] Mais il n'y avait pas moyen de fourrer ça dans la tête de ces messieurs.

[4] Au contraire.

[5] Généreusement.

[6] Une tête sage.

taillées à cause de ses solides joues charnues, dont les formes boursouflées font presque disparaître ses yeux, si bien qu'il ressemble à un myope contraint de cligner les yeux en permanence. Lui aussi mentionne immédiatement grand-père, se souvenant, comme il dit, « de nos glorieuses journées à l'Assemblée ». Sans entrée en matière ni préparation particulières, il m'apprend qu'à l'Assemblée il était membre de la Coalition et qu'après 1918 il n'a plus été possible de travailler avec Pribičević[1]. « Ce tyran a dispersé toute la vieille garde des Indépendants pour s'entourer de bons à rien, de poltrons et de crâneurs. Aujourd'hui il est aux côtés de Radić contre le roi, demain avec le roi contre Radić, et on appelle ça de la politique ! » Ma bonne tante Pava approuve résolument tous ces jugements du baron contre d'anciens hommes politiques, en introduisant dans la conversation quelques autres désillusions.

« Monsieur Joca, vous avez bien parlé », s'exclame-t-elle presque joyeusement, « mon Rada aussi dit toujours : des temps nouveaux sont venus avec un véritable *Umwertung aller Werte*[2]. Regardez seulement en quoi s'est transformée notre belle ville de Karlovci, autrefois lieu de séjour de l'aristocratie : en un vulgaire village. Mon Rada dit qu'il regrette surtout le vieux lycée, *eine wahre Kulturschande*[3], l'état dans lequel il se trouve aujourd'hui, et ces professeurs actuels — pourvu que cet enfant n'entende pas — sont tous venus de Serbie, ils ressemblent à des gueux, l'ancien patronage ne les aurait même pas engagés comme surveillants, souvenez-vous de l'époque où le proviseur était Šaca Cakić, celui qui donnait un billet de mille lors de la collecte annuelle au profit du lycée. Et ces allocutions au lycée avec le patriarche Georgije Branković, à présent tout cela est *vorbei, aber das Schlimmste kommt erst jetzt heran*[4] ».

« Oui, oui, madame Pava », acquiesce le Gros Baron, « comme vous le savez, nous nous sommes tous retirés, qui pourrait lutter contre cette immense vulgarité ? *Man schliesst die Tore und man will nichts mehr wissen*[5]. Nous mourrons inconnus[6], ai-je lu quelque part

[1] Svetozar Pribičević (1875-1936), homme politique serbe de Croatie; il a favorisé l'union politique des Serbes et des Croates en Croatie et créé le parti Indépendant. (N.d.T.)

[2] Bouleversement de toutes les valeurs.

[3] (C'est) une véritable honte culturelle.

[4] Du passé, mais le pire est encore à venir.

[5] On ferme les volets et on ne veut plus rien savoir.

[6] En français dans le texte. (N.d.T.)

chez Balzac, voilà, *das gebührt uns noch*[1], avant que nous ne partions pour le cimetière de Cerat. D'ailleurs, le plus tôt sera le mieux, et surtout sans tam-tam », conclut-il calmement, tandis que la baronne Sofija, cette femme discrète sans surnom, hoche dignement la tête en signe d'approbation de l'amertume de son frère.

Je raccompagne tante Pava chez elle. Elle me demande avec curiosité quelle impression m'ont laissée les barons et la baronne.

« Eh bien, tante Pava, me défends-je prudemment, « ce sont certainement des gens bien, mais ils semblent un peu hors du temps, ce que d'ailleurs ils ne cachent pas ; quelque chose d'infiniment triste paraît s'être glissé dans cette maison remplie, dans laquelle il n'y a pas vraiment de vie ».

« Tiens, tiens, mais tu as saisi cela très finement », poursuit tante Pava, « les Rajačić sont depuis longtemps déjà les barons *Habenichts und brauche viel*[2]. Il faut entretenir une telle maison, elle engloutit, or sans argent que vaut un *Titel ohne Mittel*[3]. Sans doute n'as-tu même pas remarqué qu'ils sont tous brouillés entre eux, que personne ne parle avec personne, car, malgré tout, devant les invités ils restent assis ensemble et, comme tu l'as vu, discutent aimablement. Quand les visiteurs s'en vont, chacun se retire de nouveau *und pflanzt eigene Wut*[4], leur querelle ne regarde personne. *Äusserlich*[5], la façade doit apparaître intacte. Notre paysannerie, elle, *zeigt seine Schmutzige Wäsche*[6], tu verras, tout dans la rue, c'est ainsi que l'on vit ici, dans notre ville de Karlovci devenue si grossière.

Et qui, à Karlovci, comprendrait le geste du Gros Baron au sanatorium viennois de Löw où il se faisait soigner après une opération ? Bien entendu, moyennant finance, il disposait d'une chambre individuelle. Il était donc allongé sur son lit lorsqu'est entrée la visite principale avec à sa tête le célèbre professeur Eislberg. *Ein Begriff in der Wiener Medezin*[7]. Il était entouré de médecins, d'infirmières, d'internes, toute une troupe. *« Wie gehts Ihnen, Herr Baron ? »*[8] — lui a demandé Eislberg avant de s'asseoir d'un mouvement léger sur le

[1] C'est ce qui nous attend.
[2] Je n'ai rien, mais il me faut beaucoup.
[3] Titre sans moyens.
[4] Et plante sa propre rage.
[5] Dehors.
[6] Montre son linge sale.
[7] Une sommité de la médecine viennoise.
[8] Comment allez-vous, Monsieur le baron ?

bord du lit, élégamment, à la viennoise. Mais notre baron s'est écrié avec colère, comme si on l'avait échaudé : *Nein, nicht auf mein Bett*[1]. Eislberg n'en croyait pas ses oreilles, qu'un obscur baron serbe le force à se lever d'un lit d'hôpital sur lequel, *nichts Böses ahnend*[2], il s'était assis. Et qu'a-t-il fait ? Il s'est levé et sans un mot est sorti de la chambre du malade dans laquelle il n'a plus jamais pénétré, laissant la responsabilité des soins à un jeune médecin. Voilà, c'est ainsi qu'était notre baron Joca, un original et un obstiné en toutes circonstances. *Ein wahrer Sonderling*[3] ».

Une nouvelle fois, tante Pava a raison. A la maison, au marché, mes logeurs n'aiment pas les Rajačić, de sorte que j'entends toutes sortes d'histoires peu flatteuses sur leur compte.

« Des barons, tu parles ! » maugrée mon propriétaire, « et pour ce qui est du patriotisme, n'en parlons pas ! Le Grand Baron est un vulgaire escroc. Son premier argent, il l'a pris au pharmacien Kronić de Sombor en même temps que sa fille. Une fois l'argent dépensé, le mariage s'est brisé. Les Hongrois l'ont nommé préfet de Sombor, car à Budapest il rampait devant leurs comtes. Ils lui ont donné la préfecture de Sombor pour se débarrasser de lui et pour lui payer son dû. Ouvrez les yeux, jeune homme, regardez les choses derrière les coulisses. Et le Gros Baron ? C'est vrai qu'il a siégé à l'Assemblée nationale de Croatie à Zagreb, de Hongrie à Budapest, et à la nôtre, ici, à Karlovci, mais nulle part il n'a laissé de souvenir marquant. De plus ce type-là ne pensait qu'à son estomac. Il était la terreur des monastères de la Fruška Gora ; quand il attaquait un repas, il n'en laissait pas une miette. Il ne faut pas me parler non plus du patriotisme des Rajačić. C'est comique ! A votre avis, pourquoi a-t-il maintenant accepté d'entrer au conseil d'administration de la cimenterie de Beočin, qui est en procès depuis un bon demi-siècle avec l'Eglise serbe ? Vous savez sans doute que c'est du capital juif venant de Budapest et que ce soi-disant patriote encaisse 10 000 dinars par mois, car il sert d'homme de paille à ces rusés Juifs. Il a tout simplement vendu son nom et cédé la société à des étrangers. Et même la briqueterie « Stražilovo », il n'en est pas le véritable propriétaire, c'est un conte pour enfants, ce n'est qu'une combine ».

[1] Non, pas sur mon lit.
[2] Sans rien pressentir de mauvais.
[3] Vraiment quelqu'un d'extravagant.

La maîtresse de maison, qui attendait sagement l'instant propice pour ajouter son grain de sel et ainsi saper les fondations de l'orgueilleuse maison des Rajačić, intervient :

« Vous n'êtes pas d'ici », dit-elle comme pour justifier sincèrement mon ignorance, « c'est pour ça que vous ne savez pas qui sont les Rajačić. Le Grand Baron a épousé la jeune fille de Sombor qui disposait de la plus grosse dot, uniquement pour l'argent. Alors, pour le prestige, son beau-père lui a fait construire un véritable château, qui ne déparerait pas Vienne. Et à cette folle de Kronić le titre de baronne est monté à la tête, aussi a-t-elle apposé ses armoiries partout, sur la vaisselle, sur son carrosse, sur son linge. Les laquais en livrée, le couvert, les fiacres, tout ce cirque était payé par le vieux Kronić. Personne ne savait monnayer son titre creux de baron comme Rajačić. Et je ne vous parle même pas du Gros Baron ! Celui-là, il vit avec une comtesse russe ruinée, aussi grosse que lui, dont on dit qu'autrefois elle était très belle. Elle a toujours les joues rouges à cause de certaines piqûres, les charlatans de la cosmétique à Paris lui ont joué un tour, et à présent cette teinte ne veut plus s'en aller. Vous verrez, elle a l'air d'une putain. Quant à cette fofolle de baronne Sofija, elle a attendu les prétendants, a tardé à choisir, et finalement est restée vieille fille ; ses frères la détestent et elle le leur rend bien, seule la nourriture lui est accordée gratuitement, des valets hongrois lui apportent ses repas dans sa chambre, elle ne peut même pas mettre un pied dans la cuisine car ses frères craignent qu'elle ne verse du verre pilé dans leur potage. Belle famille, n'est-ce pas ? »

A présent il apparaît clairement que toutes les familles bourgeoises de Karlovci ont une opinion solidement ancrée au sujet des seuls barons de la ville. On dirait qu'il existe une discordance, une barrière invisible entre eux et ces aristocrates repliés sur eux-mêmes qui dorment encore dans des lits à baldaquin, qui évitent à dessein toutes les fêtes patriotiques, les conférences scolaires, et même leurs propres bancs à l'église. C'est précisément leur refus de participer à ces événements locaux, quotidiens, qui semble enflammer l'imagination des habitants de Karlovci, qui s'efforcent en vain de pénétrer dans l'orgueilleux isolement de la maison Rajačić, dont tonton Rada me raconte l'histoire.

« De tous les Rajačić, seul le patriarche Josif mérite qu'on se souvienne de lui. C'était un homme impétueux, un fils de soldat frontalier qui avait troqué par hasard l'uniforme militaire contre l'habit de moine. A un carrefour de l'histoire serbe, en tant que légitime gardien du statut privilégié du peuple serbe dans la Monarchie des Habsbourg, il s'est trouvé devant un dangereux dilemme : quel Empire choisir ? D'un côté la Hongrie, et de l'autre la cour de Vienne. Il a opté pour cette dernière, espérant l'indulgence impériale en récompense des faits d'armes des Serbes. Il ne pensait pas qu'on pût abattre la Monarchie habsbourgeoise. Or Vienne l'a dupé, d'une manière semblable à celle utilisée avec le ban Jelačić. Qu'est-ce que tu veux », ajoute-t-il presque résigné, « nous sommes un petit peuple, un fétu de paille au milieu d'un tourbillon, comme le dit Njegoš dans ses poèmes, ainsi que notre Laza Kostić dans *Pera de Szeged*, lorsque le capitaine Pera expose la douloureuse vérité :

— A présent je vois bien ce qui nous tue, à côté d'un cœur de serpent une conscience de colombe.

Et ensuite ? L'empereur a consolé le vieux patriarche en lui donnant le titre de baron, par l'ordre de Léopold, et le grade de conseiller secret. De tout cela le peuple serbe n'a rien tiré, ce n'étaient que des titres vides ; quand à celui de baron, le patriarche l'a transmis à son frère. Voilà, c'est ainsi que nos modestes gens de la Lika sont devenus barons, avec dans leur emblème la devise suivante en allemand : *Durch des Volkes Stimme die Macht beginne*[1]. Tu as dû la voir au palais sur la prétentieuse gravure sur bois réalisée par le Tchèque Hoberka. Au mépris de nos si nombreux artistes, où sont-ils allés chercher cet obscur anonyme ? »

Tante Pava termine dans la joie et la plaisanterie ce cours d'histoire par le récit de la mort du patriarche.

« Voici comment cela s'est passé », dit-elle, « quand le vieux patriarche était couché dans son lit. Tous ses parents avides s'étaient rassemblés autour du vieillard, rien que des parvenus, prétendument venus lui apporter du réconfort dans ses derniers instants. Ils le tâtaient et le déplaçaient sur le lit, sans ménagement, et tous cherchaient de leurs mains, sous l'oreiller, les clefs de l'armoire. Le patriarche respirait à peine, tout le monde pensait qu'il était déjà mort, quand soudain le vieillard ouvrit les yeux et dit : "Laissez-moi au moins ma montre, pour que je sache à quelle heure je mourrai". As-tu

[1] Grâce à la voix du peuple, la puissance s'instaure.

jamais entendu meilleur récit sur les parvenus ? *Traurig aber wahr*[1], n'est-ce pas ? »

Avec les renseignements que j'ai recueillis, j'essaye de mieux cerner les Rajačić. Je les observe comme dans un miroir déformant, mais je désire ardemment saisir leur véritable visage. Car, de toute évidence, les traits déformés que leur attribuent implacablement et impitoyablement les autres citadins ne semblent pas être les leurs. Je me demande où sont les racines qui ont brouillé la vérité et ce qui a définitivement séparé ces gens les uns des autres. Personne ne m'aide dans la résolution de cette énigme, et l'orgueilleux isolement du baron Rajačić m'oppresse d'un poids inhabituel. Je continue à leur rendre visite de temps en temps, et j'écoute, inlassablement répétés, les récits des temps révolus où leur parole signifiait quelque chose. Ils me font penser à des acteurs qui auraient appris par cœur un grand rôle sans jamais le jouer. Aussi, leurs grandes phrases tardives, prononcées à contretemps faute d'avoir été dites devant les Assemblées nationales, dans le feu de discussions passionnées, semblent-elles ridicules, maintenant, ici, dans ce salon silencieux dont les housses ont craqué à plusieurs endroits.

« La vérité sur la Coalition », dit le Gros Baron Joca, « qui vous la révélera aujourd'hui ? Avec ma parole d'honneur de magnat je me suis efforcé de convaincre le comte Tisza que la Coalition n'avait pas adopté des positions de haute trahison et que c'était une attitude purement viennoise, je les ai protégés autant que j'ai pu. Et en guise de remerciement on m'a traité de magyarophile. Je le sais bien, à défaut de le dire ouvertement, on l'a chuchoté derrière mon dos. D'ailleurs, aujourd'hui on peut l'affirmer librement, Tisza avait fort bien senti que la destruction de la Monarchie était et demeurait notre véritable objectif. *Bewusst habe ich ihn belogen*[2], si vous voulez, je me suis sacrifié, mais aujourd'hui cela n'intéresse plus personne. Nos démagogues actuels savent mieux comment on fait de la politique et comment on gouverne nos gens corruptibles. De nos jours chacun se considère comme prédestiné de par la volonté de Dieu à s'asseoir sur les bancs de l'Assemblée nationale et à interpréter la volonté populaire par des bavardages de café du commerce. Vous-même, vous lisez

[1] Triste, mais vrai.
[2] Je luis mentais sciemment.

sans doute tout ce qu'on ressasse aujourd'hui sous prétexte de patriotisme, aussi tout va *schief, und das Schlimmste ist noch nicht gekommen*[1].

Je remarque que tous les habitants de la ville participent à l'unisson aux lamentations sur le Karlovci d'aujourd'hui. Tonton Rada m'a déjà parlé de l'état lamentable du lycée autrefois célèbre, dont le grand patron avait toujours été le patriarche serbe lui-même. Progressivement, j'en apprends de plus en plus à propos de l'éclat que connut jadis le Patriarcat, cet immense palais de style néo-Renaissance de Georgije Branković que ses maîtres ont quitté, transférant le siège du Patriarcat à Belgrade[2]. Les premières données m'ont été fournies par le vieux Cveja, le seul porteur de Karlovci, ancien soldat de Borojević, qui, à la lointaine et glorieuse époque du Patriarcat, était écuyer au palais.

« Tonton Cveja », je l'interroge avec curiosité, « vous qui avez servi deux patriarches serbes, dites-moi donc à quoi ressemblait la vie alors ».

« Eh, mon bon monsieur », me répond-il sans dissimuler sa nostalgie de serviteur sincèrement dévoué du bon vieux temps, « ça c'était la vraie vie ! La voiture du patriarche était tirée par six chevaux fringants, gris, avec un cocher, un laquais et un hussard. Et les fêtes organisées au palais réunissaient jusqu'à quarante personnes, après quoi les domestiques recevaient chacun une petite pièce d'or, et, ma foi, parfois même une grande. Les diacres, dans leur soutane de soie, voletaient comme des anges, tandis que les évêques, le patriarche et l'archimandrite de la Fruška Gora étincelaient dans la soie, le velours et les brillants ; les croix et les insignes sacerdotaux des évêques scintillaient même dans le noir, un aveugle aurait pu savoir quoi appartenait à qui, une seule pierre valait une demi-métairie. C'étaient de grands messieurs, ils s'y connaissaient en tout, fréquentaient l'empereur, et quand ils goûtaient du vin, ils savaient de quel monastère il venait, quel était son millésime et si les fûts avaient été bons, nul ne pouvait les tromper ».

« Bon, tonton Cveja, mais que se passe-t-il aujourd'hui, comment

[1] Mal, mais le pire n'est pas encore venu.
[2] En 1920, après la création de la Yougoslavie. (N.d.T.)

se fait-il que tout cela se soit écroulé comme si ça n'avait jamais existé ? »

« Je me le demande moi-même, mon bon monsieur, c'est à n'en pas croire ses yeux », dit-il posément, tel un homme qui aurait déjà trouvé ses propres réponses à de semblables questions depuis longtemps. « D'autres temps sont sans doute venus. J'ai tout de suite su que quelque chose comme ça se produirait, quand, après la guerre, le métropolite de Belgrade Dimitrije a été nommé patriarche. J'étais au marché en train d'acheter du raisin, la récolte avait été abondante, surtout pour le « Plemenka », lorsque j'ai aperçu le vieux patriarche assis sur le perron du palais ; il avait relevé sa soutane, s'était déchaussé et exposait tranquillement ses pieds nus au soleil. On disait qu'ils le faisaient souffrir de rhumatisme. Alors, moi j'ai dit :

— Les amis, c'est fini, nous ne pourrons plus rien tirer de celui-là, nous sommes bel et bien en train de sombrer, il n'y a plus de messieurs.

Et j'avais raison ! Alors tout le mobilier du palais a été emballé comme s'il allait à la criée, et en route pour Belgrade. Depuis on n'a plus vu venir un chat, sauf une fois le roi Alexandre, et on a eu toutes les peines du monde à trouver des couverts convenables pour le déjeuner. Même les chevaux ont été vendus, et les fiacres du palais, rangés dans la remise, sont mangés de rouille ; on a essayé de les vendre aux cochers de Novi Sad, mais ceux-ci n'en veulent pas, le prix étant trop élevé. Une véritable décomposition de tous les côtés. Ces Serbes de Serbie vendraient tout ce qui existe, vous n'êtes pas de cet avis ? Eh, si le patriarche Georgije se levait de sa tombe et voyait toutes ces bizarreries et ces hontes, il frapperait tous ces gens avec sa crosse ».

« Reste-t-il quelqu'un de l'ancien personnel ? » lui demandé-je uniquement pour savoir à quoi ressemble la brusque évacuation d'une aussi grande maison.

« Le chef cuisinier est parti pour Belgrade, où il a trouvé une place dans un hôtel. Les autres sont allés chacun de son côté. L'administrateur du palais, monsieur Ilija Dobrodolac, celui que sa femme appelle Ikis, est resté, lui. Tout son travail se réduit à se promener de temps en temps dans le palais désert, et à chasser les chauves-souris avec sa canne. Papa Laza, le sommelier, est resté lui aussi, à présent il agite les vins du monastère. Il le dit très bien lui-même :

— Ça aussi c'est bon pour les gens de Belgrade. Il n'y a plus de véritables dégustateurs.

Le jardinier est également resté, mais on dirait que ce gars-là ne plante que des mauvaises herbes. Ce bon à rien affirme que ça ne vaut pas le coup de cultiver les fleurs puisque de toute façon les lycéens et les étudiants du séminaire les arrachent. Les fontaines du jardin sont taries, quant au pavillon du patriarche, plus personne ne le repeint, le bois s'est desséché et à la première bourrasque le toit va s'effondrer. Et, mon bon monsieur, j'imaginais ça autrement. Sur le Piave, sous le commandement du général Borojević, j'ai conduit des barges, c'était la guerre, les Italiens nous pilonnaient dans les marécages, et moi, affamé et misérable, je ne faisais que rêver de mon Karlovci et de patriarches en soie rouge. Je me disais : "Mon bon Cveja, quand tu rentreras de la guerre, tu te présenteras au rapport devant le vicaire du patriarche, tu lui demanderas poliment de te promouvoir huissier, peut-être même laquais, tu t'es assez longtemps occupé des chevaux ".

— Monseigneur — lui dirai-je calmement — Cveja est revenu de la guerre, et il ne veut servir que ses maîtres, il en a assez des étrangers. Cveja a appris beaucoup de choses et il peut être utile à Sa Sainteté, car il a servi deux patriarches serbes, et si les Fritz n'avaient pas tué le patriarche Lukijan, celui-ci l'aurait promu majordome. Mais après lui les Serbes n'ont pas osé élire un nouveau patriarche, au lieu de quoi ils ont pris le vieil évêque de Pakrac, Miron, comme administrateur, un homme bon qui a mené l'Eglise serbe durant la période de guerre, il a protégé les popes autant qu'il a pu ; le rusé Miron a même réussi à tirer d'affaire le prêtre de Bukovac qui, pendant l'office, avait fait mention de l'empereur Charles, ce qui lui avait valu d'être emmené à Petrovaradin pour être jugé par une cour martiale pour crime de lèse-majesté, ce type-là aurait pu connaître la corde. On raconte que Miron a immédiatement invité le général à déjeuner, que ça s'est bien passé, qu'il a conseillé à ses prêtres de se tenir tranquilles, de rendre à Dieu ce qui est à Dieu et à César ce qui est à César, c'était la guerre et le pot de terre ne peut pas lutter contre le pot de fer, l'essentiel était de sauver nos folles têtes serbes. Mais ça n'a servi à rien, c'est moi qui vous le dis. Ce pope de Bukovac, à qui feu Miron avait sauvé la tête, à peine la guerre était-elle finie qu'il se rendait au consistoire pour porter plainte contre lui pour avoir aidé les Fritz et prié pour les armes impériales. Alors ils ont fait comparaître Miron devant un tribunal ecclésiastique, ils voulaient même lui enlever sa mitre, le fourrer dans un monastère, j'ignore comment ça c'est arrangé. Frappe les coupables, Seigneur, car les justes sont depuis longtemps déjà dans la tombe. Mon bon monsieur, ce palais renferme de grands secrets, si seulement les murs pouvaient parler, le peuple apprendrait bien des choses. Mais, malgré tout, les gens intelligents disent : pour les petits, il vaut mieux ne pas se mêler aux grands, que ces choses secrètes restent leurs affaires, la mitre n'est pas faite pour toutes les têtes. Et maintenant, à mon tour de te poser une question : la vie reviendra-t-elle jamais dans ce palais ? Dis-le-moi, mon bon monsieur, est-ce qu'alors on me prendrait comme laquais ? Pourvu que je vive ce moment où un patriarche serbe me convoquera par un coup de sonnette dans sa chambre. Il serait dans son lit, et m'ordonnerait :

— Allez, Cveja, apporte-moi mon petit déjeuner, et que les croissants soient croustillants — puis il me demanderait :

— Cveja, si nous allions faire un petit tour jusqu'à Ravanica, à ton avis vaudrait-il mieux passer par Krušedol ou par Hopovo ? Fais atteler la calèche, et assieds-toi à côté du laquais.

Eh, mon bon monsieur, si je pouvais vivre ça, même si tout de suite après on devait m'enterrer sur le Cerat ? Dites-moi sincèrement, est-ce que ça arrivera un jour ?... »

Que lui dire, pourquoi le décevoir ?

Je rapporte les propos de Cveja à tonton Rada. Cet homme sévère sourit, comme si cela lui faisait plaisir d'entendre un tel témoignage sur une époque à laquelle il appartient lui aussi.

« Tu vois bien », me dit-il d'un ton supérieur et paisible, « tu as entendu toi-même comment ce peuple fruste se rappelle le temps où l'on prenait ici des décisions importantes pour le peuple serbe. Bien entendu, Cveja ne voit qu'un côté de la médaille, l'aspect extérieur, il a une faible idée de ce que le Patriarcat signifiait pour nous autres Serbes en Autriche. La bourgeoisie libérale, ne comprenant pas complètement le rôle du patriarche, qui occupait une position privilégiée, luttait contre celle-ci, le plus souvent avec une véhémence inutile. Et tout cela s'est particulièrement compliqué après le compromis de 1867[1]. Alors s'est posée la question complexe du

[1] Entre l'Autriche et la Hongrie, accordant une large autonomie à cette dernière. (N.d.T.)

compromis hungaro-croate, quand, pour la première fois, on a défini plus clairement la situation de la Croatie dans la Monarchie. *Unio realis inæqualis* [1], voilà la position juridique qu'occupait la Croatie après 1868. Et nous ? Les Hongrois nous ont cantonnés dans le cadre étroit d'une autonomie religieuse et scolaire. Quant à nos privilèges séculaires, ils ont tous été annulés dès 1868. Mais si au moins nous avions donné de l'instruction à ce malheureux peuple ! Nous avons vécu avec deux lycées, celui-ci à Karlovci et un autre à Novi Sad, une école normale primaire à Sombor, un grand séminaire et la « Société Littéraire Serbe » dans notre ville, et c'est tout. C'est peu pour faire contrepoids aux idées étatiques de l'Autriche et de la Hongrie, peu et faible », ajoute-t-il avec une émotion mal contenue.

Tante Pava elle aussi a une opinion à propos de ces temps révolus, point de vue qui me paraît presque risible, tellement il est proche de celui du vieux Cveja.

« C'est le patriarche Georgije qui a introduit le luxe dans le palais », dit-elle comme si elle faisait une déposition, « tu dois voir ça. Son trône à baldaquin est toujours là, sur lequel il recevait les députations, *wie ein Fürst*[2]. C'était un beau vieillard, toujours *gepflegt*[3]. Les prêtres et les moines se courbaient trois fois en s'approchant de lui pour lui baiser la main. Quant au patriarche Lukijan, n'en parlons même pas ! C'était un vrai coquin et un séducteur de dames budapestoises. Quand il était l'évêque de Budapest, les comtesses hongroises lui couraient après. Je l'ai rencontré une fois à Carlsbad en vêtements civils, très élégant, un peu pâle de visage et avec de magnifiques yeux noirs, *von der Krankheit gepackt*[4], mais il ne s'est jamais plaint à personne, *immer nobel und diskret*[5], et sa mort est restée une énigme. Il était parti se faire soigner à Bad Gastein, sur le conseil de son ami le docteur Mojić qui souhaitait le voir changer de climat et trouver de l'*Höhenluft*[6], mais, une fois là-bas, il a été retrouvé mort après une promenade. Il était tombé d'un rocher, à ce que l'on dit, mais je n'y crois pas, *es ging um etwas Geheimnisvolles und Grosses*[7], on raconte

[1] Une union réelle d'inégaux.
[2] Tel un prince.
[3] Soigné.
[4] Pris par la maladie.
[5] Toujours distingué et discret.
[6] L'air d'altitude.
[7] Il était question de quelque chose de secret et d'important.

qu'il était en relation avec la Serbie à qui il communiquait toutes les intrigues que l'Autriche menait contre elle. Lui aussi se promenait en calèche, il avait seulement remplacé les chevaux blancs de Lipitz utilisés par Branković par des pur-sang arabes noirs, personne ne savait être aussi représentatif de sa classe que lui, c'était un monsieur. S'il avait vécu jusqu'à l'arrivée des Russes à Karlovci, généreux comme il était, cela aurait donné lieu à des banquets et il y aurait sans doute eu des bals masqués et des fêtes aux lampions au Patriarcat.

De fait, ces Russes ont bouleversé cette petite ville à peine sortie de la Première guerre mondiale, dont les habitants ne s'étaient pas encore habitués au transfert fatal du patriarcat à Belgrade, à la cessation d'activité du Sabor[1], à l'extinction progressive du lycée autrefois célèbre. Un jour, précisément à Karlovci, les restes de l'armée défaite de Wrangel ont fait leur apparition. Pour les gens de Karlovci qui avaient assisté à la débandade de l'armée autrichienne, puis à l'arrivée de ses poursuivants serbes épuisés, les Russes avaient l'air de soldats qui se trouvaient là par hasard, pour des manœuvres provisoires, et toujours prêts à se retirer sans crier gare. L'état-major du baron Wrangel s'est installé dans l'ancienne résidence des Stratimirović, dans la cour de laquelle a été planté un mât avec le drapeau impérial russe. Tous les jours, matin et soir, avait lieu la cérémonie officielle de salut au drapeau, pendant que la musique cosaque jouait des marches tonnantes. Accompagné de son état-major, l'élégant baron Wrangel effectuait tous les matins des promenades à cheval, tandis que sur les collines environnantes les soldats s'entraînaient assidûment. Tout cela donnait à penser que le retour triomphal de cette armée dépendait uniquement de ce grand escogriffe silencieux monté sur un cheval blanc, qui, avec ses officiers, ne manquait pas un seul office à la cathédrale. Avec cette armée de nombreux prêtres et moines étaient arrivés, et les habitants de Karlovci furent particulièrement attendris par le vieux métropolite Antonii, un infirme dont un immense cosaque barbu et armé de poignards jusqu'aux dents poussait le fauteuil roulant.

Rapidement, les chants religieux serbes ont été dominés par les puissants chœurs de soldats et de moines russes, faisant retrouver

[1] Assemblée administrative et politique, constituée de représentants du peuple serbe et de ses dignitaires ecclésiastiques. (N.d.T.)

même aux plus sceptiques des Karlovaciens la foi ancestrale dans la force indestructible de la douce orthodoxie. On avait installé ces élégants officiers dans les meilleures maisons, et très vite les bals de grand apparat tournèrent la tête à la petite ville, transformée presque du jour au lendemain en un camp militaire agité. Ces messieurs payèrent leurs premières dettes avec des tabatières en argent et de vieux bijoux, que les Russes donnaient avec une légèreté toute aristocratique, voire orgueilleusement et avec une certaine condescendance envers ces petits-bourgeois prudents, incapables de dissimuler leur stupéfaction et leur émerveillement devant les richesses. L'hymne impérial russe tonnait aux quatre coins de la cité, ses puissants accords s'introduisaient irrésistiblement dans ces maisons recroquevillées sur elles-mêmes, trop éloignées pour absorber dans l'instant toute cette force, prévue pour d'autres espaces. Les vieux tréfonds slavophiles présents dans l'âme des habitants de Karlovci s'étaient tout à coup retrouvés à la source même de la grâce protectrice séculaire de leurs pères. Presque sans opposer de résistance, les commerçants de Karlovci avaient tout d'abord surmonté leur méfiance naturelle, acceptant à contrecœur, quasiment de force, les objets précieux que les officiers russes leur remettaient en gage. Mais, à mesure que le temps passait, et que cette curieuse armée ne se décidait pas à rentrer chez elle, un premier doute s'insinuait quait à savoir si ces gens solennels et si dépensiers réaliseraient un jour leurs souhaits. Chaque jour il devenait plus évident qu'à Karlovci s'était attroupée tout bonnement une grande masse de désespérés et que cette immense amertume éclaterait un jour ou l'autre dans le monde entier. Dans cette explosion disparaîtraient et ces chœurs cosaques, et les cavaliers montés sur des chevaux blancs et noirs bien nourris, et les métropolites et les officiers, les conseillers d'Etat et autres civils bizarres, tout cela allait soudain s'évanouir de cet endroit bien trop étroit, qui n'était pas prêt à accueillir ce dépérissement massif.

« Nous étions trop petits et misérables pour guérir ici, à Karlovci, toutes les blessures russes », a dit le vieux Rada.

La ville a vite compris qu'il n'y avait pas de salut pour les Russes et que la solution la plus intelligente consistait malgré tout à remplir ses vitrines Biedermeier d'argent et de porcelaine russes. Ainsi, mon logeur m'a montré, avec le sourire rusé de l'acheteur qui a été montré plus malin que le vendeur nécessiteux, des chandeliers en argent, un samovar et des tabatières qu'il avait pris aux Russes, comme des trophées de guerre.

« Je vous le dis, ce sont des fous à lier », m'a-t-il déclaré comme un homme qui a réalisé une bonne affaire, « ils se sont enfuis de leur propre pays, et ils veulent vivre sur un grand pied ! Est-ce là une fuite ? Regardez tout ce qu'ils ont apporté. Qui d'autre a jamais fui une révolution en emportant des pianos ? Ces messieurs ont mené la belle vie tant qu'à duré la caisse de l'armée, ha, ha, puis un jour le caissier l'a emportée avec lui, tout simplement. Ni vu ni connu, on pouvait toujours partir à sa recherche dans le vaste monde. J'avais vu cela également au moment du désastre de l'Empire austro-hongrois, je faisais partie d'un régiment de hussards en Galicie, nous nous sommes battus aussi longtemps qu'il y a eu de l'argent et des vivres, tant que nous pensions que l'arrière nous soutenait. Puis l'argent a disparu, or sans ça même une armée refuse de se battre. Regardez cette tabatière au couvercle en émail. Sa Noblesse avait daigné y faire peindre les silhouettes de ses jeunes enfants, ha, ha, pour qu'ils l'accompagnent à la guerre ; cela aussi il l'a vendu quand ça a commencé à sentir le roussi pour lui, ou quand sa Madame l'a demandée pour acheter du parfum, ha, ha. Je l'ai achetée à un bon prix, et le lendemain il m'a apporté ce samovar en argent, vous pouvez le toucher, c'est de l'argent pur de Pétersbourg avec un poinçon, il pèse trois kilos, nous l'avons constaté avec précision, et il rend un son pareil à la clochette intérieure de la cathédrale. Ecoutez : tsin, tsin, n'est-ce pas beau ?

Nous avons tous été soulagés quand les Russes sont finalement partis. Lors de leurs stupides manœuvres ils ont écrasé toutes nos vignes, et le médecin communal Obrad Maksimović dit que nous n'avons jamais eu autant de cas de syphilis. Vous pensez que quelqu'un paiera tous ces dommages ? On raconte que Wrangel a filé à Bruxelles, mais avant cela il a enterré son père sur le Cerat, vous auriez dû voir ça, ces offices des morts qui n'en finissaient pas en attendant qu'on ensevelisse le vieil homme, tout le monde pleurait et ne cessait de se lamenter, on disait qu'avec des gens comme lui c'était la vraie Russie qui disparaissait, et que c'était elle qu'on pleurait. On en a entendu des longs discours ! Croyez-moi, l'empereur François-Joseph lui-même a quitté ce monde plus discrètement et plus modestement.

Le seul élément de valeur qu'ait laissé derrière elle cette soldatesque russe en folie, ce sont ces quelques professeurs qui enseignent à présent au grand séminaire. Tout le monde reconnaît que ce sont des gens très cultivés. Qu'au moins nos popes ignares retirent quelque profit de cette révolution russe. Ce sont vraiment des gens bien, seulement leurs femmes ne valent pas un clou, toutes des flemmardes, elles passent la journée vautrées sur un lit ou un canapé, se plaignant de migraines, ce dont le docteur Obrad se gausse :

— De l'hystérie pure et simple, dit-il, incurable sans coups de bâton.

C'est drôle, n'est-ce pas ? Mais, ma foi, les maris russes supportaient tout cela et n'arrêtaient pas de chouchouter ces enquiquineuses hypocondriaques, qui n'avaient jamais assez d'argent. Tu peux très bien être un deuxième Socrate, ça ne te servira à rien : si tu es un mollasson et une carpette, tu passeras quand même pour un idiot. Quand un Serbe perd patience, il calme sa capricieuse à coups de bâton et de poing ; nous entrons donc dans la catégorie des rustres et des brutes. Malgré tout, ça vaut mieux que d'être comme ces élégants Ivan qui portent le thé au lit à l'amant de leur femme, tout cela à cause d'une prétendue finesse d'esprit. Tant que je ne les avais vus de mes yeux, je croyais moi-même en ces pseudo-comédiens, mais à présent, seulement maintenant, je comprends pourquoi leur révolution a été aussi sanglante, mon petit, ces gens-là avaient si bien saisi leur peuple à la gorge, qu'un jour les moujiks en ont eu assez et se sont mis à cogner à gauche et à droite ».

Toutefois, les professeurs russes ont fini par se faire accepter à Karlovci. Avec le temps, les histoires à propos de leurs femmes, des coquettes qui, dans cette petite ville, soupiraient en songeant aux beautés de Pétersbourg et de Moscou, en montrant des photographies jaunies de leurs maisons de campagne en Crimée, se sont taries. Néanmoins, leur entrée dans la vie de Karlovci n'aura été qu'apparente. Cette constatation relève de l'évidence, car les Russes rendent rarement visite aux familles serbes, ils se sentent quelque peu mal à l'aise dans les églises serbes et ont obstinément exigé du Patriarcat qu'il leur accorde un local en guise de lieu de culte purement russe. Leur souhait a fini par être exaucé. On leur a cédé une cave du vieux palais, humide, suintante, dans laquelle autrefois les économes du Patriarcat entreposaient des pommes de terre. En peu de temps, les Russes ont transformé cet espace abandonné en église, que d'innombrables veilleuses et cierges ont illuminée d'une beauté particulière, spirituelle. Telle une secte persécutée, la communauté russe se rassemblait assidûment dans cette cave épiscopale, l'emplissant de mysticisme et, surtout, d'une infinie tristesse pour la patrie perdue.

« Comme l'histoire est parfois ironique », m'a dit tonton Rada. « Les Russes sont descendus dans la vieille cave épiscopale alors qu'à proximité de ce bâtiment se trouve la première résidence des métropolites de Karlovci d'où les hiérarques serbes quémandaient auprès du Saint-Synode de Moscou une aide matérielle et spirituelle. De Russie nous sont également arrivés, au début du XVIIIe siècle, nos premiers instituteurs, Kozatchinski et Souvorov, or maintenant les éminents théologiens russes descendent dans cette cave pour pleurer sur leur propre sort et sur celui de la Russie. L'histoire est vraiment étrange et tout cela devient soudain éphémère, c'est cela, éphémère », répétait Rada d'une voix qui ne supportait pas la contradiction.

J'ai déjà entendu ce mot à Korčula, et là-bas j'ai découvert sa signification. Ici à Karlovci, presque à chaque pas, je suis mis en présence de preuves et de témoignages de son sens. Les Rajačić, tonton Rada, tante Pava, le Patriarcat, le vieux Cveja, les Russes, le vieux lycée, mon logeur, les archimandrites de la Fruška Gora, tous semblent être des fragments d'une immense procession dont je ne puis voir le bout, tandis qu'elle se dirige inexorablement vers sa disparition finale. Dans ce cortège je reconnais avec résignation les moines de Badija, le baron Mandorf, l'archiprêtre noir, le beau Sandor, l'Excellence d'Ivanić, tonton Ivica, eux tous qui témoignent par leur exitence de l'élémentaire vérité sur l'éphémère. Quelque part au sein de cette procession ma place est déjà fixée, quelqu'un que je ne connais peut-être pas encore épie déjà mon pas de pèlerin dans la masse des éphémères.

« Rappelle-toi bien ce que je vais te dire », me dit tonton Rada, « apprends dans la vie à penser de manière historique, cela t'apportera une bonne dose de tranquillité dans l'existence. Nous ne sommes ni les premiers ni les derniers sur cette terre. Conduis-toi toujours envers les barbares comme ces sénateurs romains qui, assis devant leurs maisons, ont paisiblement accueilli les Gaulois. Leurs lances barbares leur ont seulement ôté la vie, tandis que leur esprit est resté indestructible ».

Je me demande si à Karlovci je rencontrerai jamais un rebelle, ou bien si deux siècles d'ordre bourgeois ont pétrifié ici tout esprit de révolte. Quelqu'un se distinguera-t-il de cette masse d'éphémères ? Où et comment s'enfuir, telle est la question que je me pose tout en contemplant de la colline du Magarac l'alignement sévère, géométrique, des toits de Karlovci. Depuis cette hauteur, comme libéré de tous mes soucis, j'attache mon regard au cours sinueux, capricieux, du Danube et à cette plaine allongée dont la dimension semble être un appel à la fuite et à la révolte. C'est donc là, en contrebas, que dans un moment tragique de l'histoire serbe, la grande migration de Čarnojević[1] s'est arrêtée. Sous cette colline elle a planté des racines dont les veines fatiguées vivent encore. Une preuve en est fournie par ces rangées de nouvelles maisons qui, à Belila, à Tri Zeca, à Pivara et à Doka longent les anciennes, où autrefois Branko[2] s'était mis à écrire des vers. Le Patriarcat avait conféré à cette halte provisoire une sécurité, déterminant pour des siècles son caractère et son destin. C'est précisément l'élément qui touche clairement à sa fin, ce que même le vieux Cveja comprend à sa manière lorsqu'il se lamente sur sa promotion manquée de maître d'hôtel du Patriarcat.

« Le phylloxéra a d'abord dévoré les vignes de Karlovci, puis c'est nous qu'il a avalés », se plaint à moi mon logeur. « Il est bien loin, le temps où les citoyens de Karlovci envoyaient leur production vinicole à la cour de Vienne, de laquelle ils recevaient en retour leurs privilèges, quatre arpents de terre dans la lande de Jarkovac pour chaque maison. Autrefois nous étions une ville impériale, libre, tandis qu'aujourd'hui, de tous ces privilèges il ne reste plus que les gardes municipaux et leur capitaine, qui, lui aussi, est un immigré du Monténégro installé ici. A son arrivée il était maigre comme un coup de trique, et maintenant la graisse déborde de son uniforme trop étroit. Parfois je me demande ce qu'il adviendra de cette localité quand les quelques familles originaires d'ici se seront éteintes ».

Décidément, à chaque pas je rencontre des témoins vivants du temps passé. A midi précis, devant l'immeuble à demi vide du Sabor, le docteur Laza Sekulić, ancien secrétaire de cette assemblée, fait son apparition. Bien que retraité, ce fonctionnaire consciencieux n'arrive

[1] Arsenije Čarnojević, patriarche serbe — le siège du Patriarcat se trouvait depuis toujours à Peć (Kosovo) — dirigea en 1689 la grande migration de son peuple, qui fuyait les atrocités des Turcs, depuis le Kosovo jusqu'aux terres de l'Autriche-Hongrie. (N.d.T.)

[2] Le poète Branko Radičević. (N.d.T.)

pas à comprendre que toutes les réunions du Sabor à l'intérieur de ce palais aient cessé définitivement et que toute recherche dans les comptes rendus et les procès-verbaux soit vaine. Toujours impeccablement vêtu, il s'arrête dignement quelques instants devant la porte d'entrée du Sabor. Lorsque, avec des gestes lents, mesurés, il enfile ses gants de cuir, il donne l'impression d'un homme qui désire irrésistiblement être encore considéré comme une personnalité importante. Dans le passé il avait la réputation d'un greffier exceptionnellement méticuleux, d'un secrétaire à qui même les adversaires les plus acharnés du patriarche ne pouvaient faire de reproches sur un texte rédigé par lui. Toujours accueilli avec plaisir au palais du patriarche, il nourrissait également, sans en avoir l'air, la conviction générale qu'il exerçait une influence importante, suscitant un respect particulier chez les supérieurs, souvent irréfléchis, des monastères de la Fruška Gora. Chacun pensait qu'il suffisait d'un simple geste de sa part pour que paraisse dans le *Sion serbe* une série d'articles fouillés à propos des difficultés financières des monastères du Srem, de leur administration dispendieuse, des festins excessifs avec les messieurs de Ruma, Mitrovica et Novi Sad, de la négligence dans la formation des jeunes moines qui servent davantage à table qu'à l'église. Il suffisait qu'un membre du Sabor faisant partie de l'opposition se plaigne des trop nombreuses cures suivies par messieurs les archimandrites dans les stations thermales autrichiennes, du coût élevé des chevaux de Lipitz et des fiacres, pour qu'aussitôt, à tort ou à raison, on repense au mystérieux et sévère docteur Laza Sekulić qui, en de telles circonstances, déclarait publiquement que Sa Sainteté avait déjà adressé à tous les pécheurs une missive pastorale et paternelle et que les choses prenaient malgré tout une meilleure tournure ; quant à l'hospitalité monastique, elle était certes strictement réglementée, mais il ne fallait tout de même pas exagérer. Tout le monde comprenait alors que cet avertissement discret visait l'archimandrite de Ravanica, Sergije Popić, qui ne cessait d'accueillir et de raccompagner des invités, ce qui lui avait valu de devenir le thème d'une chanson du Srem :

D'où viens-tu, Anica
Je viens de Ravanica
Car l'higoumène Sergueï
N'est jamais au monastère.

Tout doit être remis en ordre, mais sans grand scandale, il faut laver notre linge sale en famille et ne pas imiter cet oiseau qui souille son propre nid : tels étaient les solides principes sur lesquels reposait son poids d'éminence grise du palais du Patriarcat. Après le transfert de ce Patriarcat à Belgrade, le docteur Laza Sekulić est resté à Karlovci. Bien que les nouveaux administrateurs de l'Eglise ne l'aient pas invité à les suivre, il expliquait son maintien à Karlovci, d'une manière toujours aussi confidentielle, par l'accomplissement d'un devoir d'une importance particulière. Ne comprenant pas vraiment ces venues régulières à son ancien bureau, certains habitants de Karlovci affirmaient que le docteur Laza Sekulić classait les archives relatives au procès opposant depuis des décennies le monastère de Beočin aux cimenteries de cette localité, et que ces documents, une fois rassemblés, mettraient à jour toute une série d'affaires de corruption. L'on disait aussi que plusieurs mitres quitteraient des têtes indignes de les porter. Chaque fois que des gens impatients l'interrogeaient à ce propos, il répondait de façon ambiguë : « Cela se saura, Messieurs, cela se saura, ayez un peu de patience, je vous le dis, personne ne peut s'imaginer ce qui bout sous le couvercle de la marmite. Qui sème le vent récolte la tempête ».

Tranquillement, sûr de lui, il continuait à disparaître dans les labyrinthes des bureaux de bâtiment désert, d'où il sortait à midi sonnant, comme s'il venait d'achever un constat secret. Mais tante Pava m'a révélé d'une voix joyeuse :

« Ne fais pas attention, mon enfant, au mystère du docteur Laza Sekulić, c'est un homme tout à fait inoffensif, seuls nos gens *neugierig*[1] de Karlovci le présentent comme une personne énigmatique ; or il souffre seulement d'un peu de mégalomanie. C'est un fanatique du bureau resté sans travail, tout simplement. Il me fait penser à cette *rührend*[2] nouvelle de Tchékhov sur une méchante femme qui s'envoyait à elle-même des lettres d'amour, puis les confiait à son voisin pour qu'il les lui lise et rédige les réponses. Laza lui aussi fait partie de ces gens qui ne parviennent pas à comprendre cette nouvelle époque. Mon Dieu, comme ils sont nombreux dans notre pauvre ville de Karlovci, n'est-ce pas, Rada. Explique à cet enfant qu'il ne doit pas

[1] Curieux.
[2] Touchante.

avoir peur de ces fantômes anodins, qui aujourd'hui ressentent si durement le fait de n'être plus rien ».

Alors tonton Rada m'a fait un cours d'histoire. Il a commencé après un court silence durant lequel il s'est sans doute demandé si j'étais digne de ses paroles.

« Il n'y a pas de fantômes, ce sont des bêtises », a-t-il dit non sans irritation, « les Karlovciens se trouvent pris de nos jours dans un processus, nullement différent de celui que connaissent les autres villes serbes. Dans l'Autriche-Hongrie nous dépensions toutes nos forces pour notre conservation, or ces gens de Karlovci se sont autrefois habilement groupés autour de l'archevêché. Il suffisait que le distingué Stratimirović glisse un mot à Dimitrije Anastasijević Sabov pour que celui-ci dénoue les cordons de sa profonde bourse afin de faire construire un lycée. Aujourd'hui les Serbes sont soi-disant unis, je dis bien "soi-disant" car nous nous connaissons à peine, nous avons toujours vécu dans des pays étrangers, séparés aussi par des cultures et des mentalités différentes. Nous sommes sortis de cette guerre épuisés et troublés, et, en l'absence d'un véritable programme, nous tournons en rond, vainement et misérablement. Nous ne savons pas nous comporter en vainqueurs, tellement nous ressentons, présentes dans nos os, les peurs séculaires. Quant à l'Eglise, la seule organisation qui ait eu à une certaine époque un programme, elle aussi s'est réduite de nos jours à défendre piteusement les petites habitudes domestiques. Il n'y a pas de salut pour nous, mais nous n'allons pas périr, comme le disait notre cousin grand-père Mita Ruvarac[1], dommage que tu ne l'aies pas connu, regarde-le sur cette photo, n'a-t-il pas l'air d'un chef de haïdoucks ? »

J'examine la photographie du vieux Mita, le propre frère de l'archimandrite Ilarion Ruvarac, historiographe du peuple serbe. Des yeux coléreux, un gros nez charnu, une barbe et des moustaches négligées, il est assis dans une pose presque querelleuse, inélégamment accoudé sur ses genoux écartés. Il est coiffé d'un bonnet plat, semblable à celui de la Lika, qui fait penser encore davantage à l'époque où les prêtres populaires prenaient le maquis contre les Turcs. Ici, à Karlovci, Dimitrije Ruvarac a occupé la modeste place de

[1] Dimitrije Ruvarac (1842-1931), historien et prêtre, il fut de 1899 à sa mort administrateur de la bibliothèque du Patriarcat de Karlovci ; il fut également rédacteur en chef du *Sion serbe*. (N.d.T.)

responsable des archives désordonnées du Patriarcat, dirigeant aussi, périodiquement, l'imprimerie du monastère. Ce combattant bruyant et impétueux fustigeait ses innombrables adversaires en publiant par centaines des brochures et pamphlets politiques. Avec son assurance de montagnard, il servait opiniâtrement son idée de stigmatiser, tel un prophète de l'Ancien Testament, la corruption généralisée de notre société. Les Karlovciens l'appelaient de deux manières. Ceux qui éprouvaient de la tendresse pour ce vieillard perpétuellement en colère l'avaient affectueusement baptisé « grand-père Mita », tandis que les autres, ceux qu'il avait mécontentés d'une façon ou d'une autre, avaient opté pour une formule plus solennelle : l'archiprêtre Ruvarac, l'insistance sur son titre ecclésiastique n'étant pas dénuée d'une certaine ironie. Echevelé et indiscipliné, il trouvait presque chaque jour toutes sortes de moyens d'alarmer sans ménagement ses concitoyens, troublant même la hiérarchie de l'Eglise.

« Ah ! cet archiprêtre Ruvarac ! » me dit mon logeur, « pour lui il n'y avait jamais assez de bruit ni de scandale. Il aimait mordre et piétiner tout le monde, comme si nous étions tous coupables de quelque chose. Qui donc l'avait forcé à revêtir la soutane, puisqu'elle lui semblait toujours étroite ? Même avec sa femme Sofija il vivait un véritable enfer, les servantes s'enfuyaient de leur maison, chaque jour on y entendait des éclats de voix, c'était intenable. Et quel scandale il a provoqué à l'enterrement de sa malheureuse épouse ! L'église était bondée. L'archiprêtre Mikić prononçait son sermon. « Lève-toi, Sofija », commença-t-il en reprenant les paroles du Christ lorsqu'il ressuscita la fille de Jaïre. Il le dit trois fois. Au troisième appel, l'archiprêtre Ruvarac grogna, assez fort pour être entendu de tous : « Dieu nous en garde ! » L'évêque, qui officiait à titre d'hommage, faillit s'étrangler de rage et voulut interrompre le service funèbre ; on eut beaucoup de peine à le convaincre de poursuivre et l'on enterra la femme dignement ».

J'apprends en outre que l'archiprêtre veuf est ensuite tombé amoureux d'une couturière de Karlovci, alors qu'il avait quatre-vingt-dix ans ou presque, une gamine à qui il aurait dû se contenter d'offrir des bonbons. Et quand cette petite morveuse s'est enfuie de Karlovci en compagnie d'un garçon tonnelier, le vieil archiprêtre a été aussi malheureux qu'un jeune homme. A la veille de ses quatre-vingt-dix ans, il s'est tué dans la salle des archives de l'archevêché. Il s'est assis à son bureau et s'est tiré une balle dans la tête. Au premier regard, le domestique a cru que le vieillard s'était endormi, et il n'a pas voulu le réveiller. C'est seulement dans l'après-midi que l'on a constaté la mort de l'archiprêtre Ruvarac. Les prêtres ont déclaré qu'il était mentalement irresponsable, ce qui leur a permis de l'enterrer religieusement.

« Prenez par exemple l'archiprêtre Ruvarac », ai-je souvent entendu dire à Karlovci, « c'est l'illustration même de notre rage serbe. Toutes ses récriminations — il n'était jamais content de rien — retentissaient à nos oreilles. Si nous étions bien avec les Hongrois, il maudissait : « Nous devenons des Magyarons », si l'on était en paix avec Vienne, il criait encore : « Nous nous sommes vendus », quant à notre poignée d'écrivains, Dieu lui pardonne, il les a démolis jusqu'au dernier, les traitant d'ignares, de mystificateurs de mauvaise foi et d'imbéciles. Nous qui sommes illettrés, pouvons-nous donc nous permettre de mettre au panier des gens de plume ? Et ses perpétuelles jérémiades : « Il n'y a pas de salut pour nous, mais nous n'allons pas périr ». Qui pourrait supporter cela jour après jour ? »

Je me dis : encore un homme amer dont le cadre de vie était trop étroit ici, un révolté qui suivait sa logique, un indomptable passionné, à la plume acérée, le regard irrésistiblement attiré par les côtés sombres de notre vie nationale, les nombreux malentendus, disparitions et désolations, dont il découvrait tous les jours de tristes preuves dans les archives de l'archevêché. Par des paroles pleines de colère, presque des malédictions, il lançait à la figure de ses concitoyens ses vérités, que ceux-ci prenaient avec indifférence, comme s'ils n'étaient pas eux-mêmes des acteurs plus ou moins importants de ce dangereux drame national. Les Karlovciens lisaient les lettres pastorales fielleuses de l'archiprêtre, mais restaient sceptiques quant à leur exactitude. C'était à croire qu'au fil du temps ces familles citadines avaient érigé cette certitude faussement sereine que les malheurs et les revers de fortune allaient et venaient, mais que la racine, une fois ancrée dans ces collines et ces talus de la Fruška Gora, était suffisamment profonde et solide pour résister à toutes les tempêtes. Du reste, au fur et à mesure que les vieilles familles s'éteignaient, leur disparition ne semblait troubler personne sérieusement, comme si l'on attendait calmement le moment où les fossoyeurs de Karlovci finiraient par entrer dans une maison afin d'en sortir le dernier descendant usé qu'ils porteraient sur le Cerat. Cet ultime voyage s'accompagnait souvent de quelques paroles acerbes.

« Elle est partie, notre vieille dame Cakić ! Si ça s'était passé l'année dernière, on commémorerait aujourd'hui l'anniversaire de sa mort. Et sa maison si opulente ? Qui va hériter de tout ça, puisque cette pauvre femme n'avait personne au monde ? Le commissaire-priseur va encore faire jouer son marteau, à moins que la vieille bigote ait pensé à l'Eglise. Mais elle aura tout laissé au monastère de Krušedol, au père Anatoli, sûrement à ce rusé vaurien qui a semé des enfants à Prnjavor. Vous verrez, les moines de Krušedol videront sa maison. Cette vieille avare est déjà inscrite dans le registre du monastère. Pourquoi l'année dernière, le jour de la Sainte-Angélique, s'est-elle rendue en fiacre à Krušedol ? »

Du mont du Magarac je distingue clairement la maison de la dame Cakić qui jouxte la cour de l'Eglise basse. Je me rendais chez elle la veille de la Saint-Sava afin de recueillir des dons pour le lycée et de lui remettre une invitation à notre cérémonie scolaire. Je devais sonner longuement, très longuement. Je m'en souviens : la lourde et sourde clochette rendait un son désagréable dans la grande cour, dont le portail massif était partiellement rongé par l'humidité. Puis cette immense vieille femme finissait par apparaître à la fenêtre, remplissant toute l'embrasure de son corps flasque. A travers la fenêtre à peine entrouverte sa voix enrouée se faisait entendre par la question rituelle :

« Qui cherchez-vous ? »

« Je suis envoyé par le lycée », répondais-je humblement, « je vous apporte une invitation pour notre cérémonie scolaire ».

« Une invitation, à quoi bon ! » se lamentait la Cakić, « je suis vieille et malade, je ne sors nulle part, durant ma vie j'ai suffisamment donné ».

« Comme vous voulez, madame », criais-je en direction de la fenêtre, « nous vous invitons, mais vous n'êtes pas obligée de donner quoi que ce soit ».

Je restais là à attendre, tandis qu'elle réfléchissait. Finalement, elle rouvrait la vitre et descendait une grande clef au bout d'une corde. Elle s'écriait :

« Prends cette clef pour ouvrir le portail, et monte par l'escalier de gauche, j'ai aéré la pièce », et je l'entendais encore ronchonner.

Je me rappelle sa chambre sentant le renfermé, munie d'un poêle en belle faïence blanche au sommet duquel se trouvait un vase antique. Sur les armoires, de nombreux coings et pots de confiture. Et puis son horloge, dont le long balancier se mouvait si lentement qu'on eût dit qu'il peinait à se déplacer au rythme imposé par le mécanisme.

« Assieds-toi là, sur ce canapé », me disait la dame Cakić sur un ton de commandement. « Donc, de nouveau, il faut contribuer, donner tantôt à l'église, tantôt au lycée, et personne ne se demande comment une vieille femme malade peut trouver l'argent. Les gens se précipitent sur moi comme des bêtes féroces pour me délester de mes économies. Où prendrais-je cet argent ? Je connais bien ces soi-disant Karlovciens qui t'envoient chez moi. Et pourquoi as-tu frappé si fort et si longtemps, à démolir ma maison, je ne suis pas encore complètement sourde. Je n'ai pas assez d'argent pour payer une servante, je fais tout moi-même, je n'ai personne pour m'apporter un simple verre d'eau. Ils ont voulu me prendre jusqu'à mon siège à l'église et ont envoyé le sacristain pour me faire payer. Ce père Planche m'a mise en colère. M'envoyer son sacristain au lieu de regarder ses livres de comptes et de s'apercevoir combien mon Sandor avait donné à l'Eglise ! Je pense quand même avoir mérité qu'on me garde mon siège, qu'on ne me chasse pas de l'Eglise au moins tant que je serai en vie. J'ai oublié de leur dire que mon Sandor a aussi acheté ce grand lustre, il l'a rapporté de Vienne, et le père Planche m'envoie pourtant son sacristain ! De l'ingratitude à chaque pas ! Mon Dieu, mon Dieu, pourquoi ne m'emportes-tu pas, je ne peux plus supporter cette vie et ces souffrances, tout a perdu son importance depuis que mon Sandor est parti pour le Cerat. Quand il était de ce monde, notre maison était pleine d'invités, nous allions même au palais, des évêques venaient bénir notre eau et nous faisions avec eux le voyage de Budapest sur un bateau autrichien. Quand je pense à tout ce que la défunte Gojković avait donné au lycée, et malgré ça on a accroché son portrait dans la salle d'apparat derrière le poêle ! Elle ne s'était pas encore refroidie qu'on la chassait déjà de sa place. Voilà le sort réservé aux généreux donateurs ! De plus, moi, je n'ai vraiment pas les moyens, la vigne est ma seule ressource, je la donne en métayage, la récolte de l'automne a été prise par le givre, j'arrive à peine à joindre les deux bouts ».

Je laissais la vieille femme en finir avec ses lamentations, attendant impatiemment qu'elle me donne congé. Je me contentais de me taire, d'écouter et de regarder, et mon attente passive semblait progressivement vaincre et éteindre son amertume accumulée. Tout à coup, la vieille femme devenait silencieuse et douce, un reste de bonté refaisait surface.

« Je vois bien que ce n'est pas du tout de ta faute », me disait-elle à présent d'un ton tout à fait conciliant. « Tes professeurs t'ont envoyé récolter de l'argent, allez, d'accord, je vais t'en donner, pour qu'on ne dise pas que je le garde pour moi. Vas-y, inscris-moi sur ta liste, puis prends de la confiture de coings. De toute façon l'année prochaine je n'en fabriquerai plus, il m'en reste toujours. N'est-ce pas que c'est bon ? Les coings viennent de mon jardin ».

Depuis le mont du Magarac j'observe de nouveau la maison à un étage de la Cakić avec sa façade grise et décrépie, ornée de guirlandes et de vases néoclassiques. Une grande cour et une petite porte devant laquelle, l'hiver dernier, par un froid de loup, je piétinais en attendant la descente salvatrice de la clef. A présent elle est scellée, car la vieille dame n'est plus là. Sans aucune hâte, la vie semble s'être arrêtée devant cette forteresse apparemment imprenable. On dirait que, sûre de sa victoire, elle attend tranquillement d'entrer de nouveau dans cette maison à présent abandonnée pour en chasser définitivement tous les souvenirs et odeurs qui rappellent son propriétaire d'autrefois. Cette maison grise sera achetée par quelqu'un qui a déjà pris conscience de l'étroitesse de sa cabane à la périphérie de Karlovci, depuis longtemps désireux de goûter à la vie et aux habitudes cloisonnées de la ville. Sur la défensive, les citadins de Karlovci diront encore longtemps de l'intrus que c'est celui qui habite dans la maison de la Cakić, ils mentionneront ce fait comme si le nouvel acquéreur avait commis quelque infraction, raison pour laquelle il vaut mieux ne pas évoquer son nom. C'est seulement au bout de nombreuses années que le propriétaire se fera pardonner son audace de s'être installé dans une vieille maison bourgeoise qui, aux yeux des Karlovciens, aurait dû accueillir d'autres occupants.

« Quand je pense au temps qu'il faudra aux nouveaux venus pour s'habituer à notre mode de vie, pour que de paysans ils se transforment en gens du monde », a coutume de s'exclamer tante Pava, comme si, dans un élan de joie, elle devenait consciente de tous ses privilèges sociaux, et même du pas lourd de ses ancêtres paysans qui ont échappé depuis longtemps à la vie provinciale du Srem.

Pendant que je parcours du regard les toits de Karlovci, j'essaie de deviner tous les événements de jadis qui ont laissé ici des traces à chaque mètre. Parfois il ne s'agit pas d'une marque de pierre, ni du descendant encore en vie de quelque vieille famille, ni d'un tableau, ni d'une assiette ornée d'un monogramme doré, mais d'une parole gravée dans Dieu sait quelle mémoire. Au marché, près de la fontaine baroque, se trouvait autrefois la maison d'Andrejević, maître de poste sous le règne de Marie-Thérèse. On se le rappelle encore et on raconte comment ces concessionnaires de la poste, depuis Petrovaradin jusqu'à Zemun, ont obtenu leur titre de noblesse, sans jamais oublier leur peuple serbe dispersé aux quatre vents, aidant généreusement par leurs dons le monastère de Velika Remeta, dans lequel ils ont fait ériger un clocher, le plus haut de tout le Srem. Là, au marché, et à toutes les portes de la ville, lors de la tumultueuse année 1848, le peuple serbe en colère s'est répandu dans l'attente de l'attaque du général Hrabovski, ce renégat à l'empereur qui était parti de Petrovaradin à la tête d'une armée. Le peuple poussait ici des cris de joie en l'honneur du patriarche Rajačić nouvellement élu et du voïvode Stevan Šupljikac[1], comme si la réalisation du rêve séculaire de renaissance de l'ancien Etat serbe dépendait uniquement de leurs prières et de leurs sabres. Derrière les murs de l'archevêché détruit depuis longtemps s'insinuait l'espoir nouveau et séditieux de la restauration du Patriarcat de Peć[2], « si Dieu le veut bien », comme le disaient, pour consoler leurs compagnons d'infortune, les hiérarques serbes. C'est là, quelque part, qu'est né le premier doute sérieux à propos du retour dans les anciens foyers[3], c'est là qu'a été vaincue la première peur incommensurable de devoir rester dans cet Etat étranger, ennemi. Et c'est peut-être précisément ici, sous cette colline, qu'ont été rapidement imaginées de nouvelles paroles de désespoir, lancés de nouveaux appels à l'aide, que les moines emportaient par des routes de contrebande jusqu'au Saint-Synode de Moscou et aux tsars de Russie. Beaucoup d'entre eux ne sont jamais revenus dans leur monastère, mais leurs prières, tissées d'espoir et d'amertume, ont été propagées dans les nouveaux espaces. On attendait ici, patiemment et douloureusement, dans la crainte perpétuelle d'une funeste extermi-

[1] Stevan Šupljikac (1787-1848), officier autrichien, puis aide de camp du maréchal Marmont ; il réintégra l'armée autrichienne avant d'être élu voïvode par les Serbes en 1848. Il mourut d'une crise cardiaque. (N.d.T.)

[2] Etabli en 1346 à Peć (Kosovo) par l'empereur serbe Etienne Dušan, éteint en 1459 avec la chute de l'Etat serbe, il a été rétabli en 1557 par le sultan Soliman le Magnifique, et supprimé en 1776 par l'Empire ottoman, après les grandes insurrections des Serbes contre les Turcs au Kosovo, qui ont été suivies par de massives migrations des Serbes du Kosovo, en 1690 et 1736, vers l'Autriche-Hongrie. Le Patriarcat de Peć n'a été ressuscité qu'après la Première guerre mondiale. (N.d.T.)

[3] Au Kosovo. (N.d.T.)

nation, du temps qui affaiblissait la résistance et les révoltes, de l'armée impériale bigarrée qui était toujours suivie de prédicateurs enflammés d'une foi étrangère, ainsi que des masses de peuples lointains, avides de terres. C'est dans cette peur qu'a été créé ce vieux lycée de Karlovci, dont les premiers proviseurs étaient des érudits slovaques de religion protestante. Pour la première fois, j'ai l'impression de comprendre parfaitement tonton Rada, qui a refusé de partir pour l'université de Skoplje.

« Dans tout le peuple serbe il y a un seul proviseur du lycée de Karlovci, alors que les professeurs d'université sont nombreux », a-t-il répondu orgueilleusement. Et il est resté ici à Karlovci jusqu'à la fin, précisément à l'instar d'un sénateur romain, à réfléchir aux métamorphoses de la vie, en défenseur conséquent de la stabilité, de la fermeté, et surtout des objectifs bien calculés. « Pour ce peuple habitué à l'inconstance et à l'instabilité, que ce lycée au moins représente quelque chose de sûr, d'immuable, d'incorruptible et de durable. Ses fondateurs avaient le regard fixé sur l'avenir », c'est ainsi que parlait tonton Rada, dans l'espoir de confirmer ces convictions par sa vie conséquente.

Le lycée m'envoie porter quelques livres à Vasa Stajić[1]. On dit qu'il est gravement malade de la tuberculose, toujours en train de travailler, et qu'il a besoin de livres.

Je le trouve dans le pavillon de son jardin, enveloppé dans une couverture et coiffé d'un chapeau. Il porte de profondes chaussures de feutre. Ses yeux obliques, mongols, sourient malicieusement derrière les verres épais de ses lunettes. Il porte des moustaches pointues, tombantes, comme un Tatar. Il respire difficilement et parle lentement, ce qui me remplit de frayeur et de respect. Tout autour de lui, par terre, sont éparpillés de lourds volumes de fragiles registres et des liasses d'archives soigneusement ordonnées.

« Ma santé est mauvaise », dit-il comme pour s'excuser d'avoir demandé qu'on lui envoie des livres, « aussi les gens intelligents m'aident-ils et m'envoient-ils des livres. Comment ferais-je autrement ? J'achève mes biographies de Novi Sad, un travail fasti-

[1] Vasa Stajić : Professeur et homme de lettres serbe né en 1878, militant socialiste et nationaliste, fut le rédacteur en chef du Nouveau Serbe, ce qui lui valut d'être emprisonné par les Autrichiens de 1914 à 1918. En 1935, il fut nommé président de la « Société littéraire serbe ». (N.d.T.)

dieux. Sur ta famille aussi j'ai beaucoup d'informations, tu le sais, ton grand-père a épousé Marija, la fille du maire de Novi Sad, Jovan Kamber, qui a été enterré près de l'église Nikolajevska. C'était un homme impétueux qui battait les gens à coups de trique, ce qui lui a valu d'être tué dans le dos en 1848, tu connais l'histoire. Quant à ton grand-père Bogdan, je l'ai connu à l'Assemblée nationale croate. Lui aussi, on l'a écarté de la politique en 1918, il n'était pas en mesure de lutter contre les radicaux de Serbie », me dit-il non sans une certaine ambiguïté, de sorte que j'ignore s'il s'exprime avec une compassion sincère ou bien une totale indifférence. Peut-être la maladie a-t-elle apaisé et quelque peu aplani ses propos, les privant de toute causticité, voire de toute ironie un peu appuyée. « Les Serbes de Serbie nous ont tout gâché, ils ont rabaissé la Voïvodine sur les plans économique et culturel, ils ne nous comprennent pas ».

Depuis lors, chaque fois que je me rends chez Vasa Stajić, il répète ses lamentations sur les malheureux Serbes de Serbie et sur la Voïvodine encore plus malheureuse, qui s'est retrouvée sous la botte de divers individus suspects, bans, notaires, sous-préfets et autres laquais des impossibles régimes belgradois. Souvent, pendant qu'il prononce cet inévitable lamento, à ses côtés est assise sa corpulente épouse, agitée, toujours prête à devancer les phrases lentes du malade. Alors j'apprends sa dure détention à Arad, où l'avaient interné les Hongrois pendant la guerre[1], son activité politique infructueuse dans le nouvel Etat[2], ses vains efforts pour faire renaître moralement une Voïvodine déjà chancelante. Exténué et amer, il s'est finalement retiré dans son pavillon silencieux, fermement décidé à déceler et à étudier toutes les sources de nos illusions et de nos maux nationaux et sociaux.

« Je veux savoir pourquoi notre souffle est si court, pourquoi nous disparaissons si vite, tels des éphémères. Quelle image d'affreuse dégénérescence nous renvoient ces feuilles poussiéreuses, écrites par les mains pédantes de policiers étrangers. Voilà, je vis tout le temps au milieu de ces papiers avec des dénonciateurs et des sbires, aussi me suis-je moi-même transformé en une sorte d'inspecteur de police de

[1] Pendant la Première guerre mondiale le peuple serbe en Autriche-Hongrie a été victime de persécutions organisées, tant par les autorités officielles que par la presse et la populace incontrôlée : assassinats, arrestations, procès monstres contre l'intelligentsia et les institutions culturelles et sociales serbes, déportations massives dans des camps de concentration, tels qu'Arad, Doboj, etc. (N.d.T.)

[2] La Yougoslavie. (N.d.T.)

notre bourgeoisie. L'on voit très bien que nous autres Serbes sommes menacés même du point de vue biologique. Dès la deuxième ou troisième génération, nous voulons vivre comme des lords anglais et décidons tout de suite d'imiter la noblesse hongroise. Prends les Dundjerski, ils constituent le parfait exemple de nos parvenus. Le vieux Geda menait encore les chevaux aux foires de la Monarchie, mais dès qu'il s'est enrichi comme fournisseur de guerre, il s'est acheté un château à Cib, y a monté un haras de chevaux de course, s'est mis sur la tête un haut-de-forme gris pour fréquenter les hippodromes de Budapest. Quant à ses descendants, il vaut mieux ne pas en parler. Tu verras, il ne se passera pas beaucoup de temps avant que leur immense fortune n'éclate comme une bulle de savon[1]. Rien n'y fait, ce sont des lois sociologiques et cela doit se passer ainsi. Je me consolerais facilement si ce phénomène ne concernait que quelques familles, mais que le peuple soit enclin à la décadence, ce n'est pas bien ».

Il parle toujours comme un homme cruellement offensé, un prophète décrié et humilié. A une époque où toute perception sérieuse des problèmes moraux s'est émoussée, ces lamentations et leçons de morale semblent vraiment démodées, comme prononcées par un contemporain de Dositej Obradović[2]. En vérité, le plus sage pour lui est de retourner à nos racines malades. Mon logeur, et même tonton Rada, jugent sévèrement les réflexions de Stajić à propos de notre sombre destin.

« Foma Fomitch, le paysan russe du village de Stépantchikovo, c'est ça le vrai Vasa Stajić. Une petite intelligence, mais un archiviste travailleur et utile, telle est sa mesure, et il n'a pas à jouer aujourd'hui la réincarnation de Miletić[3]. Que cherche-t-il exactement avec son idée fixe sur la Voïvodine ? Nous savons bien que nous étions culturellement supérieurs aux Serbes de Serbie, ce n'est un secret pour personne, et alors ? Mais sans les opanques[4] des paysans de Serbie nous serions malgré tout restés sous la botte des Autrichiens. Il

[1] Tous les biens de la famille Dundjerski ont été confisqués en 1945 par le nouveau pouvoir communiste yougoslave. (N.d.T.)

[2] Dositej Obradović (1740-1811) : premier écrivain serbe moderne, moraliste, pionnier de l'occidentalisation du peuple serbe. (N.d.T.)

[3] Svetozar Miletić (1824-1901) : célèbre homme politique, leader du mouvement national serbe en Voïvodine. (N.d.T.)

[4] Chaussures de cuir traditionnelles des paysans serbes. (N.d.T.)

déverse son fiel sur tout le monde, et même sur nos familles bourgeoises qu'il ne juge que d'après les archives de la police, comme si tout ce que disent les gens qui se font des procès était toujours exact. Il a été interné à Arad, c'est vrai, il y a souffert et y a contracté la tuberculose, tout cela est exact, mais là-bas d'autres ont laissé leurs os, sans parler de nos innombrables anciens combattants qui ont subi tant d'épreuves mais qui vivent sans se plaindre. Quel empoté ! Il ne peut pardonner à Belgrade de ne pas l'avoir nommé ministre de l'Instruction publique. Toute sa vie il sera resté ce paysan qui déteste les bourgeois ».

Je me dis que tonton Rada et Vasa Stajić représentent deux antipodes. Demain, quand j'interrogerai Vasa Stajić sur tonton Rada, il déversera également sa bile d'une manière tout aussi méchante. Il le fera sans élever la voix, avec le souffle court de l'asthmatique, ce qui conférera à ses propos un poids particulier, comme si nous écoutions le message d'un mourant. « Ce Rada Vrhovac », me dira-t-il, « est vraiment devenu un monsieur, lui, le fils d'un petit gendarme. C'est un grand pédagogue sorti de l'Université de Vienne ! Et regarde un peu ses enfants. L'aîné s'est converti au catholicisme et a épousé une jeune fille d'une famille frankiste[1]. Quant au cadet, c'est un aventurier et un escroc qui ira loin. A présent Vrhovac clame sa loyauté à l'égard de la dynastie yougoslave et collectionne les décorations. Mais sous l'Empire autrichien on n'a pas vraiment remarqué son grand patriotisme serbe, il devait être dissimulé sous les soutanes de soie de nos évêques vendus. C'est un clérical, et encore de la pire espèce ! Quand il était proviseur du lycée de Karlovci, il a bien enfumé son établissement d'encens ! Il fait partie de ceux qui ont troublé notre pauvre Voïvodine, et coupé la Société littéraire serbe du peuple, comme si elle n'avait pas été fondée dans l'unique but de combler notre retard culturel. Il vaut mieux apprendre à nos concitoyens à ne pas boire de l'eau polluée et à élever des abeilles, plutôt que de faire, comme ces professeurs, de longues versions d'écrivains classiques dont ils infligent ensuite la lecture aux paysans. Voilà, c'est précisément ainsi que les petits-bourgeois imaginent l'instruction publique ! »

Je me dis que ces deux hommes ont tous les deux le regard fixé sur

[1] Le parti frankiste propageait des idées nationalistes croates violemment anti-serbes. (N.d.T.)

le passé de leur peuple, mais qu'ils voient et interprètent de manière diamétralement opposée sa pérennité. Où se trouve le point précis de leur fatale divergence ? Ils utilisent peut-être les mêmes témoignages, les mêmes traces de notre attachement à cette terre, ils voient tous nos symboles anciens, identiques, se penchent sur les mêmes abîmes de notre désastre et de notre inexorable disparition pour y prononcer, consternés par l'affreuse image de notre funeste sort, de dures et irréconciliables paroles de haine destinées à leurs descendants. Or, depuis l'ingénue hauteur de la colline du Magarac, leurs maisons ont le même air inoffensif, paisiblement alignées avec ces bâtiments bourgeois partant en rayons depuis la place, où trônent puissamment la cathédrale et l'imposant palais du Patriarcat serbe.

Notre catéchiste Gliša Mikić tenait également des propos implacables. En écoutant ses discours, je me disais souvent que lui aussi était entravé par la ceinture rouge et la soutane. Toujours impeccablement vêtu, il marchait la tête rejetée en arrière et saluait ses connaissances en ôtant d'un geste vif son chapeau melon, comme pour se moquer ouvertement d'eux d'une manière supportable. L'ironie de telles rencontres semblait encore accentuée par ses grands yeux noirs, toujours aux aguets pour saisir le moindre trouble chez autrui. Une fois ses avantages acquis, le catéchiste Mikić ne les abandonnait jamais. On savait qu'il ne choisissait pas ses adversaires et que tous les interlocuteurs étaient les bienvenus afin de lui permettre de lancer des traits d'esprit prompts et caustiques. Cultivé et courageux, il entrait avec la passion d'un véritable polémiste dans les conflits les plus divers, et l'on racontait longuement à Karlovci ses prestes victoires. Il était pratiquement prédestiné à devenir le héros de nombreuses petites anecdotes, un homme appelé à illustrer les récits oraux et à vivre aussi longtemps qu'eux. Ses plus grands adversaires et ses nombreuses victimes parlaient de lui comme d'un phénomène exceptionnel, d'une personne avec laquelle il valait mieux vivre en paix, et que la sagesse commandait d'éviter autant que possible. D'un côté, cette attitude avait fait naître chez le catéchiste Mikić des aptitudes particulières à la solitude et au silence, alors que, de l'autre, elle augmentait son irrésistible désir de recueillir de nouveaux lauriers en tant qu'orateur. Même depuis l'ambon de la cathédrale, Gliša Mikić savait stupéfier son auditoire par des revirements rhétoriques inattendus. Il sortait du sanctuaire comme à contrecœur, tel un homme qu'on aurait contraint à prêcher, et qui, hésitant, observait avec mauvaise grâce les auditeurs pour savoir s'ils étaient dignes de recevoir ses paroles. Une fois monté à l'ambon, il promenait un regard apparemment absent dans la cathédrale, comme s'il cherchait vraiment celui à qui il destinait son sermon. Puis, de façon totalement inattendue, les paroles de Mikić se mettaient à tonner, dépourvues de l'élan et de la progressivité propres aux orateurs, se frayant un chemin jusqu'aux recoins les plus sombres de la partie de l'église réservée aux femmes, là où se tenaient habituellement de vieilles femmes troublées et absentes, presque endormies dans leur piété invisible. Ce prédicateur enflammé n'épargnait même pas les têtes couronnées, comme si précisément elles attiraient et stimulaient son ingéniosité. Les Karlovciens se rappelaient avec une rare stupéfaction les propos de Mikić lors de la commémoration du roi Alexandre. La moitié de la région de Novi Sad était venue, la nouvelle s'était répandue que le catéchiste Gliša Mikić allait parler. Et lui, se donnant l'air d'avoir longuement songé au moyen de ne pas trahir tous ceux qui étaient venus écouter quelques réflexions inhabituelles et originales sur le roi défunt, s'est mis à parler d'un homme qui avait commis des péchés et qui était rempli de défauts et d'illusions.

« Comme le tsar Dušan[1], il voulait beaucoup, trop, comme le tsar Dušan, il s'est arrêté à mi-chemin. Dieu te pardonne tes péchés et toutes tes illusions, Alexandre Karadjordjević, amen ! », tels sont les termes exacts par lesquels Mikić a achevé son homélie, à la consternation de tous les officiels.

« Quel est l'imbécile qui l'a désigné pour parler dans une telle circonstance ? », chuchotaient les sujets les plus effrayés, « même les gens du Patriarcat le considèrent comme un hérétique. Il ne songe qu'à réformer l'Eglise, c'est pour cela qu'on a suspendu la publication de sa revue *La Nouvelle Voie*, dans laquelle il a décrit la vie religieuse telle qu'il la voyait ».

« Je connais Mikić », me dit tonton Rada, d'ailleurs c'est moi qui l'ai fait venir comme catéchiste. C'est un homme de tempérament, d'une intelligence exceptionnelle, dans l'Eglise il dépasse tous les autres d'une tête, et cela, on ne le lui pardonne pas. Il semble être né

[1] Etienne IX Uroš IV Dušan (1308-1355) : roi (1331-1346) puis tsar (1346-1355) de Serbie. Grand conquérant, il créa également le Patriarcat de Peć (1346) et promulgua un Code en 1349. (N.d.T.)

pour devenir un réformateur catholique. Chez eux on l'accepterait, chez nous, non, car l'orthodoxie est déjà depuis des siècles hermétique à toute innovation. Si aujourd'hui Mikić attaque la paresse monacale, il ne dit rien de nouveau. On a évoqué le sujet dès le XVIIIe siècle, sans résultat. Les métropolites ont même utilisé le bâton pour tenter de forcer ces fainéants de moines à travailler et à s'instruire, et ils ont eu toutes les peines du monde à supprimer leur propriété personnelle. Ceux-ci voulaient bien vivre au monastère, mais à condition que chacun veille sur ses propres pruniers, sur ses vignes et ses abeilles, et qu'il puisse ramasser de l'argent et l'entasser dans sa paillasse. Personne ne se souciait des règles strictes édictées par d'autres hommes et pour d'autres temps. Mikić s'en prend aussi à l'arbitraire épiscopal, en vain, je te le dis, Mikić est un véritable Don Quichotte de l'Eglise serbe ».

Sur ce point Vasa Stajić est d'accord avec tonton Rada. « Mikić veut transformer les monastères en hôpitaux et en jardins d'enfants, il préconise que les moines travaillent, a-t-on jamais vu de telles réformes chez les Serbes ? Il faut supprimer ces monastères, c'est le seul remède, fermer rapidement ces pépinières de l'oisiveté et de l'abrutissement, et chasser ces parasites de moines. Je ne dis pas, Mikić a de l'esprit et une langue bien dure, mais tout cela ne lui sert à rien, il s'époumone inutilement devant nos Karlovciens léthargiques, personne ne l'écoute et la roue continue de tourner et de grincer. Tu sais, les gens du Srem aiment beaucoup raconter des histoires, ils sont passés maîtres dans cet art, ils sacrifieraient tout pour un trait d'esprit ou un calembour, ils allument des feux qui ne réchauffent pas. Voilà, en la matière Gliša Mikić est un véritable homme du Srem, du village de Martinci ».

L'histoire suivante témoigne bien de la langue acerbe de Mikić. Le vicaire épiscopal de Karlovci, l'archiprêtre Jovan Jeremić, avait laissé tout le monde par ses manœuvres politiciennes. Vaniteux et emporté, ce prêtre ambitieux se pavanait, toujours enclin à se rendre auprès des hautes autorités ecclésiastiques pour se plaindre des moindres erreurs d'un pope de village. Mikić ne l'aimait pas, et chacune de leurs rencontres menaçait de se terminer par un conflit. Un jour, juste à Pâques, ces vieux rivaux se croisèrent devant la cathédrale. Mikić voulut éviter la rencontre, les salutations et les vœux, mais l'archiprêtre Jeremić y tenait et la provoqua.

« Christ est ressuscité[1], monsieur le professeur », dit en premier l'archiprêtre d'une voix exagérément forte à l'adresse de Mikić.

« J'en doute », répondit brièvement Mikić.

Et, bien entendu, le vieil archiprêtre Jeremić courut droit au Patriarcat, rencontra le patriarche Varnava en personne et fit grand bruit de l'évidente irréligion du catéchiste Gliša Mikić, qui pervertissait la jeunesse au lycée. L'accusation était grave, aussi convoqua-t-on rapidement Mikić au palais.

« Professeur Mikić », commença prudemment le patriarche, d'une voix conciliante, « l'archiprêtre Jeremić vous a accusé, il affirme qu'il vous a salué par un “Christ est ressuscité” et que vous avez répondu que vous en doutiez. Est-ce vrai ? »

« Je sais, Votre Sainteté, et tout ce que l'archiprêtre Jeremić a dit est exact, de A à Z ».

Le patriarche en fut consterné, il n'en crut pas ses oreilles. Alors Mikić poursuivit :

« Votre Sainteté, l'archiprêtre Jeremić est un tel menteur que même lorsqu'il dit « Christ est ressuscité », j'ai des doutes ».

On racontait aussi à Karlovci la réplique de Mikić au pharmacien Paja Štraser quand celui-ci, qui se tenait oisivement devant son officine, lui avait lancé d'une voix forte, à travers toute la place du marché :

« Salut, Loyola[2] », en imitant ironiquement les gestes amples que Mikić avait coutume de faire avec son chapeau melon devant l'église catholique, puis sont petit salut, à peine perceptible, devant l'église orthodoxe.

« Salut, Layola[3] », avait rétorqué Mikić.

Mais, malgré tout, en dépit de ces traits d'esprit foudroyants, Gliša Mikić me laissait un goût de tristesse, l'impression d'un révolté qu'on aurait installé de force quelque part, dont on aurait restreint la liberté d'agir, dont on aurait entravé l'expression des véritables capacités. Une longue souffrance courroucée semblait détruire ses nombreux dons. Acteur, orateur, sage, écrivain, réformateur de l'Eglise, historien, homme politique, Gliša Mikić aurait pu être tout cela, trouver dans toutes ces professions un sens et une destination. Avec une

[1] Salutation traditionnelle des orthodoxes le jour de Pâques, qui appelle la réponse suivante : « En vérité, Il est ressuscité ». (N.d.T.)

[2] Saint Ignace de Loyola, fondateur de la Compagnie de Jésus. (N.d.T.)

[3] Jeu de mots fondé sur le verbe serbe « lajati » : aboyer, médire. (N.d.T.)

facilité exceptionnelle, qui frôlait parfois la légèreté, Mikić se débrouillait dans les dilemmes les plus complexes de la conscience d'autrui. Aux yeux du monde, il était toujours aussi solennel, sûr de lui, agressif, fier. Les gens autour de lui semblaient le provoquer à gaspiller ses forces, dans de bons mots virulents, comme s'ils avaient parfaitement conscience que cette manière silencieuse et progressive était la seule susceptible d'épuiser et de tarir sa force exceptionnelle.

« Pauvre Mikić », me dit tonton Rada, « c'est un homme doué, sans doute trop, il a tout appris facilement et sans rencontrer de résistance. Il existe des gens pour qui le plomb flotte, tandis que pour d'autres même les fétus de paille coulent. Déjà au Tekelijanum[1] il écrivait des lettres spirituelles en latin, tout le monde le considérait comme un phénomène. Il inondait Veljko Petrović[2] de thèmes de récits. « Mets cela sur papier, Gliša », l'incitait Veljko, « c'est une nouvelle toute faite ». Mais lui, il se contentait de les raconter, de les mimer, il répugnait à polir, à affiner ultérieurement ces récits. Il s'en tirait par une pirouette : « Ne sommes-nous pas un peuple à littérature orale ? Pour ces récits un seul Veljko Petrović suffit aux Serbes ». Ainsi se défendait cet étourdi contre un travail sérieux, ce n'est pas un moindre dommage qu'un homme aussi talentueux ait été pris d'une satisfaction dans l'autodestruction de ses propres capacités. La même chose est arrivée à Laza Pištimalj, une véritable lumière du lycée de Karlovci.

C'est une étrange histoire, remplie de menaces perfides. Car Laza Pistimalj était le meilleur élève du lycée de Karlovci, un brillant sujet, qui transformait en or tout ce qu'il touchait. Tous lui prédisaient un remarquable avenir, éblouis par ses récitations de poèmes grecs et latins. Il a passé son baccalauréat avec les félicitations du jury, après quoi, comme les autres, il s'est retrouvé à la croisée des chemins. Mais une fois arrêté, il n'a plus bougé d'un pouce. La tête remplie de textes antiques, Laza est devenu gardien des vignes de la région. Il vit dans des cabanes, on l'invite volontiers aux vendanges, l'ambiance devient joyeuse quand il s'enivre, assis sur un tonnelet il récite l'Iliade et l'Odyssée, et en l'écoutant les gens se tordent de rire. Il passe

[1] Centre scolaire serbe fondé à Budapest par le mécène et homme de lettres serbe Sava Tekelija (1761-1842). (N.d.T.)

[2] Veljko Petrović (1884-1964), poète et écrivain serbe. (N.d.T.)

l'hiver dans les étables et les granges des monastères, refusant d'entrer dans l'hôtellerie ; en effet, il dit : « Je me suis trop habitué à vivre comme un cochon pour dormir sous ce toit sacré, je suis bien à l'étable, tout comme l'enfant prodigue. » Les moines le nourrissent, car eux aussi il les distrait par ses récitations de poètes latins. L'automne dernier, un moine pédéraste a profité de son ébriété à Fenek, aussi cherche-t-il maintenant un autre hivernage en criant à qui veut l'entendre : « Gardez-vous de l'hospitalité des moines ! »

De nouveau, je me trouve sur le mont du Magarac, d'où, tranquillement, je décompose ces maisons bourgeoises de Karlovci comme des jouets en séparant tous les éléments constitutifs de leurs solidité et sécurité supposées. Comment sont mes mains pour pouvoir aussi facilement enlever ces toits si hauts, mes yeux pour traverser du regard tous les murs qui sont censés protéger la vie de leurs propriétaires ? J'ai l'impression de découvrir également leur avenir, de façon claire et lisible. La disparition, l'extinction, des résistances convulsives, des petites révoltes, des réconciliations, le Cerat. Tout cela se passera dans le petit espace de ces chambres, recouvertes par ces toits hautains, sûrs, protecteurs, dont les bords aigus cloisonnent tels de nouveaux écrans la plaine de la Bačka. Depuis la chaumière encollée de boue jusqu'au palais néo-Renaissance des patriarches serbes, on voit distinctement tout le chemin parcouru par nos compatriotes, tous les échecs et les espoirs, les hauts et les bas que nous ont imposés le destin ainsi que notre caractère. Là, quelque part, entre ces deux extrêmes, s'est nichée cette cathédrale baroque de l'archevêché de Karlovci, symbole de notre adaptation à la vie nouvelle. A cette époque on a introduit à l'archevêché le premier salon rouge, où la première pendule à musique a joué un charmant menuet juchée sur une commode, où, devant le carrosse du métropolite, est apparu un garde à cheval. Quant à ce grand bâtiment qui abrite l'Assemblée, il a été construit au XIXe siècle, en tant que monument dédié à notre particularisme national en pays étranger, dans une période où les réunions de l'Assemblée n'avaient lieu que lorsque le bon plaisir de l'empereur le permettait et en la présence obligatoire d'un émissaire du souverain. Ce même perron officiel sur lequel s'arrête quotidiennement le docteur Laza Sekulić, mon grand-père le franchissait autrefois. Depuis les prairies de Krušedol où, après 1710, on a commencé à tenir de telles réunions, jusqu'à ce palais solennel aux sphinx de béton gardant l'entrée, toutes nos illusions séculaires sont étalées, ornées des sceaux impériaux parjures. Tonton Rada m'apprend à penser de manière historique, car ainsi j'acquiers une sérénité pour la vie. Ou bien pense-t-il à la soumission et à la résignation ? Mais si jamais, précisément à cause de cette position, je deviens la proie de troubles incessants, si je me rends compte de la fragilité de notre racine nationale, qu'elle est planté bien peu profond dans cette terre si riche, en proie à des sécheresses spirituelles ? Comment surmonter le malheureux destin de notre petit peuple, telle est la question que je me pose, assis sur cette colline, tandis que résonne la sonnerie des cloches de la cathédrale, si indifférente qu'on dirait que l'on n'a jamais versé dans leur corps de bronze la moindre parcelle d'inquiétude, de peur ou de doute.

« Il y a longtemps déjà que je n'ai pas mis les pieds dans l'église, mais j'y vais demain », me dit mon logeur, « en effet, demain on intronise Valerijan Pribićević évêque ; jusqu'à présent il était archimandrite du monastère de Jazak. Ça va être une vraie comédie. J'aimerais bien savoir pourquoi le patriarche Gavrilo a porté son choix sur ce membre de la dynastie des Pribićević. Vous savez sans doute qu'il est le propre frère de Svetozar[1], le diable sait ce qu'il a promis au patriarche et au gouvernement radical, la politique n'est pas absente de cette affaire ».

A propos de Valerijan Pribićević j'apprends encore qu'il a été jugé en Autriche dans le cadre du procès en haute trahison de Zagreb. En tant qu'archimandrite de Jazak il se rendait fréquemment à Novi Sad en fiacre, où il disposait d'une table à l'auberge « Chez Stoltz » pour y mener des discussions politiques avec les partisans du Parti indépendant serbe de cette ville. Il aimait les joyeuses compagnies, et ces veillées novosadoises se poursuivaient très souvent au monastère de Jazak. Au milieu de la bonne humeur générale, l'archimandrite tapait joyeusement des mains avant de déclarer d'un ton solennel : « Messieurs ! Assez parlé des problèmes nationaux, il est temps de prendre une décision. Je propose que tous autant que nous, nous sommes partions en fiacre pour Jazak, afin de goûter aux haricots maigres du monastère. Vous recevrez ce que Dieu a donné ».

[1] Svetozar Pribićević (1875-1936) : homme politique serbe de Croatie, chef du Parti indépendant serbe et l'un des principaux promoteurs de la Coalition serbo-croate (1906) ; plusieurs fois ministre du gouvernement de Yougoslavie, il émigra à Paris en 1929, après l'instauration de la dictature du roi Alexandre. (N.d.T.)

Après cette aimable invitation, une longue colonne de fiacres remplis de ces étranges pèlerins quittait Novi Sad. Et parfois les festivités de ces joyeux drilles duraient jusqu'à trois jours. On racontait qu'à cette occasion les postières et institutrices des environs venaient volontiers aux matines. On y faisait la fête tout en chantant des cantiques, ce qui conduisit au désespoir les Tsiganes de Novi Sad qui accompagnaient bruyamment ces messieurs, car ils se voyaient confrontés à des difficultés musicales imprévues. Les chants retentissaient dans le réfectoire et, au paroxysme de l'allégresse, quelqu'un entonnait d'une voix de basse *Mémoire éternelle*[1], comme un défi lancé à la mort. Et, pendant ce temps-là, Valerijan restait assis, l'air absent, renfrogné, à vider en silence son verre et à marmonner : « Ma foi, mes amis, nous sommes de bien grands vauriens ; quand vous aurez dessoûlé, agenouillez-vous devant le reliquaire du tsar Uroš[2] ».

Et tonton Rada hoche la tête d'un air dubitatif, ne parvenant pas à comprendre qui aujourd'hui a besoin de Valerijan Pribićević comme évêque.

« Lui chanter des cantiques avec dignité », dit-il d'une voix outrée, « c'est un véritable blasphème. Ces Indépendants escomptent leurs lettres de change de la guerre arrivées à échéance, l'un reçoit un portefeuille ministériel, l'autre une mitre d'évêque. Ici on brade tout. Sa sinécure de Jazak ne lui suffit pas. Avec de tels évêques nous perdrons aussi l'Eglise, nous achèverons de ruiner notre dernier point d'appui ».

Cependant tante Pava ne partage pas cette sombre analyse, elle dont la vision sereine des problèmes nationaux n'est pas totalement obscurcie par les doutes. Elle observe déjà le nouvel évêque avec ironie, se demandant avec curiosité si le sobre Valerijan se rappellera bien le protocole de son propre sacre.

« Un peu d'humour, Rada, ça ne fait pas de mal », dit-elle en se retenant d'éclater de rire, « de toute façon Valerijan a installé son diocèse dans l'auberge « Chez Stoltz » à Novi Sad ; mais si on le compare à toute la faune qui émerge de nos jours, Valerijan ressemble encore à un monsieur, au moins il a fréquenté des gens bien, *und wie man sich benehmen sollte*[3]. Par exemple, avant son arrivée à Jazak, on

[1] Prière des morts, chez les orthodoxes. (N.d.T.)
[2] Uroš IV, tsar de Serbie (1355-1371). (N.d.T.)
[3] Et (appris) comment il faut se comporter.

n'y trouvait même pas de salle de bains, c'est lui qui l'a fait installer. Ses prédécesseurs utilisaient une cuve en bois en guise de baignoire. Mais, Rada, *das Ganze ist doch eine Komödie*[1], et ton énervement n'y changera rien, je ne veux plus me faire de souci *für alles was heute schief geht*[2]. Il est révolu le temps où l'évêque s'appelait Vicentije Vujić, un homme si cultivé qu'on l'invitait dans la *Salonwagen*[3] du baron Giesel pour distraire ce dernier, qui attendait qu'on répare la locomotive, alors qu'à la suite de l'ultimatum[4] il venait de quitter la Serbie. Et ceux-là étaient des évêques, *aber das war noch die alte Garde*[5], résigne-toi, Rada, demain Valerijan Pribićević deviendra évêque, *und da ist nichts mehr zu machen* »[6].

Il y a beaucoup de logique dans la position de tante Pava. Je remarque que ces femmes âgées défendent d'une manière particulière, discrète mais opiniâtre, leur monde contre les surprises désagréables. On dirait qu'elles obéissent à des lois non écrites ainsi qu'à de nombreux accords secrets, voire à des obligations d'information et de mise en garde mutuelle, car elles agissent presque toutes de la même manière. Sentant l'évidente supériorité de quelque élément qui gâte leur image du monde, elles se retirent promptement dans leurs petites cachettes, et dans ces postes d'observation sûrs, elles sapent, construisent et disposent librement les héros de leurs rêves. Chez un tyran elles découvrent facilement un bon côté, tandis que le moindre signe de perfection est rapidement dénigré. S'appuyant sur leur longue mémoire, ces vieilles femmes ont toujours raison, incontournables et insoumises, car derrière leur apparente impuissance se tient toute une rangée de témoins forts et placés avec ruse. Dans le salon de mamie Olga, je les observais sortir en silence de leurs abris, grandir progressivement, alors que pendant tout ce temps un sourire débonnaire ne s'effaçait pas de son visage. Une manière incorrecte de tenir la fourchette et le couteau, la tasse à thé, de se tenir à table, toutes ces petites maladresses ont déjà été relevées par ces témoins invisibles, alors que la victime est loin d'imaginer avec quelles rapidité et précision les

[1] Tout cela n'est finalement qu'une comédie.

[2] Pour tout ce qui va de travers aujourd'hui.

[3] Voiture-salon.

[4] Que le baron Giesel, ministre plénipotentiaire de l'Autriche-Hongrie à Belgrade a remis, le 23 juillet 1914, au gouvernement serbe. (N.d.T.)

[5] Mais c'était encore la vieille garde.

[6] Et on n'y peut plus rien.

renseignements sur une vie écoulée ont été rassemblés. Ces témoins s'étendent à présent sur ce ridicule évêque Valerijan nouvellement intronisé, dévoilant à tante Pava ses petites et grandes faiblesses. Car, pour ses traits caricaturaux, il lui suffit de se rappeler les temps anciens où l'évêque s'appelait Gavrilo Zmejanović, Georgije Letić ou Ilarion Zeremski, tous ces personnages qui discutaient avec les aristocrates hongrois sur un pied d'égalité, tout comme son Vicentije Vujić avec le baron Giesel. Seuls nos gens d'ici étaient capables de convaincre ces messieurs étrangers, de les mettre de bonne humeur et de les contraindre à réfléchir. Se trouver sur un pied d'égalité signifiait aussi ne pas se différencier par son mode de vie et ses habitudes de ceux qui, par leurs droits héréditaires, connaissaient depuis toujours les hauteurs tant convoitées de la distinction et de la puissance. Ce regard constamment porté vers le haut avait formé au long des siècles un style de vie particulier. Plus la hauteur était importante, plus se développait, comme dans un délire, l'aspiration des opprimés et des pauvres à l'atteindre, la conquérir et l'asservir. Vues sous cet angle, les veillées de Valerijan à l'auberge « Chez Stoltz » en compagnie des Indépendants de Novi Sad et toutes leurs fêtes au monastère en compagnie des postières et des institutrices semblaient parfaitement vulgaires à tante Pava, car même les péchés et les vices humains nécessitent un certain niveau et du style.

« Quand même, si c'est vraiment inévitable, ils pourraient faire ça discrètement dans une bonne station thermale étrangère, et non pas sous les yeux de leurs paysans. Que va penser le petit peuple à la vue de tous ces scandales, quelle réputation vont leur faire les musiciens tsiganes de Novi Sad, sans parler des cochers qui passent jusqu'à trois jours à bâiller dans leurs fiacres devant le monastère en attendant que ces messieurs aient fini de s'amuser. *Nein, nein, so macht man das nicht* »[1], conclut-elle déterminée et inébranlable.

Lors de l'intronisation de l'évêque Valerijan Pribićević, la cathédrale était pleine de monde. On fit venir devant le patriarche un vieillard fatigué et troublé qui chancelait presque sous le poids de sa chasuble de drap d'or. Je fus diverti par les nombreuses courbettes et génuflexions qu'exigeait la cérémonie d'intronisation. Le vieil homme s'en acquittait avec effort et une peur évidente de voir glisser de sa

[1] Non, non, on n'agit pas ainsi.

tête la trop grande mitre qu'il avait empruntée. Pendant son sermon, sec et insignifiant, Gliša Mikić fixa longuement de son regard absent le haut de la fastueuse iconostase baroque.

« Une comédie ratée, ne vous l'avais-je pas prédit ? » me dit mon logeur. « Il s'en est fallu de peu que l'imposition des mains ne provoque une seconde victime. Vous n'avez pas vu le Gros Baron Joca défaillir de chaleur, on l'a sorti de la cathédrale à grand-peine. En tout cas, l'Eglise serbe peut s'enorgueillir de ce nouvel évêque, car, tel que je connais Valerijan, il se rendra dès demain avec sa mitre épiscopale chez Stoltz pour y faire la noce. A présent ces canailles d'Indépendants ont enfin leur évêque ! Ils cesseront peut-être de se plaindre d'avoir été évincés de l'Eglise par les radicaux. Parfait ! Je suis bien aise ! Ils ne pouvaient pas en trouver de meilleur ».

Je dois encore mentionner Mika Jakovljević, proviseur du lycée de Karlovci. Doté d'une carrure athlétique et d'une superbe chevelure blanche et soyeuse, ce vieux monsieur était le dernier baigneur d'automne dans le Danube, il jouait au tennis et surtout éprouvait une véritable passion pour la chorale et l'octuor du lycée, au sein duquel il jouait régulièrement du violon. Philologue de formation, Jakovljević estimait que ce serait un grand dommage, presque une catastrophe, que les élèves fussent privés de cours quand leurs professeurs étaient malades, aussi les remplaçait-il avec un inépuisable dévouement dans toutes les matières, depuis la gymnastique et la calligraphie jusqu'aux mathématiques et au grec ancien. On savait aussi que Jakovljević s'occupait d'esthétique, qu'il avait écrit et fait publier à compte d'auteur un livre intitulé *De l'esthétique contemporaine*, dont le tirage, affirmaient les envieux, ne s'épuiserait pas jusqu'au Jugement dernier, mais pouvait servir à emballer les concombres. Mika Jakovljević pénétrait dans les salles de classe avec une assurance affichée et établissait rapidement des rapports étroits avec les élèves. Presque dès le seuil, il appelait au hasard quelqu'un au tableau, pour lui demander le plus souvent : « Sais-tu ce qu'est le beau ? Allez, dis-moi, cher monsieur, pourquoi la IXe symphonie de Beethoven est belle, vas-y, explique d'abord d'où vient le mot symphonie ».

Nous connaissions déjà tous ces questions de Jakovljević, il nous suffisait de nous lever et de composer deux ou trois phrases et ensuite de laisser à notre si loquace proviseur le soin de développer tranquillement le raisonnement. Il pouvait ainsi passer le cours entier à nous parler de la tragique culpabilité d'Antigone, de la Symphonie Pastorale, de la Hasan-Aginica[1], du Temple du Kosovo de Meštrović[2], des *Lauriers de la Montagne*[3], de la Joconde, des métopes du Parthénon sculptées par Phidias, des opéras de Mozart. Après de grands élans d'enthousiasme il savait retomber soudainement dans de banales et dures réprimandes, reprochant aux élèves leur vulgarité spirituelle. « Bougres de béotiens et de paresseux, ce n'est pas pour vos têtes de paysans. Qui pourrait enfoncer dans vos dures caboches la notion du beau, voyons d'ailleurs si vous avez fini par apprendre ce qu'est la beauté, allez, qui peut répondre, personne, bien entendu, personne, bande de noceurs ! ».

A la suite de ces remontrances, le cours prenait fin, et le proviseur quittait la salle de classe l'air offensé et irrité. Cependant, dès le lendemain, il se comportait comme si rien ne s'était passé la veille et s'adressait à nous de la même manière, comme s'il avait soudain compris qu'il y avait encore de l'espoir pour nous.

Ce sont les chanteurs qui éprouvaient les plus grandes difficultés avec Mika Jakovljević, car c'est lui en personne qui les sélectionnait pour le grand chœur du lycée, réservant un traitement particulièrement désagréable à ceux qui manquaient d'oreille. Il assistait infatigablement à toutes les répétitions du chœur, protestant bruyamment à la moindre erreur de ton.

Que Mika Jakovljević aimait sincèrement son lycée, cela, nous le savions tous et sur le fondement de nombreux détails. Il lui arrivait de rester dans la cour déserte du lycée, sous les plus fortes averses, le parapluie à la main, pour surveiller le déchargement du bois de chauffage, de ramasser les bouts de papier jonchant les couloirs, d'essuyer avec ses coudes les graffiti tracés à la craie. Même si l'on met à part ses jugements esthétiques, c'était un enseignant hors du commun qui, par-dessus tout, dans un esprit quasiment païen, aimait la vie, rêvant des beautés immuables de l'antiquité, dont il analysait et expliquait inlassablement la signification cachée. En célébrant Branko Radićević[4] il ne manquait jamais de souligner que ce poète « n'avait

[1] Poème épique serbe. (N.d.T.)

[2] Les fragments de ce Temple constituèrent l'une des premières œuvres du célèbre sculpteur croate Ivan Meštrović (1883-1962). (N.d.T.)

[3] Illustre poème dramatique composé en 1847 par Petar Petrović Njegoš, prince-évêque du Monténégro. (N.d.T.)

[4] Il a passé sa jeunesse à Sremski Karlovci. (N.d.T.)

pas été un libertin indiscipliné, mais au contraire un excellent élève, toujours premier et surveillant de sa classe. Il ne goûtait pas les poèmes à la manière d'un bambocheur de Karlovci. Sa joie était pavée de sa connaissance de l'Antiquité. Branko connaissait par cœur les vers d'Horace, de Catulle et de Virgile. Regardez ses cahiers d'élève », nous disait Mika Jakovljević en tournant les feuilles couvertes d'une écriture attentive et soignée. « Or à cette époque seul le meilleur élève pouvait être nommé surveillant ».

Tonton Rada, ce vieillard éternellement soupçonneux, semble être le seul à avoir entièrement compris les efforts de Mika Jakovljević en vue de sauver et conserver la réputation de notre vieux lycée.

« Mika aime cette école et souhaite précisément lui restaurer son caractère classique. Mais cette bataille est malheureusement perdue, car l'esprit du temps a changé. Les gens pensent que c'est un luxe excessif de garder quelque chose de trop faible pour se maintenir tout seul. Nous abandonnons les humanités aux catholiques. Demain ils seront les seuls interprètes des véritables fondements de l'esprit européen. Mika est lui aussi un de ces sénateurs romains qui attendent les Gaulois. Or ceux-ci arrivent ! Vae victis ! »

Une nouvelle m'est parvenue de Zagreb qui m'apprend la mort de mamie Katica. Elle n'a pas tenu sa promesse si souvent réitérée de m'emmener dans sa ville natale de Vukovar pour me montrer, ne fût-ce qu'une fois, la vieille maison des Mihalović et ses anciennes vignes. Notre vieux plan secret consistant à nous rendre, à bord du bateau blanc viennois « Helios », jusqu'à Budapest et son café « Gerbaut » qui sert les meilleurs croissants et brioches du monde, tombe également à l'eau à présent. Et pour toujours. Je me rappelle notre dernière rencontre. Rien que pour me faire plaisir et me faire rire, elle avait imaginé une visite à la vieille générale Ljubičić. Elle avait dit :

« C'est là seulement que tu comprendras la signification de la phrase : *"nobel geht die Welt zugrunde"*[1]. Elle n'a pas le sou, sa pension de veuve est ridiculement modeste, mais elle ne se laisse pas faire, toujours propre, attirante, avec son joli plastron de dentelle. Elle porte de vieux bijoux, peu nombreux mais de valeur. Et elle aime encore les animaux. Actuellement elle possède un perroquet qui salue

[1] Le monde se dirige noblement vers sa ruine.

ses invités par un *Guten Tag*[1], après quoi il demande à boire du café : *Kaffee bitte, danke*[2], prononce-t-il comme un homme, c'est vraiment drôle ».

J'accompagnais mamie dans la visite. Un vestibule plongé dans la pénombre et de larges couloirs semblaient mener à de nouveaux espaces, inoccupés. De toute évidence, c'étaient des pièces fermées la plus grande partie de l'année. Nous fûmes accueillis par une vieille femme élancée et droite, d'un maintien guindé qui, même à présent, au bout de si nombreuses années, trahissait les rigoureux préceptes enseignés dans un pensionnat de jeunes filles, où l'on accordait une attention particulière au maintien, à la légère inclinaison du buste au moment de s'asseoir, à la rotation calme et très lente de la tête en direction de l'interlocuteur, avec toute la retenue et la progressivité dans le mouvement qui semblaient imposer la distance nécessaire. Je me rappelle bien ce long mouvement ralenti derrière lequel se dissimulaient avec succès de si nombreux sentiments retenus. Dans l'antichambre obscure, cette vieille générale bien droite s'approcha de moi de la même manière, tandis que j'essayais de deviner la prochaine ligne et durée d'inclination de sa tête. Je remarquai également les bijoux, la soie, les dentelles, les chaussures à talons hauts et à petits boutons nacrés et, surtout, l'épaisse chevelure soigneusement coiffée que les peignes de corne figeaient sous la forme d'une fastueuse couronne. Mamie appelait ça une « coiffure-kouglof ». Elle nous accueillit cordialement, avec beaucoup de phrases saccadées dont les fils semblaient s'emmêler et se rompre eux-mêmes rapidement. En un instant je me rendis compte que mamie saisissait parfaitement ce désordre inattendu dans les paroles, comme si ces vieilles gens conversaient le mieux et le plus volontiers dans cette langue secrète qui reste inaccessible aux autres, aux non-initiés, et leur paraît remplie d'absurdités. Je n'arrivais pas à comprendre comment et quand mamie avait entendu que la sœur de la générale, qui vivait à Linz, avait perdu son gendre, que ses rhumatismes avaient empiré, qu'elle faisait tout elle-même car aujourd'hui les domestiques étaient atrocement ingrats et paresseux, *man hält im Hause einen bezahlten Feind*[3]. J'écoutais ces confessions presque espiègles en m'étonnant de la tranquillité et

[1] Bonjour.
[2] Du café s'il vous plaît, merci.
[3] On garde à la maison un ennemi rémunéré.

de la gaieté avec lesquelles elles prononçaient des paroles aussi désagréables. J'écoutais patiemment, car j'étais sûr que ces dames en mal de confidences allaient soudain remarquer ma présence et qu'alors, confuses de leur inattention, elles inciteraient d'une seule voix le perroquet à montrer ce qu'il avait appris. *Sag, Hansi, guten Tag, sag, Hansi, Kaffe bitte, sag, Hansi, danke, sei brav, Hansi, und sag es schön*[1]. Et l'oiseau, comme s'il comprenait vraiment ces vieilles femmes qui piaillaient devant lui, exauçait docilement leurs souhaits en répétant chacune des paroles prononcées.

« Tu ne t'es pas ennuyé chez la vieille générale ? » me demanda mamie quand nous fûmes enfin sortis du couloir sombre. « La prochaine fois que nous viendrons, je lui demanderai de te montrer tous les uniformes de son défunt général. Elle les a conservés, avec ses décorations et ses sabres, ils sont tous soigneusement accrochés à des cintres, couverts de naphtaline. J'ai demandé à cette folle pourquoi elle n'en faisait pas cadeau au théâtre, mais elle n'a rien voulu entendre et m'a dit : *« Sie erinnern mich an die schönen alten Zeiten, mein Mann hat sie so gut getragen, wenn ich den Schrank öffne*[2]. Je le vois qui se tient devant moi en grande tenue de gala, *nur ist es etwas schwierig mit den Motten doch fressen sie sie langsam auf »*[3].

Donc, il n'y a plus de mamie. Tante Pava me console maladroitement :

« Pauvre grand-mère, *aber sie war eine ganz originelle Frau*[4], mon Dieu, tout ce qu'elle pouvait inventer ! Que peut-on y faire, nous y passerons tous. *In der Zwischenzeit sind wir alle alt geworden »*[5].

Je ne supporte pas ce genre de consolation qui me rappelle les phrases toutes faites, les formules utilisables à chaque occasion, ce qui leur a fait perdre depuis longtemps tout contenu émotionnel. Selon les lois non écrites de la bienséance bourgeoise, je devrais à présent remercier longuement tante Pava, voire prendre ces paroles faciles pour une révélation. Si je ne le fais pas, je causerai une déception à

[1] Hansi, dis bonjour, Hansi, dis « du café s'il vous plaît », Hansi, dis merci, sois gentil, Hansi, et dis-le bien.

[2] Ils me rappellent le bon vieux temps, mon mari les portait avec prestance, quand j'ouvre l'armoire.

[3] Seules les mites me posent un problème, car malgré tout elles les mangent petit à petit.

[4] Mais c'était une femme tout à fait originale.

[5] Entre-temps nous sommes tous devenus vieux.

cette joyeuse vieille femme qui croit encore m'apporter un véritable apaisement et une consolation. J'acquiesce avec indifférence avant de m'enfuir jusqu'au Danube. En guise de dernier hommage à mamie, j'aimerais attendre le passage de ce bateau blanc viennois, le « Helios », pour saluer de la main ses passagers inconnus, tout en ayant parfaitement conscience de l'inanité de mon geste, mais, malgré tout, avec l'impression de toucher ainsi à l'une de ses aspirations inassouvies. En attendant le bateau, je relis encore une fois la lettre m'annonçant la mort de mamie. Déjà à l'agonie, elle exigeait d'être enterrée à cinq heures du matin, par ce temps hivernal de février, afin que personne ne sache ni ne vienne.

« Je ne veux pas de comédiens ni de tricheurs à mes funérailles », disait-elle en mourant. Son vœu a été exaucé. Tous les indésirables sont arrivés à l'heure habituelle pour l'enterrement, et sont repartis déçus. Ce fut sa dernière plaisanterie.

D'autres nouvelles, alarmantes, arrivent également de Zagreb. Nos paysans de Rakitje, qui se tenaient tranquilles jusqu'à hier, ont reconnu des francs-tireurs volontaires de la Première guerre mondiale[1] qui passaient par le village pour se rendre chez la vieille Excellence Mihalović afin d'y recevoir une aide financière. Une fusillade a éclaté au cours de laquelle quatorze personnes ont été tuées. Dans la bagarre, les paysans ont également rossé Son Excellence Mihalović. Cependant, comme par miracle, il a survécu. Du jour au lendemain, mon père a vendu son domaine. Celui-ci a été acheté par le curé Trbuha pour le compte de la paroisse catholique Saint-Ivan Zelina. Mon père n'a pas voulu emporter la moindre assiette. Il dit :

« La simple idée de mettre les pieds dehors me répugne. Ce ne sont plus les mêmes paysans qui attendaient patiemment le versement de leurs salaires en chantonnant au pied de la grande terrasse. Là-bas les ténèbres sont descendues devant les yeux des gens, les politiciens les ont excités pendant des années, et maintenant, voici le résultat ».

Notre gardien de nuit, Franja Navijalić, a été inculpé, et on jugera avec lui une cinquantaine de paysans de Rakitje. Un procès monstre. Tout le monde est inquiet et personne ne sait comment tout cela va finir. Mon père ne désire témoigner pour personne. Le vieux Mihalović a lui aussi l'intention de liquider son domaine de Kerestinec, car il a peur de se faire tuer dans un guet-apens. Il a perdu tout sentiment

[1] Serbes. (N.d.T.)

de sécurité et de confiance. Que le diable emporte tout ça, dans une pareille atmosphère l'essentiel est de partir à temps, le plus tôt sera le mieux. Même les gendarmes ne protègent plus personne en Croatie, ils ne pensent qu'à sauver leur peau. On dirait que le temps du cadre vert[1] est de retour. Nous sommes descendus bien bas. Mais le pire reste à venir, d'après ce que l'on m'écrit de Zagreb. Là ils[2] réclament une banovine[3] bien à eux, et il est plus que probable que Belgrade conclura un accord avec eux.

Toutes ces nouvelles tumultueuses semblent ne pas concerner les Karlovciens. Tous conviennent que le pays est sérieusement ébranlé et que tout cela est la conséquence d'une très mauvaise politique.

« Je t'ai déjà expliqué combien nous autres Serbes sommes troublés, à quel point nous manquons de détermination, d'unité, de conception sérieuse », me dit tonton Rada. « Je ne peux prévoir que le pire ».

Je me rends également chez le baron Rajačić pour entendre aussi son avis. Je me dis : c'est un homme politique expérimenté, qui n'est pas trop pris par de nouvelles occupations, aussi pourrait-il me donner les informations les plus précises. Je le trouve dans la bibliothèque en train de ranger des documents.

« Ce sont des lettres originales de Dositej »[4], dit-il d'une voix un peu morne. « J'y mets un peu d'ordre, mais j'ai peur de ne pas avoir le temps de finir, la voiture commence à descendre la pente ».

« Tonton Joca », je lui demande plein de curiosité, « on m'écrit de Zagreb. Il s'y passe des choses affreuses, qu'adviendra-t-il de nous ? »

« Je ne sais pas, je ne sais plus rien », me répond-il, tel un homme déjà résigné à un funeste destin. « Depuis le Compromis[5], l'idée d'un Etat national faisait son chemin chez nous. Or, depuis 1918 jusqu'à aujourd'hui, il n'y a plus d'idée nationale chez les Serbes, plus d'hommes d'Etat, mais seulement d'obscurs politicards. Le temps est venu de payer la note, pour ce genre de vie insensé, du style *banco*,

[1] Le cadre vert : soldats de l'armée austro-hongroise ayant pris le maquis en 1918, en Croatie et en Bosnie-Herzégovine, pour éviter d'être renvoyés sur le front. (N.d.T.)

[2] Les Croates. (N.d.T.)

[3] Région administrative. Par une loi de 1929, la Yougoslavie a été divisée en neuf banovines, celle de la Drave (Ljubljana), de la Save (Zagreb), du Vrbas (Banja Luka), de la côte (Split), de la Zeta (Cetinje), de la Drina (Sarajevo), du Vardar (Skoplje), de la Morava (Belgrade) et du Danube (Novi Sad). (N.d.T.)

[4] Dositej Obradović. (N.d.T.)

[5] Hungaro-croate de 1868. (N.d.T.)

voilà ce qui se passe aujourd'hui ».

« Mais qui doit payer pour cela ? » Par cette question j'insiste, comme s'il était l'unique détenteur de ce terrible secret.

« D'abord les innocents, et ensuite seulement les coupables, si tant est que leur tour vienne un jour. C'est là un des aspects tragiques des choses, car dans les époques de troubles le massacre des innocents a lieu inévitablement, presque rituellement. Le temps passe, et alors des historiens en service commandé expliquent tranquillement au peuple la nécessité et le caractère inéluctable de ces tueries. Rétroactivement il devient clair que ces agissements étaient indispensables à la constitution de l'entité nationale, et alors tout le monde devient complice de ce crime qui se trouve légitimé de la sorte, en tant qu'élément inoffensif de notre existence. Il vaut mieux que tu apprennes tout cela au début de ta vie, et non pas comme moi, à la fin. Car ça fait davantage souffrir, crois-moi, fiston, ce n'est pas facile pour moi. Je me sens comme un homme qui a été aveugle presque toute sa vie et qui recouvre la vue à la veille de sa mort. Je mourrai sans avoir utilisé mes yeux ».

Le Grand Baron Vlada a une opinion similaire des événements de Croatie, ce qui toutefois ne l'empêche pas de conserver sa gaieté irréfléchie.

« J'ai entendu dire que là-bas le sang avait coulé », dit-il sans manifester un étonnement particulier. « L'opérette se transforme en tragédie, au lieu de tomber dans les bras de la soubrette, le ténor s'est mis à l'étrangler. Que veux-tu, Belgrade n'a pas su y faire ! Il aurait fallu envoyer le prince Paul à Zagreb comme ban, on dit que c'est un homme cultivé, et il a de bonnes manières. Et, bien entendu, lui attribuer une garde particulière avec une fanfare. S'ils avaient organisé des bals plus souvent, l'opposition aurait rapidement décliné. J'ai appris des Hongrois la manière d'ignorer les trublions au Parlement, tous ces avocats de province qui traquent les vides juridiques dans les lois de l'Etat. Dès que tu t'engages dans une polémique avec eux, tu es perdu d'avance. Il fallait les ignorer, leur montrer notre supériorité, et non pas courir lâchement à gauche et à droite pour rassembler des électeurs douteux. Les chemises vertes de Stojadinović[1] m'ont

[1] Milan Stojadinović : homme politique yougoslave, membre du parti Radićal, Président du conseil de 1935 à 1939, il fonda l'Union radićale yougoslave, avec les partis politiques de Slovénie et des musulmans de Bosnie-Herzégovine. Contraint à l'exil en 1939. (N.d.T.)

beaucoup fait rire. Rien que de la racaille paysanne, des bons à rien achetés pour une bouchée de pain. Allez, dis-moi, qui cela impressionne-t-il et pourquoi les Croates croient-ils en un tel Etat ? »

« Bon, d'accord, tonton Vlada », je me défends contre ses traits tantôt ironiques, tantôt sombres, « mais où est la racine de tous ces profonds malentendus, qui font maintenant boule de neige ? »

« La racine ? Tu m'interroges sur la racine ? », dit-il cette fois-ci à voix basse et avec calme. « Je ne peux pas te répondre ! *Es geht über meine Kräfte*[1] ». Et alors, comme s'il se rappelait soudain une de ses plaisanteries, il me raconte avec feu ce que pensait de nos tourments nationaux un ancien général-gouverneur russe, qui a été nommé après la guerre administrateur du domaine national de Belje. « Là, à Belje, je chassais le cerf en compagnie de ce général-gouverneur. *Ein guter Mann, aber ein schlechter Schütze*[2]. Nous étions assis à l'affût, le temps s'écoulait lentement, nous nous étions mis à parler pour combattre l'ennui, ce n'était pas vraiment conforme aux règles de la chasse, mais voilà, la langue nous démangeait tous les deux. J'ai demandé au Russe s'il se plaisait chez nous et si ce grand domaine lui causait des soucis. Il a éclaté de rire. « Un grand domaine, pensez-vous !, c'est juste un petit jardin[3] par rapport à mon gouvernement qui était deux fois plus vaste que votre Etat. Seulement, je suis attristé de voir que vous vous y prenez à l'envers pour le construire ».

« Pourquoi à l'envers ? », lui ai-je demandé avec curiosité.

« De tous vos peuples, quel est le plus important ? m'a interrogé le général-gouverneur ».

« Le peuple serbe », lui ai-je répondu.

« Les Serbes sont-ils orthodoxes ? »

« Oui ! »

« Et les autres sont catholiques et musulmans ? »

« Oui ! »

« C'est parfait, alors il n'y a plus de problèmes, la formule étatique est toute trouvée ! Tous les peuples doivent devenir orthodoxes ».

C'est en ces termes précis que ce Russe s'est confié à moi, lui qui se sentait à l'étroit à Belje comme dans une cage. « Même en exil en

partis politiques de Slovénie et des musulmans de Bosnie-Herzégovine. Contraint à l'exil en 1939. (N.d.T.)

[1] C'est au-dessus de mes compétences.

[2] Un homme bien, mais mauvais tireur.

[3] Le domaine national de Belje faisait plus de 60 000 hectares. (N.d.T.)

Sibérie je respirerais plus facilement », se plaignait le général-gouverneur depuis son lit de Procuste à Belje. N'a-t-il pas énoncé une formule tout à fait folle ? Voilà comment nous regarde quelqu'un d'étranger, et de haut. J'ai ri tout mon soûl en écoutant cette théorie exposée par le général-gouverneur russe. A mon avis, tout cela est bien beau, seulement on devrait commencer par restaurer l'orthodoxie chez les Serbes, et ce n'est qu'après que viendrait le tour des autres. Drôle, n'est-ce pas ? »

Mamie est morte, le domaine de Rakitje a été vendu. Je n'ai même pas dit adieu à mamie, on ne m'a pas invité aux funérailles. A Badija, j'imaginais différemment ma séparation d'avec Rakitje. Je savais que nous devrions partir, mais je ne pouvais pas supposer que nous allions décamper du jour au lendemain comme des voleurs, sans prendre congé sous le vieil orme. Je sens que la fin approche aussi pour notre vieille maison de Zagreb, au numéro 15 de Zrinjevac, que ma mère a été la première à quitter. Quelque chose d'irrésistible, de funeste, semble déjà rôder autour de son grand portail dont les lourds battants se ferment péniblement le soir. Cette maison paraît encore si solide qu'on à peine à croire qu'elle s'apprête à changer de propriétaire. Pendant des décennies elle a représenté le symbole de l'immuable et indestructible racine de ma famille, un sommet conquis une fois pour toutes dont il n'était pas question de redescendre. Il faut rester ici, me disais-je, fermement décidé à défendre toutes ces couches accumulées par mes opiniâtres ancêtres. Elle semble conserver tous leurs renoncements, tous les élans et solitudes vaincus, toutes leurs convictions de servir honorablement les vérités de notre peuple. Elle constitue également le tombeau de leurs illusions, échecs et séparations. Je me demande si tout ce qui détermine ma vie s'y est déroulé, si je suis tenu à la loyauté envers elle, ou bien offert en sacrifice. Surtout en ce moment, quand j'entends les tremblements sourds et menaçants de ses murs. Assiste-t-on à la secousse finale qui va abattre toutes ces pierres amassées pendant des siècles ? Je ne me sens pas encore comme un étranger qui traverserait tranquillement un cimetière inconnu, je vois encore ces ombres tremblotantes projetées sur les murs de ma chambre par les platanes de Zrinjevac. Que dois-je introduire dans la maison de ma jeunesse pour la conserver intacte et inviolée ? Devrais-je donc suivre le conseil de tonton Rada et attendre notre fin assis sur le seuil comme la vieille Excellence d'Ivanić, en fin de compte prisonnière du passé ? Ce vieux rusé de tonton Rada promet que notre esprit survivra !

Ce n'est qu'en arrivant à Zagreb, après avoir quitté Karlovci, que je mesure l'ampleur du malheur qui se prépare. A Karlovci il semblait lointain et irréel, comme si tous ces couteaux n'étaient pas tenus par nos voisins en colère. A Zagreb je suis plus proche des sources de la peur, les sinistres prémices et signes sont tous plus clairs, la plupart des gens pressentent des jours de malheur et de souffrance. Mon oncle Ognjeslav Aranicki vient d'être licencié par l'administration de la Banovine et attend sa mutation en Serbie. Dans le salon de mamie Olga les chopinisations de l'après-midi se sont éteintes. Les invités racontent fiévreusement les nouveaux changements, encore plus radicaux, intervenus dans la Banovine de Croatie[1]. Même les membres les plus extrémistes du Parti paysan croate sont revenus de leur exil. Le docteur Juraj Krnjević est arrivé de Genève, et il a reçu l'accueil d'un véritable martyr national. Il a été salué au nom des Indépendants, parti politique serbe de Croatie, par le docteur Srdjan Budisavljević, qui, dans son discours, a fait référence à la résistance de Svetozar Pribićević contre Belgrade. Les familles des Croates qui se sont déclarés Yougoslaves sont particulièrement inquiètes. Le trouble et la panique s'insinuent progressivement dans les conversations. Parfois, tous ces gens me font penser à des fugitifs rassemblés dans une petite gare de transit et qui attendraient nerveusement le train salvateur. J'ai entendu exprimer la pensée suivante : nous allons devenir des émigrants dans notre propre pays. Ici on nous déteste et on nous considère comme des traîtres, tandis qu'à présent Belgrade nous rejette comme les représentants d'une idée défaite. Mais quelle est notre faute ? Nous étions des Yougoslaves, nous croyions aux paroles du roi.

[1] Un accord entre Belgrade et Zagreb, signé le 26 août 1939, créa la Banovine de Croatie, qui se voyait attribuer une autonomie à la fois administrative et financière, dotée, d'autre part, d'un gouvernement et d'une Assemblée propres. Elle s'étendait en plus de la banovine de la Save, aux banovines du Vrbas et de la Côte, incorporant ainsi certains territoires non croates.

A partir de ce moment, un vent de discrimination commença à souffler en Croatie contre les Serbes et toucha toutes les classes sociales ; des fonctionnaires et employés serbes furent congédiés, les commerçants serbes boycottés, et des menaces de mort envoyées à des Serbes pour les obliger à quitter la Croatie. Les manuels scolaires ne mentionnèrent plus le nom de Yougoslavie et passèrent sous silence l'Eglise orthodoxe serbe. (N.d.T.)

Dans ce milieu de déçus j'ai aussi rencontré un célèbre chirurgien, le professeur Theodor Wickerhauser. Cet homme distingué, discret, aux magnifiques mains de musicien virtuose, observe la vie politique avec la même pondération qu'il accordait aux patients sur la table d'opération. Il parle toujours aussi calmement, comme s'il révélait à des étudiants dociles les secrets de l'anatomie humaine. Il n'est pas un Yougoslave officiel, l'un de ceux qui tiraient profit de leur patriotisme bruyant. Il conçoit le yougoslavisme en tant que médecin, à savoir comme le seul remède pour calmer les gens vivant sur notre sol.

« Ces antagonismes nationaux ont enterré la grande Autriche. Le système autrichien s'est montré incapable et impuissant à appréhender les temps nouveaux. L'empereur était pris en tenailles entre les intérêts contradictoires de différents milieux, et lui-même n'avait pas la force de les surmonter. A présent nous sommes la vieille Autriche malade et miniature, nous avons hérité de ses tissus dangereusement gangrenés et, pour que le malheur soit encore plus grand, il nous manque son cadre qui s'appelle la tradition. Nous nous comportons comme le malade dont l'organisme se défend contre des corps étrangers. Malgré tout, je crois que le temps travaille pour la Yougoslavie. Malgré toutes ses crises passagères, ce malade a des chances de s'en tirer ».

Parmi les gens inquiets on trouve le docteur Hermann Barmapper, spécialiste en maladies vénériennes, un Juif sage aux sens particulièrement aiguisés pour détecter les temps troublés.

« Peut-être vais-je tous vous décevoir, *aber ich bin ein ausgesprochener Schwarzseher*[1] », dit-il avec assurance, comme s'il visualisait déjà toutes les futures horreurs qui nous attendent. « Cette Banovine est la porte ouverte à un plus grand mal, vous verrez. Elle donne de nouvelles impulsions aux extrémistes frankistes. Le destin de ce pays dépend de Hitler, selon qu'il décidera de provoquer une guerre en Europe ou bien de différer cet événement, car il n'est pas encore totalement prêt à faire la guerre. S'il déclenche les hostilités, *wir werden in den Krieg mitgerissen*[2], même contre notre volonté. Qu'est-ce qui peut arrêter une avalanche ? Rien ! Ne nous berçons pas d'illusions,

[1] Mais je suis un homme qui voit tout en noir.
[2] Nous serons entraînés dans la guerre.

s'il vous plaît, *wir gehen jedenfalls auseinander, ganz egal ob wir es wollen, oder nicht*[1] ».

Je l'observe tandis qu'il expose calmement toutes ses sombres réflexions. J'ai l'impression qu'il sous-entend sans ambiguïté sa propre disparition. D'où provient cette sérénité devant son propre désastre ? A quel moment disparaît chez l'homme tout désir de salut ? Le docteur Barmapper peut encore partir, embarquer sur un bateau portugais et s'en aller loin de cette malheureuse Europe, il peut encore se sauver avec sa famille et ainsi sortir élégamment de cet enfer. Au lieu d'emprunter sans attendre le chemin souvent pris par ses ancêtres pourchassés, de rejoindre, même au dernier moment, la grande colonne des fugitifs, le docteur Barmapper attend tranquillement ses bourreaux forcenés et impitoyables.

« Pourquoi restez-vous, cher Docteur, pourquoi, alors que vous savez tout ? », telle est la question que je souhaiterais lui poser si j'en avais la force. Peut-être ai-je peur qu'il me lance un regard de Juif sage, avec ses yeux pénétrants et moqueurs fixés sur des mondes secrets qui me sont totalement inaccessibles. Je ne fuis pas devant sa supériorité, au contraire. Je n'ai pas formulé la question comme pour préserver entre nous un non-dit durable, un secret qui nous lie.

Lorsque, de retour à Karlovci, je fais part de mes impressions de Zagreb, je sens que personne ne me croit tout à fait. Au lycée, Mika Jakovljević prépare une grande veillée franco-allemande. Il a ordonné aux élèves d'apprendre la *Marseillaise*, des extraits de *Faust* et de *Cyrano de Bergerac*, tandis que notre octuor répète assidûment des sonates de Beethoven. Quand on l'a averti que ce n'était peut-être pas le moment d'organiser de telles manifestations musico-littéraires, étant donné que les relations franco-allemandes étaient extrêmement tendues, Mika Jakovljević a répondu que c'était justement pour cette raison qu'il tenait à cette soirée, car son intention était d'amener ainsi le lycée de Karlovci à protester contre l'extinction barbare de l'esprit européen. C'est ainsi que cette curieuse représentation s'est déroulée dans la salle des fêtes de notre lycée, au moment même où, à l'Ouest, se déclenchaient les premières hostilités entre l'Allemagne et la France. A cette occasion, Mika Jakovljević a prononcé un assez long discours dans lequel il a défendu, à l'aide de nombreuses citations

[1] Nous nous séparerons dans tous les cas, que nous le voulions ou non.

latines et grecques, les vieux idéaux humanistes. Quant à l'endoctrinement idéologique de la jeunesse dans les régimes totalitaires, il l'a sévèrement qualifié d'agissements de janissaires modernes, phrase que le patriarche Gavrilo Dozić a été le premier à applaudir.

« Il a été un peu confus, comme d'habitude, mais, l'un dans l'autre, Mika n'a pas mal parlé », me dit mon logeur, alors que tonton Rada se contente de remarquer sèchement que toutes les citations tirées de la littérature grecque et romaine n'étaient pas toujours en harmonie avec le reste du texte. « Il faut utiliser la sagesse de l'Antiquité avec circonspection, et il aurait pu, s'il s'était donné plus de mal, trouver de meilleurs exemples, surtout chez Cicéron ». Il dit cela comme un vieux professeur qui corrigerait un jeune suppléant inexpérimenté.

Mon oncle Ognjeslav a finalement été muté de l'ancienne banovine de la Save à Novi Sad. Il fait son apparition à Karlovci, troublé, de mauvaise humeur et humilié.

« Les gens de Maček m'avaient trouvé comme chef un fonctionnaire honoraire, un vrai débutant », me confie-t-il avec amertume. « J'ai immédiatement pris ma canne et mon chapeau et je suis parti sans avoir remis les pieds dans mon bureau. J'ai rendu les clefs par l'intermédiaire du garçon de courses ».

Invité chez le baron Rajačić, l'écoute attentivement interpréter avec colère la situation nouvellement créée :

« Belgrade a fini par capituler devant Maček, c'est maintenant clair pour tout le monde. Dans la banlieue de Zagreb on tue dans le dos de simples agents de police, nos pauvres gars de la Lika, et personne n'est poursuivi pour ces crimes. On fait seulement paraître un communiqué stéréotypé dans les journaux, annonçant que l'instruction est en cours, et l'affaire se termine ainsi. Les membres du Parti indépendant serbe de Croatie applaudissent à leur propre suicide. Séparer les Serbes de Croatie d'avec Belgrade, quel jeu imbécile et dangereux ! Ils scient la branche sur laquelle ils sont assis ! Nous nous retrouvons dans une impasse totale ! Les gens fuient Zagreb car là-bas il n'y a plus de vie possible pour eux. Même le commandant de la place de Zagreb fricote avec Maček, ce misérable croit que l'autre va le faire nommer ministre des Armées et de la Marine dans le gouvernement de Belgrade, comme ça, en tant qu'homme de confiance ».

Pendant que mon oncle explique fiévreusement la situation trouble qui règne à Zagreb, le baron Joca l'écoute à contrecœur, l'air quelque peu absent, comme un homme qui a fini par se lasser de tous nos jeux et manœuvres politiques. Par moments, ses petits yeux clignotants émettent une lueur vengeresse, comme si se reflétaient à présent dans leur éclat toutes ses longues années de mise à l'écart de la politique et de solitude totale.

« Il faut se retirer », conseille-t-il d'une voix fatiguée et conciliante à mon oncle, « le plus tôt sera le mieux. Je vous comprends tout à fait, votre blessure est encore fraîche, mais moi ? Depuis longtemps déjà je vis en ermite, les moines de la Fruška Gora eux-mêmes ne peuvent m'égaler. Je ne rends visite à personne, je ne pose aucune question, je ne me plains pas, je me tais et j'attends la fin. En ce moment je lis les archives personnelles de mon grand-père, le patriarche. *Hochinteressant !*[1] C'est vraiment bizarre que nous autres Serbes ne tirions aucun enseignement de notre histoire, au lieu de quoi nous entonnons toujours des rengaines patriotiques. Et alors il se trouve encore quelqu'un pour affirmer que l'histoire est la *lux veritatis, magistra vitae et testis temporum !*[2] Mais cela ne vaut que pour les grandes nations, celles qui possèdent une longue mémoire et qui œuvrent à long terme, qui ont en outre la puissance d'effacer les souvenirs, de les rejeter et de les détruire, de les reconquérir et de les renforcer, selon leurs besoins. Or nous autres Serbes sommes un petit peuple, *ein Schnackerlvolk*[3], avec une mentalité de maquisards, *unternehmungslustig*[4], aux rébellions dans les bois, nous nous conduisons en vrais desperados qui n'ont rien à perdre. Que voulez-vous, chez nous c'est le règne perpétuel des lois du cadre vert, personne n'a confiance dans les autorités ».

Pendant que je raccompagne mon oncle à la gare, il me dit d'un air sombre :

« On m'a dit à Novi Sad : "Qu'allez-vous faire chez le baron ? Il est devenu complètement gâteux, la bonne chère et la boisson l'ont rendu obtus, on ne peut pas avoir une conversation sérieuse avec lui !" Des intrigues serbes ! Ses propos sont plus intelligents que je ne l'aurais attendu. Pour moi, celui qui dit ouvertement au peuple ses quatre vérités est un plus grand patriote que les politiciens qui le flattent. Voici au moins un homme qui, dans cette Voïvodine repue,

[1] Extrêmement intéressant !

[2] Lumière de la vérité, la maîtresse de la vie et le témoin de son temps.

[3] De la roupie de sansonnet.

[4] Enclins aux exploits.

voit clairement que nous sommes déjà arrivés au bord du gouffre. Encore un pas mal calculé, et c'est la fin ».

Je trouve Vasa Stajić visiblement de bonne humeur.

« De jeunes intellectuels de Voïvodine, des gens merveilleux, viennent juste de partir », m'annonce-t-il victorieusement. « Nous avons longuement parlé de politique, c'était un vrai plaisir que de les écouter analyser si finement notre situation impossible : « Nous manquons de morale sociale, nous avons besoin d'une régénération complète », ont-ils dit en véritables patriotes. Ils veulent faire imprimer des mélanges en mon honneur, ils se sont souvenus de moi et sont venus me le dire, pour me faire plaisir. Je suis bien content qu'il y ait encore de l'ardeur chez les jeunes, qu'il existe encore des poètes et des rêveurs ».

« De quelle régénération avons-nous besoin ? » je pose la question à Vasa Stajić qui affiche toujours un petit sourire autosatisfait de tribun.

« La régénération des villages et des villes de Voïvodine, nous sommes rapidement tombés d'accord là-dessus », me dit-il sans plus de précision.

« Mais comment pensez-vous y parvenir ? » lui demandé-je rapidement, désireux de ne pas perdre le moindre instant de vérité.

« Il faut commencer par le bas, à partir des couches les plus larges de notre société en proie aux illusions. Celle-ci doit ouvrir les yeux et comprendre qui sont ses véritables amis. Ce n'est pas facile à dire, mais, après 1918, nous autres habitants de la Voïvodine avons subi un recul à la fois culturel et matériel, voire biologique. A ce propos les statistiques sont parlantes. Belgrade nous considère comme sa colonie, et nous supportons tout cela en silence et déclinons sans faire de bruit. Mais les gens de progrès en ont assez de ce comportement, l'esprit de Miletić et de Zmaj[1] s'est réveillé en eux, ils demandent des réformes et tirent la sonnette d'alarme. Je suis vieux et malade, mais je leur ai dit : "Si vous comptez aussi sur le vieillard que je suis, me voici à vos côtés, tant que vous me supporterez". A quoi ils ont répondu d'une seule voix : "Nous comptons sur vous, nous ne ferons rien sans vous, nous savons ce que vous pensez". Ils m'ont couvert de trop de compliments, et voilà, je leur ai promis ma collaboration, histoire

[1] Jovan Jovanović Zmaj (1833-1904) : célèbre poète national serbe. (N.d.T.)

d'aider les jeunes », me dit-il comme pour se justifier d'avoir cédé si rapidement à l'insistance de ces gens.

Bien que tout le monde ait cru que les troubles dans le pays allaient malgré tout s'apaiser et s'arrêter comme devant des tranchées et des remparts invisibles, il n'en a pas été ainsi. Du jour au lendemain on a colporté la nouvelle selon laquelle notre armée effectuerait de grandes manœuvres d'automne. On disait qu'elles auraient lieu sur le Banstol. Pendant plusieurs jours, des grondements et des éclairs n'ont pas cessé autour de Karlovci, et l'écho de cette formidable fusillade se perdait dans la lointaine plaine de la Bačka et du Banat. Les habitants de Karlovci furent abasourdis de découvrir des officiers pressés et des soldats coiffés de casques, se déplaçant à gauche et à droite, à cheval et à moto, suivant un ordre connu d'eux seuls. Les initiés affirmaient que dans de telles circonstances le moindre pas est calculé. Au sommet du Banstol on avait élevé une tribune d'où les officiels, parmi lesquels se trouvait une multitude de civils, observaient avec émerveillement la guerre que se livraient les rouges et les bleus. De fort courtois officiers d'état-major expliquaient infatigablement aux non-initiés le déroulement des opérations d'après un plan minutieusement élaboré par le Haut commandement, et que, d'après les lois inexorables de l'art militaire, les rouges allaient être battus à plate couture. Le plan prévoyait leur repli vers le Danube, où les attendaient déjà de fraîches unités de bleus, après quoi les rouges seraient pris au piège de la souricière. Quelque part dans les vignes de Čortanovci, leurs unités encerclées capituleraient. A un certain moment, quatorze parachutistes ont été largués par des avions, mon oncle les a précisément comptés, et plus tard il m'a raconté ces manœuvres réussies avec l'enthousiasme sincère d'un civil endurci.

« J'ai retrouvé foi en nos forces », m'a-t-il dit, encore ému par l'étincelante victoire des bleus.

« Bah ! vous appelez ça des manœuvres ! », me lance ironiquement mon logeur. « Quand nous autres, hussards hongrois, faisions des manœuvres, il y avait toujours des morts. Et notre assaut ! Si vous aviez vu ça ! Le régiment entier au grand galop, sabre au clair, la terre en tremblait. Les officiers n'arrivaient pas à expliquer à leurs cavaliers qu'il s'agissait de simples manœuvres, tellement ces gars s'y croyaient. J'en viens à me dire que l'homme ne peut pas se passer de la guerre, que le peuple aime verser de temps en temps son sang et celui des autres.

Il y a des peuples nés pour la guerre. Croyez-moi, c'est le cas des Hongrois, quand ils se mettent en marche, personne ne peut les arrêter. Seuls les cosaques étaient à leur hauteur. C'étaient de fameux chocs, on ne tirait jamais un coup de pistolet, on travaillait uniquement au sabre et à la lance, comme dans un tournoi de chevaliers, et les têtes volaient comme des choux. Je l'avoue, une fois j'ai tiré, descendant ainsi en dernier ressort un cosaque furieux. Plus tard, au mess des officiers, j'ai failli me faire sabrer, on m'a sermonné comme si j'avais trahi le régiment et humilié le corps des hussards. J'ai essayé en vain de me défendre en leur expliquant que le cosaque était sur le point de me transpercer de sa lance. Ils ont continué à crier qu'un véritable hussard ne se bat qu'au sabre. Dans un tel régiment, c'est miracle que j'aie réussi à sauver ma tête ».

Les Karlovciens ont connu une seconde émotion lorsque l'armée a commencé à construire, sur les berges du Danube, toute une rangée de bunkers en béton. Alors on a entendu le commentaire suivant : « Le temps est venu pour nous aussi de construire une ligne Maginot, tout cela laisse présager la guerre ». Une fois encore mon oncle a été enthousiasmé par l'armée.

« Le général Plesničar me dit que notre ligne de défense est infranchissable. D'un côté la plaine, puis le large Danube, puis les collines hérissées de bunkers, tandis qu'à l'arrière s'étend la Fruška Gora avec les batteries d'artillerie lourde. Alors que l'ennemi se donne la peine de venir, s'il l'ose. Il ne pourra pas prendre pied sur la rive droite ; conformément à toutes les lois de la guerre, il s'embourbera dans les plaines de la Bačka, qui sert à nos artilleurs de cible idéale. Donc, *der Teufel ist doch nicht so schwarz, wie man ihn malt* [1], concluait mon oncle, comme si nous avions déjà remporté de nombreuses victoires.

On eût dit qu'une humeur solennelle, patriotique, animait une nouvelle fois Karlovci, s'emparant irrésistiblement, entre autres, de nombreux élèves. Parfois, l'un de nos professeurs allait effectuer des exercices militaires, et ses élèves l'accompagnaient comme un véritable héros national. Nous regardions avec une admiration sincère ces réservistes se pavaner dans leurs beaux uniformes, comme si le simple fait qu'ils aient changé de vêtement nous avait tranquillisés.

[1] Le diable n'est quand même pas aussi noir qu'on le décrit.

Malgré tout, le thème de la guerre s'était déjà inexorablement insinué dans notre vie quotidienne.

« Je n'exclus pas la guerre », me disait mon logeur. « Le pharmacien Paja Štraser a appris de source sûre que l'armée est en état de semi-mobilisation. Lui au moins a de bonnes relations avec les officiers de Petrovaradin. Ils viennent au moins une fois par semaine faire la fête chez lui. Ma foi, ce Štraser sait boire, il faisait rouler sous la table même ces cinglés d'officiers de Wrangel qui n'arrêtaient pas de lever leurs verres à la santé de tous les membres de la famille Romanov, or Dieu sait qu'elle était nombreuse. Straser explique bien : « Croyez-moi sur parole, toutes ces personnes en uniforme ne savent pas boire. Seuls quelques civils intelligents en sont capables, je reconnais que quelques archimandrites sont également hors pair, et c'est tout ». C'est seulement quand Laza Popović vient de Zagreb pour le voir que Štraser trouve un concurrent sérieux. Ils boivent tous deux comme des éponges, se comportent comme des héros, aucun ne voulant céder. Après quoi, les gardes municipaux de Karlovci doivent les ramener chez eux.

Ah ! ce fou de Laza Popović ! Il est également le fondateur de la société de gymnastique *Soko* de Karlovci. On l'appelle le divin père car, lorsqu'il était étudiant, il a dédié l'un de ses recueils de poèmes à une femme, la divine Sophie, et le surnom lui est resté. Il vient tous les ans, car, comme il dit : « Ce n'est qu'à Karlovci que je peux vraiment me soûler ». Son idée fixe est d'enivrer Vasa Stajić. Il dit toujours : « Il m'énerve, ce philistin toujours bien attifé, ce mandarin frileux qui n'arrête pas de fouiner dans ces papiers poussiéreux. Il faudra qu'une fois je réussisse à le soûler complètement, pour que son espèce de jument tchèque puisse en éclater de rage ».

Quand Laza prend une bonne cuite, il demande immédiatement qu'on fasse venir Vasa Stajić. Il crie à tue-tête : « Je suis médecin, je le guérirai, pourvu que j'arrive à chasser de sa tête en ébullition les Svetozar Miletić, Svetozar Marković et Svetozar Pribicević, tous les Svetozar serbes. Allez, en leur honneur entonnons le chant "Repos éternel". Après avoir fait la bringue trois jours, Laza emmène toute la compagnie jusqu'au monastère de Jazak, en expliquant à tout le monde : « Messieurs, ce n'était qu'un début, c'est seulement maintenant que vient le principal — nous allons vider la cave de Monseigneur l'évêque Valerijan Pribićević, pour qu'il se souvienne d'avoir eu des invités aussi braves ».

« Tout cela est irréfléchi, puéril, irresponsable », se plaignait à moi Vasa Stajić, « quand je pense à ce qu'a fait de son talent ce pauvre Laza Popović ![1] Cela aussi fait partie de nos défauts, à nous, gens de Voïvodine. Ces messieurs hongrois nous ont appris comment faire la fête avec les Tsiganes, dilapider son argent et son temps. Nous n'arrivons pas à nous mettre dans la tête que ce que peut faire un Esterhazy, n'importe lequel de nos abrutis ne peut pas le faire. De si nombreux chefs de famille, ruinés, ont vu leur domaine partir à l'encan, nous assistons à la désintégration de tous côtés, mais, malgré tout, ça ne sert de leçon à personne. Si nos jeunes intellectuels de Voïvodine s'en prennent aussi à ces vices, ce sera une bonne chose. Les corneilles ne nous ont quand même pas mangé la cervelle à tous ».

D'habitude, en automne, Mika Jakovljević nous emmenait faire des excursions aux monastères de la Fruška Gora[2]. Je me rappelle ces folles randonnées à nos interminables marches et aux chansons que nous entonnions. Toujours en tête de la colonne, Mika Jakovljević, tel un chef d'orchestre, agitait infatigablement son bâton, fermement résolu à maintenir, malgré l'épuisement, la cohésion de notre chorale d'élèves. De temps en temps, de sa voix puissante et sonore il volait au secours des ténors défaillants, les forçant à mettre en branle leurs dernières forces. Je me souviens aussi de ces excursions en raison de l'atmosphère particulière des monastères de la Fruška Gora, sur le parvis desquels nous trouvions généralement de vieux moines déjà épuisés en train de somnoler au doux soleil automnal. Je me remémore les salons des monastères avec les véritables galeries de portraits des patriarches, évêques et archimandrites, les précieux trésors que les moines nous montraient paresseusement comme s'ils tenaient dans les mains quelque objet ordinaire, quotidien, comme s'ils n'avaient pas reçu en dépôt les trésors des anciens seigneurs serbes, des saints rois et despotes. Dans les longs couloirs étaient accrochées des peintures à l'huile représentant les visages imaginaires de ces souverains, alors

[1] Laza Popović professeur d'université à Zagreb, fondateur de la société de gymnastique *Soko* de Voïvodine puis fédérateur des *Soko* de Yougoslavie. (N.d.T.)

[2] « Montagne » (dont le sommet culmine à 539 m !) dans la plaine de Voïvodine, s'étirant sur 80 km le long de la rive droite du Danube. Elle est composée de collines boisées et de vallons egayés de champs et de prairies, et parsemée d'une quarantaine de monastères serbes, construits au fil du temps à partir du XVe siècle. La plupart ont été ravagés pendant la Deuxième guerre mondiale par l'« Etat Indépendant de Croatie ». (N.d.T.)

que dans les réfectoires l'on pouvait découvrir des scènes de notre passé : la jeune fille secourant les blessés sur le champ de bataille de Kosovo, la Migration des Serbes, la Promulgation du Code du tsar Dušan, l'Assemblée de mai, celle de l'Annonciation, les Esclaves d'Herzégovine, le Monténégrin blessé, le Kosovo vengé. Animés d'un orgueil naïf, les moines nous menaient également dans les jardins des monastères, en vantant servilement les mérites de leur supérieur entreprenant qui y avait fait planter du buis et des sapins, construire des fontaines et des pavillons semblables à ceux du Patriarcat dans le jardin du palais de Karlovci. Ces vieilles richesses accumulées donnaient aux monastères l'apparence des centres indestructibles. Ils ceinturaient toute la Fruška Gora tels des monuments de sûreté et de pérennité. J'avais alors beaucoup de peine à appréhender complètement toute la vanité qui s'était déjà fortement insinuée dans ces fiers édifices, l'immense langueur qui sapait leurs fondations, l'amertume spirituelle dont m'avait parlé Vasa Stajić et, à sa manière, Gliša Mikić. Je me disais : bien que dans ces monastères il ne se passe rien de particulier, rien de visible, d'attrayant ou de concrètement utile, malgré tout, leur fonction consiste tout simplement à durer. Les pavillons et les fontaines sont sans doute d'absurdes et troublantes preuves d'un naïf désir de progrès. Dans le bilan final, seul est payable le montant de ces futilités passagères. L'écoulement opiniâtre de l'eau dans la fontaine de Beočin contraste malgré tout avec la fuite souhaitée de la vie, de l'attente paisible et résignée de la mort. Ces fins jets d'eau, dont les vieux moines observent les curieux sauts en hauteur des heures durant, se réjouissant comme des enfants de chacune de leurs découvertes inattendues, laissent apparaître une certaine joie terrestre.

Sur le parvis du monastère de Grgeteg, devant la tombe d'Ilarion Ruvarac[1], j'ai l'impression de résoudre une nouvelle fois l'énigme de la solitude de la vie. Un moine qui l'a bien connu, qui le voyait tous les jours, officiait avec lui à l'église, priait et jeûnait en sa compagnie, ce confrère survivant nous a conduits en silence jusqu'à la tombe de Ruvarac et nous a expliqué que le défunt archimandrite se promenait quotidiennement sur ce parvis, le plus souvent renfrogné, qu'il marchait les mains dans le dos en s'arrêtant fréquemment et

[1] Ilarion Ruvarac (1832-1905) : historien, il fut longtemps archimandrite au monastère de Grgeteg. (N.d.T.)

longuement pour regarder au loin en direction de l'Avala[1]. C'était là tout ce qu'il savait, se rappelait ou voulait bien dire sur l'archimandrite Ilarion Ruvarac, bloqué par une crainte révérencielle devant la grandeur de la solitude depuis laquelle il se vengeait si durement de ceux qui, n'ayant pas eu la force de le suivre, écoutaient nonchalamment ses invectives, comme des hurlements de loups blessés venant du lointain.

A la tombée de la nuit, nous rentrions dans la silencieuse cité de Karlovci. Pour ces moments-là Mika Jakovljević choisissait des marches patriotiques des *Soko*.

La préoccupation patriotique est de plus en plus présente dans notre vie de lycéens. A présent la banovine de Novi Sad s'en mêle également, en nous envoyant à Karlovci son théâtre ambulant. Outre les récitations patriotiques, le théâtre jouera le drame « Le prince Ivo de Semberija ». Vêtu d'un smoking et coiffé d'un calot, l'acteur principal et chevronné Životić déclame un chant débordant d'admiration et de loyauté envers le jeune roi Pierre II. Tout cela est peu convaincant, sonne faux ; la dépendance financière de ces pauvres acteurs engagés pour la circonstance transparaît trop clairement. Même le proviseur Mika Jakovljević est mécontent.

« Qui a besoin de représentations aussi fades ? » proteste-t-il à haute voix. « Dans notre lycée de Karlovci, nous enseignons ce qui est beau dès la classe de sixième. On ne peut pas apprendre le patriotisme auprès de comédiens achetés et de rimailleurs qui ne connaissent même pas leur métier. Je ne permettrai pas que l'on détériore le goût de mes élèves ».

« Quelle époque vivons-nous pour que les mercenaires de Æivotić soient chargés de réveiller notre patriotisme ! » soupirent, incrédules, les habitants de Karlovci. « Je vois de la tristesse et de l'impuissance dans tout cela », me dit tonton Rada, « et en tout cas de la futilité. De si nombreuses années se sont écoulées sans que personne ne songe à envoyer une troupe de théâtre dans notre bonne ville de Karlovci, et voilà que maintenant, tout d'un coup, on nous sort d'on ne sait où ces comédiens sans talent. Qu'en dis-tu ? Un calot et un smoking, c'est une magnifique combinaison, une bouffonnerie ! Tout cela me rappelle l'agonie de l'Autriche à Karlovci. Nous avions alors reçu des

[1] Montagne dans les environs de Belgrade. (N.d.T.)

bougies pour illuminer nos fenêtres en l'honneur de l'anniversaire de l'empereur Charles. On nous distribuait trois bougies par fenêtre, après quoi les policiers patrouillaient dans Karlovci pour compter les bougies qui avaient été allumées, et malheur à celui qui en avait soustrait une ! Voilà, c'est ainsi qu'en distribuant ces bougies l'Autriche attisait un nationalisme assoupi, il en va toujours de la sorte quand on déforme les véritables sentiments, cela tourne à la farce. Je peux imaginer ce que Mika Jakovljević pense de tout ça. Il doit certainement se sentir offensé ».

Offensés, nous l'étions aussi, nous, les élèves, et déprimés à cause de ces comédiens ambulants que nous n'avions pas applaudis une seule fois. Les malheureux avaient tout de suite senti que le public ne les suivait pas. Ils ont filé de Karlovci en catimini, comme des bannis et des humiliés.

On dirait que le vingt-sept mars[1] a fait soudain renaître Karlovci. Ce jour-là, cette cité paisible a été complètement envahie par les lycéens et les étudiants du grand séminaire, qui laissaient déborder de tous côtés leur immense joie de voir si rapidement annuler l'adhésion de notre pays au Pacte Tripartite[2]. On a beaucoup crié, chanté encore davantage, et de nombreux orateurs bouleversaient les cortèges ondoyants. On s'étreignait et s'embrassait à tous les coins de rues. Au bout de plus de cent ans, les Karlovciens semblaient à nouveau sortir de leur quiétude habituelle, comme s'ils venaient de découvrir toutes les cachettes longtemps demeurées secrètes et invisibles sous les couches successives d'événements monotones. Peu de gens avaient l'audace de se demander sur quoi tout cela allait déboucher, où exactement se précipitait ce fleuve de jeunesse enthousiaste. Les représentants de tous les partis politiques, sans y avoir été invités, s'étaient

[1] Le 27 mars 1941, des manifestations monstres, spontanées, eurent lieu à Belgrade pour protester contre le pacte de non-agression que le gouvernement yougoslave venait de signer avec l'Allemagne nazie : la foule déchaînée criait : « Plutôt la guerre que le Pacte ». Suivies en direct à la radio, elles ont suscité la même réaction à travers le pays, chez les Serbes, qui, seuls de tous les peuples de Yougoslavie, ont protesté contre ce pacte. Le même jour un groupe d'officiers renversa le gouvernement, ce qui provoqua l'attaque allemande contre la Yougoslavie le 6 avril 1941. (N.d.T.)

[2] Signé le 27 septembre 1940 entre l'Allemagne, l'Italie et le Japon. La Hongrie, la Roumanie et la Slovaquie y adhérèrent en novembre, la Bulgarie en mars 1941. (N.d.T.)

rangés sur le balcon de la Mairie, désireux de prendre le contrôle de cette foule en liesse, de la canaliser adroitement dans une direction qui leur fût profitable. Mais tous leurs propos étaient engloutis par ce grand espoir excité qui dominait si puissamment toute la ville. Devant ces impressionnants frémissements leurs vieilles paroles rusées perdaient toute valeur et tout sens, s'éteignaient presque honteusement et docilement. Sans s'inquiéter du lendemain, notre jeunesse voulait immédiatement, là, sur cette place du marché de Karlovči, rompre avec toutes les illusions de ses pères, avec leurs échecs honteux, leurs compromis, leur corruptibilité, leur vision vicieuse du monde, leur résignation devant le mal, leurs illusions affichées dont au fond ils n'étaient pas dupes. Dans cette séparation solennelle, rituelle, d'avec le monde de leurs pères, fort peu nombreux étaient ceux qui pouvaient deviner toutes les conséquences de cet acte. Nous ignorions que ces ruptures intimes deviendraient partie intégrante d'un nouveau grand jeu, sanglant, dans lequel personne ne serait en mesure de conserver sa personnalité intacte. Personne ne s'est demandé si nous pourrions encore nous reconnaître mutuellement, aimer encore une fois la figure de nos pères, de nos frères, de nos amis et de nos voisins, si nous saurions comprendre nos propres paroles ? Sur cette place du marché nous sommes encore enlacés et chantons tous ensemble toutes sortes de chansons. Mais demain ? Que ferons-nous demain de notre énergie, me demandais-je pendant ces courtes pauses où je me retirais du puissant élan d'enthousiasme général, pressentant le curieux avenir qui nous attendait, eux et moi.

Après ces heures d'agitation passées dans la rue, il est si agréable de se tapir dans le salon silencieux et bien ordonné de tante Pava, dans lequel les housses recouvrant les meubles trahissent l'absence et les préparatifs pour un long voyage. Tonton Rada est aussi calme que d'habitude, tandis que je m'efforce encore, en vain, de pénétrer dans le monde secret de son assurance. Même en me parlant des jours incertains qui nous attendent, il porte de la même manière, digne, inébranlable, paisible, un jugement sur chaque chose, comme si tout ce remue-ménage s'était produit dans un passé lointain.

« Avez-vous crié tout votre soûl ? » me demande-t-il sans dissimuler son ironie. « J'ai également entendu parler de la comédie qui s'est déroulée sur le balcon de la Mairie. Tous les hommes politiques dansent ensemble dans la même ronde. C'est une affaire bien suspecte ! Je crois bien que la guerre est en vue, les Allemands ne nous pardonneront pas ce vingt-sept mars. Tu ferais bien de songer à ton retour à Zagreb. En des temps aussi troubles, le mieux est que tu ne sois pas séparé du reste de ta famille. Ainsi vous partagerez le même sort ».

Ces conseils, que tonton Rada a prononcés d'un ton officiel et froid, bouleversent tante Pava qui le contredit violemment.

« Arrête de faire peur à cet enfant ! La guerre, tu n'y penses pas ? Rien de tout cela ne va arriver ! Les Allemands y réfléchiront à deux fois avant d'envoyer leur armée. Ils savent que nous aussi nous avons des canons, nous ne sommes pas de la roupie de sansonnet. Allons, Rada, tu vas nous couper l'appétit pour ce magnifique kouglof au chocolat, il y a longtemps que je n'en avais pas fait, aussi avais-je peur de ne pas le réussir, tu ferais mieux d'aller arroser les fleurs plutôt que de raconter des bêtises ».

Malgré tout, après ces moments de folie, les gens semblent se dégriser, dans un silence sinistre rempli d'une attente impuissante. On dirait que les Karlovciens expérimentés ont enfin réussi à calmer leurs enfants exaltés, ce qui permet à tout le monde de retrouver l'ancienne quiétude très provisoirement interrompue. Pour un observateur placé sur le mont du Magarac, plus rien ne vient troubler la douce image de la vie quotidienne. Des groupes d'élèves continuent de se rassembler devant le portail du lycée, attendant que le gardien l'ouvre. Les bonnes des maisons bourgeoises s'arrêtent pour causer autour de la vieille fontaine du marché, le docteur Laza Sekulić sort à midi précis de l'immeuble des fondations ecclésiastiques, tandis qu'à la périphérie de la ville on entend le beuglement âpre des cornes des porchers de Karlovci, qui se mêle aux sons purs des nombreuses cloches d'églises. Depuis le mont du Magarac rien n'indique l'émergence autour de cette ville de pièges insoupçonnés, ni ne laisse présager que ces nombreuses maisons, encore paisibles, s'effondreront demain sous le coup d'épreuves inattendues.

Soudain, je sursaute en entendant la voix de Gliša Mikić, qui s'est approché discrètement derrière mon dos.

« Tu es assis là comme le prophète Jérémie au-dessus de Jérusalem. Ne serais-tu pas en train de te lamenter sur cette ville ? »

« Peut-être bien » ; ma réponse est embarrassée, comme si je cherchais mes mots. « Je réfléchissais à cette ville silencieuse, et à ce qui lui arriverait si demain la guerre éclatait malgré tout ».

« C'est à cela que tu pensais », me dit Mikić en dirigeant ses grands yeux noirs droit dans les miens. « Pour cette ville, une époque prendra fin. Comme au théâtre, le rideau tombe et un autre acte commence. D'ailleurs, même s'il n'y a pas de guerre, tous ceux qui savent observer ont déjà remarqué la fin de la vieille époque de Karlovci. Les événements d'aujourd'hui ne constituent que la prolongation de son agonie. Cela fait déjà des décennies que cette cité laisse s'écouler les forces vives de la nation ; ce qui reste n'a pas la force de survivre. La guerre, qui est inévitable, éteindra le peu de lumière qui luit encore ici. Le moment approche où nous devrons payer d'importantes dettes, pour tout ce que nous avons manqué, pour notre paresse d'esprit, notre insouciance, nos stupides illusions, nos opinions terre à terre. Dans ce règlement de comptes futur seules les souffrances sont certaines, mais personne ne devine toute leur horreur. Vous avez crié le vingt-sept mars, provoquant les bourreaux, et maintenant nous nous retrouvons tous sans possibilité de repli. Dans un pays en déliquescence nous attendons les représailles allemandes. Observe bien cette cité, rappelle-toi son image, car je doute, très sincèrement, que tu la voies encore une fois tournée aussi convulsivement vers sa gloire passée ».

« Mais comment tout cela va-t-il se terminer ? » Je pose la question à Gliša Mikić presque naïvement, désireux de m'en remettre à son jugement et à son expérience. Il est absolument immobile, le regard fixé sur la plaine de la Bačka. Il demeure longuement silencieux. Puis, au moment où je m'apprête à répéter ma question, il me répond d'un trait : *« Après la guerre nous serons d'abord fukarisés*[1], et ensuite, qui vivra verra ».

Alors que nous descendons la colline du Magarac, Mikić se retourne brusquement vers moi et, selon son habitude, rapproche son visage du mien.

« Ah, j'oubliais », dit-il rudement, « la guerre est inévitable, il faut que tu regagnes Zagreb au plus vite ».

« Et vous, monsieur le professeur, où irez-vous ? » je lui demande avec inquiétude. « Je n'ai nulle part où aller », me répond-il brièvement, presque rageusement, tel un homme qui a déjà pris sa décision et qui est conscient de toutes ses faiblesses.

[1] En français dans le texte ; « fukarisés » : paupérisés. (N.d.T.)

Donc, tout le monde me conseille de rentrer à la maison le plus vite possible. C'est un signe supplémentaire du brusque accroissement de l'incertitude générale. Aussi, je prends congé de gens que j'ai fréquentés et visités pendant des années. A présent je rencontre partout des visages inquiets, des paroles laissant entrevoir une peur mortelle.

« Ne nous oubliez pas même après la guerre, si nous y survivons, vous êtes jeune et pour vous il y a encore de l'espoir, quant à nous, nous sommes vieux et il est certain que nous ne nous en tirerons pas », me disent certains, comme s'ils connaissaient bien les lois secrètes régissant la disparition des hommes en temps de guerre, l'ordre dans lequel les victimes se rendent à leur lieu de supplice.

Je me défends en vain contre toutes ces consolations peu convaincantes, je rappelle inutilement que la guerre ne fait aucune distinction d'âge. Les gens périssent, qui sait dans quel ordre, la guerre n'est pas un navire qui coule et sur lequel on sauve les passagers d'après des règles strictes : d'abord les femmes et les enfants puis les vieillards et les malades. Cette offrande de nos vies à la future guerre, ce petit jeu bourgeois tissé de courtoisie, de maléfice et de mensonge, tout cela semble si triste et bien peu convaincant. Car, au moment même où nous prononçons ces paroles, nous savons tous pertinemment que nous ne disposons plus de nos existences, qu'elles ont déjà été arrachées, de même que leur racine. Dès demain, lorsque la guerre éclatera, le hasard deviendra le maître de nos vies ; une poutre autrefois solide, un bon abri, un train manqué, une vieille connaissance tombée entretemps dans la criminalité mais qui se rappelle quand même un bienfait reçu jadis, une cigarette conservée, une sentinelle ivre, tous ces détails croissent en temps de guerre jusqu'à atteindre des proportions gigantesques, et ces colosses nouveau-nés exhibent et gaspillent leurs forces triomphalement et sans compter. Ces multiples broutilles semblent avoir attendu la guerre pour se venger avec éclat de leurs longues années d'anonymat.

Jamais cette victoire des détails insignifiants ne m'était apparue plus clairement que maintenant où, assis dans ces confortables salons, je dis adieu aux gens de Karlovci, qui me consolent avec des cadeaux auxquels ils n'ont plus droit. Privé de mes droits tout comme eux, j'accepte uniquement par habitude le jeu absurde de ces gens qui, par commodité, défendent leur naïveté. Car on pourrait agir autrement ! Lors de cette séparation définitive, il faudrait, malgré tout, dire que la guerre va disperser ce vieux nid de la culture serbe que j'abandonne sans protection et sans espoir qu'il soit défendu. La renaissance de ses propres cendres n'aura pas lieu ici. Le phénix survolera ces clairières, uniquement poussé par une langueur inconnue, sans prêter attention à nos appels. A l'instar de ce monde qui, à présent, au moment de la séparation, m'inonde de ses petites ruses, tous les malheureux moines des monastères de la Fruška Gora disparaîtront définitivement, punis pour leur impuissance et pour la faiblesse générale. Je ne vois que des ruines dont il restera à découvrir et à interpréter la signification.

Au moment où je quitte ma vie de lycéen à Karlovci, je me demande si je dois suivre le chemin sur lequel me pousse tonton Rada, car il conduit peut-être jusqu'à la source de notre existence sur ce sol. Dois-je suivre pas à pas tous nos trébuchements, me mettre à la recherche de toutes les fissures de nos fondations. Si telle est ma mission, je la remplirai sans cette amertume que manifeste Vasa Stajić, le regard fixé sur nos vains efforts pour atteindre une bonne fois pour toutes la civilisation universelle et nous consoler ainsi de l'extinction de nos traditions ancestrales. Si cette disparition est encore douloureuse aujourd'hui, comment ne comprendrais-je et ne pardonnerais-je pas les convulsions et les peurs de mes ancêtres arrachés de force à Peć, à Dečani, à Gračanica et à Prizren ?[1] Ils se sont installés à portée de la main de fer des généraux impériaux, observant d'un regard soupçonneux les nombreuses armées de l'Empereur descendre le Danube, puis revenir des profondeurs des Balkans, défaites et humiliées, suivies par de nouvelles foules de désespérés. Dans ce désespoir le culte du tsar Lazar[2] croissait dans les monastères, il irradiait de Ravanica où reposaient les reliques de ce souverain. Sur les murs du réfectoire du monastère, le moine Ambrosije Janković a peint notre première représentation de la bataille de Kosovo, une composition qui a précédé toutes ces peintures naïves à l'huile ornant les maisons de Karlovci. Je les interprétais comme de petits tracts de protestation par lesquels un peuple menacé se rappelait son glorieux passé révolu et les profondes racines de l'histoire de son Etat. Je rencontrais cette même pensée à Karlovci, exprimée de fort différentes manières, mais, au fond, conservée par les habitants de cette ville sous

[1] Villes et monastères du Kosovo, que les Serbes ont dû abandonner en masse lors de la Grande Migration de 1690. (N.d.T.)

[2] Souverain serbe tué à la bataille de Kosovo contre les Turcs, en 1389. (N.d.T.)

la forme intacte et immuable qu'elle présentait au siècle passé. Prudents et soupçonneux, on eût dit qu'ils hésitaient, à contrecœur, à lui trouver une autre signification afin de l'adapter aux épreuves de leur siècle. Comme dans un médaillon Biedermeier doré, cette vieille image de notre passé a été gardée, bien dissimulée dans des tiroirs secrets et utilisée, tout comme les bijoux de famille, en de rares occasions solennelles.

« Nous sommes un peuple étrange », disait avec irritation Gliša Mikić. « Nos lauriers constituent notre meilleur oreiller. Depuis des décennies nous évitons d'accomplir ce travail quotidien et patient de construction de notre nouvelle société, car ce labeur minutieux ne nous renvoie pas une image suffisamment héroïque de notre vie. C'est seulement lorsque le toit de leur demeure s'embrase que les Serbes, étourdis, se réveillent et veulent éteindre l'incendie. Ce vingt-sept mars n'en est-il pas une preuve supplémentaire ? »

Il a été décidé que je me rendrais quand même à Zagreb. Mika Jakovljević est tombé d'accord avec Gliša Mikić. Il dit : « Mieux vaut que tu te trouves à la maison quand le désastre commencera ». Je pars sans autres adieux, décidé à m'épargner les émotions que causent ces séparations. Je souhaite me conduire comme cette Karlovcienne qui avait perdu son fils. Elle pleurait son enfant, brisée par la douleur, quand sa laitière vint lui livrer son lait. « Mon Æarko est mort », sanglotait bruyamment la malheureuse, mais au moment de prendre congé, elle dit à la laitière : « Demain, tu apporteras un demi-litre de lait en moins ».

En quittant Karlovci en cette veille de guerre, je me sens à la fois comme la mère et comme la laitière de ce conte. Qu'est-ce qui m'attend donc à Zagreb, telle est la question que je me pose en attendant, dans la gare bondée de Stara Pazova, le train de Belgrade.

« Si nous n'arrivons pas à prendre ce train pour Zagreb, nous aurons beaucoup de mal à nous tirer d'ici », entends-je un *Volksdeutscher*[1] chuchoter cette phrase à sa femme effrayée.

Le chef de gare me conseille de ne manquer ce train sous aucun prétexte, car à partir de demain la voie sera réservée aux transports de troupes. Donc, je ne peux pas remettre mon départ.

[1] Membre de la minorité allemande vivant en Yougoslavie. (N.d.T.)

Apparemment, personne ne s'attendait à me voir rentrer à la maison. Mon père se demande même si c'était la solution la plus intelligente, car Karlovci est une petite localité bien oubliée et donc moins exposée aux dangers de la guerre. En outre, il peut recevoir à tout moment sa feuille de route, bien qu'il n'ait jamais pris part à aucune manœuvre et qu'il ignore même les commandements en usage dans l'armée yougoslave, mais en tant qu'officier de réserve il devra partir. Et alors ?

Chez mamie Olga aussi règne un grand émoi, personne ne sait vraiment qu'entreprendre. Au moins les Karlovciens se sont retirés dans leurs maisons, sans doute pour mieux garder leurs illusions de paix et de sécurité. Mais ici, à Zagreb, il paraît impossible d'échapper au cercle vicieux de la panique générale qui alterne avec de brusques périodes de calme.

« Nous avons déjà vécu de semblables moments », raconte oncle Lazar comme pour nous consoler tous par sa si précieuse expérience, « lors de l'effondrement de l'Autriche. Vous ne vous souvenez pas ? L'armée serbe se trouvait déjà aux portes de Zagreb, or les officiers frankistes plastronnaient encore dans la ville, comme si de rien n'était. Même pendant ce stupide interrègne des têtes tombaient, bien que nous sussions tous parfaitement que l'Autriche était définitivement perdue. Tout Zagreb se préparait déjà à accueillir l'armée serbe, mais les prisons étaient encore pleines. Il y a parfois des situations paradoxales, presque tragi-comiques ».

« Tout cela est fou et morbide », dis-je, interrompant mon oncle, « mais qu'adviendra-t-il de nous, quelle armée attendons-nous à présent ? »

« Tu as raison », me répond-il non sans mélancolie, « la situation n'est pas la même. Ici nous attendons l'ennemi, or celui-ci en veut aux Serbes. Si les alliés n'envoient pas une armée, le front yougoslave s'écroulera en très peu de temps. Je suis ignare dans le domaine militaire, mais je sais fort bien à quoi ressemble ce pays vu de l'intérieur. Qui, ici, se battra pour la Yougoslavie ? Et pas seulement ici ? Qui nous aidera, je l'ignore, j'entends dire que les putschistes négocient avec Moscou, mais les Russes sont très loin. En tout cas, je suis pessimiste. La situation est pourrie et nos chances, minimes. Tu me demandes ce qui nous arrivera personnellement ? Dans cette loterie qu'est la guerre, espérons que nous sauverons nos têtes, que te dire d'autre ? »

Les amis avec lesquels je discute de la guerre tiennent le même langage que mon oncle. Tous concluent que nous sommes minés de l'intérieur, démoralisés, victimes de querelles intestines et sans espoir de salut. Les jours de la Yougoslavie sont comptés, et j'entends à chaque pas : « A présent il est trop tard pour entreprendre quoi que ce soit ». Il est également trop tard pour gagner un pays neutre. La souricière s'est bel et bien refermée ! A présent nous sommes pris au piège. La cinquième colonne a déjà établi ses listes de personnes à arrêter et à liquider. On dit que les Allemands vont nous envoyer tous ensemble dans des camps de concentration, aux travaux forcés. Il suffit de lire ce qui est écrit sur les Slaves dans *Mein Kampf*. Une race pour le fumier. Regardez ce qu'ils ont fait des Tchèques et des Polonais. Nous finirons tous comme les Juifs, dans un ghetto.

J'entends aussi d'autres opinions. Pour les Allemands, les responsables de cette guerre sont les Serbes et les Juifs. Le putsch de Belgrade n'est-il pas l'œuvre de vieux anglophiles, francophiles et francs-maçons ? Même le patriarche serbe Gavrilo Dozić a pris part au putsch. Qu'est-ce que les Croates ont en commun avec ces intrigants belgradois ? Le docteur Maček a accepté à contrecœur d'entrer dans le gouvernement. Il ne nous arrivera rien. Les Allemands savent bien avec qui régler leurs comptes. Nous autres Croates avons été un peuple opprimé, tout comme les Slovaques, or à ces derniers les Allemands ont donné un Etat, tandis que les Tchèques ont été mis sous protectorat. Il en ira de même pour nous. Si quelqu'un doit redouter la vengeance des Allemands, c'est bien les Byzantins serbes. Nous, les Croates, nous appartenons à la culture occidentale, et non à l'Orient orthodoxe.

La voix désespérée des Croates pro-yougoslaves se fait également entendre. La Yougoslavie est notre seul salut. Sans elle, nous vivoterons à l'intérieur des misérables frontières que nous imposeront nos ennemis. Et nous perdrons la Dalmatie, que les Allemands restitueront à l'Italie. A n'en pas douter. C'est seulement en tant que pays uni, intact, que nous signifions quelque chose. Avec des gens honnêtes au pouvoir et si elle effectuait des réformes, la Yougoslavie serait le pays le plus heureux, elle représente le rêve séculaire des meilleurs de nos compatriotes. Pourquoi devenir les valets des autres quand nous pouvons rester nos propres maîtres ?

Et, pendant tout ce temps, probablement d'après une loi inexorable, les moments de panique et de calme continuent de se succéder, celui-ci dissimulant encore son horrible visage de bourreau ainsi que ses couteaux déjà aiguisés dans les embuscades d'une haine aveugle. Tel un blessé mortellement atteint, la Yougoslavie est allongée et regarde, impuissante, des maraudeurs accourir de tous côtés, ses traîtres s'enfuir comme des comploteurs. De vieux frankistes bien connus se promènent dans les rues de Zagreb, tout à fait conscients que le moment tant attendu de leur revanche approche. De plus en plus souvent, on découvre sur les murs des maisons des graffiti menaçants contre l'Etat impuissant, contre les Serbes et les Juifs, ou bien l'acronyme ŽAP[1] englobe tout ce qui se prépare.

Le docteur Hermann Barmapper ne s'est pas enfui, et à présent je passe de longues soirées en compagnie de ce Juif sage à écouter à la radio des nouvelles fort déroutantes. Plus elles sont combatives et optimistes, plus le docteur Barmapper les interprète comme des signes de mauvais augure.

« Vous n'avez pas idée à quel point les gens peuvent être crédules », me raconte-t-il avec le sourire ironique d'un homme qui connaît bien la vie. « J'ai un vieil ami. Juif lui aussi. Nous discutons de ce qui se prépare. Imaginez un peu, il me dit tout à fait sérieusement :

— Je ne sais pas ce que tu comptes faire, Hermann, mais moi, je suis un camarade de classe de Kvaternik, et pendant la dernière guerre nous étions dans la même division, où j'étais officier d'intendance. Quand sur le front il n'y avait plus rien à manger, dans mon mess des officiers tout le monde était rassasié et buvait tout son soûl, car je trouvais toujours des provisions. J'ai même reçu la croix de Ferdinand. Moi, un vieil officier autrichien, qu'avais-je à voir avec le Royaume de Yougoslavie ? Rien ! S'il le faut, je me rendrai chez Kvaternik pour lui dire : "Salut, Slavko, je te prie de me faire établir un papier me nommant *Ehrenarier*[2], tu peux le faire car tu représentes le pouvoir, un papier de plus ou de moins, ce n'est rien pour toi, mais ça me sauve la vie." Tu penses que Kvaternik ne le ferait pas pour moi ? — me demande cet homme déjà à moitié fou de peur. L'imbécile ! Il croit, le pauvre, que Kvaternik se souvient de son mess

[1] ŽAP = Živio AP = Vive Ante Pavelić : homme politique croate (1889-1959), futur chef de l'« Etat Indépendant de Croatie », pro-nazi, criminel de guerre (génocide des Serbes, des Juifs et des Tsiganes), il trouva refuge — grâce à des filières vaticanes — en Amérique du Sud puis dans l'Espagne franquiste où il mourut. (N.d.T.)

[2] Aryen d'honneur.

et du goulasch qu'il a bouffé pendant la guerre. Même si ce bandit accède à un poste, il commencera par ordonner qu'on abatte comme un chien ce cinglé d'officier d'intendance. Vous voyez à quels fétus de paille s'accrochent les gens pris de panique. Ils se mettent à croire à une réalité inventée de toutes pièces et ne voient plus la locomotive qui se précipite sur eux ».

« Docteur », demandé-je avec curiosité, « qu'arrivera-t-il ici aux Serbes ? »

« Un *Massenmord*[1] », dit-il non sans précaution, tel un médecin qui hésite à révéler la vérité à un malade atteint d'une maladie incurable. « Les extrémistes croates se dépêcheront de profiter de la bienveillance de Hitler et d'en finir une fois pour toutes avec les Serbes vivant dans cette région. Nous pouvons appeler cela une consolidation de l'être national. En fait, c'est une occasion d'entreprendre une espèce de croisade, et vous savez à quoi ça ressemble. Si les Allemands viennent, nous les Juifs tout comme vous les Serbes serons immédiatement mis hors la loi. Chacun pourra nous éliminer à sa guise. La seule différence est que nous les Juifs nous n'avons pas le moindre espoir, alors que la croatisation des Serbes peut offrir quelques chances de salut. Tôt ou tard, ils mettront en application la formule ethnique d'Ante Starčević[2] pour résoudre la question serbe en Croatie ».

« Et l'Eglise ? Est-ce que l'Eglise catholique va permettre l'élimination massive d'un peuple, l'application des principes allemands de responsabilité collective, ici où l'on vit tous mélangés depuis des siècles, où l'on parle la même langue, où l'on a les mêmes coutumes, où l'on romp le pain de la même façon, où l'on s'est fait tuer ensemble ? » — je l'interroge à présent avec une émotion visible.

« Ne soyez pas naïf comme mon ami Juif, ne cherchez pas vous aussi votre Kvaternik et son papier salvateur. N'oubliez pas que l'Eglise catholique a des comptes séculaires à régler avec vous autres Serbes. A ses yeux vous êtes des schismatiques retors, vous constituez un obstacle à sa percée vers l'Orient. Je ne dis pas que l'archevêque de Zagreb appellera personnellement, du haut de sa chaire, à des pogroms contre les orthodoxes. Mais, si de futures autorités civiles se

[1] Un massacre.

[2] Ante Starčević (1823-1896) : homme politique croate animé d'un violent racisme antiserbe. Il contestait l'existence même du peuple serbe, en affirmant que les Serbes n'étaient en fait que des Croates de religion « grecque-orientale ». (N.d.T.)

lancent dans le crime, je doute que Monseigneur prononce une seule parole à leur encontre. L'Eglise catholique attendra tranquillement que quelqu'un d'autre fasse ce sale travail pour elle, ces petits bourreaux qu'ils pourront ensuite élégamment désavouer, probablement même avec mépris. Rappelez-vous seulement combien de fois nous autres Juifs avons été persécutés, et combien de fois des militants du catholicisme se sont levés pour prendre notre défense. Jamais, autant que je sache », dit le docteur Barmapper avec amertume.

Je rapporte à mon oncle ma conversation avec le docteur Barmapper.

« Tout ce qu'il dit est malheureusement exact. C'est la sanglante vérité. Il y a ici des Serbes qui pensent encore à l'archevêque Stepinac comme à un volontaire du front de Salonique, ils lui font parvenir des messages et se bercent d'illusions sur la protection qu'il pourrait leur accorder. C'est peine perdue. Il restera dans les coulisses et s'en lavera les mains comme Ponce Pilate. Sur notre sol il n'en faut pas beaucoup pour faire exploser la haire religieuse et nationale ! Je crois que le docteur Barmapper voit les choses de manière réaliste et qu'il ne faut surtout pas rêver. Les temps actuels ne se prêtent pas à quelque illusion que ce soit, car demain il sera peut-être déjà trop tard. Si nous attendons ici le pouvoir frankiste, nous sommes perdus. Ces serbophobes sortiront de leur nid, où ils attendent leur heure depuis vingt-cinq ans. Tout indique qu'ils en auront bientôt l'occasion. J'entends dire qu'en Autriche une station de radio croate a déjà commencé d'émettre et qu'elle appelle les gens à ne pas répondre à la mobilisation, avec le slogan : “Evitez de rejoindre l'armée, nous serons bientôt là”.

Et, en effet, les événements se précipitent à la vitesse de toutes les grandes catastrophes, des épidémies, de la peste, des famines et des tremblements de terre.

Désespéré, pris de panique, mon père fait irruption dans ma chambre. Il me réveille en criant presque : « La guerre a éclaté, tu entends, la guerre a éclaté ! » C'est étrange, cette nouvelle à laquelle pourtant nous nous attendions tous depuis des semaines, avec sans doute le secret espoir de ne jamais l'entendre, me consterne. Je sens disparaître presque instantanément les nombreuses issues salvatrices que produisait, dans un réflexe d'autodéfense, notre imagination fiévreuse. Tout à coup, notre liberté de décision s'envole, et toutes nos maladroites tentatives de résistance semblent submergées par un irrésistible torrent dont nous faisons à présent partie intégrante. En guise de preuve de sa subordination à ces éléments déchaînés, mon père me montre d'un air confus sa feuille de route. On lui ordonne de se présenter immédiatement au commandement de Banja Luka. Il me demande ce qu'il doit faire, car en tant que réserviste il n'a même pas d'uniforme. Il a rencontré un ami à qui il a fait voir la convocation, et l'autre a souri en disant : « Moi aussi j'en ai reçu une, mais je ne suis pas assez fou pour y aller. J'attendrai quelques jours, et alors je verrai si l'Etat a encore besoin de moi ».

« En Autriche ce serait considéré comme un *Hochverrat*[1] », dit mon père, « le responsable passerait devant la cour martiale puis devant un peloton d'exécution, mais ici, en Yougoslavie, tout est possible ».

A présent j'observe avec une grande tristesse mon père qui vient de se faire convoquer dans une caserne de Banja Luka. Je vois son immense peur, je perçois son désespoir de voir des forces qui lui semblent étrangères le contraindre à accomplir des actes patriotiques avec lesquels il n'a rien de commun. Avec quelle opiniâtreté il a défendu son apolitisme dans le nouvel Etat, refusant toutes ses acrobaties sociales. Combien de fois ne m'a-t-il pas dit amèrement : « Je ne comprends rien à tout ce qui se passe chez nous. Je vois seulement que tout va de travers ». Quelle gratitude a reçue mon père pour avoir passé sa vie à faire de la politique, former des coalitions de partis politiques, avoir été impliqué dans des procès pour haute trahison, avoir tenté de réconcilier Serbes et Croates ? Il était entré en conflit avec le puissant baron Rauch[2] qui, à la veille des élections, sillonnait la Croatie dans son Adler rouge, tel un vampire, tandis que le peuple chantait : *« O, du lieber Augustin, Augustin, alles ist hin »*[3], acclamant la coalition serbo-croate. Pour tout cela, il n'a rien reçu. Rien, si ce n'est de l'ingratitude. Or il aurait très bien pu rester à Rakitje à s'occuper de ses affaires, à jouer au tarot sous les châtaigniers, à se faire soigner dans de bonnes stations thermales, à faire la conversation avec des gens bien et à allonger son espérance de vie. En le regardant,

[1] Haute trahison.

[2] Paul Rauch (1865-1913), ban de Croatie (1908-1910), adversaire acharné de la coalition serbo-croate. (N.d.T.)

[3] Ô, toi cher Augustin, Augustin, tout est perdu.

je me rends compte à quel point il est insensé et futile de patauger dans notre boue politique.

Je me rappelle ces paroles à présent, pendant qu'il froisse nerveusement entre ses doigts la petite feuille de papier vert — l'appel sous les drapeaux pour que, selon des lois qui soudain ne sont plus lettre morte, il défende un monde qu'il n'a jamais totalement compris, qu'il a fui, et auquel — je le comprends maintenant — il n'a jamais vraiment appartenu.

« Je vais m'acheter des épaulettes et une gaine de revolver, pour assembler au moins quelques éléments de ce drôle d'uniforme, puis je me mettrai en route », dit-il, brisant le silence de notre séparation.

« Cela veut dire que tu pars, quand même ? » ; je lui pose la question d'une manière incrédule, lui conseillant ainsi de rester.

« Je suis bien obligé », répond-il sèchement, avec irritation et amertume. « Le plus bête dans toute cette affaire est que ce départ devient soudain pour moi une question d'honneur, je dois partir *und mit dem ist dis Sache erledigt*[1]. Je prendrai le premier train ».

Et mon père est vraiment parti. Mon oncle a également été mobilisé, mais il est resté à Zagreb pour travailler au service du chiffre de l'armée. Il a même plaisanté :

« Avant, je ne mettais l'uniforme que pour me rendre au bal masqué des journalistes, mais c'était l'uniforme de uhlan de mon père. Mais celui de réserviste de l'armée yougoslave ne me va pas, il est rude et mal coupé. Je m'y sens comme dans un sac. Le tissu en est grossier, on a beaucoup de mal à le repasser, on distingue à peine le pli du pantalon. A la caserne je passe mes journées à déchiffrer des messages idiots : nous envoyons de toute urgence deux mille couvertures pour chevaux, la cantine ambulante est en route, nous cherchons cinq médecins expérimentés et trois maréchaux-ferrants, réquisitionnez dix camions de grande capacité. Et ainsi de suite à longueur de journée. Parfois j'ai l'impression que quelqu'un crée sciemment cette confusion. J'ai quand même fini par recevoir la première dépêche sérieuse : près de Koprivnica des soldats croates se sont mutinés, ils ont tiré sur les officiers serbes, le 61e régiment de cavalerie, cantonné dans le village de Stupnik, est transféré de toute urgence par camions pour boucher un trou dans la ligue de front. Les Allemands ont franchi

[1] Et ainsi l'affaire est réglée.

la Drave et avancent irrésistiblement vers Zagreb. Des combats ont lieu près du village de Torčec. Je livre mon pronostic : dans quelques jours les Allemands feront leur entrée dans Zagreb. A la caserne nous brûlons déjà les documents confidentiels. Des réservistes racontent que nos générales emballent les services de table ainsi que les lustres de cristal du commandement de l'armée. Si l'histoire est véridique, il n'y a pas de meilleure preuve du désastre imminent qui nous attend. Or pendant ce temps-là nous recevons et envoyons infatigablement des messages chiffrés : les selles sont arrivées, expédiez les étriers ! *Eine wahre Sauwirtschaft !*[1] Quand l'Autriche était en train de sombrer, de telles choses étaient impensables, *nicht im schlechten Traum*[2], le corps des officiers a rempli son devoir jusqu'au bout, Borojević[3] se repliait selon le plan établi, son armée ne s'est pas dispersée du jour au lendemain. Heureusement pour moi, je suis affecté à Zagreb. Demain, après-demain, quand je me rendrai à la caserne, nous pourrons très bien afficher : "Fermé pour rénovation". Je plaisante, mais je suis vraiment écœuré, car je vois que tout est perdu ».

Malgré tout, alors que le pays s'effondrait de tous côtés, les informations officielles se voulaient rassurantes. Nous entendions à la radio et lisions dans les journaux que notre armée progressait en direction de Skadar et de Zadar, on parlait de résistance héroïque sur tous les points du front. Je me rappelle avoir douté de ces informations, mais en même temps je découvrais en moi des parcelles d'espoir, des frémissements de joie à peine perceptible. Je m'en souviens, quand on a annoncé que le vieux voïvode Petar Bojović[4] avait été rappelé dans l'armée active, j'ai aussitôt cru que ce glorieux guerrier, tel quelque héros mythique, allait accomplir tous ces miracles au combat que j'avais entendu relater des années durant. Dans mon imagination, je le voyais voler chevauchant un cheval blanc sur tous les champs de bataille, et les régiments défaillants, sur un

[1] Une vraie gestion de cochons.

[2] Même pas dans un cauchemar.

[3] Svetozar Borojević (1856-1920), général autrichien d'origine serbe, commandant en chef de l'armée autrichienne sur le front russe (1914-1916), puis italien (1916-1918). (N.d.T.)

[4] Petar Bojović (1858-1945) avait été nommé voïvode (maréchal) pour ses exploits pendant la Première guerre mondiale dans l'armée serbe. (N.d.T.)

signe de lui, se levaient et accomplissaient des prodiges. J'ai eu du mal à croire mon oncle qui avait une opinion différente au sujet du vieux maréchal.

« Le voïvode Bojović, tu parles ! Vues de mon département du chiffre, les choses sont différentes. C'est une momie vivante, une statue et un symbole, il incarne le passé, il n'est pas apte à mener une guerre moderne. *Total überholt*[1]. Si tant est qu'il puisse encore penser, il en est resté à la logique des assauts de cavalerie. Or le temps de telles attaques, le sabre au clair, est révolu, cela n'a-t-il pas déjà été démontré en Pologne ? A minuit moins une quelqu'un a pensé à sortir le vieux maréchal du musée. Il n'aura même pas le temps d'enfiler son uniforme que la guerre sera finie ».

Oncle Lazar avait raison. Devant nos yeux, presque d'heure en heure, le pouvoir miraculeux de ce vieux soldat qu'était le voïvode Bojović s'estompait pour laisser la place à la peur, à l'horreur, à la panique, qui l'ont empêché de couler des jours tranquilles pendant sa retraite bien méritée. C'était une idée inhumaine que de chercher à masquer la défaite derrière un vainqueur d'une guerre passée.

Je passe la plus grande partie de mon temps dans les rues et sur les places, comme si je voulais tout me rappeler : les mouvements des gens, leur manière d'acheter des provisions, de lire les nouvelles, de s'entretenir en chuchotant, tantôt comme des conspirateurs, tantôt avec un sourire ironique affiché. Les officiers yougoslaves se font de plus en plus rares dans les endroits publics, comme si eux-mêmes se sentaient mal à l'aise de se montrer ainsi au milieu de civils. Le respect dû à l'uniforme s'étiole, c'est d'ailleurs un phénomène inévitable dans tout processus de décomposition d'un Etat et de l'ordre existant. La hiérarchie clairement affichée, autrefois si orgueilleuse et sûre d'elle, s'immerge maintenant peu à peu dans le monde des civils, comme mue par un soudain désir d'anonymat complet. Le cercle se referme et chacun cherche ce petit point simple qui nous a précipités dans la vie.

Oncle Lazar me fait savoir en confidence que son service du chiffre n'existe plus. « Ce matin nous avons envoyé aux divisions notre dernière dépêche : "Brûlez les documents confidentiels", après quoi nous avons nous-mêmes détruit le livre de codage ».

[1] Complètement dépassé.

« Vu de mon angle de mobilisation », dit mon oncle, « c'est vraiment la fin. Si ce pays ne compte même plus sur mes services de soldat, que puis-je penser des opérations ultérieures et de leur résultat ? », plaisante-t-il, toujours lucide et rationnel. « Aujourd'hui, à la caserne, de jeunes volontaires sont venus nous voir ; ils demandent des fusils et veulent se battre », me raconte-t-il comme s'il n'arrivait pas encore à croire qu'un tel événement pût se produire au milieu de cette débandade. « Après une longue attente ils ont fini par tomber sur un capitaine sorti du rang. "Nous voulons aller à la guerre pour défendre notre pays", lui ont-ils lancé d'une seule voix. "Défendre le pays, pensez-vous, êtes-vous fous" a crié le capitaine, "notre pays s'en va au diable, alors, faites demi-tour et rentrez chez vous, fichez-moi le camp de cette caserne, dépêchez-vous avant que je vous botte le cul. Laisse passer ces imbéciles qui voulaient se battre", a-t-il hurlé à l'adresse de la sentinelle décontenancée, "tu ne vas pas faire dans ton froc devant ces civils, ce ne sont pas des Fritz".

Je suis sur la place Jelačić noire de monde. La foule ondoie, comme si elle pressentait que quelque chose d'important va se passer, qui dans ce trouble général apportera une clarification, une certitude, la fin des errements. C'est vraiment bien. Tout à coup, de la rue Jurišić débouche un char allemand. La masse curieuse entoure le blindé, sur la tourelle duquel s'est assis un jeune homme blond insouciant qui agite joyeusement les bras, avec une sorte de gentillesse, de naïveté, comme si soudain, dans sa chambre d'enfant, un soldat de plomb s'était animé. Au même moment, comme sur ordre, des drapeaux croates sont accrochés aux maisons. J'entends les gens crier de plus en plus fort : « Les Allemands, les Allemands, les Allemands entrent dans Zagreb de tous côtés ! » Quelques-uns n'y croient pas encore et demandent craintivement : « Peut-être sont-ce là des prisonniers, les nôtres tiennent les lignes de front, c'est ce qu'annonce la radio ». Venant de la rue Jurišić, on aperçoit maintenant une colonne de chars allemands. Elle est précédée par un ramoneur à motocyclette. Il a le visage couvert de suie et porte sur le dos une longue échelle et des balais sur un fil de fer circulaire.

A présent c'est clair. Aucun doute n'est plus permis, Zagreb est tombé. De la rue Duga descend une bruyante cohorte chantant l'hymne croate et portant un immense drapeau frappé de la lettre U[1]. Par haut-parleur on lit une proclamation de Maček, président du Parti Paysan Croate. Il ordonne à tout le monde de collaborer avec les nouvelles autorités. Le général Slavko Kvaternik prend la parole au nom de ces nouvelles autorités.

L'Etat indépendant de Croatie est proclamé.

A cet instant je me rappelle l'ami de Barmapper, ce Juif qui a l'intention d'aller voir son vieux camarade de guerre pour lui dire : « Salut, Slavko, nous avons défendu l'Autriche ensemble, tu n'as pas oublié ce mess où j'étais officier d'intendance, décoré de la croix de Ferdinand pour ces bonnes escalopes et ce vin que je vous servais à une époque où même l'empereur Charles à Vienne bouffait de la bouillie. A présent, Slavko, ton tour est venu de me renvoyer l'ascenseur, aussi je te prie de me faire nommer *Ehrearier*, tu peux le faire et ça ne te coûte rien, or cela me sauverait la vie ».

Je me souviens de ce malheureux, pressé par la masse qui hurle à présent des slogans de plus en plus furieux, tout en saluant la longue procession des chars allemands. Des femmes hors d'elles, le visage rayonnant, poussent des cris stridents, couvrent les tankistes de plaquettes de chocolat « Nestlé » dans leur papier rouge brillant et de bouquets de fleurs. Pendant ce temps de nombreux civils se dirigent vers les bâtiments publics, pour renverser tous les symboles de l'ancien pouvoir. Je me rappelle qu'en 1918 ma cousine Olga Rogulić avait connu des émotions similaires à Irig. Les chasseurs de la garde de Maček font sortir de l'hôtel « Milinov » des officiers yougoslaves qu'ils ont faits prisonniers, et les conduisent à l'ancien poste de commandement de la place. Sans ceinturon ni arme, la capote et la veste déboutonnées, les mains levées, ces officiers ont vraiment un air misérable. La foule les menace et leur lance des insultes, tandis que les Allemands, assis sur leurs colosses d'acier, observent tranquillement la capture de cette ancienne armée, sans doute habitués à de tels spectacles à travers l'Europe. A la tête de la colonne boite un général prisonnier, tirant à grand-peine une lourde cantine d'officier. Des deux côtés les gens lui crachent dessus et se moquent de lui, durement, comme pour se venger. Tout à coup, de manière tout à fait inattendue, un soldat allemand se détache de la haie dense des spectateurs et prend la cantine de bois. Je pense au Christ portant sa croix sur le

[1] U = Ustaši (oustachi) : membres du parti croate pro-nazi. (N.d.T.)

Golgotha et au compatissant Simon de Cyrène qui l'a aidé dans ses souffrances. Le général sourit d'un air gêné et hoche la tête, sans doute en signe de gratitude. Devant ce spectacle la masse s'est tue, et son silence soudain dure quelques instants. Puis la haine se remet à déferler, des jurons et de nouvelles menaces se font entendre. Je vois des civils en train de battre un homme. Celui-ci trébuche, ensanglanté, mais ses bourreaux n'arrêtent pas de le frapper sur tout le corps. Ils crient : « C'est un traître au peuple croate, une âme vendue, un valet des Serbes, il faut le tuer comme un chien ». La masse observe, personne ne dit mot. Soudain une voix criarde approuve et appelle au châtiment. Je me rappelle avoir entendu, enfant, de telles voix depuis le balcon de notre maison, quand je regardais en cachette les grandes manifestations qui avaient suivi la mort de Radić. Je n'arrive pas à oublier ces longs hurlements qui se transformaient à la fin en gargouillis étranglés, puis en sifflements d'impuissance.

Je passe mes journées entières dans la rue. Journaux et proclamations invitent à accueillir le docteur Ante Pavelić. Les gens attendent patiemment. Malgré cela, le Poglavnik[1] a changé d'avis et fait son entrée en cachette à Zagreb. Certains en sont déçus, se sentant trompés. On installe les Allemands dans les maisons bourgeoises, tandis que les officiers supérieurs emménagent dans les riches villas du quartier du Tuskanac. Pour les Serbes et les Juifs, l'occupation allemande se transforme en véritables dragonnades. Le dimanche, la fanfare militaire allemande joue des valses de Strauss dans le pavillon de musique de Zrinjevac. Une atmosphère sereine de station thermale s'instaure. Au « Café Zagreb », les vieux clients fidèles boivent leur cappucino à la crème. Sur la promenade, d'anciens officiers autrichiens font leur apparition avec des décorations accrochées sur leurs vêtements civils. Certains en ont même la poitrine bariolée et produisent un agréable tintement. Il est touchant de voir ces vétérans s'efforcer de battre le pavé d'un pas martial. Certains promeneurs rient, bruyamment, de façon provocante, alors que les vieillards, comme aveuglés, continuent à marcher d'une allure raide et sans naturel. A la fin, épuisés et essoufflés, ils reprennent leur pas lent et prudent. L'officier de marine Matašić, que tout Zagreb connaissait sous le nom de Tegethof en raison de sa barbe qu'il taillait tout comme cet amiral autrichien, a revêtu l'uniforme complet de lieutenant de vaisseau avec

[1] « Chef », en croate (équivalent de « Duce » et de « Führer »). (N.d.T.)

le grand *Tellermütze*[1], son sabre recourbé et doré et sa cape noire descendant jusqu'au sol qui me fait penser à Méphisto dans l'opéra « Faust ». C'est vrai ! Aleksandar Grif portait la même longue cape noire. Je me souviens de la scène au deuxième acte, où il tombait, bras écartés, dans une trappe du plancher de la scène d'où des ventilateurs dispersaient dans l'air des langues rouges en papier crêpe qui recréaient l'image de l'enfer. Matašić rejette sans cesse en arrière cette cape de Méphistophélès, afin que l'on voie sur sa poitrine sa croix de fer allemande de troisième classe. Ce Tegethof prend bien garde de saluer en premier tous les soldats allemands, qui, troublés, lui rendent son salut. Au café les clients rient de cet homme bizarre, qui, pour la première fois depuis l'effondrement de la Monarchie, revêt son vieil uniforme de marin. J'entends les gens dire : « C'est un benêt qui se croit maintenant obligé de remettre son vieil uniforme. Ce pauvre type ne se rend pas compte que les Allemands eux-mêmes le regardent comme un épouvantail puant la naphtaline ». On dit aussi : « Si vous voulez avoir une vue complète de l'Autriche, courez vite au concert de plein air de Zrinjevac, vous y trouverez tous les vétérans du musée des figures de cire ; qui aurait cru qu'il y ait autant de vieux merdeux qui se livrent à une pêche presque sentimentale aux simples soldats allemands, rien que pour la satisfaction de pouvoir les saluer ». Ils font semblant d'être des fidèles de l'Empereur, mais ils s'étaient quand même tous précipités dans l'armée yougoslave dès que la Monarchie autrichienne eut cessé d'exister. Mais, à toutes fins utiles, à l'instar de la générale Ljubičić, ils avaient rangé entre des sacs de naphtaline tous leurs vieux uniformes et décorations, dissimulant au moins ainsi leur nostalgie infinie de la vieille Autriche. A présent ces Mathusalem proposent leurs services même à Pavelić, en rêvant à leurs vieux régiments de domobranes[2]. « Mais qui pourrait encore compter sur eux ? », disent les gens en contemplant la promenade quotidienne de ces imbéciles décorés qui croient leur heure de gloire militaire arrivée. J'ai l'impression de les entendre expliquer leur mascarade par des arguments sérieux : *« Ja, ja, für einen richtigen Soldaten muss man doch geboren sein »*[3]. D'autres disent généreusement : *« Harmlos und gutmütig sind diese armen Narren »*[4], comme

[1] Casquette des officiers de marine autrichiens.
[2] Milice territoriale croate. (N.d.T.)
[3] Oui, oui, il faut être né vrai soldat.
[4] Ces pauvres fous sont inoffensifs et gentils.

s'ils se réjouissaient de voir le nouvel Etat commencer son existence ainsi, comme dans une opérette.

« Regarde un peu, ici on n'oublie même pas ces vieux serbophobes patentés », dit mon père. A présent ils célèbrent Ante Matašić, mettent en relief ses combats autour de la Drina et sur le Gučevo[1], au premier rang de ses hommes sans égard au danger. Pour ses mérites exceptionnels dans le mouvement oustachi, le Poglavnik l'a nommé « oustachi d'honneur », et pour ses mérites en tant que domobrane, pour son travail dans le plus pur esprit croate, en signe de reconnaissance exceptionnelle, il a été nommé général d'infanterie. Il est parent du général Sarkotić, et Borojević l'avait nommé lieutenant-colonel en lui faisant sauter des échelons sur le tableau d'avancement. Son fils est ce drôle de type qui se promène à Zrinjevac en uniforme d'officier de marine autrichien. Tu m'as raconté que tu l'avais vu. Oui, oui, c'est ce Tegethof ».

Cependant, ce n'est qu'une illusion. Car bien vite sont apparus à Zrinjevac des gens portant des uniformes modernes, moins brillants, qui saluent en levant le bras droit, et de sévères et quotidiennes directives publiées dans les journaux dévoilent de plus en plus clairement le véritable visage des nouvelles autorités. Les Serbes, les Juifs, les Tsiganes et les communistes ont immédiatement senti que le nouvel Etat les mettait hors la loi. Les premières exécutions ont eu lieu, et les premières sentences de la cour martiale oustachie ont été prononcées.

Dans le salon désert de mamie Olga, mon oncle essaye de soutenir notre moral.

« Sans aucun doute, du point de vue juridique, toutes ces cours martiales ambulantes dans lesquelles siègent des artisans et éternels étudiants ne sont qu'une caricature de la justice, c'est un *Justizmord*[2] classique, un acte de violence commis par de vulgaires criminels. La racaille joue à la révolution. La seule question est la suivante : combien de temps va-t-on tolérer tout cela ? J'ai entendu dire que les oustachis permettent ces manifestations de bestialité en tant que coups de semonce, mais qu'ils gardent en réserve des hommes nouveaux et des règlements susceptibles d'arrêter les tueries. Tout cela me fait penser à une scène dans la cave d'Auerbach à Leipzig, où, dans le

[1] Sur le front serbe, pendant la Première Guerre mondiale. (N.d.T.)
[2] Assassinat de la justice.

« Faust » de Gœthe, Méphisto dit : *« Gib nur erst acht, die Bestialität wird sich gar herrlich offenbaren »*[1].

J'observe mon oncle et je me dis qu'il entretient avec flamme et art ce faux espoir, qu'il l'oriente dans des directions salvatrices et apaisantes qui nous font reprendre nos habitudes interrompues de la vie et de l'ordre bourgeois. On trouve là aussi le vieux professeur Wickerhauser, toujours aussi discret, qui raconte ces journées agitées comme s'il connaissait déjà les premiers symptômes de notre guérison. Pendant qu'il était debout, mince et distingué, il m'a fait songer à une sculpture qui a besoin de conditions particulières pour être exposée, qu'on ne peut en aucun cas abandonner au vide d'un espace ouvert. Sa haute figure s'harmonise bien avec les vieux portraits, les gobelins, la pendule, tous les objets de valeur et d'artisanat.

« En ces jours de troubles », dit Wickerhauser à voix basse, presque dans un murmure, « c'est toujours la lie de la société qui apparaît à la surface. Tout est gluant, agité, trouble. Ces bandits d'oustachis connaissent bien la mentalité de la populace. *Das traurigste ist nur, das sich die Menschen zuerst in Bestialitäten austoben*[2]. Avez-vous vu ces longues queues devant la Banque Serbe ? Ces gens prétendument modestes et bons attendent qu'on leur vende pour quelques groschens les biens confisqués aux Juifs et aux Serbes, un poste de radio, un lustre, un buffet de cuisine, des cuvettes et des pots, n'importe quoi. Du *Gnadenbrot*[3] pour la masse. *Sie haben die menschliche Habgier losgemacht*[4]. C'est comme quand on crie à un chien de chasse : va chercher ! *Traurig, aber wahr*[5]. Et, pour que les choses soient encore plus compliquées, dans ces files honteuses on trouve beaucoup de braves gens, des personnes simples, de bons pères de famille, de ceux à qui il ne viendrait jamais à l'esprit d'escroquer leur voisin. Certains sont là envoyés par leur femme. « Espèce d'idiot, en voilà des manières ! Vas-y donc et ramène-nous un poste de radio. Après tout, ce n'est pas de ta faute si on a confisqué ces affaires aux Juifs et aux Serbes. Prends tout ce qu'on te donne et file, malheureux, si ce n'est pas toi, ce sera quelqu'un d'autre ». Oui, oui, je suis convaincu que cela se passe ainsi.

[1] Faites bien attention, la bestialité va se manifester magnifiquement.

[2] Le plus triste est que les gens se défoulent d'abord dans la bestialité.

[3] Pain bénit.

[4] Ils ont libéré la cupidité humaine.

[5] Triste mais vrai.

Le professeur Wickerhauser, tel un chirurgien, a ouvert cette outre humaine et à présent il y fouille, reconnaissant parfaitement le moindre fil de tissu humain. Si je le comprends bien, on a maintenant ouvert toute grande la porte à la bestialité humaine et personne, mais absolument personne, n'est en mesure de prévoir comment tout cela va se terminer.

Le professeur Wickerhauser se livre de plus en plus rarement à cette analyse. J'ai l'impression qu'il nous contemple d'un air toujours plus soucieux de ses yeux pénétrants porteurs de diagnostic. Je retrouve ce regard dans lequel je lis qu'il n'y a pas de salut pour nous.

« Oui, oui, il ne faut pas se bercer d'illusions sur le petit homme qui est devenu furieux. A présent on le sort de l'anonymat, on lui fait croire qu'en revêtant un uniforme orné de quelques colifichets il devient quelqu'un qui accomplit une mission historique. Les avez-vous vus dans la rue, ces malheureux petits-bourgeois, en train de se pavaner et de se promener sur le corso de Zrinjevac en compagnie d'officiers allemands et italiens ? Quelle image grotesque ! *Ein Jammer, und eine wahre Schande, die wir noch nicht erlebt haben. Aber das Schlimmste kommt*[1], c'est ce que je crains ».

Nous passons des journées entières dans le salon désert. Tous les objets sont encore à leur place, seulement les visites se font de plus en plus rares.

« Mais c'est parfaitement compréhensible », dit mon père, « les gens ont peur, qui pourrait le leur reprocher, le risque est grand pour eux comme pour nous. *Nur nichts Aufallendes*[2], pourvu que nous sauvions notre tête. Quand même, parmi ces frankistes il y a un bon nombre de juristes. *Zuerst werden sie sich austoben und wie es weiter geht, das werden wir danach sehen »*[3].

Je suis assis sur un banc de Zrinjevac et j'observe les gens. Le nombre de promeneurs est exceptionnellement élevé. Comme si cette promenade s'était transformée en bourse du travail et centre d'information. Le récent naufrage de notre Etat a rejeté sur la berge des gens de différentes professions. Les survivants se rassemblent, ils se reconnaissent, se comptent, discutent et échangent des conseils. Car

[1] Une triste et véritable honte, que nous n'avions pas encore connue. Mais le pire est encore à venir.

[2] Surtout rien de voyant.

[3] D'abord ils vont épancher leur colère, quant à ce qui se passera ensuite, nous verrons bien.

même les plus incrédules voient clairement que tous les « anciens » auront à subir des souffrances dignes du purgatoire. Pour eux s'ouvre une époque dans laquelle le nouveau pouvoir mesurera attentivement la vitesse d'adaptation, examinera toutes les flagorneries et tous les repentirs, les confessions des anciennes erreurs politiques, la haine réveillée contre les anciennes contraintes, tout fléchissement, car on ne dit pas pour rien : « Le sabre ne coupe pas les têtes soumises ».

La sortie pour une promenade à Zrinjevac fait naître l'espoir d'une rencontre salvatrice ou du moins utile, aussi, sans doute, les promeneurs ne marchent-ils pas avec le relâchement et la quiétude habituels à ces flâneries sans but dans les jardins publics. Cette errance tendue, presque artificielle, semble entravée par les mères poussant un landau, et que les rangs serrés de promeneurs privent de leur petit triomphe consistant à s'arrêter un moment pour montrer avec orgueil leur enfant à une connaissance.

Je suis morose au milieu de cette foule qui flâne, je m'étonne de mon indéniable solitude. J'ai l'impression d'être totalement indifférent envers tous ces gens qui, ici à Zrinjevac, cherchent, la peur au ventre, leur rattachement salvateur au nouveau pouvoir, plus brutal de jour en jour.

Je vois arriver l'ex-colonel Vrbaski, de l'ancienne armée yougoslave. Je le reconnais par son maintien d'officier de carrière, par cette raideur qui, une fois acquise, marque durablement le corps. Cet officier artilleur d'élite venait rendre visite à oncle Slavo pour sa fête patronale, tel un émissaire officiel du dieu Mars, et alors il expliquait avec assurance aux civils qui regardaient d'un œil émerveillé son uniforme étincelant la supériorité de l'artillerie sur les autres armes. « Messieurs, je sais, je sais », concédait-il généreusement, « vous êtes tous ici des profanes en la matière, mais, croyez-moi, l'artillerie a de l'avenir, sa force de destruction ne cesse de croître, viendra le temps où, depuis le sol, elle contrôlera le ciel, sachez-le bien, messieurs, la suprématie de l'aviation ne constitue qu'un bref épisode ».

Le colonel Vrbaski est à présent en habits civils que, visiblement, il n'a pas portés depuis longtemps. Je n'en crois pas mes yeux. Il a orné sa poitrine de décorations autrichiennes. Je me dis : « Voilà, même cet officier yougoslave, colonel de son état et qui avait été récupéré de l'ancienne armée austro-hongroise en décomposition, avait conservé bien cachées ces médailles gagnées au service de l'étranger, qui sait quand et comment. Maintenant il se promène dans cette bourse du travail pour offrir ses services de soldat, guettant les intermédiaires ».

Je le salue d'une voix basse, à peine audible. Le colonel Vrbaski s'arrête, hésite à m'adresser la parole. Finalement, il se tourne vers moi et m'adresse un sourire gêné. « Eh bien, vous voyez, je me promène, il y a longtemps que je n'avais pas eu l'occasion de musarder ainsi », dit-il comme pour justifier sa sortie sur la promenade de Zrinjevac. Je le regarde droit dans les yeux, puis mon regard glisse jusqu'à ces médailles et s'y attarde. Sur l'une d'elles brille le portrait de l'empereur François-Joseph, avec ses favoris soigneusement peignés. Peut-être ai-je esquissé un sourire, je l'ignore, en tout cas Vrbaski me dit : « Vous regardez mes décorations, vous êtes étonné, vous me condamnez peut-être. Mais, croyez-moi, pour nous autres soldats de métier, il n'y a rien de pire que d'enlever l'uniforme. A chaque fois que nous l'ôtons cela signifie une défaite pour nous, une bataille perdue. Un uniforme enlevé atteint l'essence de notre être. C'est terrible pour nous, soldats, de devenir chômeurs ».

« Mais quand même, vous êtes Serbe, mon colonel », dis-je pour le provoquer.

« Oui, oui, je suis Serbe, mais aussi soldat professionnel. J'ai choisi cette carrière dans un Empire multinational, j'ai servi ses institutions de mon plein gré. Par malheur, il n'a pas tenu, il s'est effondré. Nous autres militaires en sommes le moins responsables. Nous avons fait notre devoir jusqu'au bout. Puis est venu le Royaume de Yougoslavie, je lui ai offert mes services professionnels, et il les a acceptés. Je me suis dit : "Voici une nouvelle chance de mettre sur pied un ordre nouveau" ».

Je pense honnêtement avoir amélioré son artillerie. Le système de batteries autour de Sibenik est mon œuvre. Mais tout cela n'a pas duré longtemps. Cet ordre ne s'est pas installé, nous autres militaires nous nous sommes retrouvés impuissants. Les maladies civiles ont également sapé ce royaume balkanique. Ce sont toujours les civils qui nous font perdre. Nous servons une idée, et eux leur parti. L'histoire nous attend à la grande porte, et eux à la petite. Et maintenant, comme résultat de cette incurie et de cette corruption des civils, je me retrouve à la rue, moi, le meilleur expert artilleur de ma génération. Dites-moi, est-ce juste que dans mes vieux jours je sois obligé de courir après mon pain ? »

« Mon colonel, vous parlez avec la logique d'un légionnaire français, je ne comprends pas vos principes de professionnalisme à tout prix. Vous n'allez quand même pas enfiler n'importe quel uniforme, même par exemple celui des domobranes ? », lui dis-je avec une colère perceptible dans la voix.

« N'importe lequel ! Et pourquoi pas ? N'oubliez pas, cher monsieur, que je suis un professionnel, je ne m'y connais qu'en canons.

Vous avez dit que j'étais Serbe. Tôt ou tard on nous proposera ici une formule faisant de nous des Croates politiques, ce qui nous accordera une chance de survie. L'important est de survivre, mes canons dussent-ils ne pas tirer un seul obus ».

« Et le roi, et votre serment de fidélité ? »

« Pour moi, ce qui compte c'est que lui, mon commandant en chef, a fichu le camp. Le garçon a cessé de jouer son rôle. En Autriche, les membres de la famille impériale se rendaient sur le front, visitaient les hôpitaux, serraient la main aux blessés, baisaient le front des mourants, goûtaient la soupe à la cantine, complimentaient un peu, faisaient quelques reproches, puis retour à la maison à Schönbrunn. Pour résumer, ils jouaient aux commandants et aux inspecteurs militaires, juste assez pour ne pas compromettre notre ligne de front. Chez l'adversaire, en Serbie, on avait encore davantage rapproché le roi du peuple. Cela influe sur le moral. Ce sont des choses simples. Dans les tranchées, il n'y a pas de place pour la grande philosophie. Tout ça est aplani et réduit par le sentiment qu'on est guetté par une balle perdue. Réduire le nombre de planqués et de pistonnés, tel est le secret de notre moral en temps de guerre ».

« Colonel Vrbaski, je ne vous comprends pas tout à fait. Au fond, malgré tout, vous êtes un homme résigné, et vos actions procèdent d'un profond désespoir. Enfin, n'est-ce pas un paradoxe que de revêtir un troisième uniforme, vous allez prêter serment à une troisième autorité, au nom du ciel, colonel, comment pouvez-vous agir ainsi ? », je lui pose la question avec une curiosité sincère.

« Quand je regarde en arrière, j'ai l'impression d'avoir prêté serment une seule fois. Seules les premières nous réussissent, à nous autres soldats, les reprises nous sont en général fatales », me dit-il avec l'évidente intention de mettre fin à notre conversation.

Je comprends que notre rencontre lui devient désagréable.

Il s'en va avec le masque d'un guerrier invétéré. Je me dis que ma conversation a contribué à le réconcilier au plus vite avec son destin de condottiere.

Quand on pense à tout ce que l'Autriche a fait de nous ! Avec quelle habileté l'aigle impérial a-t-il morcelé le tissu vivant de ce peuple ! Il savait infailliblement l'anesthésier morceau par morceau, gardant le cœur pour la fin. Voilà, au nom de sa logique professionnelle et du fait de sa situation sans issue, le colonel Vrbaski est prêt à tourner ses canons vers n'importe qui, contre ses propres frères, contre l'avenir même de ce pays. Je le vois tranquillement posté à côté de ses tubes d'acier, attendant lui-même le commandement : « Feu ! » pour montrer une fois, au moins une fois, à tout le monde comment il faut disposer les batteries, comment on effectue un tir de barrage auquel même un lièvre ne peut échapper. L'artillerie a de l'avenir, c'est ce qu'il racontait pendant que les civils l'écoutaient avec émerveillement, comme s'il était un véritable prophète. Dans un salon destiné à des conversations à voix basse, voire à des murmures, le colonel Vrbaski parlait haut et fort, de manière tranchante, comme s'il lisait à ses soldats les ordres du jour. Il avait l'air d'une personnalité dont la mission est de briser irrésistiblement le silence. C'est seulement après son départ que la conversation reprenait son cours libre et léger.

A Zrinjevac il a également rompu le silence que j'avais instauré en moi-même.

Le docteur Barmapper a été licencié. Nous en sommes tous affligés. Nous vivons sa révocation comme un signe que les malheurs ne font que commencer. Les affiches annoncent que les Juifs devront se présenter afin d'être enregistrés et marqués d'un insigne. Le journal « Le Peuple croate » daté du 23 mai reprend cette annonce. Il y est écrit que « les insignes seront distribués à partir de demain à 8 heures du matin, et jusqu'à mercredi ». Plus loin je lis que « les insignes juifs sont déjà prêts. Une étoile à six branches sur tissu jaune ornée de la lettre «"Ž"[1]. Ce signe sera porté par tous les Juifs qui devront l'accrocher sur le côté gauche de leur poitrine et derrière sur l'omoplate gauche, de sorte qu'on puisse immédiatement les reconnaître.

En application de cette mesure, tout Juif ou toute Juive qui ne porterait pas le signe obligatoire sera sévèrement puni(e). La proclamation appelle tous les Aryens ayant connaissance d'un Juif ou d'une Juive qui ne porterait pas ce signe à en informer les autorités ousta-

[1] Pour « Židov », Juif en croate. (N.d.T.)

chies — Département des Affaires juives, au numéro 7 de la rue Bogović. Cet affreux rituel aura donc lieu dans les locaux réquisitionnés de la Communauté ecclésiastique serbe. Le docteur Barmapper et sa famille reçoivent cet ordre comme quelque chose de tout à fait naturel, comme un malheur inévitable.

« Tout cela suit son cours », me dit le docteur Barmapper, « avez-vous entendu la dernière nouvelle ? Au mépris de l'interdiction, les Juifs se baignent encore dans la Save. On veut nous interdire de souiller ce pur fleuve aryen. On nous fait subir ça aussi », dit-il avec le plus grand calme, tel un homme qui saurait à l'avance que des mesures bien plus graves se préparent ici contre les Juifs. Sa quiétude m'enlève le droit de les consoler maladroitement. Nous n'évoquons plus la date fatidique de leur marquage forcé.

Ce jour arrive malgré tout, et il débute par une agitation ordinaire, on ne peut plus banale. Derrière les rideaux tirés je contemple la foule en émoi qui bloque la rue Bogović dans l'attente des premières victimes. Au milieu de la chaussée, de petits groupes de Juifs arrivent. On les bat, on les insulte, on leur crache dessus. Dans cette masse dense j'ai perdu de vue le docteur Barmapper et sa minuscule femme. Pourtant par instants, une mèche de cheveux roux de leur fille Maja émerge, je distingue encore les mouvements désespérés de sa tête pour éviter les coups. La disparition sous le portique de la Communauté ecclésiastique serbe ressemble au salut. Sont-ils déjà entrés, ou bien les maltraite-t-on encore ? La fureur de la foule croît, alimentée par les insignes jaunes qu'arborent les Juifs en sortant du bâtiment. L'estomac noué, je guette la famille Barmapper. Enfin, j'aperçois de nouveau les mèches rousses de Maja. Ils reviennent. La même image. Je les attends dans la cage d'escalier, troublé et honteux d'avoir été le témoin caché de leurs tourments et humiliations. Ils arrivent les vêtements déchirés, les cheveux en bataille, égratignés, couverts de crachats. Mais ils sont encore enlacés. Au milieu se trouve la mère, qui à présent paraît encore plus fluette. Elle est affectueusement soutenue pas son mari et sa fille. Je voudrais dire quelque chose, n'importe quoi, mais je ne peux pas. Je me tais. Le docteur Barmapper affiche un doux sourire, il ouvre la porte de son appartement comme si rien ne s'était passé, comme si, avec sa famille, il revenait d'une promenade.

« Donc, nous avons fini par être décorés », me dit-il d'une voix basse dans laquelle il n'y a aucune trace de colère. Une fois de plus, je sens sa force exceptionnelle.

« Ils en ont terminé avec les Juifs, maintenant c'est notre tour », me fait savoir mon père d'une voix émue. « Et ce jour m'aura été particulièrement pénible à cause de Harry Stern, te souviens-tu du cher Harry, je l'invitais à Rakitje ? »

« Comment ne me souviendrais-je pas de Harry Stern, cette source inépuisable de blagues juives, qu'il racontait magnifiquement, ce charmant causeur, cet homme issu d'une famille autrefois riche et qui a facilement surmonté plusieurs catastrophes financières. Qu'est-il arrivé à Harry ? » demandé-je à mon père en pressentant quelque chose de sombre.

« Il s'est empoisonné, avec sa mère et sa sœur, et tout cela dans son style. Il s'est mis d'accord avec elles pour en finir de cette manière, en partageant un dîner dont personne ne savait quel plat était empoisonné, une sorte de roulette russe. On les a trouvés morts à table, sur laquelle étaient disposés leurs mets préférés. Ce brave, ce cher Harry ! »

De nouveau, les jours s'écoulent dans l'attente d'un nouveau malheur, qui nous atteindra, nous ou nos nombreux amis et connaissances.

« Une guillotine qui ne fonctionne pas entre les mains de ces bandits, est-ce donc possible ? » dit oncle Lazar.

« Il faut partir d'ici, et le plus vite sera le mieux, sans attendre qu'on nous liquide pendant notre sommeil », telle est la phrase que j'entends prononcer de plus en plus souvent, désormais quotidiennement, dans ma famille. Nous en aller, mais comment ? Mon père ne cesse de faire allusion à des laissez-passer salvateurs pour la Serbie, qu'on pourrait retirer au commissariat de police ; mais peut-être s'agit-il d'un piège, d'une manière astucieuse de répertorier les Serbes qui projettent de s'enfuir de l'« Etat indépendant de Croatie ». Cette histoire de sauf-conduits est continuellement alimentée par les récits des chanceux qui les ont demandés et obtenus en bonne et due forme, après avoir réglé toutes les formalités en quelques instants. Ensuite, on nous parle d'autres possibilités ; certains racontent qu'on peut aussi se rendre en Serbie avec des laissez-passer allemands délivrés par la Feldkommandantur de Zagreb. Pendant ce temps, la cour martiale ambulante oustachie continue à faucher. Des gens sont tués tous les jours. Les noms des Serbes, des Juifs et des communistes ne cessent d'allonger les listes affichées. Le dimanche, on donne un concert en plein air à Zrinjevac. On joue Rossini, Weber, Puccini, Lehar, Strauss. Un masque joyeux pour camoufler des meurtres. Au « Café Zagreb » rien n'a changé, sauf que les croissants au beurre ne sont plus frais à toute heure. Le cafetier Lang console ses vieux clients :

« Cette farine n'est plus aussi bonne, *langsam spüren wir den Krieg*[1], nous ne verrons la fleur de farine qu'à Noël », chuchote-t-il à l'oreille, comme s'il révélait un grand secret.

A chaque pas, des uniformes — allemands, italiens, oustachis, domobranes. Encore une fois ces uniformes ! De nouvelles personnes les portent, au visage rayonnant. On annonce en grande pompe : Benjamino Gilli et Maria Canilla sont venus chanter « Aïda », tout le corps de ballet et l'orchestre au grand complet les ont accompagnés, ainsi que huit solistes d'une fanfare qui joueront dans la marche triomphale. On prépare une somptueuse représentation de gala, pour des invités spécialement sélectionnés. Parades militaires. Le Poglavnik parle place Saint-Marc, depuis le palais des bans, à la même fenêtre où le roi Alexandre était venu répondre aux salutations de ses chers Zagrebois. Il promet « aux grands maux les grands remèdes », menace et avertit qu'il ne plaisante pas. Wickerhauser raconte :

« Ich kenne diesen Herrn, Ambitiös und dumm[2]. Je l'ai opéré d'une appendicite perforée. On m'a raconté qu'aux épreuves du baccalauréat, il perdait connaissance tellement il avait peur. Si cette canaille se cantonnait à des rôles d'opérette, on pourrait en rire de bon cœur. Mais aujourd'hui on ne voit pas clairement ce qui va se passer quand le sang leur aura monté à la tête, à lui et à ses acolytes. *Blutrausch*[3]. Avez-vous vu ces physionomies d'assassins ? Mais où donc recrutent-ils cette racaille à la tête carrée et au front bas ? Rien que des individus du type « criminel né » décrit par Lombroso. Vous êtes au courant ? Želimir Mažuranić s'est tiré une balle. De honte. Qu'y peut-on ? C'est un geste de chevalerie d'un très grand monsieur. Malheureusement, il n'avait pas les nerfs assez solides pour tenir jusqu'au bout. Dépression et hypersensibilité. Quant à Krleža[4], il se

[1] Nous commençons doucement à sentir la guerre.

[2] Je connais ce monsieur. Il est ambitieux et bête.

[3] Ivresse du sang.

[4] Miroslav Krleža (1893-1981), grand écrivain croate qui a affiché, avant et après la guerre, des sympathies procommunistes. (N.d.T.)

promène à Zrinjevac et lit son journal sur un banc public. Malgré tout, je ne m'appuyerais pas sur ce fait, *hoffentlich glauben sie nicht, dass es ein Winken der Demokratie ist ?*[1] Non, non, tout simplement ils l'attendent, mais lui, il ne sortira pas de son trou de souris où il s'est déjà installé. Je ne pense pas que Pavelić voudra le livrer aux cléricaux, au docteur Kerubin Šegvić et compagnie. Je suis absolument convaincu que Krleža a déjà ses protecteurs. N'oubliez pas qu'il est quand même l'un des plus grands écrivains croates, *eine Grösse ist er bestimmt*[2] dans notre milieu, que l'on aime ce qu'il écrit ou non, il est difficile d'expulser son œuvre de notre littérature ».

Dans son numéro du 23 mai, « Le Peuple croate » annonce une grande parade de l'organisation « Défense de la Nation ». En réalité, on s'apprête à mettre sur pied une nouvelle organisation militaire destinée à lutter contre tous les désordres en temps de paix et de guerre. On va également former le premier régiment de Défense de la Nation qui sera placé sous l'autorité du commandant d'aviation Franjo Džala. Ce régiment sera composé de cinq bataillons et de dix-huit compagnies, également sous les ordres d'officiers de l'aviation. Donc, on ne plaisante pas ; au contraire, des sanctions sévères sont annoncées à l'encontre de ceux qui ne se feraient pas recenser.

Des affiches nous apprennent qu'un recensement obligatoire des jeunes gens de Zagreb sera effectué dans le stade des *Soko*. A l'aide de haut-parleurs on nous répartit par écoles. Et ensuite, on entend distinctement : « Les Serbes et les Juifs à l'Est ! » Des rangs déjà formés, on fait sortir de petits groupes. Dans le grand espace du stade ils semblent à présent minuscules, misérables. Un nouvel ordre est lancé : les frères monténégrins et les frères slovaques peuvent se mettre avec les frères croates ! Le groupe serbe se réduit encore. J'observe avec une véritable stupéfaction ceux qui nous quittent. Le vide qui reste ressemble à un abîme. Les Juifs nous jettent des regards interrogateurs, peut-être même compatissants. On nous garde longuement en rangs, dont personne n'a le droit de sortir. De temps en temps, des membres de la garde universitaire viennent nous passer en revue, nous examinant de la tête aux pieds, comme s'ils cherchaient quelqu'un. Ils se taisent et repartent. Ils laissent derrière eux l'incertitude et l'angoisse d'entendre le haut-parleur tonner quelque chose de terrible,

[1] J'espère que vous n'y voyez pas un signe de démocratie.
[2] C'est indiscutablement un gros morceau.

quelque ordre appelant à des atrocités. Des heures passent. Le stade s'est vidé depuis longtemps déjà , seuls les Serbes et les Juifs restent encore alignés, attendant que quelque chose se produise. Le haut-parleur demeure muet. Je sais qu'on ne nous oublie pas et qu'on prépare un plan pour nous dans la loge de commandement. Finalement, l'enregistrement des Serbes commence. Les questions sont banales, inoffensives, statistiques. La dernière est formulée ainsi : « De quelle nationalité te sens-tu ? » Deux jeunes gens en armes inscrivent les renseignements, soigneusement, les calligraphiant presque. C'est seulement en posant la dernière question que, comme obéissant à une consigne, ils lèvent la tête et nous dévisagent d'un air méchant, provocateur. C'est fini. Nous sommes enregistrés, peut-être même inscrits dans les livres de la mort. Ces jeunes garçons semblent ne pas réaliser qu'ils sont imperceptiblement devenus partie intégrante d'un grand mécanisme qui tue. Sur le chemin de l'échafaud il y a toujours de nombreuses actions apparemment secondaires, des détails innocents et inoffensifs qui dissimulent la vérité. Sur ce chemin, la victime est accompagnée par un grand nombre de personnages secondaires, dont l'importance croît à chaque pas, ce qui les transforme sur les lieux de supplice en assistants dévoués du bourreau. Autrefois, ces aides travaillaient le visage couvert d'un masque, aujourd'hui ce n'est plus le cas. Et ce nouveau protocole d'assassinat comporte une signification profonde.

Les heures s'écoulent lentement dans le stade des *Soko*. Le soleil tape dur. Personne n'ose quitter son rang, or cela fait déjà plusieurs heures que nous nous tenons debout sur la ligne des dix-huit mètres du but, côté est. Nous, Serbes et Juifs. On nous l'a ordonné ainsi. On dirait qu'on veut de la sorte nous renvoyer symboliquement vers cette partie du monde d'où sont venus nos ancêtres, jadis. C'est sans doute pour cela qu'à présent cette surface de réparation nous appartient, du côté est du stade des *Soko*. J'observe les Juifs. Nos voisins se taisent et demeurent immobiles, j'ai l'impression que leurs rangs sont plus solides que les nôtres. Peut-être cette petite différence est-elle due à la peur, comme si l'angoisse serbe était quand même légèrement inférieure. Le fait que les Serbes remuent plus souvent les pieds ne tarde pas à confirmer mon jugement.

Nos examinateurs invisibles de la loge de commandement remarquent-ils cette différence ? Je sens presque instinctivement qu'ils suivent minutieusement tout ce qui se passe dans la surface de réparation du côté est et qu'ils nous préparent quelque châtiment. Les Serbes seront peut-être punis pour leur désordre, et les Juifs pour cet ordre impeccable. Celui-ci rend nos tortionnaires furieux, cette faculté de résistance, cette opiniâtreté sera, j'en ai bien peur, interprétée comme un défi. Nous nous observons mutuellement à la dérobée. Pourquoi sommes-nous ainsi alignés les uns en face des autres, comme deux camps ennemis, comme s'ils voulaient que cet espace vide séparant les Juifs des Serbes soit rempli par quelque chose, comme s'ils attendaient que les uns et les autres nous acceptions cette délimitation entre nous. Mais, dans ces circonstances, qu'est-ce qui devrait donc nous séparer, faire de nous des rivaux irréconciliables ? Telle est la question que je me pose à présent au sein de cette colonne pétrifiée, brûlée par le soleil qui nous vide de nos forces. De toute évidence, nous jouons ici notre vie, car une seule colonne quittera cette surface de réparation et ce stade des *Soko*. La seconde sera gardée à titre de victime. Notre devoir est de deviner laquelle partira en premier. Les uns et les autres, nous pensons à de possibles priorités, et ces réflexions semblent remplir l'espace qui nous sépare d'un poison mortel qui accentue les différences entre nos deux colonnes. Ils y plantent la mauvaise graine d'un désespoir de gladiateurs, d'une soumission qui, au premier signe, nous fera nous précipiter les uns sur les autres, impitoyablement. Je frissonne en imaginant les participants à ce probable jeu guetter, dans la loge de commandement, un indice, connu d'eux seuls, de notre soudaine haine réciproque, signe que nous sommes mûrs pour le combat et le règlement de comptes.

Cela nous est à présent confirmé par un étudiant oustachi qui s'approche des Serbes et demande d'une voix douce : « Les garçons, que ceux qui ont été membres des *Soko* nous le disent, ils seront chargés de garder les Juifs ». Cet étudiant armé d'un pistolet passe notre rang en revue et répète cette phrase à plusieurs reprises, toujours avec la même douceur. Et en plus il nous gratifie d'un généreux sourire. Nous nous taisons tous. Ce silence l'irrite et il se met à crier : « Alors, comme ça, aucun d'entre vous n'a été *Soko* ! Vous me prenez pour un imbécile, je m'en souviendrai, saletés de Serbes ! » Maintenant il est furieux à cause de son impuissance à briser le cercle de notre silence. Son attaque semble nous avoir brusquement tirés de notre apathie et nous avoir rendus égaux à la colonne immobile des Juifs. L'étudiant oustachi reste quelques instants encore devant notre rang à agiter les bras en guise de menace, puis il s'en va d'un pas pressé.

Le soleil est insupportable. La tête me tourne, j'ai l'impression que je vais perdre connaissance. Derrière les tribunes du stade j'aperçois dans une hallucination l'ombre épaisse du bois de Marsimir et de ses chênes séculaires. Je me rappelle qu'un jour on nous y a amenés, nous, les élèves, pour que nous agitions de petits drapeaux en guise de bienvenue au roi Alexandre, venu visiter le jardin zoologique. C'est là que travaillait avec les animaux le célèbre dompteur Medjumurac Anton Dolinec ; tous les enfants l'adoraient et ses prouesses valaient la visite du roi lui-même. Le grand numéro de Dolinec consistait à avoir dressé une éléphante nommée Fanny, qu'il faisait monter sur une souche, puis en descendre et s'agenouiller devant les spectateurs afin de quémander des morceaux de sucre. Le roi avait pris beaucoup de plaisir à ce numéro, il avait ri comme un enfant, et puis soudain, de manière totalement inattendue, il avait ordonné l'interruption du spectacle sous prétexte que la terre était humide, qu'il faisait froid et que l'éléphante risquait de s'enrhumer. Il avait gâché notre joie. A demi gelés, nous avons agité nos fanions devant le roi qui regagnait sa voiture, tandis que le dresseur Dolinec ramenait l'éléphante à son chaud pavillon d'hiver. Et vraiment, je me le rappelle fort bien, ce jour-là il faisait froid et la neige crissait sous nos semelles. Pour nous réchauffer, on nous avait autorisés à construire dans le jardin zoologique un grand bonhomme de neige, et à nous livrer une longue bataille de boules de neige. Je me souviens de ce combat enfantin et fou dans le jardin zoologique de Maksimir, tandis qu'à présent le soleil me brûle le cerveau, pendant que j'attends que quelqu'un, que peut-être je ne verrai même pas, décide de mon sort. Nous nous comportons exactement comme ces Juifs silencieux et immobiles, qui me paraissent de plus en plus proches de nous. Il me semble entendre leur respiration tranquille et régulière. La haine que nous portent les autres et qui nous entoure, nous emprisonne ici, nous unira complètement, gommera toutes nos différences. L'espace qui nous sépare, marqué par les lignes blanches, s'estompe. Je perds connaissance et m'enfonce dans une tempête de neige silencieuse.

Après l'épisode de l'enregistrement mon père évoque toujours plus souvent les laissez-passer. L'un de ses amis, avocat, le pousse à rendre visite à son camarade d'école Boža Cerovski. On dit qu'il est tout-puissant dans la police. Mon père, effrayé, se défend :

« Je ne suis pas le vieux Hirschl qui nourrissait des illusions à propos de son camarade de guerre Slavko Kvaternik », dit-il avec résignation. « A supposer qu'il me reçoive, il se moquera de moi ouvertement et ne me donnera pas de sauf-conduit, je le connais bien. Pour lui, c'est une occasion de se venger de moi, Dieu sait pour quelle raison ».

Malgré tout, ce fonctionnaire de police, Boža Cerovski, est de plus en plus présent dans notre vie empreinte du règne de l'incertitude et d'une pénible attente. La réticence de mon père à effectuer cette démarche ne cesse de faiblir. Je sais qu'il ira, il faudra bien qu'il y aille, dans la situation où nous nous trouvons il devient impossible de négliger ne fût-ce qu'une parcelle d'espoir. Mon père, comme s'il se préparait à se rendre chez Boža Cerovski, se remémore leur jeunesse commune. Il s'efforce d'extraire de sa conscience tous les épisodes de leur vie. J'apprends ainsi qu'ils ont nagé ensemble lors de la course de relais dans l'équipe de Zagreb, et ce Boža était venu une fois à Rakitje manger des gâteaux et des groseilles. Il avait été ravi de son séjour et avait trop mangé ; mon père se rappelle encore que les groseilles avaient laissé une tache sur son pantalon de flanelle jaune. Mon père l'avait également conduit en voiture à Rimske Toplice et à Samobor où se trouvait une piscine à ciel ouvert. Il n'arrive pas à se rappeler quand ni pourquoi Boža Cerovski a disparu de sa vie. Tout simplement, à un moment donné, ils ont cessé de se voir. Et maintenant, Cerovski est assis comme Scarpia dans la « Tosca », affalé dans le fauteuil de chef de la police, et il tient dans ses mains les sauf-conduits salvateurs permettant de se rendre en Serbie. Nous les imaginons entre ses mains et supposons qu'il les tendra immédiatement et avec joie à mon père en lui disant : « Que demandes-tu, ces laissez-passer ? Rien de plus facile, un petit coup de tampon et c'est fini. A présent je ne peux rien te refuser, au nom de notre vieille amitié ; pourquoi ne te rendrais-je pas ce service ? Tu as bien fait de venir me voir ». Peut-être ira-t-il même jusqu'à gronder amicalement mon père — ainsi qu'aiment parfois le faire les puissants — pour avoir hésité à frapper tout de suite à la bonne porte. Alors mon père présentera humblement ses excuses et dira : « Boža, mon cher et vieux Boža, je savais que tu étais mon ami, mais je ne voulais pas te déranger ; je sais qu'à présent tu as beaucoup de travail ; c'est idiot, mais c'est la vérité, j'ai tout de suite pensé à toi, mais voilà, maintenant je suis là, pardonne-moi ».

Je la vois, cette scène idyllique, je m'y plonge et cède à ses délices jusqu'au moindre détail.

Finalement, mon père ne peut plus supporter toute cette tension accumulée et se rend chez Boža Cerovski. Il en revient abattu et encore plus effrayé.

Je lui demande, la peur au ventre : « Que s'est-il passé ? T'a-t-il donné les laissez-passer ? »

« Il m'a reçu courtoisement, mais il ne m'a pas donné les laissez-passer ; il s'est contenté d'un geste de la main et a dit : "Qu'est-ce que tu ferais en Serbie, toi, un vieux Zagrebois ? Reste ici et tiens-toi tranquille, tu m'as compris ?" » me rapporte mon père, défait.

Un jour, à l'improviste, le padre Sokol fait son apparition. Aussi bruyant que d'habitude, il se met à crier dès le seuil : *Pax vobiscum !* [1] Vous êtes sous notre protection, on ne touchera pas à un seul cheveu de votre tête ! *Pax vobiscum !* Je parlerai à Monseigneur l'archevêque en personne ».

Il a prononcé tout cela d'un seul trait, en ajoutant encore de nombreuses paroles de consolation et promesses, si bien que pendant toute la soirée nous nous sentons en sécurité, peut-être pour la première fois depuis la proclamation de l'Etat indépendant croate. Et le père Sokol, comme s'il avait dans sa poche une procuration secrète de Dieu sait qui, parle à bâtons rompus, de Badija, de la musique, du rêve enfin réalisé d'Ante Starčević, de la nouvelle justice, sans oublier d'insérer ça et là quelques phrases à propos de notre sécurité.

« Vous ne devez pas bouger, tout est arrangé pour vous, vous êtes placés sous notre protection, *Pax vobiscum !* Nous savons tout de vous. J'ai composé une chanson pour Pavelić : « Debout, Ante, la Croatie t'appelle », j'ai été persécuté en tant qu'adepte de Starčević, et à présent notre heure est arrivée, on ne touchera pas à un seul cheveu de votre tête ».

« Le padre Sokol est merveilleux », dit mon père, l'air abattu, *« aber zu stürmisch hat er das Ganze vorgeführt*[2], il radote sur notre protection, mais ne dit rien de concret. Néanmoins, c'est bien qu'il soit venu, même s'il a tout inventé de A à Z ».

[1] La paix soit avec vous !

[2] Mais il a exposé tout cela avec trop de véhémence.

Je raconte la visite du padre Sokol au docteur Barmapper. Il rit de tout son cœur.

« C'est un drôle de moine », dit-il spontanément. « De toute évidence, il embrouille tout, il a une nature d'artiste et un bon cœur. Peut-être peut-il vraiment vous aider. Par les temps qui courent, on ne sait jamais qui peut vous être utile. Vous attendez le salut de quelqu'un de tout-puissant, or il vous arrive inopinément par l'intermédiaire d'un homme insignifiant. C'est comme recevoir au bon moment un morceau de pain, ou une gorgée d'eau. C'est ce qui vous manquait et on vous l'accorde au bon moment. On appelle cela un miracle. L'époque actuelle est propice aux miracles. De tout cœur, je souhaite que ce moine vous aide. Quant à nous, même Monseigneur l'archevêque ne peut plus nous aider. *Es geht über seine Kräfte*[1] ».

« Plus tard, se souviendra-t-on de toute cette horreur, de toutes les peurs que nous avons ressenties, qu'en sera-t-il de nos souvenirs ? » demandé-je au docteur Barmapper.

Il garde longuement le silence tout en m'examinant, comme s'il hésitait à me faire part de sa conviction depuis longtemps établie.

« Vous me demandez ce qu'il adviendra de vos souvenirs », commence-t-il lentement, se décidant difficilement à m'en parler.

« Avant tout, il faut que nous précisions de quels souvenirs l'on parle, des vôtres propres ou bien de ceux de la collectivité, appelons-les souvenirs de la nation. Vos propres souvenirs vivoteront en vous, ils pâliront car vous ne les transmettrez à personne, tout le monde y sera indifférent. En effet, pareillement au principe des vases communicants, vos souvenirs sont dépendants de ceux de la collectivité, comme si des capillaires invisibles les unissaient et en faisaient un organisme parfait. En d'autres termes, si le souvenir général de la nation est passé sous silence, vos souvenirs personnels connaîtront le sort d'un poisson échoué sur le rivage : ils mourront faute d'oxygène. Cependant, je dois dire que les souvenirs collectifs de la nation ont une vie limitée. Tout d'abord, ils vivent sous leur forme originelle, les faits sont diffusés, exposés sans plan ni méthode, et la fraîcheur des événements réveille la blessure. Aussi bien le blessé que son entourage sont conscients du caractère douloureux des souvenirs, et l'on passe presque imperceptiblement de cette première phase d'acuité

[1] Cela dépasse ses forces.

fébrile à la seconde, qui marque le début du processus de stylisation des souvenirs de la nation. La stylisation est ce qui attend le plus souvent les souvenirs collectifs, et les exigences de la société pour qu'il en soit ainsi deviennent, avec le temps, de plus en plus brutales, denuées de tout scrupule. Je vous le demande, quel est le résultat le plus fréquent ? Il se forme une version fantastique de la vérité, à l'authenticité de laquelle tout le monde finit par croire, y compris ceux qui ont pris part à sa diffusion et à sa nouvelle mise en forme. Croyez-moi, rien n'est plus difficile que de redonner à des souvenirs nationaux déjà recomposés et stylisés l'aspect de leur origine. Vous n'êtes pas convaincu par ce que j'avance ? Vous verrez, ménagez vos souvenirs et imprégnez-vous des souvenirs collectifs, de tous vos sens ; essayez de discerner les étapes de leur corruption et d'en analyser les causes. Rappelez-vous que chaque étape des souvenirs collectifs de la nation comporte une station d'épuration secrète, au sein de laquelle on transforme sciemment la vérité, on l'adapte, défaisant ainsi son agencement. Elle s'y métamorphose en symboles manipulateurs à valeur limitée et à utilisation sévèrement contrôlée. Le miracle ou le monstre qui en résulte a pour nom vérité officielle, et sa durée de vie est habituellement longue car elle défend âprement son existence. Rappelez-vous bien cela : les sceptiques constituent la nourriture préférée de la vérité officielle, elle les avale avec délice ». Je l'interromps : « Vous voulez dire qu'une vérité future et générale avalera ma vérité personnelle, qui n'a donc aucun avenir ? »

« Eh bien, on peut le présenter ainsi », me répond le docteur Barmapper, « par les temps qui sont venus et qui ne font que commencer, la vérité individuelle vit telle une éphéméride, et une image fidèle de la vérité collective de la nation sera forgée par ceux qui occuperont les premiers toutes les stations d'épuration que j'ai mentionnées, tous ces points stratégiques d'où l'on peut influer sur son destin. Je vous le dis, vous n'imaginez pas en quel monstre peut se transformer cette vérité générale de la nation remodelée, quel mécanisme de destruction des proches dissimule sa façade officielle. Et ceci encore : son ornement héraldique n'est pas naïf, ni inoffensif, les derniers interprètes de l'emblématique nationale ne vous le démontrent-ils pas ? »

La nuit, tout me paraît différent. Libéré de toutes les conversations, je m'efforce d'ordonner mon cauchemar diurne, de dompter mon désespoir. Je sens que la mort rôde à proximité, que les dangers ne font que commencer. Mon père a raison. Il faut s'enfuir aussitôt que possible, avant que le piège ne se soit totalement refermé. Les amis de la famille raréfient encore leurs visites. Ils sont de plus en plus troublés, ils sentent qu'ils seront bientôt confrontés au dilemme suivant : s'inclure dans le nouvel ordre ou bien rester en marge, se faire repousser et écraser. Le professeur Wickerhauser maintient son attitude de défi. Il persiste à recevoir des patients en consultation et à appliquer les anciens tarifs, à présent ridicules. Ce brave vieillard têtu ne peut même pas imaginer que pendant ce temps-là des cuillers en argent, de la porcelaine et des bijoux disparaissent de sa maison. Il restera droit comme un pin — je n'ai aucun doute à ce sujet — définitivement ruiné, sans que personne sache quel aura été le prix de son orgueil. Quelles circonstances devraient survenir pour que tout le monde apprenne qu'un vieillard patriote, alors le seul « citoyen d'honneur de la ville de Zagreb » encore en vie, a refusé la moindre faveur des oustachis, que sa fille Dorica a dû vendre leur maison parce qu'il ne voulait pas augmenter ses honoraires de consultation ridiculement bas ? Le docteur Želimir Mažuranić s'est suicidé, horrifié et dégoûté, mais ses proches considéreront peut-être cette mort comme un sacrifice inutile, un geste romantique d'un monsieur de l'*ancien régime*[1]. Ils existent donc, ces autels invisibles de la nation, sur lesquels on ne sacrifie pas en grande pompe avec des cérémonies annoncées à cor et à cri. Tout simplement, dans un silence total et le plus complet anonymat, des malheureux vont disparaître, et qui parmi les survivants se rappellera l'exemple ? Le docteur Barmapper est l'un de ceux-là ; il n'a pas voulu fuir, préférant attendre les tueurs sur le seuil de sa maison. Comme dans l'histoire des Romains et des Gaulois contée par tonton Rada. Je reviens toujours à cet exemple. Je le ressens de tout mon être.

Ces nuits-ci, contrairement aux sénateurs romains, j'imagine fiévreusement des voies de salut. Dans mon délire, j'atteins facilement des ponts qui mènent à une sécurité imaginaire. Tout à coup, des sauveurs inconnus, évoqués par le docteur Barmapper, débarquent, me jetant au visage, tels des confettis à un bal masqué, des poignées de sauf-conduits pour tous les coins du monde. Une autre fois, ils les sortent à une vitesse vertigineuse de mon oreille, derrière ma nuque, de mes poches, comme le faisait à Rojc le magicien Svengali. Mamie

[1] En français dans le texte. (N.d.T.)

nous emmenait le voir. Elle riait de bon cœur à ses séances d'hypnose, quand il réussissait à endormir un gros monsieur et exigeait de lui qu'il danse, ou bien qu'il observe à la dérobée des baigneuses nues. Dans une autre chambre, mon père rêve de ces mêmes laissez-passer. Je me dis qu'il a dû passer sous silence un détail de sa conversation avec Boža Cerovski. Il a honte de l'avouer. Peut-être l'autre ne l'a-t-il même pas invité à s'asseoir, peut-être ne l'a-t-il même pas reçu, peut-être mon père a-t-il inventé tout cela. Il lui est pénible de me confier que Boža Cerovski ne se souvient plus des gâteaux et des groseilles de Rakitje ni de la course de relais dans la Save, immortalisée par une photographie. Mon père l'a montrée une fois, il y a longtemps, en expliquant fièrement : « Ce type, là, qui tient dans la main la coupe des vainqueurs, c'est moi ».

Je me rappelle avec quelle admiration je contemplais cette photo des quatre prodigieux athlètes, en regrettant uniquement que mon père ait la plus petite taille. L'un de ces quatre hommes, je le sais à présent, était Boža Cerovski, qui est aujourd'hui le maître de notre destin. Quant aux deux autres, où sont-ils, qui sont-ils, je me le demande, bien décidé à exhorter mon père, dès demain, de partir à leur recherche. J'ignore pourquoi, mais j'ai envie de connaître les noms de tous les membres de l'équipe de natation de la Save qui, autrefois, a remporté une coupe d'argent. Mais je réalise bien vite que cette idée est ridicule et que ces deux nageurs non identifiés ne pourront pas changer notre destin. D'ailleurs personne ne peut plus le changer.

Les visites se font toujours plus rares. A présent elles sont carrément exceptionnelles. Comme si un gardien invisible rôdait autour de notre maison, sombre et silencieux, peu disposé à laisser entrer qui que ce fût. Nous nous berçons d'illusions, nous forçant de croire que nombreux sont encore ceux qui veulent nous voir, envers et contre tout, pour nous encourager, nous aider. Mais qui a mis en faction ce messager invisible de la mort qui nous défend contre les petites lois de la simple compassion humaine ? Chaque jour qui passe me fait mieux comprendre que notre vie a brusquement pris un autre cours, qu'à présent elle dépend de ce garde mystérieux, mais néanmoins réel, dont un signe invisible fait venir de puissants sbires qui vous transportent dans la mort. A la nuit close nous sentons le rythme de ses pas, avec soulagement nous les écoutons s'éloigner et disparaître, s'enfoncer dans de profondes et impénétrables ténèbres. A la suite de ces pas infatigables et innombrables il ne reste que l'horreur, une tension extrême de tous les sens occupés à défendre leur infime autonomie, résistant à la force magnétique qui les attire dans l'abîme.

« Quels temps nous vivons ! » dit mon père effrayé. « Avant, à l'époque de l'Autriche, en 1914, de tous côtés on incitait déjà à la haine contre les Serbes. Devant notre maison la populace braillait des heures, des jours durant. "Dehors, chassez-les, nous ne voulons plus d'eux !", et chantait cette chanson :

Cognez-les, un coup de pied au derrière,
A tous les Serbes la corde au cou,
Bien qu'ils ne la vaillent guère,
A coups de pierre on en viendra à bout.

Ils jetaient des encriers sur la maison et se livraient même à de pires excès. Mais cette obscurité, ces ténèbres qui vont tous nous engloutir, c'est du jamais vu. Le docteur Barmapper a raison lorsqu'il parle de *Massenmörder !* [1] »

Et alors, sans doute en guise de consolation, pour la énième fois, je demande à mon père de me raconter l'arrestation de grand-père à Abbazia en 1914. Je l'écoute attentivement et remarque avec quel plaisir il fait revivre ces temps passés, comme s'ils recelaient des formules bien conservées susceptibles de nous sauver.

« Grand-père se promenait tous les jours sur l'allée côtière menant d'Abbazia à Volosko. Précisément au tournant où est érigée cette Madone sur le rocher, en souvenir du jeune comte Arthur Kesselstadt et de sa femme qui se sont noyés à trente mètres du rivage pendant leur voyage de noces, un agent de police, un Slovène, a abordé grand-père. Il l'a poliment salué avant de lui annoncer sèchement : "Monsieur, vous êtes en état d'arrestation". Calmement, sans un mot, grand-père l'a suivi jusqu'à la calèche où les attendaient deux gendarmes pour le conduire droit à Rijeka, à la caserne Jelačić, auprès d'un colonel.

Puis on lui a fait prendre un train pour Zagreb en compagnie d'un lieutenant de réserve, un Juif, avocat dans le civil. Dans le wagon-restaurant le lieutenant a été l'invité de grand-père pour déjeuner. Et,

[1] Massacreurs.

comme le train avait un grand retard, grand-père a proposé à son accompagnateur, pour éviter de réveiller toute la maison, de passer la première nuit à l'hôtel "Palace". Le lieutenant de réserve a accepté, en le prévenant poliment qu'ils seraient logés dans la même chambre. Il lui a présenté toutes ses excuses à cause de ce dérangement, mais tel était le règlement. Et c'est ainsi que grand-père a passé sa première nuit d'internement à l'hôtel en compagnie de son geôlier. *Schöne Zeiten* [1], n'est-ce pas ? » me dit mon père avec une certaine tristesse, comme s'il s'éveillait d'un rêve agréable. Puis, sur un ton beaucoup plus neutre et dénué de passion, il achève son récit : « Tu connais la suite. Grand-père a été incarcéré à la prison de Vojna Ves, et ta grand-mère a provoqué un véritable scandale chez le ban Skerlec, qui avait pour secrétaire le docteur Franjo Salavari, un homme charmant et distingué, de très petite taille, qui jouait, mais sans conviction, l'éminence grise du ban. D'ailleurs il est devenu plus tard le secrétaire de grand-père à l'Assemblée nationale de Croatie ».

Surtout pour égayer l'humeur de mon père, pour l'extraire de ses sombres pensées et le ramener à son monde, je poursuis la conversation à propos du docteur Salavari, qui, en compagnie de grand-père et du docteur Edo Lukinić, faisait partie de la délégation de l'Assemblée nationale de Croatie au couronnement de l'empereur Charles qui devint alors roi de Hongrie, à Budapest en 1917. Après avoir été désigné pour faire partie de la délégation, le docteur Salavari s'est demandé pendant des journées entières comment souligner l'importance de cette délégation au milieu de si nombreux magnats hongrois, qui allaient tous briller dans leur tenue de gala. La jaquette et le haut-de-forme lui semblaient trop communs ; il se tordait les mains de désespoir en constatant que les députés croates s'adaptaient mal au protocole impérial.

« Schäbig, aber ganz schäbig werden wir uns vor den stolzen Magyaren vorstellen. Entschuldigen Sie mich [2], Excellence », disait le docteur Salavari sur un ton de repentir, *« aber allzuviel bürgerlich kann man ja nicht nach Budapest fahren. In unserer Ausrüstung fehlt etwas »*[3]. Grand-père n'a pas voulu entendre parler de la moindre

[1] Le bon temps.

[2] Nous nous présenterons de manière tout à fait misérable devant ces orgueilleux Hongrois. Pardonnez-moi.

[3] Mais on ne peut pas faire le voyage de Budapest de façon trop bourgeoise. Il manque quelque chose à notre équipement.

mascarade. Mais le docteur Salavari était inflexible. Finalement, le docteur Salavari a trouvé une solution et l'a victorieusement exposée à grand-père. Puisque la délégation se déplaçait en tenue civile, il serait bon qu'elle fût accompagnée au moins d'un hussard. « Un hussard, vous n'y pensez pas ! » a dit grand-père avec irritation, « où voulez-vous qu'on trouve un hussard, Salavari, soyez raisonnable ». « Dimec, Dimec pourrait être notre hussard », a proposé l'opiniâtre Salavari.

Ce Dimec tenait une petite épicerie rue Rainer. Par pur amour de l'uniforme, il jouait de temps en temps des rôles de figurants au théâtre, ou bien remplissait l'importante fonction de portier de l'hémicycle de l'Assemblée nationale, attendant que ces messieurs mettent un terme à leurs longues délibérations. Pour cette occasion, le docteur Salavari a emprunté au costumier du théâtre la tenue complète d'un héros de Szeged, confectionnée pour un opéra de Zajc. C'est vêtu de cet uniforme que Dimec a accompagné la délégation de l'Assemblée nationale de Croatie à Budapest. Tel un conquérant antique, il se pavanait, assis à côté du cocher, dans un fiacre de location, mais c'est lors d'une mêlée au pont Erzsebet qu'il s'est vraiment distingué, lorsqu'un grand nombre de fiacres se sont soudain retrouvés bloqués, qui se dirigeaient tous vers l'église Mathias, dans la vieille ville de Buda. Le docteur Salavari s'était remis à se tordre les mains : il semblait bien que la voiture transportant la délégation de l'Assemblée nationale ne parviendrait jamais à se frayer un passage à travers cette indescriptible cohue ; or, selon le protocole, l'église du couronnement devait fermer ses portes à une heure très précise. Alors Dimec s'est illustré. Sabre au clair, avec force jurons croates bien sentis, il a fait dégager les fiacres d'apparat des magnats hongrois et ainsi, enfin, au milieu d'un vacarme infernal, a frayé un chemin au fiacre de la délégation croate, irrémédiablement prise au piège, laquelle préparait déjà la réponse à apporter aux Hongrois qui auraient attribué ce retard fortuit à des causes politico-juridiques. Le docteur Salavari triomphait : « Bravo, Dimec ! » s'écriait-il en sortant la tête de la voiture tel un oiseau de proie épiant de son nid. « Bravo, Dimec, vous avez sauvé l'honneur de l'Assemblée croate, la patrie ne l'oubliera jamais ».

En racontant l'aventure de ce valeureux Dimec, mon père se remet à rire, oubliant un instant qu'il nous parle à nous qui, après sept heures du soir, n'avons plus le droit de circuler dans la rue. Le docteur Barmapper rit de bon cœur, lui aussi, il trouve cet épisode aussi charmant que s'il était extrait de quelque opérette.

A l'écoute ce récit, j'ai eu l'impression de comprendre soudain à quel point nous sommes loin de ces temps-là. Cet assaut de Dimec contre le pont Erzsebet, conduit dans le style chevaleresque, semble sonner le glas de notre appartenance à l'Autriche multiethnique. Or ce charmant épisode s'est produit au beau milieu de la tourmente guerrière qui engloutissait, sur divers champs de bataille, des milliers de nos hommes. Même son Excellence Mihalović soupirait en parlant de cette époque. Témoin de ce temps-là, mon père soulignait le rôle du comte Tisza[1] qui, au début de la guerre, avait mobilisé Svetozar Pribićević en tant que soldat de l'arrière, le faisant affecter à Budapest dans une blanchisserie militaire, afin de s'assurer que ce rebelle et traître ne partirait pas pour le front. Il lui semblait inacceptable de liquider son adversaire politique de façon aussi peu chevaleresque.

A Karlovci, tante Pava décrivait la scène où l'empereur François-Joseph, pour la dernière fois, peu avant sa mort, prenait paternellement congé des soldats qui se rendaient au front. Il se tenait sur le trottoir devant le bâtiment du Parlement de Vienne, et tout le monde a remarqué qu'il n'avait pas foulé le petit tapis persan posé devant ses pieds. On a longtemps raconté qu'il l'avait fait *aus reiner Sparsamkeit*[2].

Et mamie Katica ? Pendant ces nuits de frayeur, je me rappelle bon nombre de ses témoignages qui, maintenant que je ressasse mentalement les noms des personnes fusillées que j'ai lus ce matin sur les panneaux d'affichage, me semblent tellement irréels que j'en viens à me demander si cela s'est effectivement passé. Devant l'église serbe sur laquelle on a posé des scellés, je me souviens de son récit à propos du bel évêque de Budapest, Lukijan Bogdanović, devenu plus tard patriarche, et d'une soubrette budapestoise nommée Kiri Klara. Le jour même de l'Epiphanie, cette séductrice a fait son entrée dans l'église serbe en vue d'assister à l'office célébré par l'évêque Lukijan. A la fin de la cérémonie, elle s'est approchée à son tour pour recevoir l'hostie. Et alors Lukijan, beau comme une image, l'a regardée droit dans les yeux, avec force et chaleur, a pris sa jolie petite main dans les siennes et, à la stupéfaction de tous les fidèles, s'est penché pour y

[1] Istvan Tisza (1861-1918) : homme politique hongrois, chef du gouvernement de 1903 à 1905 et de 1913 à 1917. (N.d.T.)

[2] Par pur souci d'économie.

déposer un baiser. Il l'a fait de manière galante, comme un amant qui entre dans le boudoir de la femme aimée après une longue attente.

Même cet épisode de la vie de l'évêque Lukijan devient irréel car lui aussi, par sa couleur et son odeur, appartient au monde de l'assaut de Dimec contre le pont Erzsebet. Dans la brume qui infiltre notre conscience, notre sens des réalités lui-même semble s'être perdu. Toutefois, ce n'est vrai qu'en apparence. De tous côtés on découvre l'existence d'une haine immense, incommensurable, qui devient la principale force motrice de cet étrange Etat vassal créé en pleine guerre, dans lequel a triomphé le principe du nettoyage ethnique. Déjà apparaissent des opinions considérant que des lois implacables sont nécessaires à la constitution d'un Etat. Sans aucun doute, tout cela est cruel, terrible, mais qu'y peut-on ? Autrefois les Etats ne naissaient pas non plus sans douleur, les brutalités sont inévitables ; bien entendu, c'est fort regrettable, mais il est impossible de sortir de sa peau d'homme, d'enjamber sa propre ombre.

« La complicité de crime », me dit le docteur Barmapper, « s'applique ici selon le système allemand. Pour des idéologies telles que la doctrine oustachie et le national-socialisme, il est exceptionnellement important d'étendre cette complicité aux masses. Il leur faut canaliser le crime individuel en crime de masse, la peur individuelle, les doutes, les éventuels remords, tout cela disparaît complètement dans la conscience collective. Cette identification à la masse et au grand nombre garantit que l'exploit restera dans les mémoires, tandis que le crime qui l'accompagne sera effacé et demeurera anonyme. Voilà, cette découverte allemande est à présent appliquée ici. C'est un piège parfait dans lequel les gens tombent facilement, presque imperceptiblement et sans douleur, car dans cette période de déshonneur il offre un alibi absolu ».

Après de telles discussions, je me demande toujours pourquoi le docteur Barmapper ne prend pas la fuite, alors qu'il a découvert toutes les intentions de ses futurs assassins. Quand je l'interroge, il se retranche derrière une grimace dubitative et ironique, il s'échappe derrière le masque d'une parfaite ambiguïté. Or les occasions de se confier se multiplient à la vitesse à laquelle croît notre information sur les crimes commis. Le mal augmente, telle est la constatation que nous nous communiquons mutuellement, à présent presque d'un air victorieux, à l'instar de scientifiques qui, pour parvenir à des résultats, ont un besoin impérieux de mesures précises et quotidiennes. Notre unique désaccord porte sur l'issue possible, qui, d'après le docteur Barmapper, est inexistante, tandis que je m'efforce désespérément de briser ce cercle de la haine déchaînée.

« Ça ne me plaît pas de détruire vos illusions », me contredit-il gentiment, « mais j'ai l'exemple allemand en permanence devant les yeux. Vous ne pouvez pas imaginer combien il est difficile de s'échapper de la prison d'une conscience collective, alors que vous êtes contraint à la présence physique. Thomas Mann y est parvenu, mais il a également quitté physiquement l'Allemagne. Gerhart Hauptmann n'a pas tenu le coup ».

Sentant que nous nous approchons à nouveau du point critique, je l'interromps résolument avec ma lancinante question :

« Mais alors, pourquoi restez-vous dans cet enfer, alors que vous constatez vous-même la nécessité d'un départ physique ? »

Alors, après l'avoir longtemps gardé en lui, le docteur Barmapper me dévoile enfin son secret.

« Je suis Juif et j'appartiens à un peuple profondément religieux. Que je sois athée ou non — et à présent ça n'a pas d'importance — je porte, profondément ancré en moi, le culte de la souffrance ; or chez nous il ne cesse de se renouveler par des malheurs nouveaux. Et d'ailleurs, qu'est-ce que ce culte ? Un événement unique, ou bien un épisode qui se répète. Un culte est toujours fondé sur la répétition. Les générations ont stratifié en nous leurs sacrifices. Vous autres chrétiens déclamez sur les sacrifices, alors que nous, les Juifs, nous vivons en plein dedans, pour nous ils ne meurent pas. Par conséquent, mon destin personnel, mes souffrances, ne sont pas vains, je suit tout à fait conscient qu'ils serviront à quelqu'un, qu'ils seront utiles, se transformeront chez quelqu'un, dans le futur, en résistance et en courage. C'est seulement aux yeux des non-initiés que mon sacrifice peut sembler absurde. Le christianisme a déjà renoncé au sacrifice depuis longtemps, la hiérarchie ecclésiastique surtout l'a combattu, tous ceux qui exigent des sacrifices des autres, de leurs prochains, étant donné que pour eux ce problème a déjà été résolu il y a belle lurette. On dirait que les premiers martyrs chrétiens ont racheté tous les péchés des prélats d'aujourd'hui, qui sont tranquillement assis sur leurs os et profitent des souffrances passées des autres. Croyez-moi, cette hiérarchie ecclésiastique est encore florissante grâce aux faiblesses des systèmes sociaux. Ces derniers tirent le plus grand profit de toutes les tromperies que les partis politiques font subir aux gens, car ils sont nombreux en ce bas monde ceux qui attendent cette justice inaccessible, désespérés de la voir leur échapper à chaque fois ».

Avec mon père, je fouille dans les archives familiales. Notre but est de découvrir des témoignages qu'en cas de malheur nous pourrions utilement exploiter, quelque document qui attesterait l'attitude honnête de grand-père envers les intérêts de la Croatie. Mon père interprète admirablement ces vieux papiers. Parmi ce tas de documents je suis particulièrement enthousiasmé par « l'affaire chevaleresque », qui vit le ban Pavao baron Rauch provoquer mon grand-père en duel. Celui-ci, civil invétéré, a relevé le défi. Les témoins de deux adversaires ont soigneusement négocié ; pourtant on n'est pas allé jusqu'au duel, car les témoins de grand-père ont contesté le droit de Rauch de demander réparation avant d'avoir prouvé les accusations qu'il avait publiquement portées contre le Parti indépendant serbe et son journal « Srbobran ». Les témoins de Rauch n'ont jamais accepté de dévoiler leurs preuves de la prétendue haute trahison de ce parti politique, sous prétexte qu'ils refusaient de violer un secret d'Etat. Les témoins de grand-père ont alors interrompu les pourparlers en déclarant que selon eux, dans ce cas, non seulement un tribunal d'honneur ne pouvait pas se prononcer, mais encore que « la référence à un secret d'Etat » éteignait ipso facto toute possibilité de règlement chevaleresque. Celui qui invoque le secret d'Etat n'a pas le droit d'en parler, et s'il le fait malgré tout, s'il s'en sert pour accuser publiquement des gens, il doit s'attendre à ce qu'on exige de lui des preuves de ce qu'il avance ».

« C'est actuel, n'est-ce pas ? » dit mon père avec un sourire amer.

« J'espère que les frankistes ne se souviendront pas de cette "affaire chevaleresque", lorsque grand-père combattait leur allié assis sur le siège du ban », je demande non sans inquiétude.

« Quelle triste page de l'histoire croate ç'a été », poursuit mon père, « ce temps où à Zagreb Kobi et Josua Frank, de la ville hongroise de Szombathely, haranguaient contre les Serbes. Josua était en outre corrompu, à l'Assemblée nationale il baragouinait le croate. Il disait : "Nodre chère padrie, que nous chérizons tous", et un jour le député Kovačević lui coupa la parole pour ajouter : "et que nous suçons". Tout le monde comprit clairement qu'il visait les affaires de corruption des Frank. Tu l'ignorais peut-être, mais la fille de ce vieux serbophobe est Olga Kvaternik, la femme du chef militaire Slavko, et la mère de Dido, ce type pervers, ce cas clinique de sadisme. Tout cela ne relève-t-il pas de la pathologie ? Avec des gens pareils, notre vie tient à un fil. Tu ne sais pas ce qu'est la haine frankiste. Ces spectres bénéficient maintenant de la protection allemande. Les Allemands croient en eux, ce qui scelle notre destin. N'importe où hors de cette sourcière, on est mieux, partout nous avons au moins une chance de sauver notre peau, alors qu'ici il n'y en a aucune. Tôt ou tard, notre tour viendra, car cette machine criminelle fonctionne avec une précision infaillible ».

Alors que nous poursuivons nos fouilles des archives familiales, mon père me lance soudain d'une voix joyeuse : « Regarde, voilà un fragment des mémoires de grand-père. Il ne les a jamais achevés. Dommage. Tout le monde l'y encourageait, mais il nous a répondu d'un geste de la main avant d'annoncer : "Tout cela est du passé et n'intéresse plus personne, laissez-moi observer en paix notre inextricable confusion. Et puis, qui me croirait si j'écrivais la vérité absolue sur tout ?" Ce n'est quand même pas inintéressant, lis ».

Presque avec vénération, je prends dans les mains ces feuilles de papier jauni de grand-père. Je reconnais son écriture soigneuse d'avocat, et j'essaye de me représenter sa solide stature dans le tourbillon de tous ces événements dont il a décrit le commencement.

CAUSES ET INSTIGATEURS DE LA GUERRE

CONTRIBUTION A LA DISCUSSION SUR CETTE QUESTION

Dr Bogdan Medaković

On débat cette question dans la presse européenne, et surtout anglaise. L'Allemagne cherche à se défaire de l'étiquette de fauteur de guerre que lui a collée le Traité de Versailles. Elle accueille avec satisfaction la déclaration de l'ancien président du Conseil italien Nitti, ainsi que celles de monsieur Ljuba Jovanović et du professeur Stanoje Stanojević. Il en ressort qu'en Serbie on était informé qu'un attentat se préparait contre François-Ferdinand, et que, pour ne l'avoir pas empêché, la Serbie portait la responsabilité de la guerre.

Messieurs Jovanović et Stanojević ont éclairci cette question. Mais d'autres épisodes de ce temps démontrent clairement que l'attentat de Sarajevo a servi de prétexte, de causa proxima, *à ceux qui préparaient la guerre depuis longtemps.*

J'ai moi-même été témoin d'un de ces épisodes, que je vais maintenant exposer.

Le 23 juin 1914, je me rendais, en tant que président de l'Assemblée nationale croate et accompagné des vice-présidents, les docteurs Magdić et Lukinić, à Schönbrunn pour remettre à l'empereur François-Joseph une requête de l'Assemblée. A l'issue de la partie formelle de cette audience, l'empereur s'est engagé dans une conversation avec nous, plus intime que jamais. Nous avons mentionné la grave maladie dont il avait souffert ce printemps-là, ce à quoi l'empereur a répondu : « Oui, oui, cette fois-ci cela a été vraiment sérieux », puis, après une courte pause, en hochant la tête, en levant une main tremblante et en remuant son index, il a poussé un soupir douloureux : « Et puis cette situation difficile », et, après une nouvelle pause : « Qui ne veut pas s'améliorer ! »

Il fallait voir les gestes qui accompagnaient ces propos, qui ponctuaient de plus en plus fort chaque phrase, pour comprendre la portée des paroles de l'empereur, pour sentir à quel point cette « situation difficile » lui pesait et lui causait des soucis.

Nous trois, nous nous sommes demandé avec étonnement : quelle peut bien être cette situation difficile qui affecte tellement l'empereur ? L'étiquette ne nous permettait pas de le lui demander directement ; donc à ce moment-là nous n'avons pas pu résoudre l'énigme. Aussi avons-nous mis cette humeur pessimiste et ce découragement sur le compte des séquelles de sa maladie. Or dans la suite de la conversation l'empereur n'a pas montré de signe de décrépitude mentale. Il a manifesté un vif intérêt pour les sujets abordés, a interrogé Lukinić à propos de la faillite de la caisse d'épargne de Karlovac, et Magdić sur la situation à Varaždin.

C'est ainsi que l'énigme est demeurée entière pour nous.

C'est seulement après les événements qui ont suivi que j'ai saisi le sens profond des paroles et des remarques amères de l'empereur François-Joseph.

Quelque temps auparavant s'était tenue à Konopište une rencontre entre l'empereur Guillaume et le prince héritier d'Autriche François-Ferdinand.

Aujourd'hui on sait que François-Ferdinand voulait provoquer une guerre avec l'Italie afin de permettre à l'armée autrichienne de se couvrir facilement de lauriers, mais, son plan ayant échoué, il s'est retourné contre la Serbie en vue de ternir la gloire que celle-ci avait acquise dans les guerres contre les Turcs et les Bulgares.

François-Ferdinand avait longtemps été en mauvais termes avec l'empereur Guillaume, en partie parce qu'il ne pouvait oublier que la Prusse avait chassé les Habsbourg de la Confédération germanique, mais aussi parce qu'il contrecarrait ses plans aventuristes contre l'Italie et la Serbie. Feu le général de cavalerie Klobučar — qui avait été choisi en 1909 pour être commandant en chef en cas de guerre contre la Serbie — me racontait que l'antagonisme entre ces deux personnages s'était manifesté à plusieurs reprises, et surtout pendant les grandes manœuvres autrichiennes, auxquelles assistait l'empereur Guillaume lui-même. Celui-ci a fini par comprendre qu'avec le prince héritier il pourrait entraîner l'Autriche dans le tourbillon de ses fondements, aussi a-t-il recherché et établi une relation plus étroite avec lui. Il l'a acquis à sa cause principalement en affichant une attitude courtoise envers sa femme, la duchesse Sophie. C'est ainsi qu'à l'occasion d'un déjeuner que la cour d'Autriche donnait en son honneur, il a demandé à voir le plan de table. Lorsqu'il s'est rendu compte que la duchesse serait placée loin derrière toutes les archiduchesses, il a exigé que la femme de l'archiduc fût assise à côté de lui, à défaut de quoi il ne participerait pas à ce déjeuner.

C'est ainsi qu'au printemps 1914, Guillaume s'est rendu à l'invitation de François-Ferdinand dans son domaine de Konopište. Ils ont fini d'y mettre au point leur action commune, qui devait mener à la guerre contre la Russie avant que celle-ci eût achevé ses préparatifs militaires.

Ainsi fut créée la « situation difficile », qui a fait amèrement gémir l'empereur François-Joseph. Le malheureux avait senti que Guillaume, avec ses plans agressifs, avait acquis à sa cause les milieux militaires et, avec le prince héritier, la camarilla de la cour. Il avait compris que tout cela conduirait à la guerre, et que lui qui, à la suite de tant d'expériences amères, redoutait la guerre, ne pourrait pas, faible comme il l'était, résister à ce courant.

Aussi nous comprenons que l'on ait raconté, et même écrit, qu'en apprenant la nouvelle de l'attentat de Sarajevo de nombreuses personnes appartenant aux plus hautes sphères de Vienne et de Budapest aient poussé un soupir de soulagement. Et que l'on ait même affirmé avoir envoyé François-Ferdinand à Sarajevo contre sa volonté, et que là-bas le général Potiorek lui aurait inconsidérément permis de continuer l'itinéraire prévu même après qu'on eut jeté une première bombe contre lui, l'envoyant ainsi à la mort.

Ces récits ne sont que des présomptions, peut-être insuffisamment étudiées et vérifiées. Mais le fait est que les événements de Sarajevo n'ont pas, dans un premier temps, été pris trop au tragique en Autriche-Hongrie ; au contraire, de ce côté, on a déclaré que ces événements ne provoqueraient pas de complication majeure. Le président du Conseil hongrois, Tisza, nous a fait savoir, à nous qui nous trouvions à la tête de la coalition croato-serbe, que notre situation interne ne serait pas modifiée, et surtout pas la position de la coalition croato-serbe. Et il nous a transmis ce message après les si véhémentes attaques des frankistes et de leurs alliés contre nous, lors d'une séance de l'Assemblée croate, la première après l'attentat. Or il ne nous aurait pas fait parvenir ce message s'il avait eu le moindre doute sur une possible conflagration, car il savait bien que dans ce cas tous les acteurs politiques qui nous considéraient comme des traîtres à la nation et comme des représentants de la politique de Belgrade l'emporteraient, raison pour laquelle ils travaillaient à notre perte, depuis les résolutions de Rijeka et de Zadar[1].

De plus, ce qui suit nous permet de déduire que l'empereur François-Joseph était alors du même avis que Tisza.

Je me suis rendu aux funérailles de François-Ferdinand conformément à la décision de l'Assemblée nationale croate, en compagnie de deux vice-présidents de la Chambre. Le maréchal de la cour, le prince Montenuovo, nous a cependant fait savoir que nous ne pourrions pas assister à la cérémonie car la chapelle était si petite qu'il n'y avait pas de place pour les représentants de l'Assemblée

[1] La Résolution de Rijeka, adoptée le 4 octobre 1905 par les députés croates de Croatie et de Dalmatie, soutenait l'opposition hongroise à Vienne et son aspiration à l'autonomie, et préconisait le rattachement de la Dalmatie et de la Slavonie à la Croatie. Par la résolution de Zadar du 12 décembre 1905, les députés serbes de Croatie, de Slavonie et de Dalmatie ont accepté de coopérer avec les Croates et soutenu le combat des Hongrois contre Vienne. Ces deux résolutions ont permis la formation de la Coalition croato-serbe en 1906. (N.d.T.)

croate, et nous conseillait donc de nous joindre aux membres du Parlement de Hongrie. Cela correspondait parfaitement à l'humeur des militaires et des hautes sphères viennoises. J'ai répondu que nous étions venus en tant que délégation de l'Assemblée croate, et que puisqu'il n'y avait pas de place pour celle-ci, nous n'allions pas nous imposer parmi les députés hongrois. Nous nous préparions déjà à repartir à cinq heures de l'après-midi, lorsque le ban Skerlec a fait irruption dans notre hôtel, porteur d'une invitation à nous préparer en toute hâte pour nous rendre aux funérailles prévues pour quatre heures. A mes interrogations, il a répondu que nous assisterions à la cérémonie en tant que représentants de l'Assemblée croate, l'empereur lui-même ayant décidé ainsi. Et quand, au dernier moment, nous sommes entrés dans la chapelle, le chef du protocole est venu auprès du comte Tisza, qui se tenait à côté de nous, pour lui demander si la présidence de l'Assemblée croate était là.

De cette manière, l'empereur François-Joseph a fait preuve d'une considération particulière à notre égard. Lui qui nous regardait de travers depuis la Résolution de Rijeka, puis lorsque nous avons renversé le régime de Kuen[1] *en Croatie, et ensuite ses bans Rauch, Tomašić et Ćuvaj. Et surtout lorsque, pendant la crise de l'annexion*[2]*, nous avons mené une dure politique d'opposition, voire d'obstruction dans les délégations, qu'il considérait comme une sorte de parlement de la cour, où jusque-là tout allait comme sur des roulettes, selon une certaine étiquette.*

C'est pour cette raison que j'affirme qu'il devait y avoir une motivation plus profonde à l'attitude de l'empereur François-Ferdinand à notre égard, et qu'à ce moment-là il désirait aller plus loin. Il cherchait à montrer qu'il ne tenait pour responsables de l'attentat de Sarajevo ni nous-mêmes, ni la Serbie.

Et, dans ces circonstances, il faut encore noter que la cérémonie prévue pour les funérailles du prince héritier était si modeste que l'empereur Guillaume, dont la venue avait pourtant été annoncée, s'est décommandé, et que l'aristocratie autrichienne a brillé par son absence.

Cela semble avoir été la dernière tentative de François-Joseph de

[1] Bans de Croatie : Dragutin Kuen Hedervary (1883-1903), Paul Rauch (1908-1910), Nikola Tomašić (1910-1912), Slavko Ćuvaj (1912-1913). (N.d.T.)

[2] L'annexion de la Bosnie-Herzégovine par l'Autriche-Hongrie en 1908. (N.d.T.)

résister aux souhaits de l'empereur Guillaume et d'évincer les milieux qui soutenaient ses visées.

Telles étaient la situation et l'humeur juste après l'attentat, et c'est plus tard qu'a eu lieu le retournement. Au dernier moment, les facteurs poussant à la guerre ont pris le dessus.

Dans ses mémoires, sir Edward Grey a établi avec précision qu'en Autriche les tendances guerrières ont été le fait des mêmes forces qui avaient mis en scène le procès en haute trahison connu sous le nom de « procès de Friedjung »[1]*. Dans le but de se couvrir, Friedjung a désigné ces forces, déclarant que ses documents avaient été examinés et reconnus authentiques par les plus hautes autorités du pays, le ministère des Affaires étrangères, l'état-major général et le cabinet du prince héritier.*

Les changements intervenus entre 1909 et 1914 se résument au remplacement d'Aehrenthal — qui par l'annexion de la Bosnie-Herzégovine avait effectué le premier pas en direction d'une crise et d'une guerre mondiale — par le comte Berchtold au poste de ministre des Affaires étrangères. Or Berchtold n'était pas belliciste, bien qu'il ait été mis en tête de la liste des responsables de la guerre. Afin de prouver ce que j'avance, je le présenterai à travers ses écrits. Cela exige toutefois une brève introduction.

Au début du mois de février 1913, la coalition croato-serbe avait décidé de se réunir en conférence à Budapest, car elle ne pouvait pas le faire à Zagreb sous le régime du ban Čuvaj. En route pour y assister, je me suis arrêté à Vienne où j'ai rencontré le docteur Kramarz. Celui-ci m'a accueilli par ces mots : vous tombez bien, car ces jours-ci le comte Berchtold m'a dit qu'il aimerait s'entretenir avec vous de la situation en Croatie. Quand j'ai fait savoir à mon interlocuteur que je devais repartir le soir même pour Budapest, il est allé décrocher le téléphone afin d'arranger un rendez-vous entre le comte Berchtold et moi.

Le comte Aehrenthal également avait tenu à me voir pendant la crise de l'annexion. Mais quelle différence entre Aehrenthal et Berchtold ! Le premier était prétentieux, imbu de son pouvoir et de

[1] Heidrich Friedjung (1851-1920), historien et journaliste autrichien. Abusé par de faux documents produits par le ministère autrichien des Affaires étrangères, il accusa, lors de la crise de l'annexion (1908-1909) la coalition croato-serbe de liens avec la Serbie et de haute trahison. Convaincue par de nombreux témoignages de la fausseté des accusations, la Cour prononça un non-lieu. (N.d.T.)

son habileté diplomatique, tandis que le second était très jovial, ce qui ne l'empêchait pas de se conduire en gentleman.

Lors de cette entrevue avec le comte Berchtold, je lui ai dit que j'avais été très heureux d'apprendre de la bouche du docteur Kramarz qu'il souhaitait entendre également notre version à propos de la situation en Croatie, car vraiment il ne pouvait rester indifférent devant l'évolution de la situation interne du pays, celle-ci étant susceptible de renforcer, ou au contraire d'affaiblir sa position de ministre des Affaires étrangères et d'influer sur sa politique. « C'est tout à fait exact et c'est précisément pour cette raison que je désirais m'entretenir avec vous », m'a répondu le comte Berchtold.

C'est ainsi qu'a commencé notre entretien, et il s'est poursuivi sur un ton familier. Il adhérait sans aucune réserve à tout ce que j'exposais, et j'ai eu l'impression qu'il nous soutiendrait autant que possible dans notre combat contre les représentants du gouvernement hongrois. Aussi, quand après une conversation prolongée il m'a raccompagné à travers une longue salle jusqu'à la porte, je me suis dit qu'il ne serait pas loyal de ma part de lui cacher notre intention de faire également adopter par la conférence une résolution sur la question albanaise. Alors je lui ai dit : « Excusez-moi, Excellence, j'allais oublier de vous informer que la coalition croato-serbe tiendra demain une conférence à Budapest, et dans notre résolution nous aborderons très probablement la question albanaise ». Il a tressailli, mais s'est vite ressaisi, a souri et dit : « Pourvu qu'elle soit modérée ».

Et sur ce nous avons pris congé l'un de l'autre. J'en ai également retiré l'impression que la politique étrangère de l'Autriche-Hongrie dans la question des Balkans ne semblait pas plaire à son ministre des Affaires étrangères lui-même.

Ce que je vais maintenant exposer prouve que je ne me suis trompé sur aucun de ces deux points.

Quelques jours après mon entrevue avec le comte Berchtold, je suis tombé sur un article du « Neue Freie Presse », daté du 9 novembre 1913, intitulé « Ein Minister ohne Macht »[1].

Après l'avoir lu, j'ai cru rêver. Les idées contenues dans cet article suivaient pratiquement le même ordre et la même direction que la conversation entre le comte Berchtold et moi.

[1] Un ministre sans pouvoir.

Il y était écrit que les développements de la situation intérieure influaient sur la politique étrangère et que par conséquent celle-ci ne pouvait être menée énergiquement que si les questions intérieures étaient résolues de la même manière. A titre d'exemple prouvant qu'il n'en allait pas ainsi en Autriche, on indiquait — « et cela semble bien ironique » — que certains problèmes étroitement liés à la politique extérieure, telles que la situation en Croatie et l'exportation du bétail de Serbie, échappaient presque entièrement à l'influence du ministre des Affaires étrangères. Plus loin il était dit que le contraste entre le régime de Ćuvaj et le système de gouvernement en Croatie d'un côté, et la politique officielle de la Ball-Platz de l'autre, était trop évident pour permettre d'aménager des relations amicales et de pleine confiance avec les voisins yougoslaves.

Et l'article se terminait par l'affirmation selon laquelle, dans les autres pays, un ministre à qui on ne donne pas les moyens nécessaires à la mise en œuvre de ses idées, peut remettre sa démission, alors qu'ici cette issue n'est offerte au ministre des Affaires étrangères qu'en théorie. En d'autres termes, on ne lui donne pas de pouvoir, mais on ne le laisse pas partir. Ce qui expliquerait le titre de l'article : « Un ministre sans pouvoir ».

Je me rappelle un autre article du même journal, publié pendant la crise albanaise, rédigé dans le même esprit, et certainement d'après la même inspiration. Je ne dispose pas de ce numéro, mais je me souviens bien du contenu et des idées directrices. Là encore on disait que la situation intérieure se développait d'une manière qui ne convenait pas au ministre des Affaires étrangères, lequel était sur ce point confronté à la résistance des hommes politiques hongrois, et que dans la politique extérieure ce ministre devait également faire face à de puissants facteurs, aux milieux militaires, et, si ma mémoire est bonne, on faisait également allusion au prince héritier. Puis, en guise d'exemple drastique on indiquait — je me souviens bien des termes — que nous courions le danger d'entrer dans les pires complications à cause d'une écuelle vide, l'Albanie.

Ma première pensée, à la lecture de l'article intitulé « Un ministre sans pouvoir », fut qu'il avait été au moins inspiré par Berchtold en personne. Le lien entre cet article et l'entretien entre le comte Berchtold et moi est évident, non seulement parce qu'il a paru immédiatement après notre entrevue, mais aussi parce que, pour ainsi dire, il reproduisait con contenu. Mais quel pouvait être son objectif ? De toute évidence, de montrer, fût-ce au prix de sa réputation, son impuissance à harmoniser la situation interne avec sa politique étrangère.

J'ai cru dans un premier temps que cet article avait été rédigé, conformément au souhait et aux informations fournies par le comte Berchtold, par le docteur Bärenreiter, qui avait plus ou moins servi de médiateur lors du procès Friedjung, et avec lequel, depuis lors, nous avions maintenu le contact. Il m'a cependant confié qu'il n'était pas l'auteur de cet article, mais le comte Litzof, un intime du comte Berchtold.

Au bout du compte, on dispose d'un véritable autoportrait du comte Berchtold, celui-là même qui, en octobre 1913, a adressé un premier ultimatum à la Serbie, puis un autre, funeste, en juillet 1914.

Il est intéressant de noter que le chef du gouvernement hongrois, le comte Tisza, n'était pas belliciste lui non plus. Dès le début de la guerre, Bilinski m'a raconté qu'au Conseil de la Couronne, qui décidait de la guerre, tous, y compris lui-même étaient favorables à la guerre, et que seul Tisza s'était prononcé contre, faisant inscrire son avis contraire dans le procès-verbal. Parmi les gens à qui j'avais fait part de cette confidence à l'époque, nombreux ont été ceux qui l'ont mise en doute, or cela est établi par les lettres de Tisza publiées après sa mort. Seulement Tisza n'avait pas tiré les conséquences de sa prise de position, au lieu de quoi il était resté à la tête du gouvernement hongrois et, une fois la guerre décidée, il avait même insisté pour que l'ultimatum adressé à la Serbie fût le plus dur possible, et plus tard pour que l'on menât la guerre de la manière la plus énergique. L'énergique Tisza n'a pas défendu son point de vue avec détermination et esprit de suite, mais les a employés à favoriser le courant contraire. Aussi de nombreux Hongrois l'ont-ils tenus pour responsable du drame vécu par leur peuple, ce qui explique sa fin tragique[1]*. Lui, le plus grand patriote hongrois, être tué par une main hongroise !*

Ainsi donc, à ce moment crucial où elle a provoqué une guerre mondiale, l'Autriche-Hongrie avait à sa tête un monarque sans pouvoir, un ministre des Affaires étrangères sans marge de manœuvre, et comme chef du gouvernement hongrois un énergique Tisza dépourvu d'énergie. Elle a été entraînée dans la guerre par les

[1] Il a été assassiné en 1918. (N.d.T.)

milieux militaires et ceux de la cour, que Guillaume avait gagnés à sa cause impérialiste par l'intermédiaire de François-Ferdinand. Là aussi réside la tragédie de cette double monarchie et de la maison des Habsbourg.

Dans les liasses de papiers de grand-père, je découvre aussi des feuilles jaunies du journal « Srbobran », organe du Parti national indépendant serbe, le numéro du 10 février/28 janvier 1908[1], dont toute la première page reproduit le « Discours du député Dr Bogdan Medaković prononcé le 7 février/25 janvier 1908 devant la délégation hungaro-croate à Vienne ».

« Messieurs les membres du Comité,

Les discussions au sein des délégations se déroulaient jusqu'il y a peu selon une certaine étiquette coutumière. Cependant, l'esprit démocratique gagne de plus en plus de terrain, renverse les vieilles traditions et conduit les peuples à ne plus décider seulement de leur vie intérieure, mais aussi de leurs relations avec les autres peuples et Etats. Naguère encore, c'est la politique étrangère qui décidait chez nous de l'organisation interne de la Monarchie. La guerre de 1859[2] a eu pour conséquence le début d'une ère constitutionnelle, tandis que la guerre de 1866[3] a conduit à l'accord de 1867 sur l'organisation dualiste de la Monarchie. Aujourd'hui, nous nous apercevons qu'au contraire le développement intérieur détermine, ou du moins exerce une influence considérable sur la politique extérieure. Jusqu'à présent la pierre angulaire de notre politique était l'alliance avec l'Allemagne. Mais voici maintenant que, parmi les représentants élus par le suffrage universel, seuls les Allemands, *aus nationalen Gründen*[4], comme ils le disent eux-mêmes, manifestent encore de l'enthousiasme pour cette alliance. Même les Polonais — peut-être surtout à cause des persécutions et brutalités inouïes auxquelles sont soumis leurs frères en Allemagne, contre lesquelles s'élève le sentiment humanitaire, et que nous autres Slaves ressentons également comme une insulte et une

[1] Les Serbes utilisaient le calendrier julien, en retard de 13 jours par rapport au calendrier grégorien. (N.d.T.)

[2] Perdue contre la France et le Piémont. (N.d.T.)

[3] Perdue contre la Prusse. (N.d.T.)

[4] Sur une base nationale.

provocation — même les Polonais ne veulent plus entendre parler de cette alliance, et demandent à la place un pacte avec la France, bien que celui-ci conduise à un rapprochement avec son alliée, la Russie.

D'un autre côté, les Hongrois eux aussi ont demandé au sein des délégations de 1906 que la politique étrangère de la Monarchie repose sur d'autres fondements. A présent ils semblent être revenus à l'ancienne politique, soit en raison du changement de ministre des Affaires étrangères, soit pour des considérations plus élevées, dont ils tiennent de plus en plus compte, et certainement aussi à cause de leur situation intérieure. Aujourd'hui ils acceptent cette position avec les plus grandes réserves, en insistant surtout pour que nous ne devenions pas une succursale de l'Allemagne.

Aussi allons-nous porter un jugement sur la politique étrangère et adopter une position envers M. le ministre des Affaires étrangères selon les circonstances et les intérêts de notre patrie, nous qui avons été désignés pour représenter la Croatie et la Slavonie. Par l'accord de 1868 avec le Royaume de Hongrie, notre patrie est devenue rétroactivement partie au Compromis signé entre la Hongrie et l'Autriche, s'assurant ainsi une participation à notre institution. Son particularisme a été juridiquement reconnu, et ses représentants utilisent dans cette enceinte leur langue maternelle. Il est donc de notre devoir de juger la politique extérieure du point de vue de sa situation et de ses intérêts, ainsi qu'à partir de notre politique nationale.

J'aborderai en premier lieu notre alliance avec l'Allemagne, et je dirai tout de suite aux Hongrois que ce qu'ils craignent s'est déjà produit ; nous sommes déjà une succursale de l'Allemagne et un pont pour son *« Drang »*[1] vers l'est. S'il avait fallu nous en convaincre, l'exposé de M. le ministre des Affaires étrangères l'a fait. S'emballant pour sa politique extérieure, M. le ministre nous a dit que de nouvelles lignes de chemin de fer dans les Balkans, qu'elles soient construites d'ouest en est ou d'est en ouest, ouvriront une ère de prospérité pour les pays balkaniques et permettront la réalisation d'une grande idée : par Istanbul, l'échange de biens et de produits entre l'Orient et l'Occident. Et pour que l'image soit complète, M. le ministre souligne que l'ouverture économique *(wirtschaftliche Erschliessung)* de l'Asie Mineure et de la Mésopotamie sera et demeurera une grande œuvre de l'esprit germanique entreprenant. Le *« Drang »* allemand vers l'est

[1] Poussée. (N.d.T.)

aurait-il pu être présenté avec plus d'enthousiasme ? A l'Allemagne le triomphe, à nous la corvée, et, en plus, nous devons nous enflammer pour ce projet ! Cette Allemagne nous oppresse et nous exploite déjà. Le commerce et le capital allemands ont déjà pris racine à Trieste. J'ignore pourquoi les Allemands disent que la pointe du glaive germanique arrive jusqu'à la ville de Celje[1], mais ils peuvent vraiment affirmer avec raison que le négoce allemand débouche sur la mer Adriatique. Devrions-nous donc lui ouvrir la route jusqu'à la mer Egée, bien évidemment aux dépens de notre Dalmatie et de tout notre littoral ? Grâce au chemin de fer de Bagdad, l'Allemagne a conquis par son capital l'Asie Mineure, or celle-ci n'est pas pour elle une colonie isolée, elle est reliée par des étapes construites le long du Danube jusqu'à Braila Galati[2] pour son commerce. Et quels dangers recèle pour nous cette poussée allemande vers l'est ! L'Allemagne ne va-t-elle pas, afin d'assurer la route que nous l'aidons à construire vers l'Orient, chercher à renforcer son influence politique et économique sur notre Monarchie, ne va-t-elle pas finir par nous réclamer la création de l'union douanière avec elle ? Pourrons-nous nous soustraire à la pression du colosse allemand, quand il nous aura chassés de là-bas, pris en tenailles entre l'Orient et l'Occident, nous qui actuellement l'aidons à bâtir la route de sa progression ? La Hongrie tend à quitter l'union douanière avec l'Autriche, sans voir que l'Allemagne pourrait l'englober, en même temps que l'Autriche, dans son union douanière. Nous ne pouvons pas nous enthousiasmer pour une telle politique économique et commerciale, qui nous jette directement dans la sphère économique allemande.

M. le ministre, qui s'exalte pour cette politique économique et cette idée commerciale, parle tout à fait froidement, avec une résignation stoïque, de l'action de notre Monarchie pour mettre en œuvre des réformes en Macédoine. Cette action est bloquée, elle se trouve dans une impasse, or M. le ministre constate que cette initiative nous a fait tomber dans un cercle vicieux et qu'à présent son succès dépend de la bonne volonté de la Turquie, celle-là même contre qui l'action en Macédoine est dirigée ! C'est à cela que ressemble notre *pénétration pacifique*[3] dans les Balkans ! M. le ministre ne recherche pas les

[1] En Slovénie. (N.d.T.)
[2] Ville de Roumanie. (N.d.T.)
[3] En français dans le texte. (N.d.T.)

causes profondes de cet échec. Or on peut les trouver. Il faut simplement regarder comment la Monarchie a accompli jusqu'ici sa mission dans les Balkans. Le Prince Eugène a montré autrefois comment celui qui est décidé à exécuter une mission dans cette région, à exercer une influence sur le destin des peuples des Balkans, doit rechercher des sympathies, des points d'appui au sein de ces peuples. Après lui, notre Monarchie a suivi un chemin exactement inverse. Elle a œuvré d'après la recette de Metternich. Je me contenterai de rappeler comment on a suivi l'insurrection du peuple serbe au début du XIXe siècle et sa lutte pour la libération. Et avec quelle indifférence, quelle joie maligne n'a-t-on pas suivi les exploits héroïques des principautés serbes visant à libérer leurs frères. Mais voilà ! A cette époque-là l'intégrité territoriale de la Turquie était un dogme politique, et la simple sympathie envers les peuples balkaniques et leur lutte de libération était considérée comme une haute trahison. Mais qu'avons-nous fait et comment avons-nous travaillé en Bosnie-Herzégovine lorsque nous avons reçu le mandat réclamé[1] nous permettant d'occuper ce territoire ? Après une administration militaire draconienne, nous avons inondé ces contrées d'aristocrates décadents et de mauvais bureaucrates qui ont cherché à faire là-bas une carrière irréalisable chez eux, des gens dépourvus de cœur, incapables de pénétrer la vie et l'âme de ce peuple, de le comprendre, et que ce peuple ne comprenait pas.

Dans ces conditions, est-il vraiment étonnant que toute l'habileté de l'administration de la Bosnie ait consisté à exposer ces gens-là aux tracasseries de la police, en enquêtant sur des conspirations imaginaires et des dangers supposés pour la Monarchie ? Ainsi, seuls des esprits bassement policiers étaient en mesure de s'exprimer, de discuter de la situation étatique et juridique de la Bosnie — dans laquelle on distingue à présent les droits réels de propriété privée — de juger les déclarations à ce sujet, du point de vue du texte du Congrès de Berlin et de la loyauté à la dynastie ! Le point culminant de la politique économique a consisté à faire venir du vaste monde des exploiteurs avides et insatiables qui sucent le sang d'un peuple pauvre et dévastent la forêt, richesse de ce pays. Est-il vraiment étonnant que ni le problème agraire ni les autres questions vitales pour le peuple n'aient été résolus ? Même le statut de l'organisation confessionnelle des musulmans n'a pas été établi à ce jour. Et quand enfin à Vienne on

[1] En 1878. (N.d.T.)

arrive à la conclusion que le peuple doit décider lui-même de son destin, qu'il faut préparer le terrain pour une vie de liberté garantie par une Constitution, où le peuple trouvera lui-même un remède à tous ses maux, voici que les fonctionnaires se révoltent et refusent d'obéir à leur propre hiérarchie.

Et comment notre diplomatie a-t-elle exercé son influence sur les Balkans au-delà de la Bosnie ? Elle a favorisé et incité les Albanais catholiques à lui préparer par tous les moyens le terrain en Vieille Serbie, mais ceux-ci demeurant sous l'influence du pape et du gouvernement de Rome, servent à présent de pionniers pour l'Italie. Aujourd'hui protectrice des Albanais, cette dernière a pris pied sur le rivage oriental de la mer Adriatique et demande à exercer son influence dans les Balkans. Quant à la signification de cette situation pour l'avenir et aux dangers qu'elle recèle, ils sont devenus clairs pour tout le monde. Voilà comment on tombe dans un cercle vicieux.

Notre œuvre de pacification, ou, comme le dit M. le ministre, notre *pénétration pacifique,* agit en cercle vicieux et il en va et en ira de même de notre politique économique et commerciale. Nous traçons une voie qui sera utilisée non par nous, mais par ce colosse qui nous a enchaînés à lui et que nous servons.

Il y a deux ans, les délégués hongrois ont déjà demandé que l'on modifie la politique étrangère de la Monarchie. Aujourd'hui ces mêmes Hongrois expriment des scrupules, formulent toutes sortes de réserves, mais ne vont pas jusqu'à exiger un changement radical de notre politique extérieure. D'ailleurs il ne faut pas le demander, ce changement interviendra de lui-même selon l'évolution de la situation intérieure de chacune des deux parties de la Monarchie. On discerne déjà les perspectives et les contours de cette nouvelle politique, M. le ministre a pu le sentir.

Jusqu'à présent, ainsi que j'ai eu l'occasion de le souligner, les préoccupations de la politique étrangère, c'est-à-dire ses intérêts supérieurs, déterminaient la politique intérieure. Notre vie actuelle est entremêlée d'intérêts supérieurs et de préoccupations, aussi m'arrêterai-je un instant sur ce point. Le meilleur exemple confirmant l'affirmation susmentionnée est celui de la Croatie. Les considérations supérieures permettaient que la Croatie fût mécontente, mais on demandait qu'elle fût calme et soumise. Il en a d'ailleurs été ainsi jusqu'à présent. Le parti qui y a exercé le pouvoir pendant plus de vingt ans, s'y maintenant par la violence, la corruption et l'incitation aux dissensions entre Serbes et Croates, s'est montré servile envers les Hongrois et a permis l'accumulation des violations de l'Accord constitutionnel, tout en s'efforçant d'étouffer ou du moins de camoufler toute manifestation de mécontentement, tout mouvement populaire en faveur de la liberté. Mais lorsque, tentant de satisfaire ses aspirations nationales, la Hongrie s'est retrouvée dans une position critique, lorsque sa Constitution elle-même s'est trouvée menacée, en cet instant décisif pour la Hongrie ce parti politique s'est carrément embusqué, bien décidé à prêter main-forte aux pacificateurs de la Hongrie.

A ce moment-là, nous autres membres de la coalition serbo-croate avons adopté, avec nos frères de Dalmatie, les résolutions de Rijeka et de Zadar. Celles-ci ont formé une nouvelle base, saine, pour la politique nationale, aussi bien sur le plan intérieur que dans nos relations avec la Hongrie. L'aspiration du peuple hongrois à ce que son pays accède progressivement à une indépendance complète ne nous était pas répugnante. Qui plus est, dans le soutien apporté à cette cause nous avons vu la seule possibilité de mettre fin à une situation parlementaire, administrative et juridique insupportable, de renverser un régime qui oppressait notre peuple, mais aussi d'exaucer notre souhait de voir réintégrer la Dalmatie[1] et de réaliser aux côtés des Hongrois, en tant qu'alliés, *pro libertate confœderati,* en prenant part à leur lutte, nos idéaux nationaux.

Il est symptomatique et caractéristique de constater que, sitôt après l'adoption des résolutions de Rijeka et de Zadar, on s'est mis à nous soupçonner et à nous dénoncer pour de prétendues tendances et conspirations, et au même moment les chefs de la coalition hongroise étaient soumis au même traitement. En Croatie le gouvernement a rédigé une circulaire confidentielle qui proscrivait bon nombre d'entre nous, considérés comme des révolutionnaires. Pour ce qui est des dirigeants hongrois, un communiqué officiel a été publié. Plus tard, quand cette circulaire a été rendue publique, l'ancien ban, le comte Pejačević, a déclaré que ce document devait être publié car la dénonciation provenait d'une source qu'on ne pouvait négliger, mais qu'après qu'on se fut rendu compte qu'elle était dénuée de fondement,

[1] La Dalmatie fut incorporée à la Croatie (X[e]-XIe siècles) puis son littoral fut occupé par Venise (1420-1797), ensuite elle fut annexée par l'Autriche, comme une province à part (1797-1918). (N.d.T.)

cette circulaire avait été annulée.

Alors, à la suite d'un accord conclu avec la Couronne, la coalition hongroise a pris le pouvoir en Hongrie. Après les élections en Croatie, notre coalition est devenue le parti majoritaire. A ce titre nous avons ouvert une ère de liberté de vie et de développement, élaboré des garanties constitutionnelles, et avec eux nous avons inauguré une politique fondée sur une coopération sincère dans nos relations étatiques mutuelles, dans l'esprit de la résolution de Rijeka.

En passant, je mentionnerai qu'à cette époque on a commencé à raviver les soupçons et les manœuvres déloyales, et ce au moment précis où l'on attendait la formation de notre gouvernement, qui a peut-être été différée précisément pour cette raison. Des gens se sont rendus à Vienne pour rechercher, au nom des intérêts supérieurs, des preuves justifiant ces soupçons, mais on n'en a pas trouvé, ou bien ceux qui les demandaient ne les ont pas obtenues.

Au beau milieu de notre action, la Hongrie a inopinément attenté au droit le plus sacré de notre patrie, à notre langue maternelle qui, non seulement d'après les stipulations explicites de l'Accord, mais aussi en tant que marque de notre particularisme national et territorial, devait régner en Croatie sans aucune limitation. Nous avons été obligés de nous révolter contre cette mesure, de nous battre contre elle avec tous les moyens légaux à notre disposition, et nous continuerons à lutter de toutes nos forces. Ainsi est né un conflit constitutionnel entre la Croatie et la Hongrie.

Je ne veux pas m'étendre sur ce sujet, ni détailler toutes les actions entreprises en Croatie et contre la Croatie. L'important est que le gouvernement hongrois, utilisant son droit de proposer le nom du futur ban, cherche à dresser notre exécutif contre notre pouvoir législatif et contre notre représentation légale à l'Assemblée commune. J'insisterai simplement sur un fait significatif, qui rappelle vivement la période postérieure à la résolution de Rijeka.

Lors de ce conflit, pendant notre combat, nous sommes de nouveau l'objet de suspicions et de machinations. A la différence que maintenant on sait d'où elles viennent et contre quoi elles sont dirigées. Nos relations étroites avec les représentants de la Dalmatie déplaisaient fortement à M. le ministre-président Weckerle lui-même. Malgré le paragraphe 65 de l'Accord croato-hongrois et bien que les dirigeants de la coalition hongroise soient entrés en contact avec eux — et lui-même avec certains, pour mener des négociations — il ne se gênait pas pour mettre en évidence nos contacts et les condamner. M. le ministre-président trouvait également inacceptable l'insistance sur le particularisme du peuple serbe parallèlement au peuple croate. Il voyait des tendances suspectes dans l'énoncé du mot « serbe ». Les considérations supérieures permettent de suggérer bien des choses ! Jusqu'à un certain point on peut le comprendre, car on sait ce que vaut pour la Croatie l'engagement total des Serbes pour sa cause, aussi ceux qui ne souhaitent pas du bien à la Croatie doivent-ils détester le nom et le particularisme serbes. Or ce qui est incompréhensible, c'est que Son Excellence M. Weckerle oublie qu'il est le premier ministre d'un éminent souverain, qui s'est lui-même fait appeler grand voïvode serbe, et qui s'est adressé maintes fois aux Serbes de ce pays comme à un peuple. Mais M. le ministre-président est allé encore plus loin en affirmant que nous autres membres de la coalition serbo-croate avons partie liée pour certains avec la Serbie, pour d'autres avec l'Italie. Si de telles conspirations existent vraiment, il faut les mettre à jour. Quand M. le ministre-président les a mentionnées, il devait être au courant, ainsi que M. le ministre des Affaires étrangères. Alors, montrez-les !

Il n'est donc pas étonnant qu'après tout cela le nouveau ban, le plus énergique de tous, à peine installé dans son palais et venant juste d'indiquer les objectifs de son action, ait mis en relation les manifestations contre sa personne avec la personne sacrée du roi, ce qui lui a permis d'insinuer que ce mouvement présentait un caractère antidynastique. Cela démontre aussi qu'aujourd'hui la Croatie vit sous le signe de la suspicion, de la tromperie et de la dénonciation, dirigées contre la coalition serbo-croate, qui était il y a peu de temps le parti au pouvoir, et qui constitue aujourd'hui encore la représentation légale de la Croatie à l'Assemblée commune.

Il ne me viendrait même pas à l'esprit de nous défendre contre de telles machinations. Quant à défendre les peuples serbe et croate contre ces insinuations, cela me paraîtrait d'une ironie amère. Ces peuples n'ont-ils pas trop profondément imprimé leur loyauté à la dynastie, aux quatre coins du monde, par le sabre et le sang ? Mais de la violation de la Constitution et de la position étatico-juridique du Royaume de Croatie et de la Slavonie, de la situation actuelle de la Croatie et en Croatie, nous rendons responsables tous les gardiens des intérêts supérieurs, tous les acteurs ayant agi dans ce sens. Pour cette raison, et aussi parce que nous n'approuvons pas la politique extérieure telle qu'elle est menée, nous ne voterons pas le budget proposé par le ministre des Affaires étrangères ».

Je suis surpris de la tranquillité et de l'absence totale de colère avec lesquelles grand-père a décrit les fréquentes manifestations des frankistes contre les Serbes, au cours desquelles, comme dans un rituel, les manifestants s'en prenaient régulièrement à notre maison de Zrinjevac qu'ils endommageaient. Il leur arrivait de mener plusieurs de ces attaques pendant la même année. C'est ainsi que, selon les notes de mon grand-père, quand le 28 janvier 1895 la Banque Serbe a été ouverte dans l'immeuble de la paroisse au numéro 7 de la rue Ilica, les manifestants ont lancé des pierres et de l'encre contre la maison à cause des plaques portant des inscriptions en cyrillique.

Ces épreuves se sont renouvelées en octobre de la même année, surtout le 13 octobre, à la veille de l'arrivée de l'empereur François-Joseph. Selon le protocole, l'empereur devait visiter deux jours plus tard, le 15, l'église serbe et assister à l'office célébré par le patriarche Georgije Branković. Cette fois-ci les drapeaux serbes qu'on avait hissés sur l'église et les bâtiments ecclésiastiques à côté de la bannière impériale et du drapeau croate servirent de prétexte. Malgré les déprédations subies par l'église, l'empereur s'est acquitté de son devoir et a assisté à la liturgie, tandis que le chef de la police, Zortz, conformément à l'ordre du ban comte Dragutin Hedervary, a fait remettre sur l'église les drapeaux enlevés de force.

Grand-père a également noté le charmant commentaire de l'empereur à propos de cet incident. Lors du déjeuner officiel, l'empereur a fait un geste magnanime de la main en entendant le patriarche déplorer l'événement, et a lancé : « *Garstiger Bubenstreich* »[1]. Malgré tout, il semble que cet incident avait gâché sa bonne humeur.

Interrogé à son retour à Vienne à propos de ses impressions sur Zagreb, l'empereur a esquissé un nouveau geste de la main, comme pour chasser une mouche de sa tenue bleu pâle, et a dit sèchement : « *Wasser- und Kohlenstation* »[2].

La sensation du temps s'incruste en moi sous une forme panique. Elle se déploie dans les intervalles entre le silence parfait de la nuit et

[1] De méchants enfantillages.
[2] Une gare de ravitaillement de locomotives en eau et en charbon.

les sons les plus divers produits par les hommes. Parfois il suffit d'un crissement de pneus, du hurlement de la sirène d'une usine au loin, du bruit du brusque freinage d'un tramway ou du bourdonnement des cloches de la cathédrale pour que, les sens en éveil, aux aguets, je tende l'oreille afin d'entendre les pas de mes persécuteurs. Dans ma fièvre persévérante, tous les bruissements et bruits se transforment en signaux clairs qui infiltrent la peur dans ma conscience. Alors que les cloches de la cathédrale rappellent aux autres les heures de prière, les fêtes et les différents cycles des cérémonies religieuses, qui, par des rythmes précisément déterminés, divisent et mesurent solennellement le temps, pour moi leur sonnerie ne crée pas la merveilleuse illusion chrétienne qui introduit dans la notion de temps ses petites limites pragmatiques. Au contraire, comme tous les signaux sonores semblent se confondre en une sensation globale de disparition, ils me font penser au cours puissant d'une rivière qui s'évanouirait soudain dans un abîme souterrain. De jour en jour, je me métamorphose davantage en mesureur vigilant du temps, qui, en solitaire, ne rend compte qu'à lui-même, s'efforçant de comprendre quand et comment ont été supprimées ces multiples cloisons qui, comme dans un jardin bien entretenu, délimitaient toute notre vie. Confronté au temps, dans cette solitude je me suis souvenu du cousin de grand-mère, tonton Nikola Milekić, ingénieur en travaux publics, qui avait acquis une renommée au sein de la famille en tant que constructeur d'un tunnel dans le Semmering. Eh oui, ce vieil ingénieur, tout voûté et doté d'une magnifique chevelure soyeuse, était le meilleur exemple de ponctualité avec sa gymnastique matinale devant la fenêtre ouverte. Allez savoir comment, tonton Nikola avait calculé que la « Cavalleria Rusticana »[1] devait durer une heure et quatre minutes. Si elle était plus longue, alors quelque chose n'allait pas, selon lui. A l'opéra, c'était pour lui la question essentielle, de sorte que pendant tout le spectacle il gardait, dans la demi-obscurité, le regard rivé sur sa montre, sourd aux remontrances chuchotées par sa femme, tante Lenkica.

De mauvaises nouvelles arrivent de Karlovci. Tante Pava annonce que le Grand Baron Vlada s'est tué avec un fusil de chasse. Juste avant l'arrivée des Allemands, il avait distribué toutes ses armes aux jeunes membres des *Soko*. De toute sa collection il n'avait conservé

[1] Opéra de Pietro Mascagni. (N.d.T.)

qu'un fusil à deux canons. Armés de ces fusils du baron, les *Soko* en embuscade ont anéanti toute une avant-garde allemande. Et lorsque, après cette opération, le gros des troupes est rentré dans la ville, une cour martiale a immédiatement été formée, les jeunes gens ont été rapidement capturés, traduits devant la cour et fusillés dans la carrière près de Stražilovo. Pour ne pas avoir à répondre de la remise des armes aux *Soko*, le baron Vlada s'est suicidé. Assis dans son fauteuil, il s'est tiré deux cartouches dans la bouche.

Quelle fin inhabituelle ! Toute sa vie durant le baron Vlada aura aimé la chasse et couru les femmes, et soudain, ce vieux monsieur a distribué ses armes et s'est donné la mort pour empêcher qu'on le malmène et le torture.

On m'informe également que tonton Rada a été conduit à Mitrovica pour y être fusillé avec un groupe important de civils. Entassés dans un wagon à bestiaux, ils sont restés debout de longues heures, en rase campagne, sans eau ni nourriture. Dans ce transport figurait aussi Mileta Bradvarović, fils d'un petit employé du Patriarcat. Ce garçon venait juste de passer son baccalauréat. On m'a rapporté leur conversation dans ce wagon à bestiaux.

« Mile, on m'a dit que tu viens d'obtenir ton bac ? » lui a demandé tonton Rada, en essayant de parvenir au moins du regard, au-dessus des nombreuses têtes, jusqu'au jeune garçon serré dans la masse.

« Oui, monsieur le proviseur, on nous emmène pour nous fusiller.

— Et quel était le texte de la version latine ?

— On nous conduit à notre lieu d'exécution, on va nous fusiller, monsieur le proviseur !

— Es-tu tombé sur Tacite ?

— Nous fusiller, monsieur le proviseur », a répété Mile Bradvarović, terrifié.

Et alors, à la stupéfaction de tous les malheureux entassés dans le wagon, le vieux proviseur a continué d'interroger le jeune homme sur la grammaire latine, comme s'il était en plein oral du baccalauréat.

Heureusement, ce convoi a été ramené à son point de départ car, au dernier moment, sur un ordre venu de Zagreb, l'activité de la cour martiale ambulante oustachie a été suspendue.

On raconte que le mérite en revient au docteur Vuk Vrhovac, le fils de tonton Rada, celui qui a épousé une jeune fille d'une famille frankiste.

« Avez-vous lu le numéro 17 du “Journal Catholique”, imprimé en mai ? » me demande d'une voix émue le docteur Barmapper. « Oui », réponds-je brièvement et sèchement, comme devant une cour de tribunal, « le professeur Wickerhauser m'a déjà posé la même question ». « Et que dites-vous de la lettre pastorale que l'archevêque Stepinac a adressé au clergé du diocèse de Zagreb ? » poursuit Barmapper. « Je suis horrifié, que puis-je vous dire d'autre ? Wickerhauser m'a déjà expliqué les dangers que recèle cette missive apparemment inoffensive, mais malgré tout euphorique. Ses paroles de bienvenue au nouvel Etat semblent très sincères.

“Voici des événements qui ont conduit notre peuple jusqu'à l'idéal rêvé et désiré depuis longtemps. Voici des moments où ce n'est plus la langue qui parle, mais *le sang par sa liaison secrète avec la terre* dans laquelle nous avons aperçu la lumière divine et avec le peuple dont nous sommes issus. Est-il nécessaire de souligner que dans nos poitrines notre cœur s'est mis à battre plus vivement ? Aucun être intelligent ne peut nous condamner et aucun être honnête ne peut nous en faire le reproche, car l'amour envers son propre peuple est inscrit par le doigt de Dieu dans l'être humain, c'est un commandement de Dieu ! Et qui pourrait nous en blâmer, si nous aussi, en tant que pasteur spirituel, apportons notre contribution à la joie et à l'élan populaires, quand, remplis d'un profond attendrissement et d'une chaude reconnaissance, nous nous adressons à la Majesté Divine ? Car, quel que soit l'enchevêtrement des événements cruciaux d'aujourd'hui, quelle que soit l'hétérogénéité des facteurs qui influent sur le cours de ces événements, il est quand même aisé de distinguer la main de Dieu à l'œuvre. *« A Domino factum est istud et est mirabile in oculis nostris ».* (« Dieu l'a accompli et nos yeux sont remplis d'admiration », Ps. 117 : 23).”

« Telle est l'essence de la missive de Stepinac », me dit le docteur Barmapper. « Par ces mots il a enterré tout sentiment pour l'ancien Etat et donné l'absolution à ses ouailles, annulant tous les processus politiques antérieurs qu'a connus le peuple croate, bien que plus loin dans le texte il ait préconisé que la Croatie devienne un “pays de Dieu”.

« Et que dire de ce passage à propos du sang qui par son lien secret remplace la langue ? » demandé-je avec émotion. « Ne trouvez-vous pas que cela ressemble à la *Blut und Boden Theorie,* à du racisme emprunté à l'arsenal de Rosenberg ? »

« Certainement, certainement », me dit Barmapper, « il y a dans cette lettre pastorale plusieurs niveaux et de nombreuses nuances retorses. Prenez l'insistance sur la manière dont l'Eglise considère, depuis deux mille ans déjà, "le bouillonnement dans l'histoire du monde", elle est le témoin séculaire de ce *regnum de gente in gentem transfertur propter iniustitias et injurias et contumelias et diversos dolos* — de ce que les royaumes passent d'un peuple à l'autre à cause des injustices et injures, des humiliations et diverses tromperies. Il demande donc "qu'en ces heures décisives pour l'histoire du peuple croate, par un profond regard dans l'éternité, nous spiritualisions tout notre être national. Partout nous devons mettre en garde et enseigner que l'exaltation sacrée et l'enthousiasme généreux dans la construction des fondations du jeune Etat croate doivent être inspirés par la crainte de Dieu et l'amour de la Loi divine, car c'est seulement sur la Loi de Dieu, et non sur les faux principes de ce bas monde, que l'Etat de Croatie pourra bâtir de solides fondations." »

« Mais cela m'a tout l'air d'un avertissement pastoral modéré », dis-je au docteur Barmapper.

« Oui, oui », me répond-il pensivement, comme s'il contemplait lui-même ces espaces inconnus composant « l'éternité », « par cette prise de position Stepinac s'attribue le droit d'être mécontent si les choses tournaient mal ici. La seule question est de savoir si dans ce cas il réagirait à temps, ou s'il attendrait le dénouement. Les prélats de ce genre agissent lentement et à long terme. *"Verbum Dei non est alligatum* — La parole de Dieu n'est jamais liée (II Tim. 2 : 9)", dit-il lui-même. Et, bien entendu, à la fin vient l'obligatoire Te Deum dans toutes les églises de la paroisse. Et ces mêmes prières étaient adressées aux rois de l'ancien Etat. A Dieu ce qui est à Dieu, et à César ce qui est à César, c'est une vieille formule éprouvée », me dit finalement le docteur Barmapper.

A chaque fois je suis stupéfait de constater ici le fonctionnement parfait de tout ce qui sert l'incitation et la progression de la haine. Dès le 3 juin, le « Peuple croate » annonçait que la station de radio Zagreb avait choisi pour thème de sa première émission pédagogique les mensonges des savants serbes. Ce programme aura lieu tous les mardis à 7 heures 15, et le conférencier s'appelle Vatroslav Murvar. L'annonce explique que seuls seront pris en considération « les personnages les plus éminents de la culture et des sciences serbes, tels que Vuk Stefanović Karadžić, le docteur Jovan Cvijić, le docteur

Jovan Skerlić, le docteur Mihailo Radovanović et d'autres figure de cette dimension, afin de démontrer que la plus grande partie de leurs prétendus travaux scientifiques ou littéraires avait pour unique but de nier l'œuvre croate, l'histoire croate, la culture croate et plus généralement l'existence et la survie du peuple croate ».

J'observe les célébrations publiques de ce curieux Etat fabriqué il y a quelques mois par les Allemands et les Italiens. Avec quelle incroyable rapidité ont été créés tous les signes extérieurs de son existence : la monnaie, les timbres-poste, les passeports, les armoiries, les cachets, l'administration, les fonctionnaires et, surtout, les uniformes bigarrés, spécifique au régime totalitaire, dans lequel ils exercent un pouvoir charismatique ; tous ceux qui le revêtent voient leur importance croître, ils se sentent protégés, s'identifient à la puissance de la machinerie étatique. En ville les divers uniformes, croates et étrangers, rutilent. Un corps diplomatique étranger s'est également formé, avec ses réceptions, presque dispendieuses en période de guerre ; viennent également s'y montrer les inévitables représentants de la sphère scientifique et culturelle, heureux et flattés d'avoir été invités. De temps en temps, on organise en ville des parades militaires, et l'on constate que les officiers de carrière ont une nouvelle fois changé d'uniformes ; ils ne sont pas rares, ceux qui l'ont fait pour la troisième fois de leur brillante carrière militaire.

Lors de telles réunions publiques, Monseigneur l'archevêque de Zagreb apparaît en personne, détonnant au milieu de ces foules bigarrées par son aspect sombre et ascétique, et revêtu de tous les attributs nécessaires du sérieux. Sans sourire, comme plongé dans ses réflexions, Monseigneur l'archevêque de Zagreb écoute les orateurs, raide et l'air absent, ne trahissant par aucun mouvement du corps ni par aucune grimace ses véritables sentiments. Son silence solennel et supérieur, son sérieux forçant la dignité, plaçant imperceptiblement les interlocuteurs importuns dans une position inférieure d'artifice et d'incertitude le protègent tel un indéfectible bouclier. A toutes les marques d'hommage, Son Excellence réagit toujours de la même manière réticente, tel un homme qui connaît parfaitement toutes les ficelles qui régissent les principaux acteurs de cette scène momentanée et sans aucun doute illusoire. Dans toutes les réunions publiques, Monseigneur l'archevêque de Zagreb donne l'impression d'être un homme qui possède une force secrète lui permettant d'isoler immédiatement, parmi un flot de paroles, celle qui est essentielle, pour fondre avec la vitesse d'un épervier sur cette esseulée afin de la capturer et de l'emporter dans les lointains recoins de ses pensées. Quant à suivre attentivement tout ce qui se dit lors de ces réunions, Son Excellence en laisse le soin à sa suite, à ses jeunes secrétaires, qui n'en sont qu'à leurs balbutiements dans l'analyse des paroles, ou bien à ses vieux chanoines aguerris, dont la combativité, depuis longtemps émoussée, les a conduits à la sérénité d'une bonhomie équivoque légèrement teintée de nonchalance laïque. A ces réunions, personne, pas même les orgueilleux officiers allemands, ne peut douter de la foi ferme de l'archevêque en la mission divine de ses autorités pastorales. Même en l'absence de déclaration particulière, tous se rendent compte qu'ils ont devant eux un prêtre militant qui, pour défendre les idées de son Eglise prosélyte, n'hésite pas à se servir également des puissances temporelles, alors même qu'il les méprise profondément. Quelque part au centre des antagonismes séculaires entre catholiques, musulmans et orthodoxes, telle une vipère pelotonnée, se tient tapie la force principale de ce petit grand inquisiteur. L'archevêque n'obscurcit pas les idées entremêlées de son nationalisme croate et de son catholicisme par de nouvelles énigmes théologiques ; au contraire, par la plus grande simplification possible il les conduit jusqu'au dangereux voisinage de la conscience meurtrie, attendent avec la même dignité le résultat connu d'avance.

Malgré tout, chez certains Serbes et Juifs zagrébois est né l'espoir insensé que Monseigneur l'archevêque accomplisse un miracle, qu'il actionne toute son érudition théologique pour le salut des âmes politiquement excommuniées. Ce fut un nouvel espoir vain, car la porte de l'archevêque est restée fermée, bien que de nombreux désespérés soient venus y frapper, obéissant à l'enseignement de l'Evangile. A ces moments-là, Monseigneur s'est comporté en représentant offensé de la colère de Dieu, en défenseur des claires vérités apostoliques que n'entendent pas les sourds et ne voient pas les aveugles, en grand juge dont les soupçons en temps de guerre sont à l'avance dissipés par la formule : qui combat par le glaive périra par le glaive. Cependant, de cette sagesse globale, Monseigneur n'en discernait pas toutes les nombreuses variantes, surtout pas celles susceptibles de mettre fin à l'extermination des schismatiques condamnés. Les persécutés ont très vite compris que, d'une façon particulière, Monseigneur prenait part à cette grande incitation à la haine, que ses paroles rares et sibyllines multipliaient le nombre des bourreaux, dont la plupart n'apprendraient jamais le nom de celui qui leur avait attribué ce rôle sanglant, gardant pour lui le droit intact, non souillé, de pardonner. Dans ce lien infini et si rusé entre le crime et le pardon, se cachait aussi notre égarement final. La disparition de Monseigneur de notre conscience effrayée et troublée est survenue au moment où le métropolite serbe de Zagreb, Dositej, un homme paisible et sage, mais au physique extrêmement ingrat, a été sauvagement battu dans un commissariat de police, et transféré à demi-mort en Serbie. Or jusqu'à hier ces deux dignitaires de l'Eglise n'étaient jamais entrés en conflit, et rien ne semblait troubler l'image idyllique des vignerons du Christ.

L'arrestation et la torture de Dositej n'ont pas réussi à forcer la porte cadenassée de l'archevêché catholique, d'où nous attendions en vain des paroles de résistance, voire des appels désespérés pour son salut et le nôtre. Pas un instant Monseigneur n'a perçu l'agonie, les prières sanglantes de tout un peuple qui, à la veille de son calvaire final, se retrouvait dans le jardin de Gethsémani de l'Etat indépendant de Croatie. Le plus terrible pour nous a été de découvrir que Monseigneur était sincèrement convaincu d'exécuter une mission divine, obsédé par le devoir de sauver le monde et lui-même, plongé dans l'expérience mystique de la nuit spirituelle. Dans ses ténèbres ne brillait aucune veilleuse de miséricorde, mais les yeux enflammés d'un cruel croisé.

Je ne m'attendais pas à la visite du vieux Hegol, un brocanteur sans pareil à Zagreb. Depuis des années, il rôde fidèlement autour de notre maison, attendant patiemment qu'on lui donne quelque vieillerie, n'importe quelle chose usagée. A des intervalles connus de lui seul, Helog fait son apparition, ayant calculé que le temps est arrivé de mettre certains objets au rebut, de sorte qu'il les obtient gratuitement, bien que cette facilité le déçoive visiblement. En fait, Helog fait partie de ces brocanteurs passionnés dont la moitié du plaisir provient du seul marchandage, qui aiment entrer en possession de vieux objets par la lutte, et certainement pas à la faveur d'un don. Très souvent il ronchonne à haute voix en sortant de la maison quelque objet usagé, en protestant toujours de la même manière. « Bon, bon, si vous avez décidé de vous débarrasser de cette table et si vous ne demandez rien en échange, c'est d'accord, je vais vous l'emporter, mais vous n'agissez pas bien, votre maison sera rapidement vidée, car qui de nos jours jette d'aussi belles tables ? » A présent Helog est venu avec un paquet, et il est entré chez nous visiblement embarrassé.

« Excusez-moi, je ne demande rien et je ne suis pas venu prendre quoi que ce soit. Je vous ai apporté quelque chose de bon à manger, qu'on ne trouve pas facilement de nos jours », dit-il d'un ton humble en posant un paquet sur la table. « Un peu de jambon cuit ne vous fera pas de mal ».

Mon père se réjouit. « Notre bon Helog, c'est très gentil de votre part, mais comment y avez-vous pensé ? », lui demande-t-il étonné.

« Eh bien, cher monsieur, comment vous dire ? Des temps très durs sont venus, chez Rabus on ne trouve plus ce bon jambon de pays, le salami et le lard ne sont plus ce qu'ils étaient. Alors, je me suis dit : aujourd'hui, ça ne vaut plus la peine de travailler comme avant. Je vais leur apporter ce cadeau, ça leur fera plaisir, ils ont été bons avec moi, ils m'ont donné de belles choses que j'ai bien vendues, car elles avaient de la valeur et étaient de bonne qualité. Et quand la vieille Excellence est morte, vous m'avez donné ses affaires, ça, je ne peux pas l'oublier. Je me suis construit une petite maison avec l'argent que j'ai gagné grâce à vous. Ne vous fâchez pas, s'il vous plaît, si je vous avoue aujourd'hui que les complets de Son Excellence étaient comme neufs, il a dû les mettre une fois tout au plus, quant à ses redingotes je les ai vendues à Zugec, le concierge de l'administration de la Banovine, qui a dit qu'elles lui allaient si bien et qu'elles étaient si belles qu'il aimerait être enterré dans l'une d'elles. Son Excellence devait avoir acheté ces belles étoffes à Vienne, on ne pouvait en trouver de pareilles à Zagreb, à l'époque ».

« Helog, mon cher, merci pour votre présent », dit mon père, « je suis sûr que le jambon est délicieux et nous nous en régalerons. Et maintenant, laissez-moi vous faire un cadeau. Tenez, prenez dans cette armoire tout ce que vous pensez vendre, emportez tout et bonne chance ! »

Alors, avec des gestes brusques, mon père ouvre l'armoire, énergiquement, profanant ainsi sa fonction de conservateur. En un éclair je me rappelle n'avoir jamais, jamais jeté un coup d'œil dans les armoires de mon père. Ainsi fermées, elle étaient toujours pour moi secrètes et inaccessibles.

J'observe : mon père offre à Helog une occasion de régler, au moins partiellement, une partie de ses comptes avec nous qui, d'une façon si légère et insouciante, nous défaisons de nos effets personnels.

« Votre armoire est bien remplie », dit Helog, « mais ne me donnez rien. S'il vous plaît, je ne suis pas venu pour ça, et puis nous nous reverrons ». En partant, ayant déjà atteint le seuil, Helog se retourne et dit : « Je sens que vous allez quitter Zagreb. Je me rends bien compte que ce nouvel Etat n'est pas bon pour vous, on peut maintenant perdre la tête pour un oui ou pour un non, et à des vieilles connaissances comme vous je peux le dire : je n'imaginais pas les choses comme ça, et sûrement pas aussi sanglantes ».

« Helog, d'où vous vient cette idée que nous allons quitter Zagreb ? » demande mon père, alarmé, « qui vous l'a mise dans la tête ? »

« C'est quand vous avez ouvert cette armoire et que vous m'avez offert tous ces costumes ! Alors je me suis dit : ces gens-là doivent être sur le départ, puisqu'ils distribuent tout ça à un brocanteur, c'est comme si quelqu'un était mort, comme la fois où la vieille Excellence a passé, ils se comportent comme des gens qui ont déjà tout perdu. Pour être brocanteur tu dois d'abord avoir le nez fin, et Helog l'a ».

Le docteur Barmapper part demain avec sa famille pour Tuzla. Il a reçu la permission de s'en aller car il s'est porté volontaire pour faire partie d'une équipe de lutte contre le typhus exanthématique. C'est pour lui une chance de sauver sa tête. Aujourd'hui nous passons notre dernière soirée ensemble. Nous nous taisons tous. Personne n'a envie de plaisanter. Nous sentons que nous allons nous séparer pour toujours, ce qui confère au silence régnant dans la pièce un caractère particulier, rituel.

« Nous partons », me dit Barmapper, sans trace d'émotion dans la voix. « Que puis-je vous dire, nos chances sont faibles, mais elles existent, nous reportons probablement l'exécution. Ici à Zagreb, le rideau est baissé. Je souhaite que vous vous mettiez également à l'abri le plus tôt possible ».

« Il est certain que nous devons nous dépêcher », je réponds presque dans un murmure, « d'autres amis ont dit la même chose que vous, or cela fait déjà des semaines que nous hésitons. Ce n'est pas facile ».

Je n'arrive pas à croire que demain le docteur Barmapper aura disparu de ma vie. Ce soir il est encore ici, au milieu d'une atmosphère qu'il a instaurée lui-même, avec tous ses signes extérieurs. Nous sirotons du thé dans le vieux service de porcelaine « Herend » familial, aus murs sont accrochés des portraits de famille, un diplôme de docteur en médecine décerné par l'université de Budapest avec la pompeuse formule introductive « Nos Rector… », tandis que les abat-jour éclairent le salon de leur lumière douce et diffuse. Dans cette ambiance idyllique tous les acteurs se meuvent avec assurance, les fauteuils confortables incitent à la décontraction. Là se trouve également la rousse Maja avec ses yeux joyeux qui ne reflètent pas encore ses souffrances présentes. Tout est à sa place, précisément disposé pour provoquer une sensation de sécurité et de distance, et éviter toute réflexion à propos de l'éphémère et de la fuite soudaine sans retour. Sans doute le docteur Barmapper devine-t-il mes pensées, car il estime nécessaire de m'expliquer son état d'esprit à la veille de son départ forcé d'un appartement confortable et rempli de belles choses dans lequel nous avons, comme dans un refuge sûr, exorcisé ensemble notre peur et philosophé sur notre salut.

« Je suppose que vous êtes surpris par mon calme à la veille de ce brusque départ sans retour », me dit-il avec un sourire à peine esquissé. « Quitter un appartement bien aménagé pour nous rendre dans la lointaine et misérable ville de Tuzla pour y vivre, en tant que rare sinon unique médecin, péniblement et au jour le jour ! Le premier patient que je ne réussirais pas à sauver pourrait me coûter la tête. Un cas médicalement clair peut susciter contre moi, un Juif, la haine de toute la localité. Ne me dites rien. Je sais tout. Je vous l'ai déjà dit, nous autres Juifs sommes prédestinés à souffrir. Quand bien même notre ancre est accrochée aux fonds les plus sûrs, que tout le monde nous croit réfugiés dans un havre à l'abri du vent, nous seuls sommes conscients que cette situation est susceptible à tout moment de devenir précaire. Nous prévoyons cette possibilité et il faut précisément y voir la raison de notre supériorité. Je sens que vous regrettez peut-être tous ces objets auxquels on s'habitue au fil des ans, qui se transforment en souvenirs chers et indispensables, en symboles qu'une pareille fuite convertit en butin immérité laissé aux pilleurs et autres maraudeurs. Je sais tout cela. Mais malgré tout, nous avons déjà fait notre deuil de toutes nos possessions. Je sais, je sais, mes propos vous étonnent, mais pour ce qui est de la propriété et des pertes matérielles, nous autres Juifs sommes plus forts que les peuples qui nous entourent et depuis des siècles nous accusent d'être cupides et d'amasser les richesses. Peut-être en va-t-il ainsi parce que nous ne traînons pas derrière nous un complexe de faim chronique. Même les plus pauvres des Juifs de

Galicie et de Pologne — et ils vivent dans une misère que vous pouvez difficilement vous représenter — ces malheureux, plongés dans une indigence rare et soumis à une persécution perpétuelle, ont réussi à se défaire de ce maudit complexe de faim chronique qui, tel un fléau, ravage les Balkans. C'est dans ce délire que toutes ces terribles haines prennent naissance. Réfléchissez à l'avenir à cette révélation et ne l'oubliez pas, car beaucoup de sang sera versé dans ce monstrueux Etat justement du fait de ce complexe. Pour une poule de plus ou de moins, pour un sillon empiétant sur le terrain du voisin, on égorge. Faites venir une racaille affamée et armée, un tant soit peu organisée sur le plan militaire, laissez tous ces gens libérer leurs démons personnels, et qu'aurez-vous obtenu ? Une phénoménale énergie du mal, que tout le monde peut manipuler, même des gens de faible intelligence, tel ce drôle de savant, Filip Lukas. Tout simplement, tout devient possible ».

Pendant que le docteur Barmapper parle, j'observe Maja à la dérobée. Elle aussi écoute attentivement, avec même une telle concentration que j'ai l'impression de la voir brusquement mûrir, là, sous mes yeux, comme si un tour de magie métamorphosait cette jeune fille espiègle en femme sérieuse. Je l'examine comme si je voyais s'accomplir un miracle. Je lui adresse un doux sourire, et à cet instant-là mes pensées me font apparaître son futur cadre de vie, non pas un quelconque milieu hospitalier qui attend son père, mais les étroites limites de son propre exil, avec de faibles possibilités de cacher sa jeunesse et sa beauté. A un moment, alors que nous nous retrouvons seuls dans la pièce, elle me lance rapidement et tout à fait inopinément :

« Reste avec moi cette nuit ».

Je suis ému et troublé par cette franchise presque brutale. Je reste. Elle s'approche immédiatement de moi et dit, quasiment d'une seule traite :

« Ne pose aucune question, je le veux, je sais que dès demain je ne pourrai plus choisir, fais-le pour moi, je le désire comme un cadeau, c'est la dernière chose que je puisse prendre de la liberté, de ma propre volonté ».

« Maja », dis-je timidement, « tu agis par dépit, par protestation, et ça me fait de la peine, ton caprice vient du désespoir ».

Elle se met à rire, trop fort, de manière licencieuse, peu convaincante, comme par défi. Elle sent que je rentre dans ma carapace, que je m'éloigne. Cela la contraint à reprendre ses esprits. Elle exprime de nouveau son désir, mais cette fois-ci avec contrition. Elle me dit avec une intonation de douleur :

« Vas-tu donc m'humilier, toi aussi ? Ce n'est pas un caprice, mais le besoin de passer cette affreuse nuit avec quelqu'un de proche et de cher. Tu ne peux vraiment pas m'aimer rien que cette nuit, cette unique nuit ? Garde ma peur, s'il te plaît ».

Effrayés par nos corps éveillés, nous attendons ensemble le matin, tous deux prisonniers des tourbillons cauchemardesques dans lesquels se sont mutuellement poursuivis des sentiments amoureux incomplètement exprimés, ainsi que d'un indomptable désespoir. Pendant des heures nous ne parvenons pas à harmoniser nos sens en émoi avec les moments de silence total d'où, tel un assassin, se faufile notre peur infernale. Un instant, la pensée que nous allons accueillir l'aube comme deux combattants en colère, irrémédiablement brouillés et perdus dans la fièvre de leur propre défi, me fait mal. J'ai alors l'impression que Maja est malgré tout capricieuse, déraisonnable, qu'à la légère elle nous surestime tous deux, car dans ce lit nous sommes tout à fait inaptes à l'amour. Comme si elle avait infailliblement senti mon éloignement, Maja se tapit soudainement, silencieuse, sa respiration même devenant presque inaudible. Ce silence parfait, cette pause soudaine au cours de laquelle nous nous efforçons tous deux de renouer les fils de nos pensées, me fait du bien. Dans cet engourdissement le moindre attouchement involontaire se transforme en éclaireur rusé et prudent, toujours prêt à brouiller les pistes. Tout à coup, au milieu de ce silence total, je sens croître la chaleur de sa hanche, je comprends toute l'inutilité de mon recul. Sans doute pour la première fois au cours de cette nuit, nous sommes envahis en même temps par le même sentiment. En un instant, tels deux fugitifs traqués par les mêmes poursuivants, nous débouchons sur une clairière ensoleillée. Dans l'espace dégagé ainsi atteint, nous accueillons le matin éveillés. Alors Maja dit :

« Pars, maintenant. Je préférerais que tu t'en ailles sans adieux, qu'il n'y ait rien de solennel, que tu quittes cette pièce sans te retourner, nonchalamment, comme si tu l'avais fait un nombre incalculable de fois. Je ne veux pas que tu me voies pleurer, dépêche-toi ».

Je lui obéis.

Les Barmapper sont partis, discrètement, en cachette, comme des fuyards. Quelques jours encore on a pu voir briller sur leur porte la petite plaque en laiton comportant leur nom et les heures de consultations. A présent je désire fiévreusement que ce nom demeure le plus longtemps possible sur la porte condamnée, bien que j'aie parfaitement conscience qu'il ne pourra longtemps s'y maintenir. Et, en effet, très vite arrivent des hommes bruyants et brutaux vêtus d'uniformes indéterminés, qui blessent la porte de Barmapper de scellés rouges après avoir enlevé la plaque brillante de laiton. Un peu plus tard d'autres gens sont venus occuper l'appartement, sans autre forme de procès, tels des pillards nomades. Un bandit, installé là par la volonté des autorités, a immédiatement fait preuve d'une incroyable capacité d'adaptation à un appartement étranger, bien aménagé. Comme s'il y avait toujours vécu, il a tout de suite victorieusement installé ses habitudes dans cet espace nouvellement conquis, et, en signe de puissance, de manière arrogante et bruyante, il écoutait les disques de Barmapper à pleine puissance du gramophone.

Je souffrais surtout d'entendre ce sauvage profaner jusqu'à la plus noble musique de chambre, en la transformant en tapageuse musique d'accompagnement de sa joie de possédant.

Nous avons vécu le départ des Barmapper comme un avertissement destiné à nous qui restions. Mon père le citait constamment comme preuve qu'il était vraiment temps pour nous aussi de mettre fin à cette pénible incertitude. En même temps s'allongeait la liste des Serbes de notre connaissance qui, de gré ou de force, avaient quitté l'Etat indépendant croate. La brusque disparition des Juifs a de la même façon accru notre angoisse, car des bruits de plus en plus convergents couraient selon lesquels les oustachis se préparaient à un règlement de comptes final avec les Serbes. Ainsi se sont renforcés la vieille atmosphère de panique, l'écoute attentive et tendue du moindre bruissement devant la porte, le désir insensé de voir ces souffrances endurées dans le silence et l'anxiété prendre fin une fois pour toutes. C'est alors qu'est arrivé le salut, ce magicien attendu depuis longtemps, ce magicien qui, grâce à ses tours, allait abréger nos tourments.

Tout a commencé sur le toit de la maison, où mon père prenait des bains de soleil sur la vaste terrasse, ce qu'il appelait « aller dans la nature ». Sur cette même terrasse est soudain apparu le Sonderführer Kistermann, un joyeux Viennois connaissant un grand nombre d'anecdotes et d'histoires drôles de l'époque « Alt Wien ». Rapidement, mon père a compris que, grâce à ce gai luron qui ne prenait pas la guerre trop au sérieux, il disposait d'une grande chance de faire passer sa famille en Serbie. Tout en se racontant infatigablement de bonnes blagues, ils ont échafaudé un plan de fuite pour notre famille dans lequel, outre Kistermann, le rôle principal revenait au contrôleur du wagon-lit de la ligne Paris-Istanbul. L'heure et le prix ont été convenus, car le Viennois, en présentant longuement ses excuses, avait quand même demandé de l'argent, ou bien des bijoux, en priant mon père de prendre en considération ses difficultés financières. Tout cela est fou, disait Kistermann, mais il entretenait alors une jeune ballerine qui lui coûtait beaucoup d'argent. Ses amis lui avaient toujours prédit que les femmes de cirque ou de théâtre le perdraient. Il était donc victime de la grande tradition théâtrale de Vienne. D'ailleurs, l'empereur François-Joseph lui-même souffrait de la même faiblesse. Le monde entier connaissait sa liaison avec l'actrice Katarina Schrath, et puisqu'une comédienne pouvait ensorceler un empereur, qui plus est un homme impotent, lui, un petit Sonderführer, une modeste vis dans le grand rouage du Reich allemand, n'avait aucune chance de s'en tirer, et mieux valait qu'il pérît dans le lit d'une ballerine ardente que quelque part sur le front.

Et c'est ainsi, grâce à l'ancienne gloire du Burgtheater de Vienne et à la tradition viennoise d'adoration des actrices et des ballerines, que notre fuite a été organisée. Moyennant l'argent dont Kistermann avait besoin, ce coureur de jupons s'est honnêtement donné du mal pour nous faire passer en Serbie.

Dans la douleur je veux résumer toutes les expériences de ma vie. Des découvertes définitives menacent de se glisser en moi et de me poursuivre de par le monde, telles de furieuses Erinnyes. Dans un état de profonde excitation je parcours ma ville natale en m'efforçant de saisir l'essence de notre séparation forcée. Où commencer, où m'arrêter en premier lieu, dans quel angle donner mon premier coup de pioche contre ces façades de pierre de ma ville natale qui, si provocantes et supérieurement absentes, se sont mises en travers de ma route ?

Sur la promenade Strossmayer, je rôde sous les marronniers en observant les toits des maisons. A cet endroit, en compagnie de mamie, j'ai si souvent pris le pouls de la ville, guetté ses premières lumières, je me suis laissé attendrir par le tintement de ses cloches qui se brisait quelque part au loin dans la plaine au-delà de la Save. C'était le Zagreb qui venait tout juste d'être débarrassé du pouvoir séculaire installé sur deux collines, le Kaptol et le Grič. La ville semblait familière, hospitalière. Dans la forêt de toits je reconnaissais aisément le grand dôme noir de la Première caisse d'épargne de Croatie et du Théâtre national croate. Comme pour former un nid, les platanes de Zrinjevac se recourbaient, protégeant la fragile construction métallique du pavillon de musique. Le clocher pointu de l'église émergeait de la longue rue Frankopan, sur les marches du cloître j'observais avec stupéfaction les délicates bonnes sœurs dans leur tenue immaculée en train de distribuer de la nourriture aux pauvres, et cette touchante scène transformait quotidiennement la rue entière en atelier de la mère Eglise. Je me rappelle ces religieuses de blanc vêtues, aux cols empesés et aux cornettes étonnamment hautes, sur le côté desquelles ondoyaient légèrement des ailettes de tissu, abritant leurs visages toujours mélancoliques. Sous la coupole de verre du Pavillon des Arts, j'ai passé mon enfance à grimper sur les sarcophages romains, d'où j'étais systématiquement chassé comme un vandale importun par le directeur du musée, Djuro Szabo. Je me remémore cette intimité zagréboise pour essayer de m'expliquer le point limite vers lequel me pousse brutalement à présent une force inconnue. Maintenant, sur le Grič, dans une solitude totale, je me demande quelle est cette force qui me pousse à quitter mon pays natal, où j'ai croqué la pomme de la connaissance, pour réclamer déjà ma mise à mort, ou bien mon départ sans retour, comme si l'on pouvait s'en aller où que ce soit sans garder une image claire de sa terre natale !

Grič et Kaptol, ainsi s'appelle le vieux berceau de ma ville natale. Là se sont conservés les modes de vie et de pensée inspirés par Dieu et l'histoire. Dans leur entrelacs, en dépit de conflits intermittents, le sentiment d'une stabilité de la vie, au caractère immuable et protecteur, prévalait. Dans l'équilibre ainsi formé, des prêtres sans foi arpentaient aussi le Grič, des ratés sanctifiés exécutaient devant les citadins leurs tristes pantomimes. A la fin, ces vieux rivaux sont tombés d'accord, les haines mutuelles ont été masquées. Depuis lors, leurs bornes invisibles sont connues des seuls initiés, qui profitent largement de l'ignorance de la majorité.

Depuis le Grič j'observe attentivement les premières lumières de la ville. Est-il vraiment possible que ce soit là ma dernière nuit dans mon pays natal ? Je n'en ai rien dit à bon nombre de mes connaissances, passant sous silence mon projet de fuite. Je me sens comme quelqu'un qui a commis une action malhonnête, déloyale, hypocrite et, en tout cas, lâche. Je n'ai eu ni le courage ni la confiance de dire adieu à mes amis. Je fuis en cachette de tous, tel un coupable, comme si j'étais l'auteur de ces maux qui se multiplient à une vitesse effarante. Le temps est venu pour la victime d'avoir pitié du bourreau. Sans doute est-ce le point culminant du processus de prostitution collective de la conscience. Le vieux rituel précédant la pendaison est donc lui aussi supprimé ; le bourreau en haut-de-forme et gants blancs qui passait le nœud coulant autour du cou de la victime, puis qui, en inclinant légèrement la tête, présentait ses excuses au futur cadavre en disant : « Je ne suis pas responsable de ta mort ». Cela n'existe plus à présent, les rôles ont été changés. A qui m'adresser en cette dernière nuit que je passe sur ma terre natale, à qui demander pardon ? Je sens le cauchemar croître en moi. Ainsi que la douleur, une douleur sourde, horrible. C'est probablement ainsi que souffre l'homme qui se sent brusquement envahi par un dévastateur sentiment d'abandon, quand s'installe en lui un silence sinistre qui arrête, freine, étouffe et, finalement, vainc cette douleur. Je deviens indifférent et soudainement absent.

Je reviens alangui du Grič, et ainsi, les sens domptés, je reprends le chemin de la maison pour passer une dernière nuit dans mon pays natal. Me rappelant mamie Katica, je désire franchir une fois encore le portail de pierre, m'arrêter en passant et, m'appuyant dans un coin contre la pierre de la vieille tour, comme à l'affût, observer les gens plongés dans la prière devant l'icône miraculeuse qui brille sous la lumière des cierges. Je me souviens de mamie qui, devant cette image légèrement brûlée de la Sainte Vierge, allumait toujours des cierges. Elle disait que seule la Mère de Dieu en pierre l'aidait dans la vie. Le passage à travers la tour est à présent désert et sombre. Les cierges sont éteints et l'icône enfermée derrière une porte de fer. Ce lieu saint empaqueté fait songer à une boutique bien rangée. Je suis arrivé trop tard pour traverser une dernière fois ce sanctuaire solennellement illuminé. Malgré tout, je fais halte et me retire comme prévu dans l'angle de la tour, comme si je savais avec certitude que quelque chose d'inattendu va se passer. Dans l'obscurité j'entrevois les plaques de marbre qui recouvrent les parois de ce passage et sur lesquelles on exprime sa gratitude à la Sainte-Vierge. Elles témoignent des si nombreux vœux exaucés. Je ne m'explique pas pourquoi me viennent précisément à l'esprit en cet instant les agneaux de sainte Agnès que les fidèles apportent au monastère Sainte-Cécile sur le Zatiborje, où les religieuses les sanctifient, c'est-à-dire les tuent. Et par l'intermédiaire de ces agneaux mes pensées fiévreuses me conduisent jusqu'au noyau même de mon incommensurable peur pour ma vie, jusqu'à cet endroit secret où naît dans la panique cette pensée corruptible : ce malheur, cette horreur, ce crime vont m'épargner. Là quelque part au-dessus de ma tête vont apparaître les dents brisées d'un rouleau compresseur métallique qui concasse tout sur son passage et, comme par miracle, justement au-dessus de ma tête, cette maudite machine à tuer va tomber en panne. Elle ne m'aura pas, elle me contournera. C'est donc ce terrible pot-de-vin que proposent les méchants détenteurs du pouvoir, le jeu avec la vie dans lequel l'espoir accepte les illusions. En fait, il s'agit simplement de différer le moment où l'on se rendra compte de ce que la violence a fait de l'espérance, de ce si cher et aimable mirage également installé dans cet antique sanctuaire qui à présent me fait penser à la boîte de Pandore. Dans ce passage, sur les murailles de cette vieille tour, je déchiffre les dates de ses véritables victimes, messages qui prolongent sa déjà très longue vie.

Ma grand-mère a prié devant ces murs. C'est sans doute pour cette raison que je suis descendu du Grič apaisé, comme si j'avais découvert en moi l'étincelle d'une innocence encore intacte.

Aujourd'hui je mets le professeur Wickerhauser au courant de notre projet de départ définitif. Il m'écoute calmement en s'efforçant de dissimuler son émotion. Cependant, je remarque le tremblement intermittent de ses mains si fines.

« Donc, vous partez », dit-il à voix basse, presque dans un murmure. « Il serait absurde que j'essaye de vous consoler, je manque d'arguments. Je vous souhaite de vous tirer heureusement de ce chaos. Car, de toute évidence, ici nous sommes plongés dans un véritable chaos. Quelle qu'en soit l'issue finale, d'immenses changements, presque inimaginables, auront lieu. Dans le bouleversement le vieux Zagreb disparaîtra, ainsi qu'une partie de la vieille Croatie, celle qui n'a pas voulu, ou pas su, s'adapter à la nouvelle situation. On le voit à chaque pas. *Mit einer Wut steigen die Anonymen empor*[1], montent

[1] Les anonymes se lèvent avec courroux.

quelque part, gravissent à toute allure les échelons d'une ascension sociale autrefois si lente. Maintenant qu'il faut prendre congé, je ne puis vous consoler. Vous avez tout vu, tout compris. Que pourrais-je vous dire de plus ? Je sais qu'il vous est pénible de quitter votre terre natale, car la Croatie est votre pays natal. Tout ce qui s'y passe maintenant est un malheur, une véritable catastrophe ».

« Je sais, monsieur le professeur, je sais », je l'interromps afin de mettre un terme à l'émotion du vieil homme. « Je vous le dis franchement, je pars parce que j'y suis contraint, or je m'en vais sans colère, mais presque en acceptant mon sort, comme si je venais de régler tous mes comptes avec Dieu sait qui et pourquoi. On me chasse de mon pays natal, or cet acte, je ne l'admets pas, je n'admets pas que quiconque m'arrache du cœur ce sentiment d'appartenance à ma terre natale. Je suis probablement incapable de développer en moi un quelconque mode de vie d'apatride, croyez-moi, je n'en suis tout bonnement pas capable ».

« C'est bien et je suis heureux que vous ayez dit cela à la veille de votre départ », me dit le professeur Wickerhauser, d'un ton à présent beaucoup plus paisible. « Si jamais vous revenez, gardez votre amour pour la Croatie, on peut espérer qu'après cette folie les gens recouvrent la raison. Nous repartirons à zéro. Alors l'on aura besoin de beaucoup d'amour et d'encore plus de pardon ».

Je désire aussi voir ma mère. Maintenant que le moment de partir est imminent, elle semble la proie d'un étonnement imprévisible. J'en suis irrité, car cela fait des mois que, tels des conspirateurs, nous ourdissons nos plans de fuite vers la Serbie. Alors, à quoi bon cette stupéfaction, maintenant que tout est décidé, que les mots de passe ont déjà été convenus, qu'il suffit de sauter dans le train et partir d'ici, échapper à cette situation remplie d'incertitude. L'air hébété, ma mère me dit : « Vraiment, vous partez pour la Serbie, pour Belgrade ? Mon Dieu, comment allez-vous vous débrouiller là-bas, une autre mentalité y règne ! » Et puis, j'ignore pourquoi à cet instant précis, elle se met à me raconter ses souvenirs de Belgrade : « J'y suis allé une seule fois, *und nie wieder*[1], avec ton père, nous accompagnions ton grand-père, que le roi Alexandre avait convoqué à une audience en raison d'une crise politique. Nous sommes descendus au « Roi de Serbie », un

[1] Et jamais plus.

hôtel tout à fait correct. Je ne sais pas comment, mais ton père a attrapé une indigestion dès le premier jour, il a été pris d'épouvantables diarrhées, de sorte que pendant la nuit nous avons dû appeler un médecin. Celui-ci a craint une dysenterie, pendant trois jours nous avons couru d'une pharmacie à l'autre ; et lui, qui avait vraiment pris peur, ne cessait de se lamenter sur son sort, maudissant le moment où il était parti pour l'Orient, là où, même dans les meilleurs hôtels, les mouches souillent la nourriture. C'est ainsi que toute notre excursion a été gâchée par sa diarrhée, et en plus ton grand-père est ressorti de mauvaise humeur de son audience chez le roi, n'appréciant pas son langage ambigu. Mon Dieu, mon Dieu, je n'arrive pas à vous imaginer dans ce Belgrade où vous ne connaissez personne, vous n'auriez pas dû choisir cette destination-là. *Wenn schon, denn schon*[1], mais mieux valait opter pour l'Italie, Trieste ou Milan ».

Ma mère prononce ces phrases mécaniquement, rapidement, parfois j'ai du mal à saisir tous ses mots, et je finis par n'en saisir que la sonorité, laissant de côté leur sens. Je réprime l'envie de lui expliquer qu'à l'heure actuelle nous n'avons pas beaucoup de choix pour un lieu d'asile, et qu'elle ne doit pas s'imaginer que les guichets du Bureau du Tourisme travaillent pour nous, avec d'aimables employées qui, le sourire aux lèvres, aideraient les gens à partir pour de lointains voyages, exauçant leurs désirs de touristes turbulents. En outre, je suis excédé par ce récit, inopportun, à propos de la diarrhée de mon père et des mouches belgradoises, du roi versatile et capricieux qui avait déçu grand-père, car à présent tout cela charge inutilement le silence réel de notre séparation.

Or, cette séparation, je me la représentais différemment . Peut-être surtout comme une ultime occasion de renforcer, une fois pour toutes, nos liens, qui pendent, arrachés depuis déjà des années, comme des lignes électriques après un orage. J'aimerais entendre et prononcer moi-même des paroles qui remettraient en place ces fils et leur permettre de transmettre victorieusement leur message dans le lointain. Je comprends bientôt que ces paroles ne surviendront pas et que moi-même je ne saurais composer ne fût-ce que le plus simple début d'une telle phrase. Je dis à ma mère que je suis pressé. Je profère ce mensonge éculé avec une joie mauvaise, l'intention vengeresse de le voir brusquement mettre fin à ce flux de paroles inutiles,

[1] S'il le faut, il le faut.

effacer en un instant la solide frontière de mon existence, que j'aperçois clairement au moment précis de prendre congé de ma mère, en souhaitant défendre ce territoire imaginaire et le conserver en cachette rien que pour moi.

Quelques jours avant notre fuite, un incendie s'est déclaré dans notre vieille maison de Zrinjevac. Avec des sentiments mêlant une tristesse nouvellement découverte et la résignation, j'ai contemplé l'ancienne construction à présent décapitée, dont les flammes avaient rongé les formes naguère puissantes.

Les poutres noircies, bizarrement entrecroisées, et les cheminées étrangement longues et nues ont été transformées par le fléau de la nature en une construction nouvelle, singulière, fantastique. Le feu implacable semblait s'être vengé de la vieille harmonie et de l'ordre ancien. Sur le point de fuir mon pays natal, j'ai interprété cet incendie comme l'action d'une justice immanente. On eût dit que les tréfonds de son organisme épuisé recelaient une dernière étincelle de défi, d'autodestruction. Dieu sait comment, elle avait conservé assez de force pour s'arracher, enflammer et détruire le passé.

En pleine fuite, j'ai lu dans le journal le communiqué officiel :

« Un incendie a éclaté dans la maison de l'ancien président de l'Assemblée croate, au numéro 15 de Zrinjevac. A cette occasion tout le toit et le deuxième étage ont brûlé. Les pompiers, qui se sont immédiatement rendus sur les lieux, ont réussi à grand-peine à maîtriser l'incendie. Une enquête est en cours ».

EPILOGUE

ZRINJEVAC, NUMÉRO 15

Cela fait trop longtemps que nous ne nous sommes pas vus
Maison de mon enfance
Les vies étrangères que tu as accueillies
Ont modifié ton visage
Par d'ineffaçables rides
Les inconnus qui demeurent en toi
M'ont transformé moi aussi
En un étranger
Qui dans une langue inconnue
Appelle les âmes
De ses lointains ancêtres.

Achevé d'imprimer en septembre 1995
sur les presses de la Nouvelle Imprimerie Laballery
58500 Clamecy
Dépôt légal : septembre 1995
Numéro d'impression : 509066

Imprimé en France